KB250653

This book is originally published in English under the title
AGAINST THE GODS : The Remarkable Story of Risk by Peter L. Bernstein
Published in John Wiley & Sons, Inc.

This Edition published by arrangement with John Wiley & Sons Inc.,
through Shin Won Agency

위험, 기회, 미래가 공존하

리스크

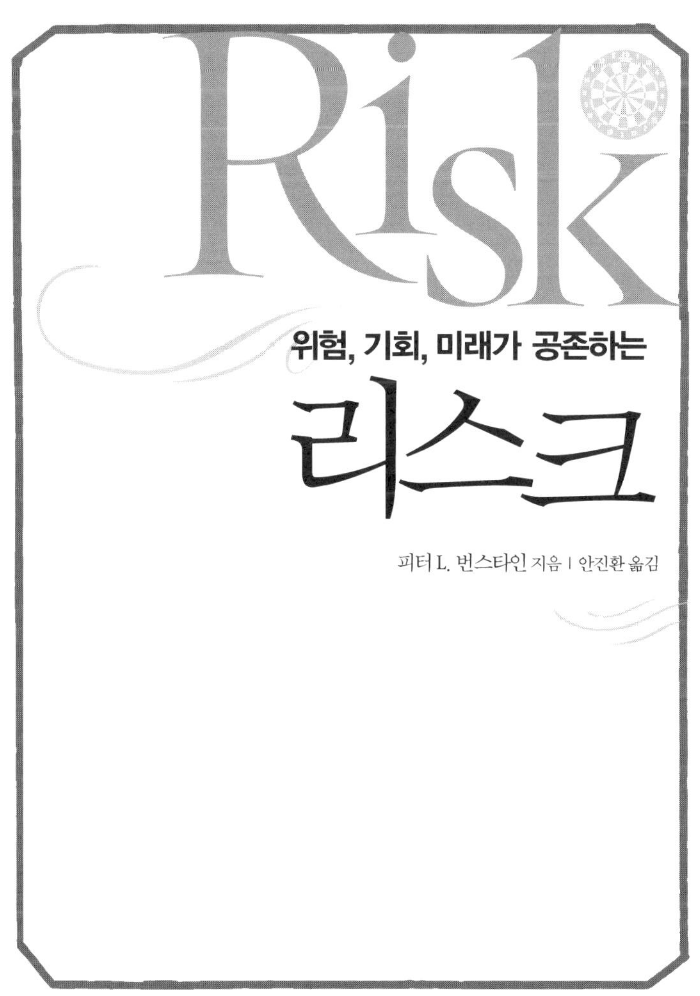

Risk

위험, 기회, 미래가 공존하는

리스크

피터 L. 번스타인 지음 | 안진환 옮김

한국경제신문

| 한국의 독자들에게 |

이 책 마지막 부분에 케인스가 존 로크의 말을 인용하면서 남긴 글을 통해 독자들이 알았으면 하는 주제를 함축하였다.

"… 신은 우리의 관심사 대부분에 단지 미광만을 부여하셨다. 내가 여기에 부연한다면 신은 우리에게 확률이라는 미광만을 부여하셨다."

리스크와 확률은 숫자적인 의미뿐만 아니라 인류가 가야 할 길도 제시하고 있다. 태초부터 불확실성의 시대를 살아온 인류는 모험과 도전을 반복하는 과정을 겪을 수밖에 없었다. 그 과정 속에 우리의 나침반이 될 수 있는 것이 확률이며 리스크이다.

지난 역사를 돌이켜 알 수 있는 것은 영웅이나 지도자들은 치명적인 실수를 피하는 법을 알고 있었다는 것이다. 본능이든 아니든 엄격하게 관리했다. 실수를 피할 수 없다면 손실을 최소화했다.

이제 이 책을 읽고 있는 당신이 영웅이 될 차례이다. 위험을 기회로 삼는 리스크 관리는 불확실한 당신의 미래를 성공으로 이끌어줄 것이다. 한국의 독자들에게 이 책이 나침반이며 표지판이 되기를 간절히 바란다.

세상의 흔적을 모아 만든 이 책이 여러분에게 커다란 감동과 도움을 줄 수 있기를 바란다.

| 감사의 말 |

나는 전前 〈자유 언론Free Press〉지의 회장이었던 고故 어윈 글릭스Erwin Glickes의 제안으로 '리스크risk'에 대한 이 책을 쓸 수 있었다. 글릭스는 매력이 넘치며 설득력이 뛰어난 사람이었다. 그는 전문투자가이며 경제학자인 내가 자신이 구상하던 임무에 적임자라고 생각했던 모양이다. 그러나 나는 일을 시작하자마자 우려했던 대로 리스크라는 것이 단순히 뉴욕증권거래소의 플로어(입회장)에서 시작되고 끝나는 문제가 아니라는 사실을 파악했다.

나는 주제와 관련된 자료의 방대함에 기가 죽고 말았다. 리스크는 심리학 · 수학 · 통계학 그리고 역사의 가장 심오한 부분을 다루는 주제다. 따라서 관련된 문헌 또한 엄청나며, 일간지 헤드라인에서도 매일 새로운 항목을 쏟아낼 정도다.

결국 나는 취사선택을 제1의 과제로 삼아야 했다. 따라서 주제와 관련된 어떤 중요한 자료가 이 책에 빠져 있다면, 간과로 인한 누락이라기보다는 나의 선택에 따른 생략이라고 보아주기 바란다.

나는 이 책을 집필하면서 과거에 책 쓰기라는 외도에 나섰을 때보다 훨씬 더 많은 사람들의 도움을 받아야 했다. 광범위한 분야를 섭렵해 처음 만난 사람들에게서는 물론, 친구들의 아낌없는 조언에 이르기까지 매우 귀한 도움을 많이 받았다. 요리사가 많으면 국을 망친다는 말이 있지만, 이번에는 오히려 요리사가 많아서 훌륭한 국이 될 수 있었다. 따라서 그들에 대한 감사의 마음은 이루 다 표현하기 어렵다. 그들이 아니었다면 이 책은 결코 빛을 볼 수 없었을 것이다.

아내이자 사업 동료이기도 한 바바라Barbara는 창조적 아이디어를 무수히 제공해주었고 개념 정리는 물론, 발전적 비평까지 해주었다. 하나부터 열까지 이 책에 아내의 영향이 미치지 않은 부분은 거의 없다. 또한 아내의 내조 덕분에 내가 순조롭게 집필할 수 있었으며 별 탈 없이 끝낼 수 있었다는 점도 밝혀두고 싶다.

또한 존 와일리 출판사의 마일스 톰슨Myles Tompson은 이번 작업에 결정적인 도움을 준 편집자다. 그의 전문적이며 열정 어린 제안은 과분할 정도였다.

작고하신 부모님, 앨런 M. 번스타인Allen M. Bernstein과 어마 L. 데이비스Irma L. Davis 두 분께 감사의 인사를 드리며 헌사를 바친다. 내가 이 책을 완성할 수 있었던 원동력은 바로 두 분이 주신 큰 힘 덕분이다.

피터 L. 번스타인

| 서문 |

일반적으로 수천 년의 역사에서 현대를 구분 짓는 기준은 과연 무엇인가? 이에 대한 답을 단순히 과학이나 기술의 진보 또는 자본주의나 민주주의의 진보에 한정해 찾는 것은 단견이다.

아주 먼 과거에도 탁월한 과학자와 수학자, 발명가와 기술자, 그리고 정치활동을 하는 철학자들은 많았다. 예수가 태어나기 수백 년 전부터 인류는 하늘의 지도를 그렸으며, 알렉산드리아에 거대한 도서관을 세웠고 유클리드Euclid의 기하학을 가르쳤다. 인류는 그 당시에도 전쟁에서의 기술적 혁신에 대한 만족을 몰랐다. 인류는 오래전부터 이미 석탄과 석유, 철과 구리 등의 자원을 이용해왔다. 또한 기록 문명의 시초라 할 여행이나 통신 기록들도 만만찮은 역사를 자랑하고 있다.

여기서 나는 현대와 과거를 구분 짓는 혁명적인 견해를 제시하고자 한다. 그것은 바로 '리스크에 대한 지배mastery of risk'다. 인류는 리스크를 지배할 수 있었기에 신의 변덕에 따라 좌지우지되는 미래에서 벗어날 수 있었고, 자연 앞에서 더 이상 수동적인 자세를 취하지 않아도 되었던 것이다. 인류가 그 경계를 넘어서기 전까지 미래는 단지 과거의 반복이거나, 미래에 대한 예견의 지식을 독점했던 예언자나 점쟁이들의 어두운 영역일 뿐이었다.

이 책에는 탁월한 통찰력으로 현재 시점에서 미래를 다루는 방법을 밝혀낸 여러 사상가들의 이야기가 담겨 있다. 그들은 리스크에 대한 이해 방법은 물론, 측정 방법과 그 결과를 가늠하는 방법을 세상 사람들에게 보여주었다. 즉, 그들은 '리스크 감수risk-taking'를 현대 서구사회를 이끌어가는 기폭제 가운데 하나로 전환해냈다. 그들은 프로메테우스와 마찬가지로 신에 대항해 미래를 어둠 속에서 끌어내어 적대의 대상에서 기회의 대상으로 바꾸었다. 그들의 노력으로 리스크 관리에 대한 태도가 달라진 것이다. 이로써 승부욕과 요행수는 경제성장으로 연결됐고, 나아가 삶의 질이 개선되고 기술적 진보가 이뤄졌던 것이다.

혁신가들은 리스크 감수의 이성적 과정에 대한 정의를 통해 문명발달에 보이지 않는 요소를 제공했다. 그리고 그 요소는 과학과 사업의 동력으로 작용해 오늘날의 우리 시대를 특징 짓는 속도와 힘, 동시통신, 세련된 금융시스템의 세계를 만들어냈다.

리스크의 본질과 선택의 기술, 그리고 과학에 대한 그들의 발견은 세계 모든 나라들이 합류하기 위해 서두르고 있는 현대 시장경제의 핵심을 이루는 부분이다. 물론 문제가 없는 것은 아니지만 인류는 오늘날의 자유경제체제와 그 중심부에 위치한 선택과 함께 전례 없는 풍성한 삶을 누리고 있다.

미래에 일어날 것을 정의 내리고 여러 대안 가운데 하나를 선택하는 능력은 현대 사회를 움직이는 핵심이다. 부의 분배에서부터 공중의 건강 보호에 이르기까지, 전쟁 수행에서부터 가족계획에 이르기까지, 보험료 지불에서부터 안전벨트 착용에 이르기까지, 옥수수 경작에서부터 콘플레이크 판매에 이르기까지, 리스크 관리는 우리의 의사결정을 좌우하는 데 미치지 않는 분야가 없을 정도다.

과거에는 농경이나 제조, 경영관리, 통신 등에 사용되는 도구가 단순했다. 그리고 그러한 도구의 고장이나 파손도 빈번했지만, 대개의 경우 배관공이나 전기 기술자, 컴퓨터 공학자 또는 회계사나 투자 자문가 등을 부르지 않고 그냥 고쳐 쓸 수 있었다. 한 분야에서의 실패가 다른 분야에 직접적인 영향을 끼치는 일도 적었다. 하지만 오늘날 우리가 사용하는 도구들은 매우 복잡하고, 그러한 도구의 고장이나 파손은 재난을 일으킬 수도 있으며 그 파급 효과 또한 방대하다. 따라서 우리는 지속적으로 그러한 도구의 기능 부전과 오류 가능성을 파악해야 한다.

만일 확률이론의 자유로운 구사와 리스크 관리에 대한 도구가 없었다면 기술자들은 큰 강을 가로지르는 대형다리도 구상하지 못했을 터이고, 가정에서는 여전히 벽난로나 거실 스토브로 난방했을 것이고, 전기 제품은 존재하지도 않았을 것이며, 소아마비에 걸린 아이들은 여전히 불구가 되었을 것이고, 하늘을 나는 비행기도 없었을 것이며, 우주 비행은 꿈속에서나 가능한 일로 남았을 것이다.

만일 다양한 보험이 없었다면 가장의 사망으로 끼니를 거르거나 거리에 나앉는 가족들이 속출할 것이고, 현재보다 훨씬 더 많은 사람들이 의료 서비스 혜택을 받지 못할 것이며, 단지 부자들만이 가정을 가질 여유를 얻을지 모른다. 만일 농부들이 수확 전에 고정 가격으로 농산물을 판매할 수 없었다면, 지금보다 훨씬 적은 농산물이 생산되었을 것이다.

금융 전문가들에게 리스크 분산이 가능한 자본시장이 없다면, 또한 투자가들에게 단 하나의 주식만 소유하도록 제한되어 있다면(자본주의 초기에는 그랬다), 우리 세대를 상징하는 거대한 혁신기업—마이크로소프트Microsoft, 머크Merck, 뒤퐁DuPont, 앨코아Alcoa, 보잉Boeing, 맥도날드McDonald's 등의 기업—은 결코 생겨나지 않았을 것이다.

리스크 관리 능력, 그리고 리스크 감수에도 불구하고 미래 예측에 대한 선택의 욕구, 이 두 가지가 결국 경제체제를 발전시키는 핵심요소인 셈이다.

리스크에 대한 현대적 개념은 700~800년 전 서구에 소개된 힌두-아라비아 숫자체계에 그 뿌리를 두고 있다. 그러나 리스크에 대한 진지한 연구가 시작된 것은 르네상스 시대에 이르러서였다. 이 시대에 이르러서야 사람들은 과거와 오랜 신념의 속박에서 벗어나 열린 도전의 장場으로 나설 수 있었다. 또한 이 시기에는 세계의 거의 모든 대륙이 발견되고 자원 개발이 시작되었다. 종교적인 혼란 속에서 초기 자본주의가 태동하고 과학과 미래를 향해 활발한 연구가 시작된 시기이기도 하다.

르네상스가 한창 무르익어가던 1654년의 어느 날, 도박과 수학에 관심이 많았던 프랑스 귀족 슈발리에 드 메레Chevalier de Méré는 당시의 유명한 수학자 블래즈 파스칼Blaise Pascal(1623~1662)에게 퍼즐 하나를 풀어보라고 도전장을 내밀었다. 운에 맡기는 승부game of chance(게임, 도박)에서 만약 한 사람이 상대방보다 앞서 있는 상황에서 게임을 중단한다면 그 판돈은 어떻게 분배해야 공평한가를 묻는 퍼즐이었다.

사실 그것은 그보다 200년쯤 전에 루카 파치올리Luca Paccioli라는 수도승이 제기한 이래 수학자들의 골머리를 썩여온 퍼즐이었다. 파치올리는 최초로 복식부기를 소개해 당시 사업가들의 관심을 끈 바 있고, 레오나르도 다 빈치Leonardo da Vinci에게 구구표를 가르치기도 한 인물이다. 어쨌든 파스칼은 법률가이자 수학자였던 친구 피에르 드 페르마Pierre de Fermat에게 도움을 청했다. 그리고 두 사람의 공동연구 결과 놀라운 지적 산물이 탄생되었다. 장난기로 시작된 퍼즐 게임이 리스크 개념에서 수학적 중심부를 이루는 '확률이론'이라는 대발견을 이끌어낸 것이다.

파치올리 퍼즐에 대한 파스칼과 페르마의 해결책은, 숫자의 도움으로 사람들이 결정을 내리고 미래 예견이 가능한 최초의 계기를 만들어주었다는 점에서 큰 의미를 지닌다. 중세나 고대, 심지어 문자 이전 시대나 소작농 사회에서도 사람들은 그럭저럭 결정을 내렸고 득실得失을 따지고 거래해왔다. 하지만 리스크나 의사결정의 본질에 대한 진정한 이해는 파스칼과 페르마의 확률이론이 나오고 나서야 비로소 가능했던 것이다. 현대인들이 미신이나 전통에 덜 의존하는 이유는 단순히 옛날 사람들보다 훨씬 더 이성적이라서가 아니다. 리스크에 대한 이해를 통해 이성적 방식으로 결정하기 때문이다.

파스칼과 페르마가 난관을 극복하고 확률이라는 매혹적인 세계로 돌입하고 있을 무렵, 유럽 사회는 혁신과 탐험이라는 비상한 물결을 경험하고 있었다. 1654년에는 지구가 둥글다는 이론이 이미 기정사실로 받아들여졌고, 광대한 신대륙이 발견되었고, 화약은 중세의 성들을 먼지로 만들었으며, 활자 인쇄는 더 이상 신기한 것이 아니었다. 또한 화가들은 원근법을 자유자재로 활용했고, 부富가 유럽으로 유입되었으며, 암스테르담에서는 증권거래가 활발하게 이루어지고 있었다. 그보다 몇 년 전인 1630년대에는 그 유명한 네덜란드의 튤립 거품이 오늘날의 정교한 회계수단과 비슷한 선택매매권의 남발로 붕괴된 일도 있었다.

이러한 사회적 발전으로 신비주의의 퇴조 현상이 뚜렷해졌다. 마틴 루터Martin Ruther의 종교개혁이 이 시기에 일어났으며, 삼위일체나 성자들을 그린 성상聖像에서 후광後光이 사라진 것도 이 무렵이다. 윌리엄 하비William Harvey는 혈액의 순환을 발견해 의학강의의 근본을 뒤엎었고, 렘브란트Rembrandt는 그의 《해부학 강론The Anatomy Lesson》에 차가운 백색의 시체 도해를 그리기도 했다. 제반 환경이 이러했으니, 메레가 퍼즐을 앞세워 파스칼과 맞서지 않았더라도, 다른 누군가에게서 확률이론이 구상되어 나왔을 게 분명하다.

이후 수학자들은 도박사들의 장난에 불과했던 초기 확률이론을, 정보의 조직과 해석, 그리고 이에 적용하는 강력한 도구로 변형해왔다. 그리고 계속해서 독창적이고 정교한 이론이 하나하나 추가되어 리스크 관리의 정량定量 기술도 발달해 현대의 태동에 촉진제가 되었다.

1725년까지 수학자들의 경쟁거리는 평균 여명의 산출이었다. 영국 정부가 생명연금을 일종의 보험상품으로 판매하며 재정 수익을 올린 것도 이 무렵이다. 1750년대에는 해상보험업이 런던에서 가장 각광받는 사업으로 부상했다.

다시 과거로 거슬러 올라가서, 1703년 독일의 철학자이자 수학자였던 고트프리트 폰 라이프니츠Gottfried von Leibniz(1646~1716)는 스위스의 과학자이자 수학자였던 야코프 베르누이Jacob Bernoulli에게 다음과 같은 말을 했다.

"자연自然은 사건의 반복에서 생겨나는 패턴을 확립해왔다(자연은 되풀이되면서 일정한 패턴을 드러낸다). 그러나 단지 대개의 경우 그렇다는 것이다."

베르누이는 라이프니츠의 언급으로 오늘날의 여론조사, 와인 감별, 주식 선택, 새로운 의약실험 등의 다양한 활동을 가능하게 만든 대수의 법칙The Law of Large Numbers과 표본통계방법을 창안할 수 있었다.

라이프니츠가 덧붙인 "단지 대개의 경우 그렇다"는 표현으로 베르누이는 자신도 미처 생각하지 못했던 심오한 영향을 받은 셈이다. 이 표현은 무엇보다도 리스크의 존재 이유에 대해 명확한 실마리를 제공했다. 만일 "단지 대개의 경우 그렇다"는 제한이 없었다면 모든 일이 예측 가능할 것이고, 모든 사건이 과거에 일어난 사건과 동일해져 결국 그 어떤 변화도 결코 발생하지 않을 것이기 때문이다.

1730년 아브라함 드 무아브르Abraham de Moivre는 현재 '종鍾형 곡선'이라고도 알려져 있는 정규분포구조를 제시했고 표준편차의 개념도 발견해냈다. 이 두 가지 개념은 모두 오늘날 잘 알려져 있는 '평균법칙'을 구성하는 것이며, 리스크의 양을 정하는 현대적 기술의 필수적인 인자이기도 하다.

그리고 8년 후, 베르누이의 조카이자 그와 필적할 만큼 유명한 수학자이며 과학자였던 다니엘 베르누이Daniel Bernoulli는, 사람들이 선택과 결정에 이르는 과정에 대해 최초로 체계적인 정의를 내렸다. 그의 견해

가운데 중요한 부분을 살펴보자.

"그건 작건 간에 부富의 증가에서 비롯되는 효용(만족감)은 이전에 소유하던 재화의 양에 반비례한다."

그는 천진난만한 소리 같은 이런 단언을 통해 마이더스 왕King Midas이 왜 불행한 인물인지, 사람들이 왜 리스크를 꺼리는지, 그리고 고객들에게 더 많은 물건 구매를 유도하려면 가격을 왜 내려야 하는지에 대해 설명했다. 다니엘 베르누이의 진술은 그 후 250년 동안 이성적 태도의 유력한 본보기가 되었고, 투자관리의 현대적 원리에 대한 토대를 이뤘다.

파스칼과 페르마의 공조가 있은 지 100년쯤 후 토머스 베이스Thomas Bayes라는 영국의 성직자는 구정보에 신정보를 수학적으로 혼합해 더 나은 정보를 바탕으로 결정을 내리는 새로운 방법을 선보였다. 통계학에서의 현저한 진보가 아닐 수 없다. 베이스의 정리定理는 일상에서 흔히 일어나는 상황에 그 초점을 맞추고 있다. 즉, 어떤 사건의 확률에 대한 직관적이며 확실한 판단과 실제 사건에서 그 판단을 변경하는 방법을 이해하고 싶을 때 말이다.

게임이론의 엄격한 합리성에서부터 혼돈이론의 도전에 이르기까지, 오늘날의 리스크 관리와 결정 · 선택 분석에 사용되는 모든 도구들은 단 두 가지 경우를 제외하고 모두 1654~1760년 사이에 일어난 발전에 그 뿌리를 두고 있다. 이제 그 두 가지 예외를 살펴보자.

1875년 찰스 다윈Charles Darwin의 친조카이자 아마추어 수학자였던 프랜시스 골턴Francis Galton은 '평균으로의 회귀regression to the mean'를 발견했다. 이것은 전성기가 왜 몰락에 선행하는지, 구름은 왜 흰 가장자리

(밝은 전망)를 가지는 경향이 있는지에 대해 설명한다('전성기는 몰락에 선행한다'와 '모든 구름은 흰 가장자리를 지닌다'는 모두 영어 속담으로, '오르막이 있으면 내리막이 있다'와 '쥐구멍에도 볕들 날 있다' 정도로 이해하면 좋을 듯하다–옮긴이). 상황이 '표준 또는 정상'으로 돌아오리라는 기대를 근거로 어떤 결정을 내릴 때마다 바로 '평균으로의 회귀'라는 개념이 사용되는 것이다.

노벨상 수상자인 해리 마코위츠, 그가 대학원생으로서 시카고 대학에서 경영관리 합리화 분야OR : Operations Research를 연구하던 1952년 당시, 모든 달걀을 왜 한 바구니에 집어넣는 것이 용인할 수 없을 정도로 위험한 전략인지, 아울러 분산투자가 왜 공짜 점심(월 스트리트에서는 투자수익을 공짜 점심이라는 조크로 표현하기도 한다–옮긴이)에 이르는 왕도王道인지를 수학적으로 증명했다. 마코위츠의 이러한 지적 충격은 결국 월 스트리트를 필두로 전세계의 회사 재정과 기업의 의사결정에 혁명적인 영향을 끼쳤고, 그 여파는 오늘날에도 여전히 감지되고 있다.

지금부터 전개되는 이야기에는 모두 같은 특징이 있다. 즉, 가장 훌륭한 결정은 과거의 패턴에 따라 결정된 양과 수치에 기초해야 한다는 사람들과, 불확실한 미래에 대해 좀더 주관적인 기준을 근거로 결정해야 한다는 사람들 사이에 고집스런 긴장감이 내용 곳곳에 드러난다는 점이다. 이는 과거에도 그랬던 것처럼 현재에도 전혀 해결책을 찾을 수 없는 논쟁이다.

이 쟁점은 과거가 미래를 결정하는 데 어느 정도까지 영향을 끼칠 수 있느냐에 대한 시각의 차이에서 비롯된다. 물론 미래를 양으로 측정하기란 불가능하다. 미래는 미지의 세계이기 때문이다. 그러나 수치를 이용해 과거에 일어난 일을 세밀하게 파악할 수는 있다.

그렇다면 과연 어느 정도까지 과거의 패턴으로 미래의 양상을 가늠할 수 있을까? 리스크에 직면한 상황에서는 보이는 그대로의 사실과, 시간의 공허 속에 숨겨진 주관적인 믿음 가운데 어떤 것이 더 중요할까? 리스크 관리는 과연 과학일까, 아니면 기법일까? 과연 그 두 가지 접근 방법의 다른 점을 명확하게 제시할 수 있을까?

일단 모든 것을 설명하는 것처럼 보이는 수학적 모델에 대한 설정이 우선이다. 그러나 일상적인 생존경쟁에 직면하거나 계속적인 시행착오를 겪으면 긴장감과 불안감으로 사실 자체가 매우 모호해져 그 모델이 곧 사라질 수도 있다.

매사추세츠 공과대학MIT : Massachusetts Institute of Technology 출신으로 월 스트리트에 뛰어들어 현대 재정의 선구자적 이론가로 명성을 날렸던 고故 피셔 블랙Fischer Black은 다음과 같이 말했다.

"허드슨 강둑에서 바라보는 시장이 찰스 강둑에서 바라보는 시장보다 훨씬 비효율적으로 보인다(가까이에 몸담고 느끼는 것이 때로 비효율을 낳을 수도 있다-옮긴이)."

세월이 흐를수록 과거의 관측에 기초한 정량定量과 주관적인 신념 사이의 논쟁은 더욱더 중요해졌다. 수학적으로 움직이는 현대의 리스크 관리 장치는 인간성 말살과 자기 파괴적인 기술을 가져올 수도 있다. 노벨상 수상자인 케네스 애로는 이에 대해 다음과 같이 경고한 바 있다.

“사회나 자연을 다스리는 섭리에 대한 인식은 모호성이라는 구름을 길게 드리우며 다가온다. 방대한 재앙이 확실성에 대한 신념을 뒤따르는 것이다.”

그렇다. 우리는 과거에서 도망치는 과정에 열중한 나머지 새로운 종교, 새로운 신조의 노예가 된 것인지도 모른다. 과거에서만큼 무자비하고 제한적이며 변덕스러운 그 무엇에 갇힌지도 모른다는 뜻이다.

우리의 삶은 숫자로 가득 차 있다. 숫자가 단지 도구일 뿐이라는 사실조차 잊을 정도다. 숫자에는 영혼이 없다. 그러나 곧 숫자가 물신物神으로 대접받을지도 모른다. 컴퓨터나 새롭고 기묘한 기계장치에 의해 중대한 결정이 내려지고 있다. 게걸스런 괴물처럼 숫자를 먹어치우며 방대한 양의 숫자를 아삭아삭 씹어대고 소화하고 토해내기를 원하는 기계에 의지해서 말이다.

오늘날의 리스크 취급방법이 어느 정도까지 이익이 되는가 또는 어느 정도에 이르면 위협이 되는가를 판단하려면, 리스크의 초창기부터 현재에 이르기까지 리스크의 모든 것을 알아야 한다. 인류가 왜 리스크를 굴복시키려고 노력했는지(또는 왜 그런 노력을 하지 않았는지), 어떻게 그 과업에 접근했는지, 어떤 형태의 사고와 언어가 그들의 경험에서 출현했는지, 그리고 그들의 행위가 어떻게 크고 작은 여러 사건과 상호작용해 문화 발달과정을 변화시켰는지 등에 대해 알아야 한다. 그러한 조망이야말로 우리의 현재 위치와 아울러 나아가야 할 바에 대해 더 깊이 이해하는 데 큰 도움이 될 것이기 때문이다.

이제 독자들은 운에 맡기는 승부, 즉 도박에 대한 언급을 자주 접할 것이다. 도박은 단지 룰렛 판의 회전범위에 국한되지 않는, 더 넓은 적용범위를 지닌다. 현대적 리스크 관리와 결정에 대한 대부분의 세련된 개념이 사실 도박이라는, 가장 유치한 게임에 대한 분석에서부터 발달되어왔다는 사실에 주목할 필요가 있다. 그러나 도박과 투자에서의 리스크를 인식하기 위해 도박꾼이나 투자가가 될 필요는 없다.

증권시장, 채권시장과 더불어 주사위와 룰렛 판은 리스크 연구에 대한 자연적 실험이다. 왜냐하면 양 측정에 조력을 바치기 때문이다. 즉, 주사위와 룰렛 판의 언어가 바로 숫자라는 뜻이다. 여기서 우리는 인간에 대해 많은 것을 알 수 있다. 하얗고 자그마한 공이 룰렛 회전판에서 튀는 모습을 바라보며 숨죽일 때, 중개인에게 의뢰해 주식을 사거나 팔 때 우리의 심장은 숫자에 따라 고동친다. 뿐만 아니라 승산에 따른 모든 결과마다 그 고동의 정도도 다르다.

리스크라는 단어는 '뱃심 좋게 도전하다to dare' 라는 의미의 초기 이탈리아어 risicare에서 유래되었다. 이런 의미에서 본다면 리스크는 운명이 아니라 선택인 셈이다. 바로 이 책에서는 과감한 행동, 즉 인간의 자유로운 선택에 대해 보여주는 행위인 리스크에 대한 이야기를 다뤘다. 아울러 이 이야기들은 인간이 의미하는 바를 정의하는 데에도 한몫할 것으로 믿는다.

피터 L. 번스타인

contents

1부

숫자체계에 뿌리를 둔 리스크

1200년까지

01

르네상스와 종교개혁에서 비롯된 리스크 정복

리스크에 대한 정복이 현대적 개념인 까닭은 무엇일까? 어째서 인류는 수천 년을 기다리다 르네상스 시대에 들어서서야 비로소 리스크를 측정하고 통제를 가로막던 장벽을 허물 수 있었을까?

이러한 질문에 답하기란 쉽지 않다. 그러나 답을 찾는 데 실마리가 없는 것은 아니다. 역사시대 이후로 인류의 가장 인기 있는 오락이자, 중독제가 되어왔던 도박이 그것이다. 도박이 바로 리스크 감수의 진수인 것이다. 파스칼과 페르마가 혁명적인 확률이론을 창출할 수 있었던 것도 다름 아닌 운에 맡기는 승부, 즉 도박이었다. 자본주의의 본질과 미래의 전망에 대한 어떤 심오한 의문에서 비롯된 것은 아니다. 물론 인류는 그 이전에도 오늘날과 같은 이득과 손실을 가르는 승산체계 없이도 내기를 걸고 도박을 즐겨왔다. 리스크 감수 행위가 리스크 관리라는 이론의 방해 없이 자유롭게 행해졌던 것이다.

인간을 호리는 도박의 마력은 아무런 제약 없이 운명에 맞서 접근전을 벌이는 행위라는 점에 있다. 사람들은 자신이 강력한 동맹군의 비호를 받고 있다는 믿음으로 도박이라는 위압적인 전투에 참여한다. '행운의 여신' 이라는 믿음직한 동지가 자신과 운명(또는 확률) 사이에 끼어들어 승리를 안겨주리라고 믿는 것이다. 인간 본성에 대해 일가견을 펼친 바 있는 애덤 스미스Adam Smith(1723~1790)는 이런 도박 심리에 대해 다음과 같이 설명했다.

"그것은 바로 인간 대다수가 자신의 능력에 대해 갖는 오만한 자부심과 자신의 운에 대한 터무니없는 신뢰에서 비롯된다."

애덤 스미스는 인간의 리스크 감수 속성이 경제발전에 원동력으로 작용한다는 점을 인식했지만, 그 속성을 걷잡을 수 없게 되면 사회가 혼란에 빠질 것이라고 걱정했다. 그래서 그는 자유시장 경제체제에서 얻어지는 이익에 도덕적 정서를 균형 있게 배합하는 데 주력했다. 그로부터 160년 후, 또 다른 영국의 유명한 경제학자 존 메이너드 케인스John Maynard Keynes(1883~1948)는 애덤 스미스의 의견에 전적으로 동의를 표했다.

"한 나라의 자본이 카지노 영업의 부산물로 발달하면 결코 올바른 발전으로 볼 수 없다."

그러나 사람들에게 행운에 대한 확신과 자부심이 없었다면, 이 세상은 너무도 재미없는 곳이 되어 있을 게 틀림없다. 케인스도 그 점을 인정하지 않을 수는 없었다.

"만일 인간의 본성이 어떤 기회에 대한 유혹을 전혀 느끼지 않는다면…… 사람들은 냉철한 계산을 마친 후에야 투자에 나설 테고, 그러면 자연히 투자 자체가 그리 많지도 않을 것이다."

실패를 예견하며 리스크 감수에 나설 사람이 어디 있겠냐는 뜻이다. 구소련이 국가 명령과 계획을 통해 체제에서 비롯되는 불확실성에 대해 관리하려 했을 때, 그들은 결국 사회적 · 경제적 진보를 포기한 것이나 마찬가지였다.

도박은 기록으로만 살펴보아도 무려 2000년 이상이나 인간을 속박해 왔다. 더욱이 사회의 쓰레기 같은 집단에서부터 가장 존경할 만한 부류에 이르기까지 그야말로 모든 곳에 자리를 잡아왔다.

본티오 빌라도Pontius Pilate(예수를 처형한 로마의 총독-옮긴이)의 병사들은 예수가 십자가에 못 박혀 고통 받고 있을 때, 나중에 그의 옷을 누가 차지하는지를 놓고 주사위 던지기에 열중했다. 로마 황제 마르쿠스 아우렐리우스Marcus Aurelius는 개인 도박사까지 두고 정기적으로 도박에 참여했다. 샌드위치 백작Earl of Sandwich은 식사하러 도박 테이블을 떠나야 하는 단 몇 분도 아까워 그 유명한 샌드위치를 만들어냈다. 조지 워싱턴George Washington은 독립전쟁 중에도 자신의 막사에서 도박판을 벌였다.

이렇듯 도박은 역사 전반에 걸쳐 인간 속박의 위세를 떨쳐왔으며, 현재도 미국에서는 개척 시대의 '서부'와 같은 의미로 대접받고 있다. 어떤 도박 중독자와 크랩 게임crap game(주사위 두 개를 이용하는 노름-옮긴이)을 소재로 한 뮤지컬 〈아가씨와 건달들Guys and Dolls〉에서 가장 사랑

받는 노래도 '행운이여, 오늘밤 나의 여신이 되어주소서Luck Be a Lady Tonight' 다.

도박의 초기 형태는 동물의 복사뼈나 발가락 마디뼈를 이용한 일종의 주사위 게임이었다. 초창기 주사위라 할 수 있는 네모진 동물뼈는 양이나 사슴의 뼈에서 골수 부분은 빼고 만들어 깨뜨릴 수 없을 정도로 강했다. 동물뼈 주사위는 세계 여러 고고학 유적지에서 발견되었다. 기원전 3500년경 만들어진 것으로 추정되는 이집트 무덤 벽화에는 동물뼈 주사위를 갖고 노는 그림이, 그리스의 고대 화병에는 젊은이들이 동물뼈 주사위를 원 안으로 던지는 그림이 그려져 있다. 이집트에서는 도박 중독자들에게 피라미드에 올릴 돌을 다듬는 징벌에 처했다지만, 이집트 발굴물을 자세히 살펴보면 파라오들도 납을 넣은 부정 주사위를 사용하기도 했음을 알 수 있다.

미국인들이 만들어낸 크랩 게임은 십자군을 통해 유럽에 들어온 다양한 주사위 게임에서 기원되었다. 일반적으로 주사위라는 의미의 아랍어 al zahr을 따라 'hazard(위험, 모험)' 라고 불렸다.

카드 게임은 동양의 고대 점술도구에서 발달해 유럽으로 유입됐다. 그러나 인쇄술이 발명되기 전에는 큰 인기를 끌지 못했다. 처음에 쓰인 카드는 요즘 것보다 크기가 더 컸고, 모서리 부부에 카드 패 인식 숫자나 문양도 없는 사각형 모양이었다. 그림 패(킹, 퀸, 잭) 또한 지금 것과 달리 인물 그림이 머리부터 다리까지 하나만 그려져 있어, 도박꾼들은 다리 부분부터 훑어보며 패를 인식해야 했다(그렇다고 카드를 돌려보는 것은 그림 패를 들고 있다고 신호하는 것이나 마찬가지였으므로……). 당시 도박꾼들은 각진 모서리 끝부분을 살짝 접어 나름대로 표시를 해두는 속임수를 썼다. 상하 대칭으로 인물이 그려진 그림 패와 둥근 모서리 카드는 19세기에 접어들어서야 등장한 것이다.

크랩 게임과 마찬가지로 포커 또한 미국인들이 개발해낸 것으로 그 역사는 150년밖에 되지 않는다. 도박 전문가 데이비드 하야노David Hayano는 포커를 가리켜 다음과 같이 설명했다.

"포커는 비밀스러운 흥정과 불후의 속임수, 계산된 전략과 열렬한 신념이 한데 어우러지는 게임으로 감각보다는 경험에 따르는 도박이다."

하야노에 따르면, 대략 4,000만 명의 미국인들이 정기적으로 포커를 즐기며 그들 모두는 자신이 상대보다 한 수 위라는 확신을 갖고 게임에 임한다고 한다.

도박 가운데 가장 중독성이 강한 것은 말 그대로 순전히 운에 맡기는 종류다. 카지노에 가면 흔히 볼 수 있는 룰렛이나 슬롯머신이 이에 속하는 것으로, 한때는 착실했던 미국인들 사이에 산불처럼 거세게 번지는 추세만 봐도 그렇다. 1995년 9월 25일자 〈뉴욕 타임스〉의 아이오와 데이븐 포트발 기사를 보면 '도박은 미국에서 가장 빠르게 성장하는 산업'이라고 나와 있다.

"야구장이나 극장보다 더 많은 고객을 끌어 모으는 연간 400억 달러 시장으로서……."

또 그 기사에는 주 정부가 사회사업 단체나 범법자 재판제도를 위해 카지노에서 거둬들이는 세입의 세 배 정도를 지불한다고 추정한 일리노이 주립대학 교수의 조사가 인용되었다. 애덤 스미스가 이 시대에 살고 있었다면 그 역시 마찬가지의 계산을 뽑아보았을지도 모른다.

기사의 예로 나온 아이오와 주에서는 1985년 이전까지도 복권제도조차 없었다. 그러나 1995년 9월 아이오와는 대규모 카지노 열 곳과 경마장 한 곳, 24시간 슬롯머신장을 갖춘 경견장競犬場 한 곳을 보유한 도박 천국으로 성장했다. 기사를 더 살펴보자.

'아이오와 사람들 열 명당 거의 아홉 명이 도박을 한다고 대답했고, 그들 가운데 5.4%는 도박으로 인한 문젯거리를 안고 있다고 했다. 이는 5년 전의 1.7%에 비하면 상당히 높아진 수치다.'

1970년대까지만 해도 아이오와 주에서는 빙고 게임장을 운영한 혐의로 어느 가톨릭 성직자가 투옥된 적도 있었다. 참으로 격세지감을 느끼지 않을 수 없는 일이다. 아무튼 가장 순수한 형태의 'al zahr' 는 오늘날에도 존재하고 있다.

운에 맡기는 게임과 기술적 차이로 승패가 좌우되는 게임은 분명히 구별해야 한다. 룰렛이나 주사위 던지기, 슬롯머신의 게임원칙은 동일하다. 그러나 포커나 경마, 백개먼backgamon(서양 주사위 놀이의 일종-옮긴이)에는 그런 원칙 가운데 극히 제한된 일부만이 관련되어 있을 뿐이다. 앞서 언급한 게임은 그 승패가 단지 운에 따라 결정나지만, 후자는 선택에 따라 승패가 좌지우지되기 때문이다. 운에 맡기는 게임에서는 승산, 다시 말해 승리의 확률만 알면 되지만, 운은 물론이고 기술이 필요한 게임에서는 승패 예측을 위해 더 많은 정보가 필요하다. 카드 게임이나 경마에서는 천재적 프로가 탄생하기도 하지만, 주사위 던지기로 성공적인 경력을 쌓은 사람이 있다는 소리는 들어본 적이 없잖은가.

증권 전문가들은 증권시장 자체를 카지노에 비유하곤 한다. 증권시장에서의 승리가 결국 운과 결합된 기술의 결과란 말인가? 아니면 그저 운의 결과란 말인가? 이에 대한 답은 12장에서 자세히 살펴보기로 하겠다.

일련의 연속되는 이득과 연속되는 손실은 운에 맡기는 승부에서 빈번히 발생한다. 현실 세계와 별반 다를 게 없다. 그런데 도박꾼들이 이러한 현상에 반응하는 방식은 상황에 따라 달라지지 않는다. 연속되는 손실을 막기 위해 평균법칙law of average에 따르는 그들은 연속되는 이득을 지속시키기 위해서도 역시 똑같은 평균법칙에 따른다는 뜻이다. 그러나 문제의 평균법칙은 그 어떤 하소연에도 귀를 기울이지 않는다. 이미 던져진 몇 차례의 주사위 결과가 결코 다음 번 던지기의 결과를 알려주지는 못하는 것이다. 카드나 동전, 주사위나 룰렛 회전판에는 기억력이라는 것이 없다.

도박꾼들은 풀 하우스나 포 카드, 룰렛의 적색 지역이나 7자에 베팅하는 것이라고 생각할지 모르지만 실상 그들이 베팅하는 대상은 시계(시간)일 뿐이다. 손실을 보는 자는 (손실의) 짧은 흐름도 긴 흐름인 것처럼 여긴다. 평균법칙상 손실이 오래 계속되면 그만큼 승산도 높아지기 때문이다. 반면에 이익을 보는 자는 (이득의) 긴 흐름도 짧은 흐름인 것처럼 여긴다. 이득의 흐름, 즉 승산의 연장을 기대하기 때문이다.

도박판에서 잠시 벗어나 보험업계를 살펴보기로 하자. 보험회사의 매니저들도 이와 똑같은 방식으로 업무를 수행한다. 그들은 장기간에 걸쳐 입게 될 손실 충당을 위해 적당한 수준의 보험료를 산정한다. 그러나 지진과 화재, 허리케인이 거의 동시에 발생하면 단기간의 큰 손실 흐름이 매우 고통스러울 수 있다. 하지만 도박꾼들과 달리, 보험사는 자본을 보유하고 불가피한 불운의 손실 흐름을 극복하기 위해 예비금을 준비해 둔다.

시간은 도박에서 지배적인 요소다. 그리고 시간과 리스크는 동전의 양면과 같다. 만일 내일이 없다면 리스크 또한 존재하지 않기 때문이다. 시간은 리스크를 변형시키고 리스크의 본질은 시간의 지평에 따라 모양이 갖춰진다. 다시 말해 리스크의 위력이 발휘되는 공간은 다름 아닌 미래라는 시간이다.

시간은 철회할 수 없는 결정에서 가장 큰 문제가 된다. 그럼에도 불구하고 우리는 불완전한 정보를 토대로 돌이킬 수 없는 수많은 결정을 내려야 한다. 택시 대신에 지하철을 타는 사소한 결정에서부터 직업을 바꾸거나 브라질에 공장을 세우는 일, 한 나라에 선전포고를 하는 중대한 일에 이르기까지 우리 주위에는 철회할 수 없는 결정으로 가득하다.

만일 오늘 주식을 산다면 내일이라도 팔 수 있다. 그러나 룰렛 도박대 담당자가 "자, 이제 그만 거십시오!"라고 외친 다음에 우리가 할 수 있는 일은 무엇인가? 또는 포커 판에서 상대의 베팅에 대해 더블 베팅을 올린 다음엔 무엇을 할 수 있나? 결정을 철회할 수는 없다. 그렇다면 그저 행운이나 확률이 우리 쪽으로 기울기를 바라며 행동을 자제해야만 하는가?

햄릿Hamlet은 불확실한 결과를 두고 한없이 주저하는 것은 나쁘다고 투덜거렸다. 그 이유에 대해 들어보자.

"결심의 본질적 색조가 사고의 희미한 색조로 흐려지기 때문이다. 그리고 극히 중요한 실행의 욕구가 행위의 명분을 잃게 마련이다."

그러나 일단 행동하고 나면 새로운 정보가 나올 때까지 기다리는 선택권을 잃고 만다. 결과적으로 무행위에 가치가 있는 것이다. 결과가 불확실할수록 그만큼 지연의 가치는 커진다는 뜻이다. 햄릿은 잘못 이해하고 있었다. 주저하는 자는 목표달성에 그만큼 가까워지는 것이다.

그리스 신화에는 우주의 시초에 대한 설명이 나온다. 현대의 과학자들이 빅뱅Big Bang이라고 부르는 우주의 시작을 거대한 주사위 게임으로 설명하는 것이다. 삼형제가 우주를 놓고 주사위 굴리기를 해서 일등 한 제우스Zeus는 하늘을 차지하고, 포세이돈Poseidon은 바다를, 꼴찌인 하데스Hades는 저승을 맡았다는 이야기다.

그리스인들의 도박에 대한 열정과 수학자로서의 자질, 논법의 완벽함, 증명에 대한 집착을 고려해보면, 확률이론은 질서 창출을 위한 주제였던 것 같다. 그러나 고대문명국 가운데 가장 발달한 문화를 누렸던 그들도 매혹적인 확률세계로 결코 과감하게 돌입하지는 못했다. 신비의 권능에 이르는 수단을 독점한 당시 성직자들에게도 유일하게 속박당하지 않을 정도로 문명을 누렸던 그리스인들이 확률세계로 돌입하지 못했다는 사실은 놀라운 일이 아닐 수 없다. 만일 그들의 총명한 후손들(르네상스 시대 사람들)이 수천 년 후에 발견해낼 것을 예견할 수 있었다면 오늘날의 문명은 더욱 진보했을지도 모른다.

그리스인들은 이론을 매우 강조했음에도 불구하고 이를 어떤 종류의 테크놀로지에 응용하는 데는 거의 관심을 보이지 않았다. 만일 그들이 응용이나 적용에 관심을 가졌더라면 미래 관리능력에 대한 그들의 시각은 매우 달라졌을 것이다. 지레를 발명한 아르키메데스Archimedes(B.C. 287~212)는 지레를 놓을 장소만 있다면 지구도 움직일 수 있다고 장담했다. 그러나 그런 그도 지레 변형에 대해서는 아무런 생각도 못했던 게 분명하다. 그리스인들의 일상생활과 수준은 그들의 조상들이 수천 년간 생존의 방편으로 삼았던 방법과 수준에서 크게 벗어나지 못했다. 그들은 대대로 사냥과 낚시, 농사를 지으며 살았다. 나름대로의 건축 기술을 이용하기도 했지만, 사실 그것도 훨씬 오래전에 이집트와 티그리스-유프라테스 강 유역에서 발달한 양식을 변형한 것에 지나지 않았다.

그리스인들의 관심을 끌었던 유일한 리스크 관리 형태는 바람 앞에 무릎 꿇는 것이었다. 그리고 그리스 시인들과 극작가들은 지금까지도 바람에 대한 의존성을 반복적으로 노래하고 있다. 바람을 달래기 위해 사랑하는 아이들을 제물로 바쳤던 시절보다는 나아진 셈이다.

어쨌든 그리스인들이 무기력할 수밖에 없었던 가장 주된 이유는 숫자 체계의 결핍에서 찾아야 한다. 만일 그들에게 숫자가 있었더라면 단지 행위의 결과를 기록하는 데서 벗어나 '계산'이 가능했을 것이다.

그렇다고 그리스인들이 확률의 본질에 대해 전혀 아무런 생각이 없었다고 말하려는 아니다. 고대 그리스어 εικος eikos는 '그럴듯한' 또는 '있음직한'이라는 뜻으로 현대적 의미의 '확률'과 같은 의미였다. 그리고 소크라테스는 이를 '진리와 흡사함'으로 정의한 바 있다.

소크라테스의 정의에는 미묘하지만 매우 중요한 요점이 있다.

"진리와 흡사하다는 것은 결국 진리가 아니라는 뜻이다."

그리스인들에게 진리란 단지 논리나 공리公理로 입증할 수 있는 것뿐이었다. 증명에 대한 그들의 고집은 진리를 경험상의 실험방법과는 전혀 다른 것으로 만들었다. 예를 들어 《파에도Phaedo》를 보면 심미아스Simmias가 소크라테스에게 다음과 같이 지적했다.

"영혼이 조화되어 있다는 명제는 논증된 적이 없으며, 단지 개연성에 따를 뿐이다."

또한 아리스토텔레스는 철학자들에 대한 불만을 이렇게 토로했다.

"진실처럼 그럴듯하게 말을 하는 한, 그들은 진실을 말하는 것이 아니다."

소크라테스가 아리스토텔레스를 앞지르는 언명을 남기기도 했다.

"기하학을 확률로 논하는 수학자는 최고라 할 수 없다."

이렇게 해서 또 1000년 동안이나 게임에 대해 '사고하는 것' 과 '행하는 것' 이 별개의 행위로 남은 것이다.

그리스인들의 확률에 대한 양적인 접근에 실패한 이유를 가장 잘 설명한 사람은 이스라엘의 시무엘 샘버스키Shmuel Sambursky다. 유명한 역사가이자 철학자인 그는 내가 조사한 자료 가운데서는 가장 설득력 있는 명제를 제시한 인물이다. 1956년 발표한 논문에서 그는 다음과 같이 주장했다.

"그리스인들은 진실과 확률 사이의 날카로운 구분 때문에 일상적인 생존의 혼란스러운 본질 속에서 어떤 견고한 구조나 조화를 상상할 수 없었다."

사람들의 의사결정은 '어떤 목적성을 지닌 열망과 추리' 를 근거로 내려져야 한다고 주장했던 아리스토텔레스도 정작 성공적인 성과의 가망성에 대해서는 아무런 지침도 제공하지 않았다. 그리스의 희곡은 주로 어찌할 수 없는 운명 앞에서 허덕이는 인간의 무기력을 담았다. 미래에 대한 예언을 원할 때, 그리스인들은 그들의 현명한 철학자들과 의논하는 대신에 신탁神託에 의존했던 것이다.

그리스인들은 질서란 단지 하늘에서만 찾을 수 있는 것이라고 믿었다. 행성과 별들이 지정된 장소에 비할 데 없이 규칙적으로 출현하는 하늘에서만 말이다. 그들은 별들의 조화로운 움직임을 존경 어린 시선으로 바라보았고, 수학자들은 열정적으로 연구했다. 그러나 하늘의 완벽함은 땅에서 살아가는 인생의 난잡함만을 돋보이게 했을 뿐이었다. 더욱이 하늘의 예측 가능성은 그곳에 거주하는 신들의 멍청하고 변덕스러운 행태와 뚜렷한 대조를 이루었다.

탈무드의 유대 철학자들은 어쩌면 리스크에 대한 측량에 다소 근접했을지도 모른다. 그러나 여기서도 마찬가지로 그들이 리스크에 대한 어떤 질서정연한 접근방식을 연구해 자신들의 추론을 날카롭게 추적한 흔적은 찾아볼 수 없다. 샘버스키가 인용한 탈무드의 한 구절을 살펴보자.

"어느 철학자가 설명하는 바, 아내가 부정을 저지른 경우 남자는 어떤 위자료도 지불하지 않고 이혼할 수 있지만, 만일 아내가 결혼 전에 부정을 저질렀다고 남편이 주장하는 경우에는 그럴 수 없다. 그것은 '이중 회의doule doubt' 이기 때문이다."

만일 신부가 처녀가 아닌 몸으로 첫날밤을 치렀다는 사실이 입증되더라도(방법은 명시되어 있지 않음), '이중 회의' 가운데 첫 번째는 문제의 남자와의 사이에서 일어났느냐 아니냐 하는 것이다. 두 번째는 만일 그 일이 그 남자와의 사이에서 일어났다면 그 일이 폭력으로 인한 것이었느냐 아니면 그녀의 자의였느냐 하는 회의가 남는다는 것이다. '이중 회의' 의 각각의 면에는 어느 것이나 50 대 50의 가능성이 있다. 매우 인상 깊은 통계학적 궤변으로 그 철학자는 '결국 여자가 결혼 전에 부정을 저질렀을 가능성은 1/2 곱하기 1/2, 즉 1/4' 이라는 결론을 내린다. 그러므로 1/4의 가능성만을 근거로 이혼할 수는 없다는 얘기다.

동물뼈 주사위의 발명과 확률법칙의 발견 사이에 있는 시간적 차이가 그저 역사적인 우연일 뿐이라고 가정하고 싶은 독자가 있을지도 모르겠다. 그리스인들과 탈무드 학자들은, 조금만 더 밀어붙였더라면 다음 단계로 넘어갈 수 있었을 정도로 거의 미친 듯이 확률의 분석에 매달린 사람들이었다. 그리고 그 과업은 몇 세기 후 파스칼과 페르마가 떠맡았다.

그리스인들에게 그러한 계기가 마련되지 않았던 것은 결코 우연한 일이 아니었다. 어떤 사회에서 리스크 개념이 그 사회의 문화에 통합되려면, 현재를 바라보는 시각의 변화가 아닌 미래에 대한 태도의 변화가 우선되어야 한다. 그러나 르네상스 이전 사람들은 미래를 그저 운수소관이거나, 아니면 무작위적인 변화의 결과 정도로 생각했다. 따라서 그들의 결정은 대부분 본능이나 직감에 따라 이루어졌던 것이다.

생활환경이 자연과 밀접하게 연관되어 있으면, 인간이 통제할 수 있는 부분은 그리 많지 않다. 아기를 낳고 곡물을 재배하고 사냥하고 고기를 잡고 잠자리를 마련하는 등의 기본적 기능에 묶여 그저 생존에만 여념이 없는 한, 인간은 자신들의 결정으로 영향을 끼칠 수도 있는 환경에 대해 단순한 상상조차 할 수 없다는 뜻이다. 미래가 블랙홀에 머무는 한 오늘

저축한 한 푼을 결코 벌어들인 돈이라 할 수 없는 것과 같은 이치다.

몇 세기 동안, 적어도 십자군의 원정 이전까지 대부분의 사람들은 느릿느릿 하루하루 살아가면서 별반 놀랄 일을 겪지 않아도 되었다. 안정된 사회구조에서 아늑하게 자리 잡은 채, 그들은 나라를 휩쓰는 전쟁, 자비로운 왕의 뒤를 이어 등장한 폭군의 악정, 심지어 종교가 뒤바뀌는 상황에도 주의를 기울이지 않았다. 그들에게 변덕스러운 것은 날씨뿐이었다고 해도 과언이 아니다. 이집트 연구가 헨리 프랭크퍼트Henri Frankfort의 말대로, "과거와 미래는 관심의 대상이 아니라 전반적으로 현재에 내재하는 것"뿐이었다.

이렇듯 미래에 대한 고집스러운 태도에도 불구하고 유구한 세월의 흐름에 따라 문명은 거대한 진보를 거듭해왔다. 리스크에 대한 현대적 시각 없이도 그러한 진보는 가능했다. 그러나 문명의 계속되는 발전에도 불구하고 과학적 예측의 가능성을 탐험할 만큼 충분한 상황이 된 것은 아니었다.

기독교가 서구사회에 퍼지기 시작하면서 서구인의 미래는 유일신의 의지에 의존하기 시작했다. 기독교의 유일신이 태초 이래로 인간이 숭배해온 모든 잡다한 신들을 대체한 것이다. 이것은 인식에서의 큰 변화를 의미했다. 미래의 삶은 여전히 미스터리지만, 이제는 유일신의 의도와 기준으로 그 삶이 예정되어 있다고 본 것이다. 물론 이것은 믿는 사람들에게만 해당되는 얘기다.

어쨌든 사람들은 미래에 대한 기대를 도덕적 태도와 신앙에 의존해갔고 미래는 더 이상 예전과 같은 불가해한 것이 아닌 듯했다. 그러나 여전히 실생활에서의 어떤 수학적 가능성을 받아들였던 것은 아니다. 아무리 열정적으로 세속적인 소망을 빌었더라도 초기 기독교인의 예언은 단지 사후 세계의 일에 국한되어 있었다.

그러나 그런 가운데서도 더 나은 현세의 삶을 위한 노력은 계속되었다. 서기 1000년경 기독교인들은 먼 거리를 항해하며 새로운 민족과 새로운 사상을 접하기 시작했다. 그러다가 일종의 지진과 같은 문화충격인 십자군 원정이 시작되었다. 이리저리 지평을 넓히려는 서구인들과 서기 700년경 모하메드Mohammed의 독려로 출범해 인도까지 그 세력을 넓힌 아랍 제국이 충돌한 것이다. 기독교인들은 미래에 대한 믿음 하나로 아랍인과 전투를 벌였다. 그러나 아랍인들에게는 그들을 성지에서 몰아내려는 침입자들보다 지적으로 훨씬 더 세련된 문화가 있었다.

아랍인들은 인도를 침략하면서 힌두숫자체계를 익히 알고 있는 상태였다. 그리고 그런 숫자체계를 이용해 동양의 지적인 진보를 자신들의 학문과 과학연구, 실험 등에 적절히 통합해왔다. 그러한 통합의 결과는 먼저 아랍인들에게, 그리고 이어서 서구인들에게 매우 중대한 의미를 지닌다.

아랍인의 손에 들어온 힌두숫자체계는 천문학의 항해, 상거래의 계산과 측정방법을 변형시켰다. 또한 마야, 유럽, 그리고 인도와 동양 여러 나라에 이르기까지 거의 모든 나라에서 몇 세기 동안 유일한 산술도구로 쓰인 주판도 점차 새로운 계산방법에 자리를 물려주었다. 참고로 '주판abacus' 이라는 단어는 '모래 쟁반' 을 의미하는 그리스어 abax에서 유래한 것이다. 모래 쟁반에 자갈을 배열하는 것이 주판의 초기 형태였다. 또 '계산하다calculate'는 '자갈'이라는 의미인 라틴어 calculus에서 유래했다는 것도 참고할 만하다.

그 이후 500년 동안 새로운 계산체계는 단순한 주판을 대체했으며, 갖고 다니는 계수기計數器 대신 숫자를 표기하며 계산하는 방법도 발달했다. 표기 계산은 추상적인 생각을 촉진시켰고, 그와 함께 수학 분야에서도 이전에는 상상도 할 수 없었던 새로운 지평이 열렸다. 이제 좀더 먼 거리를 항해할 수 있는 길이 열렸고, 계시計時가 좀더 정확해졌고, 건축술이 좀더 거창해졌으며, 생산방법 또한 더욱 정교해졌다. 만일 우리가 여전히 I, V, X, L, C, D, M 등이나 숫자를 상징하는 그리스어 또는 히브리 문자를 이용해 계산하고 있다면 현대 세계는 지금과 매우 달라져 있을 게 분명하다.

그러나 유럽인들에게도 아라비아 숫자는 무작위성을 체계적인 확률로 대체하는 급진적인 개념과 미래에 대한 예언, 또한 어느 정도까지 통제 가능성이 있는 그 개념에 내재된 암시까지 알아내도록 유도하기에는 불충분했다. 그러한 진보를 통해 인간이 운명 앞에서 완전히 무기력한 존재는 아니며, 현세의 운명이 전적으로 하느님에 의해 결정되지 않는다는 깨달음이 있기까지 기다려야 했던 것이다.

결국 리스크 정복의 본격적인 장을 연 것은 르네상스와 신교도 종교개혁에 있었다. 서기 1300년 이후로 그리스와 로마의 건축양식이 고딕양식을 대신하고, 근육도 무게감도 없이 틀에 박힌 자세를 취했던 조각상이 자신만만한 인간의 모습으로 굳건히 서 있는 자세를 취하기 시작하면서 교회의 유리창은 밝은 빛을 받아들이도록 개방되었고 신비주의적 신앙도 과학과 논리 앞에 무릎을 꿇기 시작했다. 예술적 변화를 촉진시킨 사상으로 가톨릭 교회의 권세는 약화되었고 나아가 신교도 종교개혁이 이루어진 것이다.

종교개혁은 단순히 인간과 하느님의 관계 변화만을 의미하는 것이 아니었다. 고해제도를 제거함으로써 차후로는 본인 스스로 두 발로 걸어야 할 것과 자신의 결정으로 비롯되는 결과에 대해 스스로 책임져야 할 것을 사람들에게 경고하는 셈이었다.

그렇다면 신성神性이나 우연한 기회 따위에 좌우되지 않아도 된다면, 미래 앞에서 더 이상 수동적인 자세를 취하고 있을 수만은 없지 않은가. 그래서 그들은 전보다 훨씬 더 넓은 범위의 상황과 충분한 기간을 두고 결정을 내리기 시작했다. 신교도 윤리를 특징 짓는 절약과 절제가 바로 현재보다는 미래를 더 중시한 증거가 아니고 무엇이겠는가. 이러한 선택과 결정의 시대가 열리자 사람들은 점진적으로, 미래가 위험은 물론이고 기회도 제공해준다는 사실과 미래는 제한이 없으며 약속으로 가득 차 있다는 사실을 깨닫기 시작했다.

이렇게 해서 16세기와 17세기는 지리적 탐험과 신대륙과 신사회와의 대립의 시기이자, 예술 · 시 형식 · 과학 · 건축 · 수학 등 실험의 시대가 만들어졌다. 기회에 대한 새로운 개념으로 무역과 상업의 극적인 성장이 두드러졌고, 그렇게 만들어진 재화와 용역은 다시 변화와 탐험의 강력한 자극제가 되었다. 콜럼버스Columbus는 카리브 해를 유람하던 게 아니었다. 그는 인도로 가는 새로운 무역항로를 찾고 있었다. 부자가 된다는 꿈은 그 무엇보다도 강력한 동기로 작용했다. 그러나 일종의 도박을 감행하지 않고는 어느 누구도 부자가 될 수 없었다.

여기에는 사실 도박을 감행한다는 것 이상의 의미가 담겨 있다. 무역이란 상호 이익을 주는 과정이다. 양 당사자가 전보다 더 부자가 되리라는 점을 예측하고 행하는 거래인 것이다. 이 얼마나 혁명적인 사상인가! 그 이전까지 부자가 된 사람들은 대개 착취나 약탈로 재산을 챙긴 자들이었다. 비록 유럽인들이 그 이후에도 바다 건너 노략질을 계속했지만, 대륙에서는 많은 사람들이 부에 대한 축적 기회의 개방을 인식했다는 의미다. 신흥부자들은 똑똑하거나 모험심이 강하거나 혁신적인 사고를 한 자들이었다. 물론 그들 대다수는 사업가였다. 재산을 물려받은 왕자나 그들의 심복이 아니었던 것이다.

무역은 또한 리스크를 수반하는 사업이다. 무역 성장이 도박의 원리를 부의 창조로 변형시킴에 따라 리스크 감수의 전형이라 할 자본주의가 태동했다. 하지만 그 자본주의는 두 가지 새로운 행위가 없었다면 결코 번성할 수 없었을 것이라는 점에 주목해야 한다. 두 가지 행위는 미래가 우연이나 신의 의지에 의존하는 동안에는 불필요했다. 그 하나는 바로 부기簿記다. 보잘것없는 행위일 수도 있겠지만 부기야말로 셈과 계산에 새로운 기술을 보급하는 데 일익을 담당했다. 다른 하나는 예측이다. 이는 부기보다 상위의 행위일 수도 있겠지만, 리스크 감수를 즉각적인 수익과 연결시키는 훨씬 더 도전적인 행위다.

어느 누구도 앞으로 무슨 일이 있을지 따져보지도 않고 상품을 배에 선적하거나 판매할 상품을 들여놓거나 돈을 빌리지는 않는다. 주문한 상품이 제시간에 배달되도록 확실히 하는 것, 판매할 상품이 예정대로 생산되는지 확인하는 것, 판매시설을 모두 제자리에 갖춰놓는 일 등은 구매자가 계산대에 돈을 올려놓기 전에 반드시 계획되어야 하는 것들이다. 성공적인 사업 경영자는 탁월한 예측가가 되어야 한다. 구매 · 생산 · 마케팅 · 가격 결정 · 조직 등은 모두 그 다음인 것이다.

다음 장에 등장하는 사람들은 파스칼과 페르마의 발견을 단지 운에 맡기는 승부와 관련된 재치문답에 대해 그럴듯한 해답 정도로 본 것이 아니라 인간 지혜의 시작으로 인식했다. 그들은 증가하는 복잡성과 실용적 중요성에 대한 문제에서 리스크의 많은 측면과 직접 부딪치고, 그것이 인간 존재의 가장 근본적이고 철학적인 양상을 포함하는 문제라는 점을 깨달은 대담한 사람들이다.

미지의 세계를 다루는 현대적 방법은 측정과 승산, 그리고 확률과 함께 시작됐다. 우선은 숫자 얘기부터 나온다. 그렇다면 숫자란 과연 어디에서 온 것일까?

02

0을 발견하다

숫자가 없다면 가능성도 확률도 없을 것이다. 가능성이나 확률이 없다면 리스크 관리의 유일한 방법은 신이나 운명에 따르는 길뿐이다. 결국 숫자가 없다면 리스크는 전적으로 느낌이나 배짱의 문제가 된다.

우리는 숫자와 계산의 세계에 살고 있다. 잠자리에서 일어나면서 곁눈질하는 시계에서부터 잠자리에 들면서 끄는 텔레비전 채널에 이르기까지 이 세상은 온통 숫자투성이다. 일과를 한번 살펴보자. 커피 메이커 눈금에 맞춰 커피 양을 재고, 파출부에게 돈을 세어주고, 어제의 주식시세를 알아보고, 친구의 전화번호를 누르고, 자동차에 남은 기름의 양을 점검하고, 속도계의 눈금을 확인하고, 사무실 엘리베이터의 버튼을 누르고, 사무실 잠금장치를 숫자 조합으로 연다. 아직 본격적인 업무를 시작하지도 않았는데 벌써 이 정도라니……!

숫자 없는 시간을 상상해보라. 아마 쉽지 않을 것이다. 그러나 만약 서기 1000년에 사는 고학력자를 현재 세계에 데려다 놓으면 어떨까? 그는 아마도 '0' 이라는 숫자를 알아보지 못할 것이고, 틀림없이 초등학교 3학년 수학 시험에도 낙제할 것이다. 아니, 1500년도에 사는 사람들을 데려다 놓아도 대부분은 거의 마찬가지이리라.

서양의 숫자 이야기는 1202년에 시작된다. 샤르트르 성당이 거의 완성단계에 들어서고, 영국의 존 왕King John(1167~1216)이 왕좌에 오른 지 3년이 지난 시기였다. 그해에 《산술교본Liber Abaci》이라는 책이 이탈리아에서 출현했다. '출간' 이 아니라 '출현' 이라는 표현을 쓴 까닭은 15장章 모두가 필사본이기 때문이다. 인쇄기술은 그후 거의 300년이나 지나서야 나왔다는 점을 참고하기 바란다. 어쨌든 그 책의 저자인 레오나르도 피사노Leonardo Pisano는 당시 겨우 27세였지만 매우 운이 좋은 젊은이였다. 그의 《산술교본》이 신성로마제국 황제 프레더릭 2세Frederick Ⅱ의 추천을 받았던 것이다. 그 시절에 그런 영광을 안은 작가는 피사노밖에 없었으리라.

피사노는 당대에는 물론이고 오늘날에도 피보나치Fibonacci라는 이름으로 더 잘 알려져 있다. 그의 아버지가 보나치오Bonacio였기 때문에 '보나치오의 아들' 을 줄여서 피보나치라는 이름이 붙었다고 한다. 그런데 '보나치오' 는 얼간이라는 뜻이고 '피보나치' 는 멍청이라는 뜻이다. 꽤 재미있는 이름을 가진 부자父子가 아닐 수 없다. 하지만 보나치오는 국외의 여러 도시에서 영사를 지낸, 이탈리아 중부 도시인 피사를 대표하는 인물이었고, 그의 아들 피보나치는 탁월한 저서를 남겼으니, 그 부자가 얼간이나 멍청이가 아니었던 것만은 틀림없다.

피보나치는 아버지가 영사로 재임 중인 알제리의 부기아 방문길에 《산술교본》을 쓰기로 결심한다. 그는 당시 매우 번성한 도시였던 부기아에 머무는 동안 한 아랍인 수학자를 만난다.

아랍인 수학자는 피보나치에게 힌두-아라비아 숫자(현재의 아라비아 숫자)체계의 경이로움을 일깨워준다. 시기적으로 보면 이미 십자군 전쟁 동안 아랍인 수학자들이 서구 유럽에 아라비아 숫자를 소개했지만 널리 통용되지는 않던 시절이었다. 피보나치는 아라비아 숫자체계로 이뤄지는 모든 계산을 직접 눈으로 보자마자 완전히 매료되어 그와 관련된 모든 것을 배우리라 마음먹는다. 로마 문자를 이용하는 숫자체계로는 행하는 것 자체가 불가능한 계산이었기 때문이다. 그후 그는 지중해 연안에 거주하던 일류 아랍인 수학자들에게 지도를 받기 위해 이집트 · 시리아 · 그리스 · 시칠리아 · 프로방스 등지로 돌아다닌다.

그러한 탐구 여행의 결과가 바로, 어떤 기준으로 봐도 탁월한 저서인 《산술교본》이다. 이 책은 그리스 문자나 히브리 문자 또는 로마 문자를 이용해 수를 세거나 계산했던 사람들에게 전혀 새로운 세계를 열어주었다. 그리고 곧이어 이탈리아는 물론, 유럽 전역의 수학자들 가운데서 그를 추종하는 제자들이 나오기 시작했다.

《산술교본》에는 아라비아 숫자를 읽고 쓰는 것에 대한 입문서 이상의 내용이 담겨 있다. 이 책에는 아라비아 숫자의 자릿수에 따라 한 자리 숫자인지 10의 배수인지, 또는 100의 배수인지를 알아보는 방법부터 설명되어 있다. 그리고 점차 정교한 수준의 계산으로 이어진다. 정수와 분수를 이용한 계산, 비례법칙에 대한 설명, 제곱근과 세제곱근 풀이 등은 물론이고 심지어 1차방정식과 2차방정식에 대한 해법도 나온다. 비록 피보나치의 노력이 비범하고 독창적이었더라도 만일 그의 책이 앞에 열거한 이론만을 다루는 데 그쳤다면, 일부 수학 전문가들의 관심밖에 끌지 못했을 것이다. 그렇지만 피보나치는 그 이론의 실질적인 적용방법까지 펼쳐보이며 내용의 흥미를 높였다. 예를 들어 그는 상업부기에 새로운 숫자를 이용하는 혁신적인 방법을 묘사하고 예시했다. 이문율 계산 환전, 도량형 환산뿐만 아니라, 고리 대금업이 여러 도시에서 금지되었던 시절임에도 불구하고 이자지불 계산방법까지 구체적으로 설명한 것이다.

또한 《산술교본》은 프레더릭 황제처럼 재기가 뛰어나고 창의적 인물들에게 일종의 자극제가 되었다. 비록 프레더릭 황제가 1211~1250년까지의 재임기간 동안 잔인함과 권력에 대한 지나친 집착을 보이기는 했지만, 그는 실로 과학과 예술, 통치철학에 관심이 많은 인물이었다. 잠시 프레더릭의 통치를 살펴보자. 그는 시칠리아에서 모든 사병을 없애고 봉건 영주의 성을 허물고 성직자들에게 세금을 물렸으며, 그들이 공무원이 되는 것을 금지했다. 또한 노련한 관료주의를 정착시키고 통행세를 없애고 수입輸入을 억제하는 모든 법규를 제거했으며 국가전매 사업을 중지시켰다.

한편 프레더릭은 대외적으로 어떤 경쟁자도 용인하지 않았다. 1176년 레그나노 전투에서 로마 교황에게 무릎을 꿇었던 조부祖父 프레더릭 바바로사Frederick Bararossa와는 달리 손자인 프레더릭은 끝없는 전투로써 교황권에 반기를 들었다. 물론 교황청은 타협할 줄 모르는 그를 파문시켰다. 그것도 두 차례나 말이다. 두 번째 파문을 내릴 때, 교황 그레고리 9세Pope Gregory IX는 그를 이교도이자 방탕자, 그리고 적그리스도라고 규정하며 그의 폐위를 요구했다. 프레더릭은 이에 교황청을 무자비하게 공격했다. 뿐만 아니라 그는 함대를 보내, 자신에 대한 폐위 안건을 다룰 종교회의 참석차 로마로 향하던 고위 성직자 대표들을 체포하기까지 했다.

이런 프레더릭이 권력 유지를 위해 심혈을 기울인 부분이 있다면 그것은 바로 인재 등용과 양성이었다. 그는 당대의 뛰어난 지식인들을 불러 모아 늘 주변에 두었을 뿐만 아니라, 1224년에는 관료들을 양성하는 대학까지 세웠다. 유럽 최초의 왕립대학인 셈이다.

다시 본론으로 돌아가자. 프레더릭 황제는 피보나치의 《산술교본》을 보자마자 완전히 매료되었다. 그래서 1220년대에 피사 방문길에 올랐을 때, 그는 피보나치를 자신이 머무는 궁으로 초대했다. 황제를 알현하는 자리에서 피보나치는 여러 궁정 수학자들이 낸 대수문제와 3차방정식을 풀어 보였다. 물론 황제는 극찬을 아끼지 않았다.

그 후 황제의 격려에 고무된 피보나치는 《평방교본Liber Quadratorum》이라는 책 한 권을 더 발표했다. 그는 그 책을 황제에게 바쳤다.

피보나치의 《산술교본》에서 가장 유명한 부분은 수학적 기적을 이끌어낸 것으로 평가받는 다음 문제다.

매달 각 쌍의 토끼가 한 쌍씩 새끼를 친다면, 최초 한 쌍의 토끼는 1년 후에 모두 몇 쌍이 되는가? (단, 토끼들은 태어난 지 두 달이 지나야 새끼를 낳는다.)

피보나치는 최초 한 쌍의 토끼가 1년 후에는 총 223쌍으로 불어난다는 것을 발견했다.

하지만 더 흥미로운 점이 있다. 피보나치의 가정은 최초 한 쌍이 2개월째 접어들어서야 새끼를 낳고 그때부터는 매달 한 쌍씩 낳는다는 것이다. 이는 넉 달째가 되어야 비로소 최초의 한 쌍이 낳은 새끼 한 쌍도 새끼를 낳기 시작한다는 것을 의미한다. 그래서 매달 말에 살펴보는 토끼 쌍의 수는 다음과 같아진다.

1, 1, 2, 3, 5, 8, 13, 21, 34, 55, 89, 144, 233

자세히 보면, 각각의 다음 수는 선행하는 두 수의 합계가 된다. 만일 이런 식으로 100달 동안 계속된다면 토끼 쌍의 총수는?

354,224,848,179,261,915,075쌍

피보나치가 제시한 급수는 좀더 자세히 살펴보면 더 많은 것을 말해준다. 바로 다음의 큰 수로 앞의 수를 나누어보라. 3 다음부터 그 답은 거의 0.625가 되고, 89 다음부터는 항상 0.618이 된다. 수가 더 커지면 소수점 자릿수만 늘어날 뿐, 0.618은 변함이 없는 것이다.

이번에는 앞의 수로 다음 수를 나누어보라. 3 다음부터 그 답은 언제나 1.6이고, 144 다음부터는 항상 1.618이 된다.

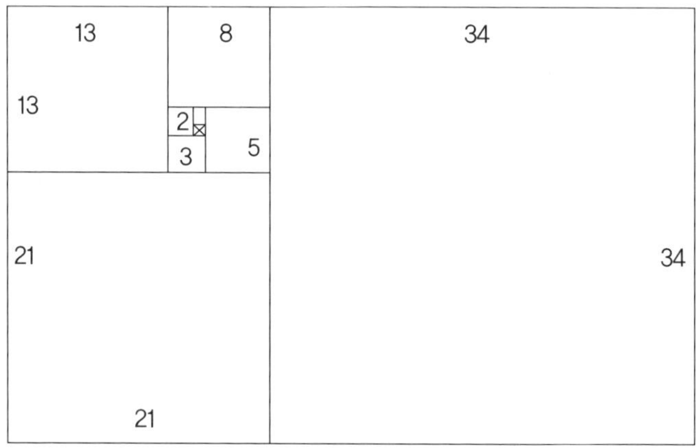

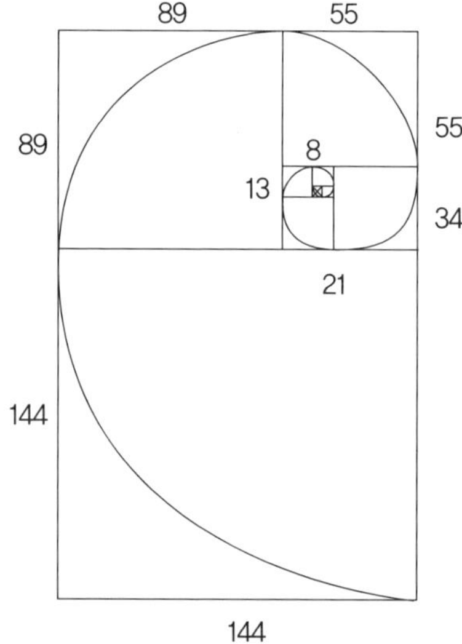

〈그림 2-1〉 피보나치의 비율을 이용한 등각 나선형 구조

1단위 사각형으로 시작해 또 하나의 1단위 사각형을 붙이고, 그 다음 2단위 사각형을 꼭 맞게 붙이고, 이어서 3단위 사각형을 역시 꼭 맞게 붙이고 계속 같은 식으로 5, 8, 13, 21…… 단위의 사각형을 붙여나간다.

(트루디 하멜 갤런드(Trudy Hammel Garland)의 《황홀한 피보나치*Fascinating Fibonaccis*》에서 허가받고 인용. copyright 1987 by Dale Seymour Publications, P. O. Box 10888, Palo Alto, CA 94303.)

그리스인들은 이 비율을 알았고, 이를 '황금수치golden mean(황금비율 또는 황금분할이라고 알려져 있다-옮긴이)'라고 칭했다. 그리고 이 황금비율은 파르데논 신전의 비율과 포커 카드나 신용 카드의 모양, 뉴욕에 있는 유엔 총회 건물의 비율에 적용되어왔다. 또한 대부분의 천주교 십자가들도 가로대가 같은 비율로 세로대를 지난다. 즉, 세로대에서 가로대 위쪽 길이가 아래쪽 길이의 61.8%가 된다는 뜻이다. 뿐만 아니라, 이 비율은 자연계 전반에 걸쳐서도 나타난다. 꽃의 무늬라든가 솜엉겅퀴의 잎사귀, 야자수 나뭇잎의 줄기가 그렇다. 우리 몸에도 이 비율이 적용되는 부위가 있다. 균형 잡힌 사람에게서 배꼽 위쪽과 아래쪽의 비율이 그렇고, 우리 손가락 각각의 뼈가 인접하는 뼈와 갖는 비율이 그렇다.

피보나치의 비율이 좀더 신비롭게 나타나는 것 가운데 하나는 흔히 볼 수 있는 아름다운 나선형이다. 〈그림 2-1〉은 피보나치 급수를 이용해 나선형이 전개되어 나오는 과정을 살펴본 것이다. 이 과정은 같은 크기를 가진 작은 정사각형 두 개에서 시작된다. 그 정사각형 한 변의 길이를 1이라고 할 때, 인접하는 다음 정사각형 한 변의 길이는 2, 그 다음은 변의 길이 3을 갖는 정사각형이 인접하고 계속 5, 8, 13……을 한 변의 길이로 갖는 정사각형이 인접하는 과정을 거치고, 각각의 정사각형 안에 꼭짓점과 꼭짓점을 잇는 1/4 원을 그려 가장 작은 것에서부터 이어나가면 아름다운 나선형이 만들어지는 것이다. 보라, 이러한 일련의 과정 중에 나타나는 직사각형도 모두 황금비율을 지니지 않는가!

낯설지 않은 느낌을 주는 이 나선형은 은하계 특정 성운의 모양이나 숫양의 뿔, 바다의 조가비나 파도 등에서 나타난다. 이런 구조의 특징은 첫 번째 정사각형의 크기에 관계없이 크기가 계속 커져도 변하지 않고 같은 형태를 유지한다. 다시 말해 형태가 성장에서 독립되어 있는 셈이다. 이 점에 대해 언론인 윌리엄 호퍼William Hoffer는 다음과 같이 언급한 적이 있다.

"위대한 황금 나선형이야말로 질을 희생시키지 않고 양을 늘려가는 자연의 방식인 것 같다."

어떤 사람들은 피보나치의 숫자가 좀더 다양한 예언에 이용될 수 있다고 믿는다. 특히 증권시장에 대한 예언에……. 그리고 실제로 그 예언이 종종 맞아떨어지는 경우가 있어 그러한 믿음은 꽤 설득력을 지닌다. 또한 피보나치의 수열이 매우 매혹적이어서 심지어 캘리포니아 산타클라라 대학에는 '미국 피보나치 연구회' 라는 단체가 설립되어 있기도 하다. 이 단체에서는 1962년 설립된 이후 지금까지 수천 쪽에 달하는 연구 논문이 발표되었다.

결론적으로, 피보나치의 《산술교본》은 리스크를 길들이는 과정에서 가장 기본적인 요소인 도량방법을 결정한, 눈부신 첫걸음인 셈이다. 그러나 그 당시 사회는 아직 숫자를 리스크에 결부시킬 준비가 되어 있지 않았다. 피보나치 시대의 사람들은 여전히 리스크가 자연의 변덕으로 비롯되는 것이라고 생각했다. 사람들은 그후 자신들이 만드는 리스크도 깨달았고, 운명에 대항해 싸울 용기까지 얻어 리스크 관리 기술을 얻었다. 하지만 그 과정은 200년이나 더 기다려야 일어날 일이었다.

피보나치가 성취한 위업을 온전히 평가하기 위해서는, 10의 자리와

100의 자리를 구분하는 방법에 대한 그의 설명이 있기 이전 시대를 살펴보아야 한다. 물론 그 이전 시대에도 몇몇 주목할 만한 혁신가들이 있었나.

네안데르탈인 같은 원시인들도 셈법을 알았지만 정작 수를 세어야 할 필요성은 거의 없었다. 그들은 그저 돌이나 통나무에 흠집을 남겨 하루가 지나갔다는 표시를 했고, 마찬가지 방법으로 사냥한 동물의 수를 기록했을 뿐이다. 그들의 시계는 태양이었다. 5분이나 30분 정도의 시간은 어차피 문제가 되지 않았다.

측량방법과 셈방법에 대한 체계적인 연구는 기원전 1만 년경에 시작된 것으로 보인다. 그때 인류는 티그리스 강, 유프라테스 강, 나일 강, 인더스 강, 양쯔 강, 미시시피 강, 아마존 강 등 큰 하천유역에서 곡식을 재배하며 정착생활에 들어갔다. 강은 곧 무역상들과 여행자들의 고속도로가 되었고, 모험가들은 강을 타고 바다로 흘러나갔다. 이렇게 아득한 거리를 오가는 사람들이 많아지자 점차 달력과 항해술, 지리학 등이 대단히 중요한 요소가 되기 시작했다. 살기 위해 더욱 정확한 계산이 요구되었던 것이다.

인류 최초의 천문학자들은 고대 종교의 성직자였고, 그들의 천문학에서 수학이 나왔다. 돌이나 막대기에 눈금을 새기는 것만으로는 부족하다고 느끼기 시작한 사람들이 숫자를 10단위나 20단위로 묶기 시작했다. 그렇게 하면 손가락이나 발가락을 이용해 헤아리기가 쉬웠던 것이다.

하지만 미래에 대한 계획과 설계는 고대인들의 생각 속에 자리 잡지 못했다. 천문학에 조예가 깊었고 나일 강의 범람주기를 예측했다는 이집트인들도 마찬가지였다. 그들은 전통에 따라 관습이나 순환 절기, 과거 사실의 의미를 그저 되풀이해 새겼기 때문에 무엇인가를 변화시키겠다는 생각 자체가 없었다.

기원전 450년경, 그리스인들은 알파벳을 이용하는 숫자체계를 고안해냈다. 이 체계는 24개의 그리스 알파벳과 후에 사라져버린 3개의 문자로 만들어졌다. 1에서 9까지 각각의 숫자에 해당하는 문자가 정해졌고, 10의 배수 역시 각각의 문자를 가졌다. 예를 들어 '파이pi'는 그리스어 '펜타penta'의 첫 글자를 딴 것으로 5를 뜻했고, 델타delta는 10을 뜻하는 '데카deca'의 첫 글자로 10을 의미했다. 또 알파벳의 첫 글자인 알파alpha는 1을 의미했으며, 로rho는 100을 의미했다. 따라서 115는 로-데카-펜타rho-deca-penta 또는 ρδπ로 적었다. 그리스 언어와 같은 어족에 속하는 말과 글을 가졌던 히브리인들도 같은 종류의 알파벳 숫자체계를 사용했다.

사람들은 문자로 만들어진 숫자체계를 이용해 이전보다 튼튼한 건축물을 설계하고 과거보다 더 먼 거리를 여행할 수 있었다. 그리고 더 정확한 시간을 알 수도 있었다. 그렇지만 그러한 숫자체계에는 중대한 결함이 있었다. 문자를 이용해 덧셈이나 뺄셈 또는 곱셈이나 나눗셈을 실행하는 일이 보통 어려운 문제가 아니었던 것이다. 게다가 문자로 암산을 한다는 것은 엄두도 못 낼 일이었다.

결국 계산은 계산 틀이나 주판으로 행해졌고, 숫자의 대용물이었던 문자는 셈의 수단이라기보다는 다른 방법으로 계산해 얻은 결과를 기록하는 방편에 지나지 않았다. 역사상 가장 오래된 계산도구인 주판은 수학의 한복판에서 매우 중요한 역할을 했으나, 서기 약 1000~1200년 사이에 힌두-아라비아 숫자체계가 도입되면서 점차 그 중요성을 상실하고 말았다.

주판의 제 기능이 발휘되도록 하려면 주판 한 줄에 주판알 몇 개가 들어가는지에 대해 명확히 해놓아야 한다. 덧셈의 경우를 예로 들면, 가장 오른쪽 줄을 꽉 채우고 남는 나머지는 왼쪽 줄로 한 줄 이동해 올리고, 또 올라온 줄에서도 넘치면 다시 한 번 더 왼쪽 줄로 넘기는 식이어야 한다. 그러기 위해서는 각 줄의 주판알 수를 정확히 지정해두어야 한다. 요즘도 셈을 할 때면 '하나를 빌려온다'느니, '3을 올린다'는 등으로 말하는데, 이는 바로 주산에서 유래된 표현인 것이다.

이처럼 초기 수학의 결함에도 불구하고, 인간의 지식은 가능한 모든 측면에서 고도로 발달되었다. 특히 형태의 언어인 기하학과 기하학이 응용되는 천문학과 항해술, 기계학의 발전은 눈부셨다. 그리고 그 중에서도 가장 눈에 띄는 진보는 그리스인들과 그들의 알렉산드리아 동료들이 이루어낸 기하학의 발전이었다. 대표적인 예로, 알렉산드리아의 학자 유클리드가 쓴 《초등기하학Elements》은 지금까지도 부수 면에서 성경 다음으로 기록될 정도다.

하지만 그리스인들이 이루어낸 기하학의 발전이 과학적 혁신을 의미하는 것은 아니었다. 유클리드보다 훨씬 이전에 살았던 이집트나 바빌로니아 신전의 성직자들도 기하학의 상당 부분을 알고 있었다. '직각삼각형 빗변의 제곱은 나머지 두 변의 제곱의 합과 같다'는 유명한 피타고라스Pythagoras의 정리조차도 메소포타미아 지역에서 기원전 2000년에 이미 사용되고 있었다.

무엇이든 증명해보려고 애를 썼던 것이 그리스 정신의 독특한 특성이다. 그들은 '무엇' 보다는 '왜' 를 더 문제 삼았다. 또한 그들은 삶과 우주의 궁극적인 문제를 사색하는 데 어떤 권위에도 의존하지 않았고, 성직자들이 내리는 결론의 절대성을 부정했으며, 성직자들이 지운 종교적 · 형이상학적 속박에서 벗어나 역사상 처음으로 자유로운 문명을 꽃피웠다. 그런 그리스인들은 세상을 만유漫游하기 시작했고, 세계 최초의 식민지 개척자가 되어 지중해 일대를 사적 소유지로 삼을 수 있었다.

결과적으로 좀더 세속적일 수밖에 없었던 그리스인들은 자명한 사실에 대해서도 의심하기 시작했고, 선조들이 어림짐작으로 내린 판단을 그대로 받아들이려 하지 않았다. 그들은 어림짐작을 뒷받침해주는 실례에도 관심이 없었다. 그리스 정신의 목표는 모든 경우에서 모든 곳에 적용할 수 있는 원리를 발견하는 것이었다. 하나의 직각삼각형을 선택해 직각을 낀 두 변의 제곱의 합이 빗변의 제곱과 일치한다는 것을 실제로 계산해보고 확인해보는 선에서 그칠 수도 있었다. 그러나 그리스인들은 그것이 왜 크든 작든 모든 직각삼각형에서 하나의 예외도 없이 적용되는지, 그 이유가 무엇인지 파악하려 했다. 이는 '증명' 이 유클리드 기하학의 모든 것이 되고, 이후로 계산이 아닌 증명이 수학이론을 지배할 수 있었던 까닭이기도 하다.

분명히 그리스인들은 다른 문명권과는 전혀 다른 분석적 방법론을 시도했다. 하지만 그러한 혁신에도 불구하고, 그들은 확률과 미적분학은 물론이고 단순한 대수의 법칙조차 발견하지 못했다. 그들의 자유롭고 철저한 정신에 비하면 놀라운 실패가 아닐 수 없다. 그렇다면 그들의 학문적 진보에 장애요인으로 작용한 것은 무엇일까?

말할 나위도 없이 그것은 바로 그들의 알파벳 숫자체계에 있었다. 여전히 쓰기 불편한 숫자체계에 의존해왔던 것이다. 로마인들도 똑같은 곤란을 겪었다. 9와 같이 간단한 숫자를 쓰려 해도 IX처럼 문자 두 개가 필요했다. 또한 로마인들은 32를 III II로 쓸 수도 없었다. 왜냐하면 III II가 32인지 302나 3020인지, 또는 3, 2, 0의 좀더 큰 다른 조합을 의미하는지 알 도리가 없었던 것이다. 따라서 그 숫자체계로 계산한다는 것은 한마디로 불가능했다.

그러나 좀더 뛰어난 숫자체계는 서기 500년경에야 출현했다. 힌두인들이 오늘날 우리가 사용하고 있는 숫자체계를 개발해낸 것이다. 이 기적과 같은 발명품을 고안해내는 데 누가 기여했으며, 어떻게 인도 대륙 전역으로 퍼져나갈 수 있었는지에 대해서는 현재까지도 분명하게 밝혀진 바가 없다. 아랍인들이 이 숫자를 알게 된 것은, 622년 모하메드가 이슬람교를 창시하고 약 90년이 지난 후였다. 그의 추종자들이 강력한 국가를 만들어 인도는 물론이고 그 너머까지 휩쓸었던 것이다.

새로운 숫자체계는 인도 대륙에서 서쪽으로 확산되었다. 그리고 전파되는 곳곳에서 그 지역의 지적 활동에 커다란 활력이 되었다. 이미 학문이 크게 융성했던 바그다드는 새로운 숫자체계의 영향으로 수학 연구 활동의 중심지로 부상했고, 칼리프Caliph(이슬람교 교주로서의 터키 국왕-옮긴이)는 유대 학자들에게 프톨레마이오스Ptolemaios(2세기경 알렉산드리아의 수학자-옮긴이)나 유클리드 등 수학 선구자가 쓴 책의 번역을 맡겼다. 이렇게 해서 수학의 주요 저술이 곧 아랍 제국 전역으로 번져 나갔고, 9세기나 10세기경에는 멀리 서쪽 스페인으로까지 전파되었다.

사실 인도인들보다 최소한 200년이나 먼저 숫자체계를 고안했던 서구인이 있었다. 서기 250년경 디오판투스Diophantus라는 알렉산드리아의 수학자가 논문을 발표해 문자 대신 숫자를 사용해 수를 표시하는 이점에 대해 설명했다.

디오판투스에 대해 알려져 있는 사실은 그리 많지 않지만 알려져 있는 몇 가지는 매우 흥미롭다. 수학사가인 허버트 워런 턴불Herbert Warren Turnbull에 따르면, 그리스인들은 디오판투스의 수학적 기질을 빗대어 그의 생애를 이렇게 풍자했다고 한다.

"그의 생애 가운데 1/6이 유년기였으며, 유년기 이후 생애의 1/12이 더 지나자 수염이 나기 시작했고, 수염이 나기 시작한 후 생애의 1/7이 더 지나선 결혼을 했다. 결혼 후 5년 만에 아들을 얻었는데, 태어난 아들은 아버지 나이의 반만큼만 살았고, 그는 아들이 죽고 나서 4년이 지난 후에 사망했다."

그러면 디오판투스는 몇 살까지 살다 죽었다는 얘긴가? 대수 문제 풀이를 좋아하는 사람들은 본 장의 끝에 있는 해답을 참조하기 바란다.

디오판투스는 숫자를 상징하는 기호 사용에 대해 고수했지만, 항상 그렇게 할 수 있는 것은 아니라고 생각했다. "방정식 $4=4x+20$은 불합리할 뿐만 아니라 해결이 불가능한 문제다"라고 언급한 것을 보면 알 수 있다. 그러나 알다시피 그것은 불합리하지도 해결이 불가능하지도 않은 문제다. 문제의 x값은 음수, 즉 -4다. 디오판투스에게는 0(제로)의 개념이 없었던 탓에 음수가 논리적으로 불가능해 보였던 것이다.

어쨌든 디오판투스의 놀라운 혁신은 당시 사람들에게 그다지 주목을 받지 못했던 것 같다. 사람들이 그의 연구에 주목하고 업적을 정당하게 평가하기 시작한 것은 그가 죽고 거의 1500년의 세월이 흐르고 나서였다. 17세기에 이르러서야 사람들이 그의 논문을 토대로 대수학을 꽃피웠다. $ax+b=c$와 같이 오늘날 우리에게 익숙한 대수방정식은 그의 이름을 따서 디오판투스 방정식Diophantine equations(1차방정식)으로 불린다.

아라비아 숫자체계에서 가장 중요한 대목은 0의 발명이다. 0는 인도어로 sunya라고 불렸으며, 후에 아랍어로는 cifr라 했다. 이 용어가 영어에 들어와 무無를 뜻하고, 주판이나 계산틀의 빈 줄을 일컫는 '사이퍼cipher'가 된 것이다.

0의 개념을 처음 접한 사람들은 그것을 잘 이해할 수 없었다. 그들은 사냥한 동물의 수를 기억하기 위해, 지나간 날들을 세어보기 위해, 또는 여행한 거리를 어림잡기 위해 셈을 해왔기 때문에 0의 의미를 알지 못했던 것이다. 20세기 영국 철학자 알프레드 노스화이트헤드Alfred North Whitehead는 이렇게 말한다.

"0에 대한 요점은 그것이 일상생활에는 필요하지 않다는 것이다. 아무도 0마리의 물고기를 사기 위해 나가지는 않으니까 말이다. 그러나 0는 어느 면에선 모든 기수 가운데 가장 세련된 수다. 0는 정교하게 다듬어진 사고를 할 필요가 있을 때에는 반드시 필요한 수다."

화이트헤드의 '정교하게 다듬어진 사고'라는 표현이, 단지 0가 셈과 계산의 수준을 높였다는 사실만을 지적하는 것은 아니다. 그는 0가 계산의 편리성 문제보다 더 심오한 뭔가의 속박을 풀었다는 것을 시사하고 있다. 디오판투스도 알고 있었듯이, 적합한 숫자체계가 주어지면 수학에서 계산기술뿐만 아니라 대상을 추상화시키는 기술도 발달하게 마련이다. 0는 사상과 진보에 가로놓였던 장애를 없애버린 것이다.

결론적으로 0는 두 가지 면에서 기존의 숫자체계에 대변혁을 일으켰다. 첫째, 0에서 9까지 열 개의 숫자만 사용하면 모든 계산이 가능해졌고, 어떤 숫자건 단지 숫자 열 개로 완벽하게 표현할 수 있게 되었다. 둘째로는 1, 10, 100 등 숫자의 배열이 있을 때, 그 다음 숫자는 1000임을 수열 자체로 알 수 있게 되었다. 0는 숫자체계의 전체구조를 눈으로 보는 순간 명확히 알 수 있게 해주었다. 로마 숫자로 된 수열에서는 쉽게 할 수 없었던 일이다. 두 개의 수열 I, X, C와 V, L, D를 예로 들어보겠다. 자, 그 다음 숫자는 각각 무엇인가?

현재까지 알려진 바에 따르면, 아랍 최초의 산수책은 수학자 알 코와리즈미al-Khowârizmî가 썼다. 그는 서기 약 825년경에 살았으므로 피보나치보다 약 400년 전의 인물이다. 그의 책을 읽은 독자들은 그를 알고 있겠지만, 대체로 그의 이름만 들어왔을 것이다. '알 코와리즈미'를 빨리 발음해보라. 연산방식을 의미하는 '알고리듬algorithm(연산)'이라는 용어가 바로 그의 이름에서 비롯된 것이다.

알 코와리즈미는 인도에서 새로이 도입된 숫자를 이용해 최초로 덧셈, 뺄셈, 곱셈, 나눗셈의 4칙연산방법을 만들어낸 수학자다. 그의 논문 가운데 하나인 〈Hisâb al-jahr w' almuqâbalah〉, 즉 〈이항법과 소거법〉에서 그는 대수방정식을 처리하는 과정을 상술하고 있다. 이 논문의 al-jahr라는 단어에서 방정실을 풀이하는 학문인 '대수학algebra' 이라는 단어도 나왔다.

물론 아랍의 수학자들 가운데 가장 유명한 사람은 오마르 하이얌Omar Khayyam이다. 그는 1050년경부터 1130년 무렵까지 살면서 '루바이야트Rubaiyat' 라는 형식의 시를 쓰기도 했는데, 그의 시는 읽는 이의 마음을 사로잡았다. 그리고 그가 쓴 일련의 루바이야트, 즉 75개의 4행시는 훗날 빅토리아 시대의 영국 시인인 에드워드 피츠제럴드Edward Fitzgerald가 번역했다. 사실 그 얇은 책은 과학이나 수학과는 별로 관계가 없다. 오히려 인생의 덧없음을 되새기거나 포도주를 마시는 기쁨, 무상한 삶으로 향유할 수 있는 것과 더욱 관계가 깊다. 27번째 루바이야트에서 하이얌은 이렇게 읊는다.

어릴 적에 나는 간절히 원했네. 그래서,
학자들과 성자들을 찾아다녔지. 그때마다
이런저런 언쟁만이 들려왔고. 언제나 그렇게,
나는 되돌아 나와야만 했네. 들어섰던 바로 그 문으로.

피츠제럴드에 따르면 하이얌은 니잠 알 물크Nizam al Mulk와 하산 알 사바Hasan al Sabbah라는 두 친구와 함께 교육을 받았고, 그 둘은 하이얌

만큼이나 총명했다고 한다. 사바는 세 명 가운데 최소한 한 명 정도는 부와 권력을 획득할 것이라는 생각에서, 다음과 같은 제안을 했다고 한다.

"행운이 누구에게 오건 나머지 두 명과 공평하게 나누어야 하고, 어떤 부나 권력도 자신만을 위해서 간직해서는 안 된다."

그들은 모두 그렇게 하기로 맹세하고, 훗날 물크가 술탄sultan 밑의 고관이 되자, 나머지 두 친구가 그를 찾아가 약속했던 그들의 몫을 요구하게 된다.

사바는 관직을 요구해서 받는다. 그러나 승진에 불만을 품자 관직을 버리고 광신자 집단의 우두머리가 된다. 그는 이슬람 세계 전역에 걸쳐 공포의 대상이 되고, 나중엔 그의 옛 친구인 물크까지 살해하고 만다.

하이얌은 직위나 권세를 요구하지 않는다. 그는 물크에게 "학문의 유익성을 널리 전하며 자네의 장수와 부귀영화를 기원하며 살고 싶을 뿐이니, 내가 자네 권세의 그늘에 있도록만 해주게나. 그것이 자네가 내게 가장 큰 은혜를 베푸는 것일세"라고 말한다. 술탄이 하이얌을 총애해 그에게 물 붓듯 은혜를 내리지만, 하이얌의 대담한 향락주의적 언행 때문에 동시대 사람들은 그를 백안시했다.

다시 본론으로 돌아가, 하이얌은 새로운 숫자체계(아라비아 숫자체계)를 사용해 알 코와리즈미를 넘어서는 계산방식을 발전시키며 좀더 복잡한 대수 기호체계의 기반을 제공했다. 뿐만 아니라 하이얌은 기술적 관측결과와 수학적 연구결과로 달력을 개량했으며 제곱이나 세제곱, 나아가 그 이상의 제곱값을 쉽게 계산해낼 수 있도록 숫자의 삼각 배열방법을 고안해냈다. 바로 이 삼각 배열방법을 기반으로 17세기 프랑스 수학자 파스칼이 선택과 기회, 그리고 확률이론을 창조해낸 것이다.

아랍 세계에서 이룩한 성과는 대단히 컸지만, 개념의 확장이 논리적인 결과에 미치지 못한 채 멈춰버린 것을 알 수 있다. 진보적인 수학적 사고의 소유자였던 아랍인들이 왜 확률이론과 리스크 관리이론에 이르지 못했을까? 나는 그 이유가 그들의 인생관에 있다고 믿는다. 우리의 미래를 누가 결정하는가? 운명인가? 신인가? 아니면 우리 자신인가? 리스크 관리 개념을 가지려면 자신을 자유 행위자라고 믿어야 한다. 그러나 이슬람교도들 또한 그리스인들과 초기 기독교인들처럼 운명론자였다. 그들은 미처 도약할 준비가 되어 있지 않았던 것이다.

서기 1000년 무렵 새로운 숫자체계는 스페인이나 그밖의 지역에 산재한 무어인들의 대학과 시칠리아의 사라센 사람들에게 알려졌다. 노르만인이 발행한 시칠리아 동전 가운데 하나에는 '그리스도 기원 1134년 1134 Annoy Domini' 이라고 발행 연도가 표시되어 있는데, 실생활에서 아라비아 숫자를 사용한 최초의 예로 보고 있다. 그러나 13세기 전까지는 그 새로운 숫자가 보편적으로 사용된 것은 아니었다.

프레더릭 황제가 피보나치의 작업을 후원했고 그의 책이 유럽 전역으로 전파되었음에도 불구하고, 새로 도입된 힌두-아라비아 숫자에 대한 격렬한 저항과 강한 반발이 1500년대 초기까지 계속되었다. 여기서 잠시 그 이유를 살펴보기로 하자. 거기에는 두 가지 요인이 작용한다.

첫 번째 요인은 타성이었다. 즉, 너무나 오랫동안 사용해왔기 때문에 그들 정신의 일부로 굳어져버린 기존의 숫자체계를 버린다는 것이 어려운 문제였다. 습관이 되어버린 방식을 버리고, 완전히 새로운 방식을 습득한다는 것은 그들에게 결코 쉬운 일이 아니었다.

두 번째 요인은 더 구체적이었다. 새 숫자를 사용하면 사기를 치기가 쉬웠다는 점이다. 0를 6이나 9로 바꾸기가 매우 쉽기 때문에 그렇게 속이고 싶은 유혹이 있을 만도 했다. 현대의 유럽인들이 7을 ㄱ로 쓰고 있는 까닭도 1을 4나 6, 또는 7이나 9로 쉽게 고칠 수 있다는 연유에서 비롯된 것이다. 이 숫자체계는 교육수준이 높았던 이탈리아에 쉽사리 정착되기는 했지만, 정작 플로렌스에서는 1229년 은행에서 '이교도' 기호의 사용을 금하는 포고령을 발표했다. 결국 숫자를 배우고 싶었던 많은 사람들은 자신들을 이슬람교도로 위장해야만 했다.

15세기 중엽 마침내 활자 인쇄가 발명되었다. 활자 인쇄는 새 숫자 사용에 대한 반대를 극복하는 촉매제였다. 숫자의 불법 변조가 더 이상 불가능해졌으며, 모든 사람들이 숫자의 편리성에 비해 로마 숫자는 터무니없이 불편하다는 사실을 분명하게 깨달은 것이다. 이로 인해 상거래의 편리성도 증대되었다.

알 코와리즈미의 구구표는 이후의 모든 학생들이 반드시 배워야만 했다. 그리고 확률법칙에 대한 어렴풋한 인식이 싹트면서 도박은 완전히 새로운 차원으로 비약하게 되었다.

디오판투스의 풍자에 등장했던, 대수 문제의 풀이는 다음과 같다. 사망할 때 그의 나이를 x로 놓으면,

$$x = \frac{1}{6}x + \frac{1}{12}x + \frac{1}{7}x + 5 + \frac{1}{2}x + 4$$

디오판투스는 84세까지 살았다.

2부

확률이론의 대발견

1200~1700년

03

판돈 배분 문제를 풀어내려는 어떤 도박꾼의 노력

다음 페이지에 나오는 작품, 동정녀 〈브레라 마돈나The Brera Madonna〉를 그린 피에로 델라 프란체스카Piero della Francesca는 피보나치보다 200여 년 후인 1420~1492년까지 살았던 인물이다. 그는 이탈리아 르네상스가 만개한 시대에 살았다. 그래서인지 그의 작품은 중세 사상과 15세기 새로운 기운 사이의 여백을 잘 요약해 나타내고 있다.

프란체스카의 인물들을 보면 동정녀조차 인간 그 자체로 표현되고 있다. 그들에게는 후광도 없고, 발을 땅에 딛고 굳게 서 있다. 개개인이 다 초상화 같으며 나름대로의 3차원적 공간을 차지한다. 인물들은 동정녀와 아기 예수를 의식했을 텐데도 불구하고, 대부분은 각기 다른 쪽으로 관심을 돌리고 있는 듯 보인다. 신비스러움을 나타내기 위해 건축상의 공간에 등장하던 고딕 양식의 그림자도 사라져버렸다. 이 작품에서의

페레데코 일 디 몬테펠트로Federico II di Montefeltro 공작의 마돈나

그림자는 단지 인물을 돋보이게 하기 위해 건물의 무게감과 공간 감각의 묘사를 강조하는 역할을 할 뿐이다.

위쪽 계린은 동정녀 머리 바로 위로 드리워져 있는 것처럼 보인다. 하지만 그림을 좀더 자세히 살펴보면 번식을 나타내는 그 거룩한 상징물이 정확히 어디쯤 드리워져 있는지 분명치 않다. 게다가 신앙심이 깊어야 할 세속의 남녀들이 자신들의 위쪽에 나타난 이상스런 현상에 무관심한 이유는 무엇일까?

그리스 철학은 혼란 그 자체가 되었다. 신비란 그저 하늘에 있는 것이었고, 지상의 남성이나 여성들은 그야말로 독립적인 개체였다. 그들은 신성의 출현을 존중했지만 거기에 아첨하지는 않았다. 바로 이것이 르네상스 시대 예술작품에서 거듭 나타나는 메시지다. 예를 들어, 도나텔로Donatello의 멋진 조각작품 〈다비드David상〉은 고대 그리스-로마 시대 이래로 만들어진 최초의 남자 누드라 할 수 있다. 그런데 구약의 위대한 시인이자 영웅이 사춘기의 육체를 부끄러워하지도 않고 골리앗Goliath의 머리를 짓밟은 채 대담하게 서 있는 것이다. 또한 플로렌스에 있는 거대한 돔 형식의 부르넬리스키Brunelleschi 대성당은 분명히 미사를 위한 것이었으면서도 내부장식이 간소해 종교가 사실상 지상으로 내려왔음을 선포하는 것 같다.

르네상스는 발견의 시대였다. 콜럼버스는 프란체스카가 죽던 해에 항해를 시작했다. 그리고 또 얼마 지나지 않아 코페르니쿠스Copernicus는 하늘에 대한 인간의 시각에 대변혁을 일으켰다. 코페르니쿠스의 업적은 고도의 수학적인 기술 없이는 이뤄낼 수 없었던 일이다. 다시 말해 당시의 수학 수준이 열악했다면 코페르니쿠스 이론은 다음 세기에나 나왔을 것이다. 그리고 그런 환경을 바탕으로 16세기 수학은 이탈리아에서 빠르고 놀라울 만큼 진보했다. 또한 1450년대를 전후해 활자 인쇄가 도입됨에 따라, 수학의 많은 고전들이 이탈리아어로 번역되었고 라틴어나 각 지방의 언어로도 출간되었다. 이런 분위기에서 수학자들은 복잡한 대수방정식의 해법에 대해 공개적으로 뜨거운 논쟁을 벌였고, 군중들은 나름대로 편을 들며 성원을 보내기도 했다.

이러한 세간의 관심은 1494년 루카 파치올리라는 프란체스카회의 수도사가 매우 주목할 만한 책을 출간함에 따라 더욱 증폭된다. 파치올리는 1445년 프란체스카의 고향인 보르고 샌 세풀크로에서 태어나 소년 시절에 프란체스카에게서 직접 사사 받은 수학자다.

사실 파치올리의 가족은 그가 사업가로서 대성하기를 원했지만, 프란체스카는 그에게 글쓰기 · 그림 · 역사 등을 가르쳤고 근처 우르비노 궁정에 있는 유명한 도서관을 이용하도록 격려했다. 그 도서관에서 공부한 덕분에 파치올리는 수학자로서 명성을 쌓을 수 있었다. 20세 때 파치올리는 베니스로 가서 어느 부유한 상인의 아들을 가르치는 개인교사로 자리를 잡았다. 그는 그곳의 공개 강연장에서 철학과 신학을 배웠고 수학을 사사 받기도 했다. 총명한 학생이었던 그는 베니스에서 수학에 관한 자신의 첫 책을 집필했다. 그리고 베니스의 주둔군 장교였던 삼촌 베네디토Benedetto의 도움으로 군 사무는 물론 건축학에 관해서도 배웠다.

1470년 파치올리는 공부를 계속하기 위해 로마로 가서 27세의 나이에 프란체스카회의 수도사가 되었다. 그러나 그곳에 머무르지 않고 계속 떠돌아다녔다. 그러면서도 공부를 계속해, 1486년 현재의 박사학위와 마찬가지인 매지스터magister 학위를 받은 후 밀란에서 수학교수로 정착하기 전까지 페루지아 · 로마 · 나폴리 · 피사 · 베니스 등 각지에서 수학을 가르쳤다.

파치올리의 대표작인 《수학, 기하학과 비례학의 정상Summa de arithmetic, geometria et proportionalita》—중요한 학술서적은 그때까지도 라틴어로 쓰였다—은 1494년에 완성되었다. 그는 이 책의 서문에서 '수학의 위대한 추상성과 불가사의'에 대해 극찬하며 거의 300년쯤 전에 쓰여진 피보나치의 《산술교본》에서 도움을 얻었다고 밝혔다. 《수학, 기하학과 비례학의 정상》은 대수의 기본원리를 설명하고 있으며, 60×60에 달하는 모든 수의 구구단을 수록해놓고 있다. 60×60 구구단은 실로 새로운 인쇄기술이 새로운 숫자체계를 보급하던 그 당시의 시대상황과 매우 걸맞은 발상이 아닐 수 없다.

《수학, 기하학과 비례학의 정상》의 가장 영속적인 공헌 가운데 하나는 복식부기법을 제시한 것이다. 물론 파치올리가 복식부기법을 처음으로 만들어낸 것은 아니지만, 그가 제시한 방법은 오늘날까지 쓰인다(복식부기법 개념을 최초로 명시한 책은 피보나치의 《산술교본》이고, 어느 이탈리아 회사의 런던 지사에서 1305년쯤에 출간한 책에도 그 개념이 나와 있다). 어쨌든 그 근원이 어디에 있든 간에, 회계법에서의 그러한 커다란 혁신은 300년 후 발명된 증기기관에 버금갈 만큼 경제계에 의미 있는 결과물이었다.

밀란에 머무는 동안 파치올리는 레오나르도 다 빈치와 아주 가까운 친구가 되었다. 파치올리는 다 빈치의 재능에 말할 수 없이 깊은 감명을 받아, '공간적 움직임, 충돌, 무게, 에너지에 대한 그의 귀중한 작업'을 호평했다. 다 빈치와 마찬가지로 파치올리도 수학과 미술 사이의 상호

연관성에 관심이 많아 둘은 친구가 되기에 충분한 공통점을 지녔던 게 틀림없다. 또한 파치올리는 "음악이 자연감각 가운데 하나인 청각을 만족시켜주는 것이라면, 지성의 첫 번째 통로 가운데 월등한 가치를 지닌 시각을 만족시켜주는 것은 바로 원근법이다"라고 언급한 바 있다.

다 빈치는 비례와 기하학에 관한 직관적인 감각의 소유자였음에도 불구하고, 파치올리를 만나기 전까지는 수학에 대해 거의 문외한이었다. 다 빈치가 남긴 노트를 보면 직선 자와 컴퍼스를 사용해 그린 그림들로 가득하다. 이는 직관에 의존해왔던 그의 개념이 파치올리의 격려에 힘입어 구체화된 것으로 보인다.

다 빈치의 전기 작가인 마틴 켐프Martin Kemp도 다 빈치의 수학에 대한 갑작스러운 열정은 전적으로 '파치올리가 제공한 자극에서 비롯된 것'이라고 말한다. '파치올리가 다른 어떤 동시대 사상가도 이루지 못한 방식으로 다 빈치의 관심 전환을 초래한 것'이라는 얘기다. 그에 대한 보답으로 다 빈치는 파치올리의 다른 대작 《신성 비율De Divine Proportione》에 복잡한 삽화를 그려주었는데, 1498년에 나온 멋진 필사본 두 작품에서 그 그림을 볼 수 있다. 인쇄본은 1509년 출판되었다.

다 빈치는 《수학, 기하학과 비례학의 정상》을 지니고 다니며 매우 열심히 공부했던 것으로 보인다. 그의 노트 기록을 살펴보면, 비례를 이용하는 데 도움이 되는 곱셈과 분수를 이해하려고 계속 노력한 흔적이 남아 있다. 어떤 곳에는 '루카 선생에게 근根의 곱셈을 배워야 한다'는 다짐을 적어놓기도 했다. 오늘날이라면 다 빈치는 3학년 정도의 수학 수업을 간신히 통과했을 것 같다.

다 빈치와 같은 르네상스 천재가 초등학교 수준의 수학에 그렇게 쩔

쩔맸다는 사실은 15세기 말의 수학적 이해도가 어느 정도였는지 짐작할 수 있다. 그렇다면 수학자들은 이런 상태에서 어떻게 리스크를 측정하고 통제하는 체계로 첫걸음을 내딛을 수 있었을까?

파치올리 자신도 숫자의 기적을 통해 해방시킬 수 있는 힘을 감지했던 것 같다. 《수학, 기하학과 비례학의 정상》에서 그가 제시한 다음과 같은 문제를 한번 살펴보자.

> A와 B는 발라balla라는 게임을 하고 있었다. 그들은 한 사람이 여섯 판을 이길 때까지 계속하기로 했다. 그런데 게임은 A가 다섯 판, B가 세 판을 이기고 끝이 났다. 내기에 건 판돈은 어떻게 나누어야 하는가?

이런 유형의 까다로운 문제는 16, 17세기에 나온 수학자들의 저술에 반복적으로 등장한다. 상황 설정이 약간씩 다르긴 하지만 핵심이 되는 문제는 항상 같다. 다 끝내지 못한 도박에서 판돈은 어떻게 나누어야 하는가 하는 점이다. 대답은 가지각색이었고, 그럴수록 논쟁은 더욱 가열되었다.

'득점 문제problem of the points'로 알려진 이런 퍼즐은 보기보다 상당한 의미를 지닌다. 채 끝내지 못한 게임에서의 판돈분배 문제를 풀어내려는 노력으로 확률이 체계적으로 분석되는 시초가 되었던 것이다. 이는 예측에 대한 어떤 확신을 측정하는 작업으로서, 리스크의 계량화로 향하는 발단이 되었던 것이다.

우리는 확률이론에 대한 탐구에서 중세 미신이 강력한 장애물이 되었던 이유에 대해 잘 이해할 수 있다. 그러나 그리스인들이나 로마인들은 어째서 파치올리가 제시한 것과 같은 퍼즐에 흥미가 없었는지 다시 생각해보는 일도 재미있을 듯싶다.

그리스인들은 미래에 실제로 일어날 일보다 더 많은 일들이 일어날지도 모른다고 생각했다. 플라톤의 용어를 빌리자면, 그들은 자연과학을 '개연성의 과학'으로 인식한 것이다. 일단 아리스토텔레스가 《드 카엘로De Caelo》에 남긴 말을 들어보자.

"하는 일마다 성공하거나 어떤 일이 여러 차례 반복되기란 어려운 일이다. 예를 들어, 주사위로 같은 숫자가 1만 번이나 거듭 나오게 하는 것은 불가능하다. 반면에 한 번이나 두 번은 상대적으로 쉽다."

이 주장은 간단한 관찰로 쉽게 증명될 수 있다. 그러나 그리스인들과 로마인들은 우리가 이해할 수 없는 법칙에 따라 도박을 했다. 더욱이 그런 게임이 고대부터 상당히 인기가 좋았다고 하니(그리스인들은 이미 육면체 주사위에 익숙해 있었다), 더욱 호기심이 가지 않을 수 없다. 가능성과 확률 연구를 위한 살아있는 도서관이 되는 셈이다.

동물 복사뼈로 만든 주사위 게임을 생각해보라. 동물뼈 주사위는 좁은 면 두 개와 넓은 면 두 개의 직육면체로 되어 있었다(사면을 사용하는 윷놀이라고 생각하면 쉽다-옮긴이). 게임은 대개 뼈 네 개를 함께 던지는 것이었다. 넓은 면이 땅을 향해 떨어질 가능성이 좁은 면으로 떨어질 가능성보다 분명히 높다. 그러므로 넓은 면이 나올 때의 점수보다 좁은 면이 나올 때의 점수가 당연히 높게 매겨졌으리라 짐작할 것이다. 그러나 전체 점수는 가능성이 더 적은 좁은 면(한 면이 1이고 다른 한 면이 6일 때)이 나올 때나 가능성이 더 큰 넓은 면(3과 4)이 나올 때나 동일하게 계산되었다. 또한 '비너스'가 나오는 경우, 즉 주사위 사면이 각각 다 나타나는 경우(1, 3, 4, 6)가 가장 높은 점수를 얻는 반면, 동일한 확률에 따라 6, 6, 6, 6이나 1, 1, 1, 1이 나오면 낮은 점수를 받는 식으로 규칙이 정해져 있었다.

아리스토텔레스가 "한 번이나 두 번은 상대적으로 쉽다"고 지적했듯이 성공이나 실패가 거듭되기보다는 단기적일 가능성이 높다는 게 일반적인 상식이었지만, 이 게임의 기댓값은 계량적이라기보다는 질적인 것이었다.

결국 대단히 열광적으로 이 게임을 했던 어느 누구도 확률을 제대로 이해하진 못했다.

이에 대해 가장 타당한 이유는, 그리스인들이 실험에 별반 흥미가 없었기 때문이다. 그들에게는 이론이나 그에 대한 증명만이 문제가 되었고, 그 가설을 충분하게 증명하기 위한 특정 현상의 반복 재현에 대한 노력은 없었던 것으로 보인다. 아마도 지구상에서 벌어지는 사건에는 규칙성이 없다고 인정했기 때문이리라. 규칙성 또는 정확성은 신들의 독점물이었던 것이다.

그렇지만 르네상스 시대에 이르러서는 과학자는 물론, 탐험가, 미술가, 건축가에 이르는 모든 사람들이 조사와 실험, 실연實演에 매료되어

있었다. 따라서 주사위를 많이 던지는 사람은 시간이 거듭됨에 따라 나타나는 규칙성에 확실히 호기심을 가졌으리라.

16세기 지롤라모 카르다노Girolamo Cardano라는 의사가 바로 그런 인물이었다. 도박 중독자로서의 명성만으로도 그는 다른 여러 분야에서 초인적인 재능을 발휘했다. 오히려 카르다노가 오늘날에 잘 알려져 있지 않은 것이 놀라울 정도다.

그는 전형적인 르네상스 시대 사람으로서, 1500년 밀란에서 태어나 1571년까지 살았다. 정확히 벤베누토 셀리니Benvenuto Cellini와 동시대 인물이다. 그리고 셀리니처럼 자서전을 남겼다. 카르다노가 남긴 자서전은 《De Vita Propria Liber》, 즉 《나의 일대기》를 읽어보면 참으로 대단한 삶을 살았다는 것을 알 수 있다. 사실 카르다노는 자아보다는 지적 호기심이 훨씬 더 강한 인물이었다. 그는 자서전에서 그가 살던 시대의 주요 업적 네 가지를 열거했다. 선조들은 결코 알지 못했던 새로운 땅 가운데 3분의 2를 향한 탐험, 화약과 화기 발명, 나침반 발명, 활자 발명에 따른 인쇄술의 혁명이었다.

카르다노는 긴 목에 두터운 아랫입술, 한쪽 눈에 사마귀가 있는 데다 친구들조차 불만스러워했을 정도로 목소리가 크고 깡마른 사람이었다. 자신의 설명에 따르자면 그는 살아가는 동안 설사, 탈장, 콩팥 이상, 심계 항진뿐만 아니라 심지어 젖꼭지 감염증으로 고통 받았다고 한다. 그러면서도 그는 자신에 대해 다음과 같이 자랑했다.

"나는 다혈질에다가 외골수로 여자를 밝혔다. 게다가 교활하고 간사하며, 냉소적이고 부지런한 데다가 뻔뻔스럽고 음울하고 믿을 수 없으며, 마술사요 무당인 동시에 비참하고 증오에 차 있으며, 음탕하고 외설

스럽고 거짓말쟁이에 아첨도 잘 하고 늙은이들의 더듬거리는 소리를 좋아하는 인물이었다."

카르다노는 도박꾼 중에 도박꾼이었다. 그는 "나는 테이블 게임과 주사위에 지나치게 빠져 있었다. 가끔씩 도박을 한 것이 아니다. 말하기 부끄럽지만 오랫동안 거의 하루도 빠짐없이 해왔다"고 고백한다. 주사위와 카드, 체스에 이르기까지 종류를 가리지 않았다는 것이다. 심지어 그는 도박을 유익한 것으로 추천하기까지 했다.

"심하게 불안하고 슬플 때…… 나는 주사위를 계속 굴리며 적지 않은 위안을 받았다."

그가 가장 싫어하는 것은 훈수꾼들이었으며, 속임수에 관한 한 모든 것을 알고 있었다고 한다. 특히 그는 '카드에 비누칠을 해서 쉽게 미끄러지게 하고 서로 슬쩍 바꿔치는' 도박꾼들에게 경고했다. 그리고 주사위 던지기에서의 확률에 대한 수학적 분석을 통해 그는 "주사위에 속임수만 없다면……"이라고 하며 조심스럽게 예측을 하기도 했다. 그러나 또한 "도박으로 벌 수 있는 최대 이윤은 도박을 전혀 하지 않을 때와 같다"고 결론짓기에 무리가 없을 정도로 많은 돈을 잃곤 했다. 아마도 그는 도박에 대한 진지한 분석을 시도한 역사상 최초의 인물이리라.

카르다노는 도박꾼과 파트타임 수학자로서의 명성만 자자한 것이 아니었다. 그는 당대의 유명한 내과의사였고, 교황청과 귀족 가문이나 황실에서 자문을 구하고자 애써 찾았던 사람이다. 그러나 그는 황실이나 귀족들의 술책 따위를 질색으로 여겼던 탓에 그들의 초대를 번번이 거절하곤 했다.

의사로서 그는 매독에 관한 글을 썼으며 새로운 탈장 수술법을 개발했고, 최초로 발진티푸스 증상에 대한 임상학적인 설명을 남겼다. 더욱이 그는 '사람에게는 정신이 가장 중요하기 때문에 정신적인 문제가 있으면 모든 것이 엉망이 되고 정신이 건강하면 모든 것이 편안해진다'는 점을 인식해왔다. 이런 생각을 바탕으로 그는 일찍이 목욕과 샤워에 광적으로 탐닉하기도 했다.

천식에 걸린 스코틀랜드의 대주교를 치료하기 위해 1552년 에든버러를 방문했을 때 그는 깃털 대신 실크 이불, 가죽 대신 아마포 베갯잇, 그리고 상아 머리빗을 쓰도록 권유했다. 이미 그가 알레르기에 대해서도 인식했다는 증거다. 밀란에서 에든버러로 출발하기 전에는 진료비로 매일 금화 10크라운을 받기로 계약했지만, 40일 후 돌아올 때에는 그의 치료에 탄복한 대주교가 금화 1,400크라운에 진귀한 선물까지 듬뿍 얹어 주었다고 한다.

카르다노는 꽤나 바쁘게 살았던 게 틀림없다. 무려 131권에 달하는 책을 발표했고, 출판 전에 태워버린 게 170권 이상이라고 주장했으며, 죽을 때는 미발표 원고를 111권 분량이나 남겼다. 그는 저서에서 수학·천문학·물리학 등의 학문영역뿐만 아니라, 소변·치아 등에 관한 의학 영역, 동정녀 마리아의 생애, 예수 그리스도의 별점, 도덕성, 비도덕성, 네로, 음악, 꿈 등 잡다한 영역까지 실로 방대한 분야를 다뤘다. 그 중 베스트셀러는 6판까지 발행되었던 논문집 《불가사의에 관하여De Subtilitate Rerum》로서, 여기에서 그는 미신과 기묘한 이야기는 물론 과학과 철학까지 다뤘다.

그에게는 두 아들이 있었는데, 둘 다 그에게 비참함을 안겨주었다. 《나의 일대기》에서 카르다노는 장남이자 특별히 사랑했던 아들인 지암바티스타Giambattista에 대해 "오른쪽 귀는 먹었고 눈은 작고 희며 불안정하게 움직인다. 왼발은 발가락이 두 개뿐이고 나의 오관이 아니라면 세 번째와 네 번째로 보이는 큰 발가락은 막조직으로 합쳐져 있다. 등은 약간 굽었다……"라고 묘사해놓았다. 지암바티스타는 평판 나쁜 여자와 결혼했다. 그녀도 인정한 바에 따르면, 그들의 세 자식 가운데 어느 누구도 지암바티스타와의 관계에서 태어나지 않았다고 한다. 3년간의 지옥 같은 결혼 생활 끝에 절망할 대로 절망한 지암바티스타는 하인에게 케이크에 비소를 넣게 해 아내에게 먹였다. 카르다노는 아들을 구하기 위해 할 수 있는 모든 방법을 동원했지만, 살인을 시인하는 지암바티스타에 대해 달리 손쓸 방도가 없었다. 카르다노는 사형장으로 끌려가는 아들이 간수들에게 왼손을 잘리고 고문당하는 것까지 지켜봐야 했다. 둘째 아들인 알도Aldo는 자주 카르다노의 재산을 약탈했고 적어도 여덟 차례 이상 감옥을 들락거렸다.

두 아들에게서 만족할 수 없었던 카르다노는 소년을 입양해 그의 후견인이 되었다. 그 소년이 바로 로도비코 페라리Lodovico Ferrari로서 14세 때부터 카르다노와 함께 지냈는데 후에 뛰어난 수학자로, 한때는 만투아Mantua의 추기경 비서로 이름을 날렸다.

그는 카르다노와 함께 살며 자신을 '카르다노의 피조물'이라고 칭할 정도로 그를 따랐고 또 매우 헌신적이었다고 한다. 다른 수학자들과 대결하는 자리에서 그는 항상 카르다노 편에 서서 논쟁했다. 이를 바탕으로, 일부 전문가들은 카르다노의 많은 아이디어는 페라리가 생각해낸 것일지도 모른다고 말한다. 그러나 어쨌든 페라리는 카르다노에게 친아들들을 대신하는 위안이 되지 못했다. 헤프게 쓰고 자유롭게 살았던 페라리 또한 술집에서 벌어진 싸움 끝에 오른쪽 손가락을 모두 잃고, 43세의 나이로 어떤 여성에게 독살당했다. 그 여성은 그의 여동생이라는 얘기도 있고 애인이라는 후문도 있다.

수학에 대한 카르다노의 역작 《위대한 예술Ars Magna》은 1545년 출간되었다. 1545년에는 코페르니쿠스가 태양계의 발견을 책으로 펴내고 베살리우스Vesalius가 해부학 논문을 발표했다. 당시의 주요 관련 사항을 조금 더 살펴보자.

카르다노의 책이 출간되기 5년 전, 로버트 레코드Robert Record라는 영국인이 《예술의 배경Ground of Artes》이라는 책을 발표했는데, 여기서 '+'와 '−' 기호가 처음으로 등장했다. 그리고 17년 후에는 《지혜의 보고Whetstone of Witte》라는 영국 책에서 '비교되는 그 어떤 둘(noe 2 thynges, 즉 no two things−옮긴이)도 한 쌍의 평행선(=)보다 동일할 수 없다'는 이유를 들며 '=' 기호를 도입했다.

《위대한 예술》은 르네상스 시대에 최초로 대수학을 집대성한 책이다. 거기서 카르다노는 3차방정식과 2차방정식의 해답을 구했다. 아라비아 숫자체계가 도입되기 전에는 알려진 바도 없었고 카르다노 당대에도 여전히 많은 사람들이 불가사의였던 음수의 제곱근을 두고 씨름했다. 뿐만 아니라 대수 표시방법이 원시적인 수준이었고 각각의 저자들이 자신만의 기호를 선택해 사용하던 시절에 카르다노는 이미 오늘날 대수를 배우는 학생들에게 친밀한 a, b, c를 사용하고 있었다. 파치올리가 제시한 발라 게임 문제를 카르다노가 풀지 못한 것이 오히려 놀랍다. 물론 다른 뛰어난 동시대 수학자들도 마찬가지였으니…….

도박에 관한 카르다노의 논문집 제목은 《Liber de Ludo Aleae》, 즉 《운에 맡기는 승부에 대한 책》이다. 여기서 aleae라는 단어는 주사위 게임을 뜻한다. 같은 어근에서 나온 Aleatorius는 일반적 의미로 '운에 맡기는 승부', 즉 '도박'을 가리킨다. 이는 결과가 확실치 않은 사건을 묘사하는 aleatory(도박적인)라는 단어로 오늘날까지 이어진다. 이렇게 로마인들은 자신들의 고상한 언어로 부지불식간에 도박과 불확실성의 의미를 연결시킨 것이다.

《운에 맡기는 승부에 대한 책》은 확률의 통계적 원리를 발전시키려는 첫 노력이었던 것으로 보인다. 그러나 확률이라는 용어 자체가 본문에 직접 언급된 것은 아니다. 그는 제목과 본문에서 주로 '가능성chances'이라는 용어를 사용했다. 확률probability의 라틴어 어근은 '시험해보다, 증명하다' 또는 '승인하다'라는 의미의 probare와 '할 수 있다'는 의미의 ilis를 합한 말이다. 카르다노는 아마 '확률probability'에 대한 당시의 라틴어 의미 때문에 '가능성chances'이라는 단어를 사용한 것 같다. 어쨌든 도박의 일상어로서 확률과 무작위라는 단어 사이의 결합은 《운에 맡기는 승부에 대한 책》 이후 100년이나 지나서 이루어진다.

캐나다의 철학자 이안 해킹Ian Hacking도 '확률'의 라틴어 어근은 '승인 또는 찬동할 가치가 있는worthy of approbation' 무엇을 가리킨다고 시사한 바 있다. 결국 확률은 오랜 기간 동안 그런 의미로 쓰여왔다. 해킹은 그 예로서 다니엘 디포Daniel Defoe의 1724년도 소설 《록새너, 운좋은 부인Roxana, or The Fortunate Mistress》의 한 단락을 인용했다. 문제의 여자는 어느 재산가를 설득해 자신을 후원하도록 한 후에 다음과 같이 말한다.

“그것은 사실상 제가 편안하게 살아갈 수 있는 첫 번째 전망이었어요. 매우 ‘그럴듯한(찬동할 가치가 있는, probable)’ 방법이었죠.”

여기에서의 ‘그럴듯한’ 또는 ‘찬동할 가치가 있는’은 그녀보다 나은 사람들이 자신을 존중하는 게 마땅한, 삶의 한 기로에 도달하는 셈이니까 그렇다는 뜻이다. 해킹의 표현을 빌리자면, 그녀는 ‘초라한 상황에서 크게 한걸음 벗어나는 기막힌 여정 중에 있었던’ 것이다.

해킹은 ‘proability(확률)’의 의미를 바꾼 또 하나의 예를 인용했다. 갈릴레오는 지구가 태양 주위를 공전한다는 코페르니쿠스의 이론을 사람들이 ‘찬동할 것 같지 않다’고 보는 이유를 언급하면서 probabilità라는 단어의 부정 표현을 사용했다. 사람들의 눈에 보이는 바와 일치하지 않았기 때문이다. 즉, 태양이 지구 주위를 돌고 있지 않은가! 입증하거나 찬동할 수 없었기 때문에 코페르니쿠스의 이론이 사람들 눈에 그럴듯해 보이지 않았던 것이다.

그로부터 1세기도 채 지나지 않아, 독일 학자 고트프리트 폰 라이프니츠는 같은 단어의 새로운 의미(전혀 새로운 것은 아니지만)를 이용해 코페르니쿠스의 가설을 ‘비교가 안 될 정도로 있음직하다’고 묘사했다. 해킹은, 라이프니츠에게서 probablity(확률)이란 증거와 이성에 따라 결정되는 것이었다고 썼다. 사실 독일어인 wahrscheinlich에는 그 개념이 잘 나타나 있다. 글자 그대로 번역하면 ‘사실로 보이는’이라는 뜻이다.

확률에는 언제나 이중적 의미가 있었다. 미래를 본다는 것과 과거를 해석한다는 것의 이중적 의미, 또 우리의 의견과 관계된다는 것과 실제로 우리가 아는 것을 고려한다는 것의 이중적 의미 말이다. 그리고 그러한 구분은 이 책의 전반적인 내용에서도 반복적으로 나타날 것이다.

첫 번째 의미로, 확률은 '믿음의 정도' 나 '의견의 승인 가능성' 을 뜻하는데, 이는 확률의 근본적인 의미이기도 하다. 학자들은 그러한 의미를 전달하기 위해 '인식론적epistemological' 이라는 용어를 사용한다. '인식론적' 이란 완전히 분석할 수 없는 인간 지식의 한계점들을 말한다.

확률의 이러한 첫 번째 개념은 한참 뒤에 출현하는 확률의 측정이라는 두 번째 개념보다 훨씬 오래된 것이다. 이는 승인approbation이라는 생각에서부터 서서히 발달했다. 우리는 알고 있는 것을 어느 정도 승인할 수 있는가? 갈릴레오는 '확률이란 들은 것을 찬성할 수 있는 정도' 라고 했다. 라이프니츠는 조금 더 현대적인 의미로 '증거를 채택할 수 있는 신뢰성의 정도' 라고 했다

최근의 견해와 더 가까운 것은 수학자들이 과거 사건의 빈도에 대한 이론적 이해를 발달시키면서 나타났다. 카르다노는 아마 확률이론의 통계적 측면을 소개한 최초의 인물일 것이다. 그러나 그의 생애 동안 세간에서 통용됐던 그 단어의 의미는 본능적인 측면만을 가리킬 뿐, 측정방법으로서 실제로 그가 이루고자 했던 것과는 연관이 없었다.

카르다노는 자신이 뭔가 대단한 발견을 하리라는 점을 인식해왔다. 그는 자선전에 "놀라운 사실들에 대한 이치를 발견했다"고 주장하며, 《운에 맡기는 승부에 대한 책》이 자신의 가장 큰 업적 가운데 하나라고 썼다. 여기서 '……에 대한 이치' 라는 표현에 주목해보자. 결과의 빈도에 대한 그 책은 도박꾼에게 잘 알려져 있었다. 그러나 그러한 빈도를 설명하는 이론은 많이 알려지지 못했다. 그 책에서 카르다노 또한 이론가들의 관례적인 한탄을 토로해놓았다.

"이러한 사실은 이해에 많은 도움이 될지 모르나 실제 도박에서는 거의 도움이 되지 못할 것이다."

자서전에서 카르다노는 1525년 그가 청년이었을 때 《운에 맡기는 승부에 대한 책》을 처음 썼으며, 1565년에 다시 썼다고 말한다. 그러나 비범한 독창성에도 불구하고 그 책은 여러 가지로 뒤죽박죽이다. 다듬어지지 않은 초안을 한데 모아 조립하는 데 그친 듯한 인상이다. 한 군데서 나타난 문제의 해답이 또 다른 곳에서는 완전히 다른 방법으로 나타나는 식이다. 수학적 기호를 체계적으로 사용하지 못한 것도 문제를 더욱 복잡하게 만든 요인이다.

이 작품은 그의 생애 동안에는 출간되지 못했다. 그가 남긴 유작 필사본 가운데 발견되어, 1663년에 이르러서야 베이슬Basle에서 처음 출간된 것이다. 이 시기에는 카르다노의 선구자적인 노력을 알지 못한 다른 사람들의 노력에 힘입어 확률이론에서의 인상적인 진보가 이미 이루어져 갔다.

만일 카르다노의 저서가 다른 수학자들의 연구에 도움이 되기까지 1세기가 헛되이 지나가지만 않았더라면 도박에서의 확률을 일반화시킨 그의 노력은 틀림없이 수학과 확률이론의 진보를 상당히 가속화하는 데 기여했으리라. 오늘날 분수로 확률을 표현하는 전통적인 형식은 그가 처음으로 정의한 것이다. 바라는 결과의 숫자를 '순환수circuit', 즉 가능한 결과의 전체 수로 나누는 것 말이다. 동전을 던지는 게임에서 앞면이 나올 승산은 동일한 두 면의 경우 가운데 하나이므로 50 대 50이고, 확률은 1/2이다. 카드 패 한 벌 가운데 퀸을 뽑을 확률은 52개의 전체 카드 가운데 퀸이 4개 있으므로 1/13이 된다. 그러나 스페이트 퀸을 뽑을 경우 카드패 한 벌 가운데 스페이드 퀸은 하나뿐이므로 확률이 1/52이 되는 것이다.

주사위를 던질 때의 확률에 대해 카르다노가 추론한 과정을 따라가 보자.

다음은 《운에 맡기는 승부에 대한 책》의 제15장에서 발췌한 내용이다. 주사위 하나를 던지는 경우에 대해, 그는 이전에 아무도 제시하지 못한 일반원리를 명료하게 표현해냈다.

> 전체 주사위 면의 1/2은 항상 동등성을 나타낸다. 따라서 전체 순환수가 여섯 개이므로 세 번 던지는 동안 한 개의 수가 나올 가능성은 같다. 또한 한 번 던질 때 세 개의 수 가운데 하나가 나올 가능성도 같다. 예를 들면 2, 4, 6이 나오는 만큼 1, 3, 5가 나올 수 있는 것이다. 주사위가 정직하다면 이런 동등성에 기초해 내기를 걸면 된다.

이 내용에 대해 조금 더 살펴보자. 카르다노는 한 번 던질 때 두 개의 숫자 가운데 하나가 나올 확률을 계산했다. 말하자면 1이나 2가 나올 확률이다. 주사위 면이 여섯 개의 '순환수'를 갖고 거기에 두 개의 숫자가 포함되므로 이 문제에 대한 답은 셋 가운데 하나일 가능성, 즉 33%가 된다. 그는 또한 주사위 하나로 원하는 숫자가 반복해 나올 확률을 계산했다. 연속해서 1이나 2가 두 번 나올 확률은 1/9이다. 셋 가운데 하나가 나올 가능성을 제곱하거나 1/3 그 자체를 곱하면 된다. 연속해서 1이나 2가 세 번 나올 확률은 1/27 또는 1/3×1/3×1/3이다. 또한 연속해서 1이나 2가 네 번 나올 확률은 1/3의 네제곱이 될 것이다.

카르다노는 주사위 하나뿐만 아니라 주사위 한 쌍을 던질 때 1이나 2가 나올 확률도 설명했다. 주사위 하나로 1 또는 2가 나올 확률이 1/3이라면 주사위 두 개로 1이나 2가 나올 확률은 직관적으로 두 배가 많은 67%라고 생각할 수 있다. 하지만 정확한 답은 5/9, 즉 55.6%다. 주사위 두 개를 던질 때 각 주사위에서 1이나 2가 나올 확률은 앞에서 계산한 대로지만, 주사위 두 개에서 동시에 1이나 2가 나올, 아홉 가운데 하나의 가능성도 생각해야 한다. 그러므로 직관적으로 계산한 67%에서 1/9의 확률을 빼야 한다. 그렇게 해서 1/3+1/3−1/9=5/9라는 계산이 나온다.

카르다노는 연속해서 더 많은 주사위로 더 여러 번, 그리고 더 많이 이길 수 있는 게임을 계산해갔다. 결국 그는 연구를 통해 실험을 이론으로 전환, 가능성의 법칙을 일반화시켰던 것이다.

주사위를 하나에서 둘로 바꿀 때 일어날 수 있는 가능성에 대해 분석한 카르다노의 방법은 특히 시사하는 바가 크다. 그의 추론을 다시 한 번 조금 더 자세히 살펴보도록 하자. 주사위 두 개가 전체적으로 열두 면을 지닌다고 주사위 두 개에서 1이나 2가 나올 확률을 열두 개의 가능성으로 국한시킬 만큼 카르다노는 어리석지 않았다. 예를 들어, 그는 도박꾼이 주사위 하나로 3, 다른 주사위로 4를 던질 수 있고 첫 번째 주사위로 4, 두 번째 주사위로 3을 던질 수 있다는 것을 인식했다. 순환수, 즉 가능한 결과의 전체 수를 형성하는 조합의 수는 주사위 두 개에 있는 열두 면의 총수보다 훨씬 많아지는 것이다. 숫자 조합의 강력한 역할에 대한 그의 이러한 인식은 확률의 법칙을 발전시키는 데 가장 중요한 단계가 되었다.

크랩 게임은 확률을 이해하는 데 숫자 조합에 대한 중요성을 잘 설명해준다. 카르다노가 증명했듯이 육면체 주사위 두 개를 굴릴 때, 두 개 모두 1이 나오는 경우에서부터 두 개 모두 6이 나오는 경우에 이르기까지 전체 경우의 수는 열한 개(주사위 면이 나타내는 수의 합이 2~12까지)가 아닌 서른여섯 개의 조합인 것이다(표 3-1).

〈표 3-1〉 주사위 한 쌍을 던질 때 각 합계가 나올 확률

합계	확률
2	1/36
3	2/36 또는 1/18
4	3/36 또는 1/12
5	4/36 또는 1/9
6	5/36
7	6/36 또는 1/6
8	5/36
9	4/36 또는 1/9
10	3/36 또는 1/12
11	2/36 또는 1/18
12	1/36

크랩 게임의 주요 숫자는 가장 쉽게 나올 수 있는 합인 7이다. 두 개의 합이 7이 되는 경우는 둘 다 1이거나 둘 다 6인 경우의 여섯 배이며, 또 하나의 주요 숫자인 11이 나올 가능성의 세 배다. 7이 나오는 여섯 가지 경우는 6+1, 5+2, 4+3, 3+4, 2+5, 1+6이다. 이러한 형태는 각기 다른 세 개의 숫자 조합, 5와 2, 4와 3, 1과 6을 더한 것에 지나지 않다는 점에 주목하라. 합계 11은 5와 6의 조합으로만 가능하므로 5+6 또는 6+5, 두 가지 경우에만 나올 수 있다. 그리고 둘 다 1이거나 둘 다 6인 경우는 오직 한 번뿐이다. 크랩 게임 중독자들은 〈표 3-1〉을 기억해두는 것이 현

명할 것이다.

주사위 두 개를 던지는 또 다른 종류의 게임인 백개먼에서는 각 주사위의 숫자를 함께 더할 수도 있고 별개로 간주할 수도 있다. 이 말은, 주사위 두 개를 던져 5를 얻을 경우의 수가 15가 된다는 뜻이다.

5가 나올 확률은 15/36, 즉 약 42%가 된다(표 3-2).

〈표 3-2〉 백개먼에서 주사위 두 개를 던져 5를 얻을 경우

5+1
5+2
5+3
5+4
5+6
1+5
2+5
3+5
4+5
6+5
1+4
4+1
2+3
3+2
5+5

여기서 중요한 것은 의미론이다. 카르다노의 표현에 따르면 결과의 확률은 전체 기회에 대해 원하는 결과의 비율인 것이다. 그리고 어떤 결과에 대한 승산은 불리한 결과에 대한 유리한 결과의 비율을 말한다. 승산은 분명 확률에 따르지만 내기를 할 때는 좀더 중요한 요인이 된다.

백개먼에서 5가 나올 확률이 서른여섯 번 던질 때마다 열다섯 번이라면 5가 나올 승산은 15 대 21이다. 크랩에서는 7이 나올 확률이 여섯 번 가운데 한 번이기 때문에 7 이외의 다른 숫자가 나올 승산은 5 대 1이 된다. 이는 다음번에 다른 사람이 7이 나오지 않는 데 5달러를 걸 때 당신은 7이 나오는 데 1달러 이상 걸어서는 안 된다는 것을 의미한다.

동전 던지기에서 앞면이 나올 승산은 50 대 50, 확률은 두 번 가운데 한 번이다. 앞면이 이길 승산은 뒷면이 이길 승산과 동일하므로 상대가 그 게임에 건 돈 이상으로는 걸지 말아야 한다. 경마에서 기대가 결과에 대해 갖는 승산이 20 대 1이라면, 당신이 내기를 건 그 경주마가 이길 이론적 확률은 5%가 아니라 스물한 번 가운데 한 번인 4.8%가 된다.

사실 이 경우에 실제로 그 경주마가 이길 승산은 5%를 훨씬 밑돈다. 크랩과는 달리 경마는 누군가의 거실에서 열리는 게 아니기 때문이다. 경마에는 트랙이 있어야 하고, 트랙의 소유주나 그 트랙을 허가해주는 주 당국에 판돈에 대한 우선권이 있다. 20 대 1의 승산이 4.8%의 확률이므로 만일 확률의 관점으로 한 경주에서 각 경주마가 이길 승산을 다시 계산해 그 확률을 모두 더해보면 총 100%가 넘는다. 그 전체와 100%와의 차이가 바로 소유주나 주 당국에서 챙겨가는 몫이라고 보면 된다.

카르다노의 《운에 맡기는 승부에 대한 책》이 도박꾼들의 리스크 관리를 위한 입문서를 목표로 쓰여진 것인지, 아니면 확률법칙에 대한 이론적 연구를 위해서였는지 지금으로서는 알 길이 없다. 그의 생애에서 도박의 중요성을 고려하건대, 게임의 법칙이 그의 업적에 중요한 영감으

로 작용했다는 것만은 틀림없다. 그러나 단순히 볼 수는 없다.

도박은 리스크를 계량화할 수 있는 가장 이상적인 실험이다. 카르다노의 강렬한 지적 호기심, 그리고 《위대한 예술》에서 무모할 정도로 달려들었던 복잡한 수학이론들을 생각하면 그의 연구가 단순히 도박에서 이기는 길을 찾고자 했던 것만은 아니었으리라.

《운에 맡기는 승부에 대한 책》은 실험적 형태로 시작해 조합에 대한 이론적 개념으로 끝을 맺는다. 도박에서 확률의 역할에 대한 독창적 견해를 넘어서, 단순히 풀고자 했던 문제에 대해 발휘한 수학적 능력을 넘어서, 그 책은 리스크를 측정하고자 했던 첫 번째 시도였다. 카르다노가 성공적으로 이끈 이 과정을 통해 리스크 관리가 발달되었다. 동기가 무엇이었든 그 책은 독창성과 수학적 대담성이 담긴 기념비적 업적이다.

그러나 이 이야기의 실제 영웅은 카르다노라기보다는 그가 살았던 시대다. 그가 발견했던 것들을 알아낼 기회는 수천 년간 존재해왔다. 그리고 카르다노가 《운에 맡기는 승부에 대한 책》을 쓰기 전인 적어도 300년 전에 힌두-아라비아 숫자체계가 유럽에 들어왔다. 즉, 사고의 자유와 실험정신, 그리고 미래를 컨트롤하려는 의지 등이 결여되었다가 르네상스 시대인 카르다노 시대에 들어와 굴레에서 벗어나 만개했던 것이다.

확률 문제를 놓고 씨름했던 이탈리아의 마지막 주요 인물은 갈릴레오다. 그는 윌리엄 셰익스피어William Shakespeare와 같은 해인 1564년 출생했고, 그때 카르다노는 이미 노인이었다. 수많은 동시대인들이 그랬듯이 갈릴레오도 실험을 좋아했고 주변 관찰을 좋아했다. 그는 시간을 재는 보조수단으로 자신의 맥박을 이용하기까지 했다.

1583년의 어느 날, 피사의 대성당에서 미사를 드리던 갈릴레오는 천장에 매달린 램프가 흔들리는 것에 주목했다. 통풍이 잘되는 성당 안으로 산들바람이 불어오자 램프는 넓은 호와 좁은 호를 번갈아 그려가며 불규칙하게 흔들렸다. 이를 지켜보면서 그는 램프가 그리는 호가 넓든 좁든 상관없이 정확히 같은 시간에 하나의 호를 그린다는 사실을 발견했다. 이 우연한 관찰의 결과로 시계에 추를 사용한 것이다. 갈릴레오의 이러한 발견이 있은 지 30년도 지나지 않아 시간의 평균오차가 하루 15분에서 10초 미만으로 줄어들었다. 시간은 이렇게 기술과 결합되었다. 그리고 그것이 갈릴레오가 시간을 보낸 방식이었다.

40년 후 피사 대학의 최고 객원수학자이며 투스카니 대공국 군주인 코시모 2세Cosimo Ⅱ의 궁정 수학자로 일하고 있을 때, 그는 도박에 관한 짧은 에세이를 썼다. 그것은 '그 문제와 관련해 떠오르는 생각을 정리해 제시하라는 전하의 명을 따라서' 행한, 그로서는 일종의 외도였다. 에세이의 제목은 〈Sopra le Scoperte dei Dadi〉, 즉 〈주사위 게임에 관하여〉였다. 그가 제목에 라틴어 대신 이탈리아어를 사용한 것을 보면 주제에 대해 심각하게 고려할 가치가 없다고 생각했을 뿐만 아니라, 전혀 흥미를 갖지 못했음을 알 수 있다. 그는 고용주였던 대공의 도박 점수를 올려주기 위해 마음에도 없는 일을 맡았던 것으로 보인다.

당시에는 아직 카르다노의 도박에 대한 논문이 출간되지 않은 시점이었지만(40년 후에나 나옴), 에세이를 쓰는 과정에서 갈릴레오는 카르다노의 연구를 상당량 추적한다. 갈릴레오가 카르다노의 업적을 인식하고 있었음은 당연하다. 역사가이자 통계학자인 플로렌스 나이팅게일 데이비드Florence Nightingale David는 카르다노가 자신의 아이디어에 대해 오랫동안 생각해왔기 때문에 분명히 친구들과 토론했을 것이라고 주장한다. 더욱이 그는 유명한 강사였다. 그러므로 수학자들은 《운에 맡기는 승부에 대한 책》을 직접 읽어보지는 않았어도 그 내용에 대해서 잘 알고 있었을 가능성이 높다.

카르다노와 마찬가지로 갈릴레오도 한 개 또는 그 이상의 주사위 게임을 다루면서 다양한 조합의 빈도와 결과유형에 관한 일반적인 결론을 내렸다. 그는, 방법론은 어떤 수학자들이라도 모방하며 겨루어볼 수 있는 종류라고 제시하면서 자신의 행위를 정당화했다. 분명히 확률에 대한 도박적인 개념은 1623년경까지도 상당히 확립되어 있어 갈릴레오로서는 새로이 발견할 만한 게 거의 없다고 느꼈을 것이다.

그러나 사실 많은 것이 발견되지 않은 채 남아 있었다. 이후에 확률과 리스크에 관한 아이디어는 관심 있는 주제로 급부상하면서 프랑스, 스위스, 독일, 영국 등지로 퍼져갔다.

특히 프랑스에서는 카르다노의 경험에 입각한 주사위 던지기 실험을 뛰어넘어 17, 18세기 수학에서 폭발적인 혁신의 장이 펼쳐졌다. 프랑스에서 이 시기에 이루어진 미적분학과 대수학의 진보를 통해 보험과 투자에서부터 의학, 상속 문제, 분자 운동, 전쟁 지휘, 일기예측 등 다소 거리가 먼 주제에 이르기까지 확률의 실제적인 적용을 위해 기초적 개념들이 정리되었다.

이러한 발전의 첫 단계는 불확실한 미래에 있을 어떤 질서의 정도를 결정하는 데 이용할 수 있는 측정기술을 고안하는 것이었다. 17세기 초부터 그러한 기술을 고안하려는 시험적인 노력이 이미 진행되어왔다. 1619년 청교도 선교사 토머스 가태커Thomas Gataker는 《운의 본질과 그 이용에 대하여Of the Nature and Use of Lots》라는 매우 영향력 있는 저서를 펴내, 신의 법칙이 아닌 자연의 법칙이 도박의 결과를 결정짓는다고 주장했다.

카르다노가 죽은 지 100여 년 후, 갈릴레오가 죽은 지 50년이 채 안 되는 17세기 말에 이르러서 확률분석의 주요 문제가 거의 해결되었다. 다음 단계는, 직면한 확률을 인식하고 반응하는 방법에 대한 문제를 다루는 것이었다. 궁극적으로 이 단계는 리스크 관리와 의사결정에 관한 모든 것이며, 측정과 직감 사이의 균형이 전체 이야기의 초점이 된다.

04

확률이론의 기초를 세운 프랑스의 삼총사

카르다노도 갈릴레오도 자신들이 리스크 관리의 가장 막강한 도구를 창안해내려고 시도했다는 사실을 전혀 깨닫지 못했다. 카르다노는 일련의 실험을 통해 중요한 일반화를 이루어냈지만, 정작 그가 관심을 가졌던 것은 확률이론의 발전이 아니라 도박이론의 발전이었다. 그나마 갈릴레오는 도박이론의 발전조차도 관심이 없었다.

갈릴레오는 1642년에 죽었다. 그리고 12년 후 프랑스인 세 명에 의해 확률분석의 비약적 발전이 이루어졌다. 바로 이 과정을 살펴보는 것이 본 장의 주제다. 그리고 또 10년도 채 지나지 않아 단지 초보적인 생각에 불과했던 것들이 의미 있는 실제 적용의 길을 여는 이론으로 발전했다. 먼저 그러한 성과부터 살펴보자.

1657년 호이겐스Huygens라는 네덜란드인이 확률에 관한 교본을 출간했는데, 이 책은 이른바 당대의 베스트셀러 반열에 올랐다(1664년 아이작 뉴턴Issac Newton도 이 책을 자세히 읽고 주목한 바 있다). 같은 시기에 라이프니츠는 확률이 법률적 문제에 적용될 수 있는 가능성에 대해 고려하고 있었다. 그리고 1662년 포트로열이라는 파리 수도원 성원들이 《논리Logic》라는 책을 저술해 철학과 확률에서 선구자적인 업적을 이룩했다. 1660년에는 존 그랜트John Graunt라는 영국인이 지역 교회에서 얻어낸 사망자 기록을 토대로 인구통계학적 자료를 일반화시켜 그 결과를 책으로 발표했다.

한편 전통적으로 연금보험을 팔아 재정을 충당하던 네덜란드 도시에서는 1660년대 후반에 이르러서 건실한 보험통계 기초를 바탕으로 보험 정책이 시행되었다. 그리고 앞에서 언급한 바와 마찬가지로 1700년 무렵에는 영국 정부에서도 평생연금제가 판매되어 예산상의 적자가 메워졌다.

확률 측정을 위한 체계적이고 이론적인 기초를 제시함으로써 이러한 발전의 토대를 마련한 프랑스인 세 명의 이야기는 도박 테이블을 뛰어넘어 뜻밖의 삼총사가 구성되면서 시작된다. 그 첫 번째 인물은 블레즈 파스칼이다. 그는 영리한 난봉꾼으로 젊은 시절을 풍미했으며, 후에는 광적인 종교가가 되었으며, 종국에는 이성의 사용을 거부한 인물이다. 두 번째 인물은 피에르 드 페르마라는 성공한 변호사로, 수학은 그에게 부전공인 셈이다. 트리오의 세 번째 멤버는 귀족인 슈발리에 드 메레로서, 수학적 취미를 도박에 대한 불가항력적인 심취와 결합시킨 인물이다. 그러나 메레의 명성은 단순히 파스칼과 페르마가 발견의 여정을 개시하도록 질문을 제기한 데 지나지 않는다.

젊은 난봉꾼이나 성공한 변호사 가운데 누구도 자신들의 가설을 확인하기 위한 실험을 행할 필요는 없었다. 카르다노와 달리 그들은 처음으로 확률이론을 창출하는 데 귀납적인 연구를 행한 것이다. 그리고 그 이론으로 복잡한 숫자에 대한 확률 측정방법이 설명되었다. 신념의 정도에 근거해 의사를 결정하던 수준에서 벗어난 혁신적인 진전이 이루어진 것이다.

유명한 수학자이며 철학자였던 파스칼은 갈릴레오가 〈주사위 게임에 관하여〉를 마무리했을 무렵인 1623년에 태어났다. 사회 전반에 종교전쟁의 여파가 팽배하던 시점에 태어난 파스칼은 수학자로서의 길과 반주지주의적인 종교적 신념을 따르는 길 사이에서 고뇌하며 생애의 절반을 보냈다. 그가 비록 뛰어난 수학자였고 '기하학의 달인' 으로 자칭하며 자신의 업적을 자랑스러워했을지라도 그의 삶은 종교적 열정으로 가득했다.

파스칼은 어려서부터 신동이었다. 도형과 숫자에 매료되어 놀이방 마루 타일에 도형을 그리다가 혼자서 유클리드 기하학의 대부분을 발견하기도 했다. 16세에는 〈원뿔곡선시론〉이라는 논문을 썼다. 이 논문은 상당히 진보적인 것이어서 위대한 데카르트Descartes조차 깊은 감명을 받았다고 한다.

수학에 대한 파스칼의 이러한 열정은 그의 아버지에게 유용한 자산이 되었다. 파스칼의 아버지는 좋은 의미로는 수학자였지만 세속적인 의미로는 세금징수 청부인tax farmer으로 알려진 수세 관리로서 안락한 삶을 영위하기에 충분한 돈을 벌어들이고 있었다. 당시의 수세 관리는 군주에게 돈을 선불해주고(씨를 뿌리는 것과 동등하다) 후에 시민들에게서 부지런히 거둬들이는 업종이었다(이 역시 추수가 궁극적인 대가인 것과 동일하다). 모든 농부들이 그렇듯 그도 뿌린 것보다 더 많은 수확을 기대했으리라.

파스칼은 10대 초반 무렵 아버지의 1일 금전거래장을 정리하는 따분한 작업을 쉽게 하기 위해 계산기를 발명하고 특허를 얻어냈다. 이 장치는 더하기와 빼기를 위해 앞뒤로 움직이는 기어와 바퀴가 달린 것으로, 전자계산기의 선구자 역할을 했던 기계식 계산기와 비슷했다. 어린 파스칼은 그 기계로 곱셈과 나눗셈을 했을 뿐만 아니라, 제곱근을 구하는 방법까지 연구했다. 그러나 불행히도 이후 250년 동안은 비싼 제작비 탓에 상점 종업원과 장부계원들에게 그 계산기를 상업적으로 판매할 수는 없었다.

그의 천재성을 인식한 파스칼의 아버지는 파리의 왕궁 근처에 위치한 마린 메르센Marin Mersenne이라는 예수회 신부의 집에서 매주 한 차례씩 열리는 특별 토론 모임에 열네 살 된 아들을 소개했다. 신부 메르센은 1600년대 전반기 동안 과학과 수학 세계에 중요한 역할을 한 인물이었다. 그는 매주 당대의 일류 학자들을 초대했을 뿐만 아니라, 새롭고 중요한 것을 발견하면 모두에게 우편으로 보고했다. 읽기 어렵다는 자신의 필체로 말이다.

그러나 학회나 학술잡지 등 새로운 아이디어와 정보를 교환할 수 있는 수단이 흔치 않던 시절이었으니, 메르센은 새로운 과학이론의 발전과 보급에 값진 공헌을 한 셈이다. 메르센이 죽고 나서 20여 년 후 설립된 파리 과학학회The Academie des Sciences in Paris나 런던 왕립학회The Royal

Society in London는 모두 메르센이 벌였던 활동의 직접적인 산물이다.

파스칼은 기하학과 대수학에 대한 진보적인 초기 논문으로 메르센 신부의 집에서 만났던 권위 있는 수학자들에게 깊은 인상을 주었음에도 불구하고, 기하학과 대수학에 버금가는 또 하나의 관심거리를 가졌다. 1646년 그의 아버지가 얼음판에서 넘어져 둔부골절상을 입었다. 그때 아버지를 보살피기 위해 온 접골사들은 우연히도 얀세니스트Jansenist라고 불리던 전향 가톨릭 종파 회원들이었다. 이들은 구원에 이르는 길이 단지 금욕과 희생, 그리고 동요 없는 절제된 생활을 통해서만 가능하다고 믿었다. 또한 인간이 고귀한 순결함을 지향하지 못하면 다시 부도덕한 세상으로 빠져들어간다고 설교했다. 중요한 것은 감정과 믿음이며, 이성은 구원의 길을 가로막는다는 주장이었다.

얀세니스트들은 파스칼 아버지의 골절상을 치료한 후에도 그의 영혼을 치료하기 위해 석 달 동안 더 머물러 있었다. 파스칼은 열성적으로 그들의 교리를 수용했다. 그리고 도시인으로 누렸던 인생 전기의 쾌락과 함께 수학과 과학을 모두 팽개쳤다. 그의 모든 관심이 종교로 집중된 것이다(후세 사람들은 이를 최초의 회심回心이라 칭한다-옮긴이). 어쨌든 이 때부터 파스칼이 생각했던 것은 오직 다음과 같은 물음과 답뿐이었다.

"누가 날 여기에 오게 만든 것일까? 누구의 명령과 지시로 이 장소와 이 시간이 내게 준비된 것일까? 이런 무한한 우주의 영원한 침묵은 나를 공포에 떨게 한다."

파스칼은 그러한 공포에 너무나 압도된 나머지 27세가 되던 해인 1650년, 음식물 섭취 장애를 겪고, 부분적인 마비에다 심한 두통으로 쓰러졌다. 의사들은 주위를 환기하고 다시 즐거움을 찾으라며 충고했다.

그는 서슴지 않고 이 조언을 받아들였다. 마침내 파스칼은 아버지가 돌아가셨을 때 여동생에게 "희망이 없는 이교도처럼 슬퍼하지 말자"고 얘기하기에 이르렀다. 다시 활동을 재개하자 그의 삶은 이전보다 더 방탕해졌고 파리 도박판의 단골손님이 될 정도였다.

또한 파스칼은 수학과 그밖의 관련 학문에 대한 연구도 다시 시작했다. 그 실험 가운데 하나로 진공의 존재를 증명했는데, 이는 아리스토텔레스가 "자연은 진공 상태를 거부한다"고 주장한 이래 줄곧 논란이 되어왔던 문제였다. 그는 그 실험을 통해 진공 상태의 튜브에 수은을 채워 여러 고도에서도 기압 측정이 가능함을 증명했다.

이 무렵 파스칼은 메레와 친해진다. 메레는 자신의 수학적 기술과 카지노에서 승산을 점치는 능력에 대해 대단한 자부심을 가진 인물이었다. 1650년대 후반 가끔 파스칼에게 보내는 편지를 보면, 자신이 수학에서 발견한 내용이 너무나 귀한 나머지 "고대 지식인들도 결코 생각지 못했을 뿐만 아니라 유럽의 최고 수학자들도 놀라움을 금치 못하고 있다"고 자랑했을 정도다.

라이프니츠도 메레를 '도박꾼이자 철학자이며 통찰력을 지닌 인물'로 묘사한 것으로 보아 그에게 깊은 인상을 받았던 것 같다. 하지만 계속되는 라이프니츠의 언급에서 다른 견해도 있었다는 사실을 알 수 있다.

"그러나 메레가 파스칼에게 썼던 편지에서 으스대던 태도는 비웃지 않을 수 없다."

파스칼도 라이프니츠와 같은 생각이었다. 그는 어느 동료에게 보낸 편지에서 다음과 같이 적었다.

"메레는 지능은 높지만 기하학자는 아니야. 그리고 자네도 알다시피 그것이야말로 그에게 가장 큰 약점인 셈이지."

여기서 파스칼의 말은 비학구파를 비웃으며 즐거움을 느끼는 학구파처럼 들린다. 어쨌든 그는 메레를 과소평가했다.

그러나 파스칼이 바로 우리에게 '메레가 확률에 대한 직관적 감각을 지녔다'는 정보를 제공한 셈이기도 하다. 메레는 계속 돈을 걸고 조금씩 따는 스타일이었다. 그의 말로는 승산을 잘 아는 데서 비롯되는 결과였고, 적수들은 우연이라고 생각하는 결과였다. 파스칼에 따르면 메레는 주사위 하나를 네 번 던질 때 6이 나올 확률이 50%를 웃돈다는 것을, 정확히 51.77469136%까지 알고 있었다고 한다. 메레의 전략은 단 몇 번에 토지와 성城까지 거는 내기를 하는 게 아니라, 여러 번 던지고 조금씩 따는 것이었다. 결국 6이 나오는 평균이 50%를 상회할 정도가 되기까지 연속적으로 6이 나오지 않다가 연달아 터질 수도 있었으므로 이 전략에도 많은 자금이 필요했다.

메레는 또한 주사위 두 개를 스물네 번 던질 때 소네즈sonnez(두 개의 6이 나올 때 쓰는 용어)가 나올 확률이 50% 이상 있다고 내기해 자신이 믿는 체계에 대해 다양하게 시험했다. 그리고 실제로 소네즈가 나올 확률은 스물네 번 던질 때 49.14%에 불과하다는 사실을 깨달을 때까지 충분한 대가를 치러야 했다. 만일 메레가 소네즈의 확률이 50.55%선을 넘는 시점인 스물다섯 번째까지 내기를 걸었더라면 더 큰 부자가 되었을 것이다. 이렇듯 리스크 관리의 역사는 흑자뿐 아니라 적자로도 기록되었던 것이다.

메레는 파스칼을 처음 만났을 때 많은 프랑스 수학자들과 파치올리가 제시했던 문제에 대해 논쟁하고 있었다. 바로 발라 게임을 하던 두 도박꾼이 게임을 다 끝내지 못했을 때 판돈을 어떻게 나누어야 하는가에 대한 옛날 문제 말이다. 누구도 그 답을 제시하지 못하고 있었다.

파스칼은 이 '득점 문제'에 매료되긴 했지만 그 문제에 대한 연구는 주저했다. 오늘날이라면 연례 학술모임에서 패널의 주제가 될 수도 있을 것이다. 그러나 파스칼의 시대에는 그런 공개 토론회가 없었다. 혹시 신부 메르센의 집에서 열린 것과 같은 학자들의 소모임에서 그런 문제가 논의되었을지도 모른다. 그러나 당시 그런 연구에서 일반적으로 받아들여지던 절차는 연구에 공헌할 수도 있는 다른 수학자들을 찾아 사적인 서신을 띄우는 것이었다. 1654년 마침내 파스칼은 메르센 모임의 성원이었던 피에르 드 카르카비Pierre de Carcavi에게 편지로 도움을 청했다. 그러자 그는 툴루즈에서 변호사로 일하던 페르마를 파스칼에게 소개했다.

비로소 파스칼은 그 문제를 푸는 데 도움을 줄 수 있는, 최고로 유능한 사람과 만난 것이다. 페르마의 학식은 경외할 만했다. 그는 거의 모든 유럽의 주요 언어를 구사할 수 있었고 다국어로 시를 쓸 수 있었으며, 그리스와 로마 문학의 비평활동으로 바쁜 사람이었다.

게다가 그는 대단한 능력의 수학자이기도 했다. 분석 기하학의 독자적인 창시자였고 미적분학의 초기 발전에 공헌했으며, 지구의 무게에 대해서뿐만 아니라 빛의 굴절과 광학에 대해서도 연구한 인물이었다. 그리고 그는 파스칼과의 계속된 서신 왕래에서 드러나듯이 확률이론에도 중요한 공헌을 했다.

그러나 페르마의 최고 업적은 각 숫자가 다른 모든 숫자들과 갖는 관계에서 기본이 되는 구조에 대한 분석, 즉 '수의 이론theory of numbers(수론)'을 발전시킨 데 있다. 수론이란 숫자의 복잡 미묘한 관계를 밝히는 학문으로서, 수에 대한 수많은 퍼즐은 모두 이를 바탕으로 한 것이다. 그리고 그런 퍼즐 가운데 바로 오늘날까지도 풀리지 않는 문제가 많다.

그리스인들은 '자신의 약수 가운데 자신의 수만 빼고 나머지 모두를 합하면 자신이 되는 수'를 발견해 '완전수完全數'라 칭했다. 말하자면 1+2+3=6과 같은 것이다. 6 다음에 오는 완전수는 28로 1+2+4+7+14=28이다. 세 번째의 완전수는 496이고 그 다음은 8,128이다. 다섯 번째 완전수는 33,550,336이 된다.

또한 피타고라스는 친화수親和數라고 불리는 '또 하나의 자신인 수'를 발견했는데, 그것은 두 숫자의 약수가 각각 더해지면 상대 숫자가 되는 경우를 말한다. 284의 약수인 1, 2, 4, 71, 142는 합계가 220이고, 220의 약수인 1, 2, 4, 5, 10, 11, 20, 22, 44, 55, 110의 합계는 284가 되는 것이다.

현재까지 어느 누구도 모든 완전수나 모든 친화수를 발견하는 법칙을 알아낸 바 없고, 또한 그것에 대한 수열을 설명한 바도 없다.

1과 자신으로만 나누어지는 1, 3, 29 등의 소수素數에도 마찬가지의 난제가 남아 있다. 하지만 페르마는 한때 그 해결책으로서 항상 소수를 구할 수 있는 공식을 자신이 발견했는지도 모른다고 믿었다. 그러면서도 그 공식이 항상 성립된다는 것을 이론적으로는 증명할 수 없다고 했다. 그 공식으로 그는 5, 17, 257 마지막으로 65,537 즉, 모두 소수인 숫자를 산출해냈다. 페르마의 공식에 따른 다음 소수는 4,294,967,297이 된다.

페르마는 디오판투스이 책 《산수Arithmetic》의 사본 여백에 휘갈겨 쓴, 후에 '페르마의 정리'로 알려지는 문안으로 가장 유명할 것이다. 증명의 복잡성에도 불구하고 개념은 간단히 설명할 수 있는 정리다.

그리스 수학자 피타고라스는 직각삼각형의 가장 긴 변의 제곱이 다른 두 변의 제곱의 합과 같음을 처음으로 증명했다. 일찍이 2차방정식의 신비를 탐구한 디오판투스도 비슷한 표현을 사용해서 $x^4+y^4+z^4=u^2$라는 공식을 남겼다. 이 부분에 대해 페르마가 의문을 품은 것이다.

"왜 디오판투스는 합이 제곱이 되는 두 개의 네제곱을 찾지 않고 세 개의 네제곱을 찾았던 것일까? 두 개의 네제곱의 합은 제곱으로 나타낼 수 없기 때문이 아닐까? 그 문제를 내가 증명해봐야겠다."

페르마는 결국 피타고라스가 $a^2+b^2=c^2$라고 한 것은 맞지만 $a^3+b^3=c^3$은 성립하지 않을 뿐더러, 3 이상의 정수 제곱으로는 어떤 경우도 성립하지 않는다는 것을 발견했다. 결국 피타고라스의 정리는 제곱에만 해당하는 것이다. 다시 말해 세제곱 이상인 두 수의 합은 결코 어떤 수의 제곱으로 나타낼 수 없다는 것이 페르마의 정리인 셈이다.

그리고 페르마는 디오판투스의 책 여백에 "실로 기묘한 증명을 했으나 여분의 여백이 없어 생략한다"고 기록해놓았다. 이 간단한 언급으로 그는 지난 350여 년 동안 수많은 수학자들의 말문을 막히게 했으며, 그들에게 수많은 경험적 실험을 통해 그 정리의 진실을 증명하는 이론적 정당성을 발견하도록 고군분투하게 만들었던 것이다(이는 그러한 과정 중에 그밖의 여러 가지 공식을 발견하게 만들었다는 역사적 의미를 지닌다-옮긴이).

1993년 영국인 수학자인 앤드류 와일스Andrew Wiles는 프린스턴 대학의 다락방에서 7년 간 연구한 끝에 이 퍼즐을 풀었다고 주장했다. 와일스의 결과는 〈수학 연보Annals of Mathematics〉 1995년 5월호에 실렸다. 그러나 수학자들은 그가 이룬 결과의 정확성에 대해 아직도 논쟁 중이다.

페르마의 정리는 세계의 순리에 대한 통찰이라기보다는 단순한 호기심의 표출이라는 성격이 짙다. 그러나 페르마와 파스칼이 연구한 판돈 배분에 대한 문제의 해답은 현대의 보험제도와 기타 리스크 관리 분야의 초석이 되었다.

득점 문제 또는 판돈 배분에 대한 문제의 해답은, 게임을 끝내야 할 시점에서 앞서가던 도박꾼은 게임이 계속된다는 가정에서도 이길 확률이 더 클 것이라는 인식에서 출발한다. 그러나 과연 앞서가던 도박꾼이 이길 가능성은 얼마나 더 크단 말인가? 뒤처진 도박꾼이 이길 가능성은 또 얼마나 작은가? 그리고 이런 수수께끼는 궁극적으로 어떻게 예측의 과학으로 이어질 수 있는가?

1654년 이 주제에 대한 파스칼과 페르마 사이의 서신 왕래는 바로 수학의 역사와 확률이론에서 획기적인 발전의 시작을 알리는 셈이었다.

그들은 해묵은 문제에 대한 메레의 호기심을 채워주기 위해 미래의 결과 분석이 가능한 체계적인 방법을 고안해냈다.

장차 일어나게 마련인 일보다 더 많은 일이 일어날 수 있을 때, 파스칼과 페르마는 각각의 가능한 결과에 대한 개연성을 결정하기 위해 하나의 절차를 제시한다. 그리고 이 결과가 항상 수학적으로 측정될 수 있다고 가정하는 것이다.

그들은 각각 다른 관점으로 문제에 접근했다. 페르마는 순수 대수학으로 시선을 돌렸다. 반면에 파스칼은 더 혁신적인 방법으로 접근했다. 그는 근원적인 대수의 구조를 설명하기 위해 기하학의 형식을 이용했다. 파스칼의 방법론은 간단하면서도 폭넓고 다양한 확률 문제에 두루 적용할 수 있었다.

기하학적 대수학의 이면에 존재하는 기초수학 개념은 페르마와 파스칼이 연구를 시작하기 훨씬 전부터 인지되어왔다. 이미 그들보다 450여 년 전에 하이얌이 그것에 대해 생각한 바 있고, 1303년에는 어떤 독창성도 명쾌하게 부인해버리던 중국 수학자 주세걸朱世傑이 자칭 '네 요소의 진귀한 거울Precious Mirror of the Four Elements' 이라는 도구를 사용해 그 문제에 접근한 바 있다. 그리고 카르다노 역시 그러한 도구에 대해 언급한 적이 있었다.

그후 주세걸의 '진귀한 거울' 은 파스칼의 삼각형으로 알려졌다. 파스칼은 이에 대해 자서전에서 다음과 같이 자랑을 늘어놓았다.

"내가 전혀 새롭지 않은 것에 대해 얘기한다고는 아무도 말할 수 없을 것이다. 이 숫자의 배열이야말로 새로운 것이기 때문이다. 예를 들어, 테니스를 칠 때 두 사람은 같은 공으로 게임을 한다. 그러나 둘 중 누군가는 공의 위치를 더 잘 잡게 마련이다."

1

1 1

1 2 1

1 3 3 1

1 4 6 4 1

1 5 10 10 5 1

1 6 15 20 15 6 1

파스칼의 삼각형은 얼핏만 보아도 한눈에 모든 형태를 알 수 있다. 기초구조 또한 상당히 간단하다. 각 숫자는 윗줄에 있는 두 수(오른쪽 수와 왼쪽 수)를 합한 것이다.

이 안에서의 확률분석은 특정 사건이 일어날 수 있는 여러 가지 방법에 대한 모든 가짓수(경우의 수)로 시작한다(이것이 바로 카르다노의 '순환수'다). 확장된 각각의 수열을 통해 경우의 수를 알 수 있도록 고안된 것이다. 제일 위쪽 열은 일어나지 않을 수 없는 사건의 확률을 보여준다. 여기서의 가능한 결과는 오직 하나뿐이며 그것의 불확실성은 제로가 된다. 따라서 맨 위쪽 열은 확률분석과 무관하다.

다음 열이 첫 번째 문제가 된다. 이것은 50 대 50의 상황을 보여주고 있다. 아이를 갖기로 한 부부에게 아들이냐 딸이냐 하는 문제, 동전을 한 번 던졌을 때 앞면이 나오는 것 등의 결과에 대한 확률이 된다. 그 열로 한번 가보자. 전체가 오직 두 가지 가능성일 때 결과는 딸 아니면 아들, 앞 아니면 뒤와 같이, 하나가 아니면 다른 하나가 된다. 딸 대신 아들로 낳을 확률 또는 뒷면 대신 동전 앞면이 나올 확률은 각각 50%이며,

각각의 가짓수는 1인 것이다.

삼각형의 아래쪽으로 가면서 똑같은 과정이 적용된다. 세 번째 숫자 열은 두 아이를 낳으려는 가족에게서 딸과 아들이 나올 수 있는 조합을 보여준다. 그 열을 모두 더하면 네 가지 가능성이 있음을 알 수 있다. 아들이 둘일 경우가 하나, 딸이 둘일 경우가 하나, 각각 한 명씩일 가능성, 즉 아들 다음에 딸이거나 딸 다음에 아들일 경우가 있다. 그러면 적어도 아들(또는 한 명의 딸) 하나가 나올 확률은 네 가지 결과 가운데 세 가지 경우로 나타날 수 있고, 따라서 아이 둘을 원하는 가족에게 적어도 아들(또는 딸) 하나가 생길 가능성은 75%다. 그리고 아들 하나에 딸 하나일 확률은 50%가 된다. 이 과정은 분명히 카르다노의 방식대로 숫자를 조합한 것이다. 다만, 파스칼이 연구를 시작할 무렵 카르다노의 저서는 아직 출간되지 않았을 뿐이다.

동일한 분석방식으로 득점 문제의 해답도 구할 수 있다. 장면을 파치올리의 발라 게임에서 야구 경기로 바꾸어보자. 월드 시리즈에서 첫 경기에 진 팀이 우승할 확률은 얼마인가? 《운에 맡기는 승부에 대한 책》에서처럼 두 팀이 서로 호적수라고 가정한다면, 이 문제는 페르마와 파스칼이 다룬 것과 동일해지는 셈이다.

첫 게임에서 진 팀을 편의상 우리 팀이라고 하자. 상대 팀이 이미 첫 게임을 이겼기 때문에, 이제 시리즈는 일곱 게임 가운데 넷이 아니라 여섯 게임 가운데 네 게임의 전력에 따라 판가름이 난다. 여섯 게임으로는 몇 종류의 수열이 가능한가, 그리고 그러한 승리와 패배가 각기 몇 번씩 있어야 우리 팀은 우승하는 데 필요한 네 게임을 이길 수 있는가? 우리 팀이 두 번째 게임은 이기고 세 번째는 지고 연속해서 세 게임을 계속 이길지도 모른다. 또 계속 두 게임은 지고 다음 네 게임을 내리 이길 수도 있다. 아니면 상대에게 이미 내준 첫 게임을 제외하고 바로 연속해서 우승에 필요한 네 게임을 이길 수도 있다.

여섯 게임 가운데 승리와 패배의 조합은 몇 가지나 되는가? 파스칼의 삼각형에서 그 답을 알 수 있다. 우리가 해야 할 일은 적당한 숫자열을 찾는 일뿐이다.

이미 살펴보았듯이 삼각형에서 두 번째 열은 한 아이를 원하는 가족이나 동전 하나 던지기와 관련이 있다. 이러한 50 대 50의 열이 전체적으로는 두 가지 가능한 결과를 산출하고 있음에 주목하라. 다음 열은 두 아이를 원하는 가족, 또는 동전 두 개 던지기에 대한 결과를 배치한 것으로 네 개의 경우, 즉 2^2이 나온다. 다음 열은 여덟 개의 결과, 즉 2^3이 된다. 이를테면 세 아이를 원하는 가정에 일어날 수 있는 아들, 딸의 조합을 보여주는 것이다. 월드 시리즈의 결과를 알기 위한 여섯 게임 경우를 보려면, 전체 경우의 수가 2^6, 즉 2를 여섯 번 곱한 것과 같은 열을 찾아야 한다. 바로 승리와 패배의 조합이 64개의 가능 수열로 나타나는 지점이다.

그 열에 있는 숫자의 배열은 다음과 같다.

1 6 15 20 15 6 1

우리 팀이 우승하려면 네 게임을 이겨야 하고, 상대 팀은 세 게임만 이기면 된다는 사실을 기억하라. 우리 팀이 모든 게임을 이기는 동안 상대 팀은 계속 지는 경우가 있을 수 있다. 바로 숫자열의 시작에 있는 1이 그 가능성을 가리킨다. 그 열을 계속 읽으면 다음 숫자는 6이다. 우리 팀(Y)이 우승을 얻고 상대 팀(O)이 한 게임만 더 이길 경우의 배열이 여섯 가지라는 얘기다.

OYYYY YOYYYY YYOYYY YYYOYY YYYYOY YYYYYO

그리고 우리 팀이 네 게임을 이기고 상대 팀이 두 게임을 이기는 경우는 열다섯 가지다.

그밖의 모든 조합은 상대 팀이 적어도 세 게임을 이기고 우리 팀은 우승에 필요한 네 게임을 이기지 못하는 결과를 산출하고 있다. 이는 우리 팀이 첫 게임에서 진 후에도 우승할 수 있는 1+6+15, 즉 22가지의 조합이 있고, 상대 팀이 우승하는 42가지의 조합이 있음을 의미한다. 결과적으로 상대 팀이 세 게임을 이기기 전에 우리 팀이 네 게임을 먼저 이길 확률은 22/64(또는 1/3보다 약간 높은 정도)라고 볼 수 있다.

하지만 앞의 예들은 뭔가 이상한 점을 드러낸다. 왜 우리 팀은 우승을 할 수 있는 지점에 이른 다음에도 수열에 남아 있는 게임을 모두 치러야 하는가? 마찬가지로 상대 팀도 더 적은 수의 게임으로 우승기를 거머쥘 수 있는 것 아닌가?

그러나 비록 실제상황에서는 우승을 결정짓는 데 필요한 승리를 거두고 나서도 남은 경기를 하려는 팀은 없지만, 주어진 문제에 대해 논리적으로 완벽한 해답을 구하기 위해서는 '모든' 수학적 가능성을 고려하지 않으면 안 된다. 파스칼이 페르마에게 보내는 답장에서 언급했듯이, 수학적 법칙은 게임 당사자들의 소망을 초월해야 한다. 이에 대해 "게임 당사자들은 일반적 원칙의 추상에 불과하기 때문이다"라고 설명한다. 파스칼은 결론적으로 다음과 같이 단언했다.

"게임의 자연스런 진행과정에 대한 여부는 게임 당사자에게는 별로 중요하지 않은, 매우 공평한 문제다."

파스칼과 페르마 사이의 서신 왕래는 두 사람 모두에게 새로운 지적 영역에 대해 흥미진진한 탐구과정이 되었음에 틀림없다. 페르마는 카르카비에게 쓴 서신에서 파스칼에 대해 '손댄 문제는 어떤 것이라도 풀 수 있는 사람'이라고 언급했다. 한편 파스칼은 페르마에게 쓴 편지에서 다음과 같이 고백했다.

"당신이 정리한 수의 배열은 저의 이해 능력을 훨씬 넘어서는 것입니다."

그리고 어느 동료에게 보내는 편지에서 페르마를 다음과 같이 묘사했다.

"지적으로 가장 탁월한 사람이며 그의 연구는 유럽의 기하학 분야에서 단연 최고다."

종교와 도덕성에 대해 깊이 몰두해 있던 파스칼과 법학자였던 페르마는 그들의 연구에 수학 이상의 것을 개입시켰다. 그들의 해법에 따르면, 끝나지 않은 발라 게임에서 판돈을 나누는 데에도 '도덕적 정의'의 문제가 있는 것이다. 도박꾼들이 판돈을 단순히 똑같이 나누면 된다고 할 수도 있었지만, 그러한 해결책은 파스칼과 페르마로서는 수용할 수 없었다. 게임을 중단한다면 앞서 있는, 즉 운이 좋은 도박꾼에게는 불공평한 분배가 되기 때문이다.

파스칼은 관련된 도덕적 문제에 분명한 태도를 취하고, 단어 하나하나를 주의 깊게 골라 쓰는 사람이었다. 이 연구에 대한 설명에서도 그는 다음과 같은 점을 지적했다.

"우리가 가장 먼저 고려해야 하는 것은, 게임에 내놓은 도박꾼들의 돈은 이미 그들의 소유가 아니라는 점이다. 대신 그들은 자신들이 동의한 규칙에 따라 다가올 행운에 대한 기대 권리를 지불받는다."

게임이 끝나기 전에 그만두기로 결정한 경우 그들은 걸었던 돈에 대한 원래의 소유권을 다시 얻을 것이다. 이 점에 대한 파스칼의 설명을 들어보자.

"그들에게 돌아갈 양을 결정하는 규칙은 행운에 대한 기대 권리를 어느 정도 갖고 있었느냐에 따라 비례적으로 적용되어야 한다. 이러한 정당한 분배가 바로 '분할' 이라는 것이다."

확률이론의 원리가 분할을 좌우한다. 왜냐하면 이것이 판돈의 정당한 몫을 결정해주기 때문이다.

이런 점에서 볼 때 그들이 정확하게 그런 용어를 생각하지 못했더라도, 파스칼과 페르마의 해결책은 분명히 '리스크 관리 개념' 에서 영향을 받았다고 볼 수 있다. 발라 게임을 하든, IBM의 주식을 사든, 공장을 짓든, 맹장수술을 받든, 상황마다 규칙이 불분명한데도 리스크를 감수하는 사람은 무모한 바보일 뿐이다.

그러나 도덕적 의문과는 별개로 파스칼과 페르마가 제시해준 해답은 확률 계산을 위해 정확한 일반화와 규칙을 이끌어낸다. 두 도박꾼, 두 팀, 두 성性, 주사위 두 개 또는 동전의 양면을 넘어서는, 좀더 다양한 경우의 확률에 적용할 수 있는 일반화와 규칙 말이다. 즉, 각각 여섯 면을 가진 주사위 두 개(또는 주사위 하나를 두 번 던지는 경우)가 62개의 조합을 만들어낸다거나 주사위 세 개가 63개의 조합을 만들어낸다는 카르다노의 증명을 훨씬 능가하는, 확률에 대한 이론적 분석의 한계를 확장한 것이다.

계속되던 서신의 교류는 1654년 10월 27일자로 끊어진다. 그후 한 달이 채 못 되어 파스칼은 일종의 신비한 체험을 겪는다(마차 사고에서 기적적으로 살아나고, 은총의 불을 경험해 결정적 회심에 이른다-옮긴이). 그는 자신의 심정 변화를 '완전하고도 달콤한 포기'라고 주장하며, 그 사건에 대한 기록 '메모리얼Memorial'을 코트 안쪽에 넣고 꿰매서 항상 심장 가까이에 두고 평생 지니고 다녔다. 그는 수학자와 물리학자로서의 삶뿐만 아니라 활기 있는 삶을 포기했으며, 옛 친구들과의 연락도 끊었다. 또한 종교서적을 제외한 모든 소유물을 팔아 파리의 포트로열 수도원으로 거처를 옮겨버렸다.

그러나 파스칼의 노년기 흔적은 기록에서 계속 찾아볼 수 있다. 그는 파리에 최초의 상업버스 노선을 만들어 이익금 모두를 포트로열 수도원으로 돌렸다.

1660년 6월 파스칼은 페르마가 살던 툴루즈에서 그리 멀지 않은 클레르몽페랑으로 여행을 떠났다. 페르마는 두 도시의 중간지점을 제시하며 '포옹을 나누며 며칠만이라도 함께 이야기할 수 있는' 만남을 제안했다. 그러나 그는 건강이 나쁘다는 핑계로 먼 길을 여행하고 싶지 않다고 밝혔다. 파스칼이 8월에 보낸 답장을 읽어보자.

"저는 기하학(다시 말해 수학)과 같은 것이 있었나 할 정도로 기억하기 어렵습니다. 기하학자와 영리한 기술자 사이의 차이점을 거의 발견할 수 없을 정도로 기하학이 쓸모없다는 것도 깨달았습니다. 물론 기하학이 세상에서 최고의 기술이라는 생각에는 변함이 없습니다만, 결국 기술 외에는 아무것도 아니겠지요. 이제 다시는 기하학에 대한 생각을 하지 않을 것 같습니다."

파스칼은 포트로열에 머무는 동안 삶과 종교에 대한 생각을 한데 모아 《팡세Pensées》라는 제목으로 출간했다. 그는 그 책을 집필하며 종이 두 장의 양면을 가득 채운 메모를 남겼다. 해킹의 묘사를 들어보자.

"종이 두 장에는 사방팔방으로 갈겨쓴 필적에, 지운 흔적과 수정한 부분, 그리고 후에 생각을 바꿔 추가한 부분처럼 보이는 내용으로 가득하다."

이 단편이 바로 〈파스칼의 도박le pari de Pascal〉으로 알려진 것이다. 여기서 파스칼은 묻는다.

"신은 존재하거나 존재하지 않는다. 어느 쪽으로 마음이 기우는가? 이성은 답할 수 없다."

이 시점에서 다시 발라 게임에서의 가능한 결과를 분석하던 그의 연구를 돌아보면, 파스칼이 도박의 견지에서 질문을 던진다는 사실을 알 수 있다. 그는 무한히 먼 곳에 끝이 있는 게임을 가정했다. 이미 동전은 던져졌다. 어느 쪽에 내기를 걸 것인가? 앞면(신은 존재한다)인가, 뒷면

(존재하지 않는다)인가?

해킹은 이 질문에 답한 파스칼의 분석방법이야말로 의사결정론 Decision theory의 시초라고 주장한다. 해킹의 정의에 따르면, 의사결정론이란 어떤 일의 발생이 불확실할 때 무엇을 해야 하느냐에 대해 결정하는 이론이다. 결정이 리스크 관리의 노력에서 가장 중요한 첫 단계인 것이다.

우리는 과거 경험을 기초로 의사를 결정하곤 한다. 이는 삶에서 시도했던 실험을 토대로 삼는 것이다. 그러나 우리에게는 신의 존재나 부재에 대한 증명을 실험할 방도가 없다. 우리의 대안은 오직 신을 믿거나, 아니면 거부할 때 초래되는 미래의 '결과'를 더듬어보는 것뿐이다. 인간은 단순히 살아가는 것만으로도 이 게임에 참가하기 때문에 이 문제를 완전히 외면할 수도 없다.

파스칼은, 신을 믿는 것은 의사결정사항이 아니라고 설명했다. 우리는 어느 날 아침 깨어나 "오늘 나는, 내가 신을 믿기로 결정할 것이라고 생각해"라고 천명할 수는 없다는 얘기다. 믿든지 믿지 않든지 둘 중 하나인 것이다. 그러므로 여기서의 의사결정이란 신을 믿도록 이끄는 방식으로 행동할 것인가 말 것인가를 의미한다. 신앙심이 깊은 사람들과 살아가며 '성수와 성체'의 삶을 따르는 것과 같은 방식을 택하느냐 마느냐 하는 결정 말이다. 이런 지침에 따라 살아가는 사람은 신의 존재에 내기를 거는 것이다. 반면에 그런 귀찮은 삶을 거부하는 사람은 신의 부재에 내기를 거는 셈이다.

신의 존재와 부재에 대한 베팅 사이에서 선택할 수 있는 유일한 길은, 파스칼이 던진 동전의 무한한 거리를 따라서 신의 존재 결과가 부재 결과보다 더 바람직한지 또는 더 가치 있는지의 여부를 결정짓는 것이다. 비록 그 확률이 50 대 50에 불과하더라도 말이다. 파스칼은 이런 통찰에 따라 결정을 내린 것이다. 이런 결정은 결과의 가치와 그 개연성이 서로 달라지는 선택이다. 왜냐하면 두 결과의 영향력이 다르기 때문이다.

다음 문단을 잘 읽어보면 이해가 갈 것이다.

만일 실제로 신이 존재하지 않는다면 당신이 경건한 삶을 살든 죄악으로 가득한 삶을 살든 결과는 그리 달라질 게 없다(신의 존재에 걸든 부재에 걸든 중요하지 않다). 그러나 실제로 신이 있다고 가정해보라. 신앙적이고 성스러운 삶을 거부하며 신의 부재에 건다면 영원한 저주라는 리스크를 감수해야 한다. 반면에 신의 존재에 거는 승자는 구원받을 가능성을 갖는다. 그렇다면 영원한 지옥보다 구원이 나을 게 분명하므로 신이 있다는 데 근거한 행동을 택하는 쪽이 올바른 결정일 수밖에 없다.

"어느 쪽으로 마음이 기우는가?"

파스칼에게는 그 답이 너무나도 분명한 것이었다.

파스칼은 버스 노선에서 나오는 수입금으로 포트로열 수도원을 지원하기로 결정하고 뜻밖의 부산물을 얻었다. 1662년에 수도원의 동료들이 매우 중요한 작품인 《논리, 사고의 예술La logique, ou l'art de pensor》을 출간한 것이다(이 책은 1662~1668년 사이에 5판이나 발행된다).

원작자를 밝히지 않았음에도 불구하고, 주요 저자(단독 저술은 아니라 해도)는 앙투안 아르노Antoine Arnauld로 알려졌다. 해킹은 그가 당대의 가장 뛰어난 신학자였을 것이라고 말한다. 이 책은 출간 즉시 유럽의 다른 언어로 번역되었으며, 19세기까지도 교과서로 널리 사용되었다.

책의 마지막 부분에는 제한된 일련의 사실에서 가설로 발전시키는 과정을 망라하는, 확률에 대한 네 장이 구성되어 있다. 오늘날 이 과정을 통계적 추론이라고 한다. 특히 네 장에는 '인간의 권위를 수용해야 할 때를 결정하는 데 이성을 적절히 사용하는 규칙'과 '기적을 해석하는 규칙', '역사적 사건에 대한 해석의 기초', '확률에 대한 수량 적용' 등이 포함되어 있다.

마지막 장에는 도박꾼 열 명이 동료 도박꾼들의 동전 아홉 개를 따겠다는 일념으로 각기 동전 하나씩을 거는 게임에 대한 설명이다. 거기에서 저자는 다음과 같이 지적한다.

"아홉 개를 얻을 확률은 오직 하나인데, 동전 하나를 잃을 확률은 아홉에 해당한다."

이 문장은 불후의 명성을 얻는다. 해킹에 따르면, '이른바 확률이 측정되는' 내용이 언급된 최초의 인쇄물이라는 것이다.

그 문장이 속한 문단은 앞의 이유 말고도 다른 이유로 불후의 명성을 얻을 만한 가치가 있다. 저자는 그가 설명하는 게임이 성격상 하찮은 것임을 시인한다. 그리고 그는 자연적 현상을 토대로 유추해 들어간다.

"번개에 맞을 확률은 매우 적다. 그러나 많은 사람들은 천둥소리를 들을 때 극도의 두려움에 떤다."

이어서 결정적으로 중요한 진술이 나온다.

"해를 입는 데 대한 두려움은 해를 입을 위협의 정도뿐만 아니라, 사건의 확률에도 비례한다."

여기서 또 하나의 중요한 혁신이 나온 것이다. 바로 사건의 중대함과 확률이 모두 의사결정에 영향을 미친다는 생각이다. 이를 바꾸어 말하면, 의사결정에는 특정 결과의 확률에 대한 믿음의 정도뿐만 아니라 그 결과에 대한 욕구의 강도에도 영향을 미친다는 것이다.

후일 '효용성' 으로 알려지는, 무언가에 대한 '욕구의 강도' 는 단순히 확률의 보조적 역할로 그치지 않았다. 이후 곧 의사결정과 리스크 관리 이론의 핵심으로 자리 잡은 것이다. 이에 대해서는 다음 장에서 계속 거론된다.

역사가들은 굉장히 중요한 어떤 일이 일어날 뻔했다가 한 가지 또는 여러 가지 이유로 실제로는 일어나지 않은 경우, 즉 '아깝게 놓친 일' 에 대한 설명을 좋아한다. 파스칼의 삼각형 이야기가 그 아깝게 놓친 일의 대표적인 예다. 앞서 아들과 딸의 경우의 수에 대한 예측 방법을 살펴본 바 있다. 그리고 월드 시리즈가 일부 진행된 이후에 동등한 전력으로 싸우는 두 팀에게 일어날 수 있는 결과 예측 방법까지 알아보았다.

간단히 말해 우리는 예측을 해오는 중이다! 파스칼과 페르마는 미래 사건의 확률 계산에 대한 체계적인 방법에 이르는 열쇠를 쥐고 있었다. 그리고 그들은 잠긴 문의 열쇠구멍에 열쇠를 꽂았다. 그러나 그뿐이었다. 직접 열쇠를 돌리지는 못했던 것이다. 사업경영과 리스크 관리, 그리고 특히 보험에서 그들의 선구자적인 연구의 중요성은 결국 타인들 손으로 활용되어야 했다.

포트로열의 《논리》가 그 중요한 첫 단계였다. 경제 동향이나 경제적 손실에 대한 예측을 위해 확률을 사용한다는 생각은, 파스칼과 페르마가 자신들이 무엇을 놓치고 있는지 깨닫기에는 너무나 먼 훗날의 이야기다. 다만, 뒤늦게나마 우리는 그들이 얼마나 거기에 근접했는지 알게 된 것이다.

우리는 피할 수 없는 미래의 불확실성으로 인해 희망과 두려움, 그리고 그에 따른 운명론을 완전히 떨쳐버릴 수 없다. 그러나 1654년 이후로는 적어도 선택 상황에서 미래를 예측할 때 어림짐작에 의존하지는 않게 된 것이다.

05

잡화점 주인이 제시한 통계학의 핵심 개념

우리는 제한된 자료를 기반으로 결정을 내려야 한다. 포도주 한 모금을 음미해보거나 냄새를 맡아보는 것만으로 포도주 한 병 전체가 마실 만한지 결정해야 한다. 예비 배우자와의 연애 기간은 장차 결혼해서 살아가야 할 나날에 비하면 짧지만 그 기간에 서로를 알아간다. 혈액 몇 방울로도 충분히 DNA 구조를 밝힐 수 있기 때문에 체포된 용의자의 유죄 여부를 가리기 위해 그의 혈액 전부가 필요하진 않다. 또한 여론조사 기관이 국민 전체의 여론을 확인하는 데에는 2,000명 정도만이 필요할 뿐이다. 다우존스 산업평균지수Dow Jones Industrial Average는 단지 주식 서른 개만으로 구성되어 있다. 그러나 수백만 가구와 수천 개에 달하는 주요 금융기관의 변화하는 부의 흐름을 측정할 때 이 지수를 사용한다. 조지 부시George Bush는 단지 브로콜리 몇 조각을 먹어보았지만, 자신의 입맛에는 별로 맞지 않음을 알 수 있었다.

대부분의 중요한 결정은 표본추출이 없다면 불가능할 것이다. 만약 포도주 한 병을 전부 마셔버리고 나서 그 포도주가 마실 만하다고 알려준다면 무슨 소용이 있겠는가? 환자의 DNA 구조를 조사하거나 처방전을 위해 환자의 혈액 전부를 뽑아볼 수는 없다. 대통령이라도 국민의 바람을 알아보기 위해 모든 유권자들이 100% 참여하는 국민투표를 다달이 실시할 수는 없다. 또한 브로콜리가 입맛에 맞지 않는다는 것을 알기 위해 세상에 있는 모든 브로콜리를 먹어볼 수도 없는 일이다.

표본조사는 '리스크 감수'에 필수적이다. 우리는 미래를 예측하기 위해 현재와 과거에서 계속적으로 표본을 추출해 사용한다. '평균적으로 on the average' 라는 표현이 어느새 우리 귀에 익숙해졌다.

그러나 다음과 같은 의문이 떠오른다. 우리가 관심을 두고 있는 '평균'이란 어느 정도 믿을 만한 것일까? 우리의 판단에 기반을 둔 표본은 어느 정도 대표성을 띠는 것일까? 도대체 '표준'이란 무엇이고 어디까지 믿을 만한가? 통계학자들이 농담 삼아 이야기하듯이, 오븐에 다리를 넣고 머리는 냉장고에 넣어둔 사람은 평균적으로 기분이 상당히 좋단 말인가? 시각장애인들이 코끼리에 대해 다투는 우화는 그들이 저마다 그 코끼리에 대한 아주 미미한 표본만을 갖고 있기 때문에 유명해졌다.

통계학적 표본추출의 역사는 아주 오래되었다. 그리고 오늘날의 표본추출 기술은 초창기의 조잡한 방법을 훨씬 뛰어넘어 상당히 높은 수준

에 와 있다.

가장 흥미 있는 초창기 표본조사는 영국 국왕 또는 그가 임명한 대리인이 실시한 견본 화폐 검사Trial of the Pyx다. 이것은 에드워드 1세Edward I가 다음과 같은 절차를 공표한 1279년에 완전히 정착되었다.

이 검사의 목적은 왕립조폐국에서 주조한 화폐가 본위표本位表에서 규정한 금·은의 기준량 함유 여부를 확인하는 것이었다. 상자를 뜻하는 그리스어에서 유래한 '픽스Pyx'라는 낯선 단어가 표본으로 사용될 동전을 넣어두는 '화폐 검정함'으로 쓰였다. 동전은 조폐국에서 만들어지는 순간에 아마 무작위로 선택되었을 것이다. 견본 화폐의 금 함량은 웨스트민스터 사원의 3중 잠금장치로 된 보물창고(Chapel of the Pyx로 불렸다) 속에 보관된, 왕이 사용하는 금제 식기의 금 함량과 비교되었다. 따라서 이 검사에서는 금 함량 기준에 대해 각 동전의 편차 범위를 특별히 정해 그 범위에 속하는 것은 정품으로 허용했다고 한다.

표본조사에 통계학적 과정을 적용하는, 좀더 야심차고 그 파급 효과도 컸던 시도는 1662년에 이루어졌다. 그해에는 파스칼과 페르마의 서신 왕래가 8년째에 접어들었으며, 파스칼이 스스로 신의 존재 증명을 해내기도 했다. 문제의 책은 런던에서 발행된 《사망자 표를 통한 자연적·정치적 관찰Natural and Political Observations made upon the Bills Of Mortality》이라는 작은 책자다. 이 책에는 1604~1661년 사이에 런던에서 출생한 사람과 사망한 사람에 관한 자료가 많은 해설물도 함께 실려 있다. 통계학과 사회학 연구사에서 표본추출방법과 확률 산출의 과감한 도약과 일대 약진을 이룩한 책이다. 보험과 환경적 리스크의 측정에서부터 매우 복잡한 파생상품의 디자인에 이르기까지 모든 리스크 관리 방법에 원천적인 자료를 제공한 것이다.

이 책의 저자인 그랜트는 통계학자도 인구학자도 아니었다. 그렇다고 수학자도 보험 회계사도 과학자도 대학교수도 정치가도 아니었다. 당시 마흔두 살이던 그랜트는 단추나 바늘 등을 팔던 잡화점 주인이었다. 그러나 그는 매우 예리한 상인이었음에 틀림없다.

옷감 수선용 잡화 판매 등의 일상에서 벗어나 다른 관심사도 추구할 수 있을 정도로 돈도 넉넉히 벌었다. 그와 동시대의 전기작가인 존 오브리John Aubrey는 다음과 같이 말했다.

"그랜트는 대단히 재능 있고 학구적인 사람이었다. 아침 일찍 일어나 가게에 가기 전에 먼저 서재에 들렀고…… 유창한 입담으로 사람들을 곧잘 웃겼다."

그랜트는 당대의 탁월한 지성들과 가깝게 지냈다. 그 중 한 명이 인구 통계에 관한 그랜트의 복잡한 작업을 일부 도와준 윌리엄 페티William Petty였다.

페티는 재주와 솜씨가 뛰어난 사람이었다. 내과의사였던 그는 아일랜드 감독관으로 일한 적도 있고 해부학 교수와 음악 교수로도 활동했다. 또한 그는 아일랜드에서 전쟁이 일어나자, 물자 부족을 이용한 폭리로 상당한 부를 축적하기도 했다. 뿐만 아니라 그는 《정치적 산술Political Arithmetick》이라는 책까지 썼는데, 이 책으로 그는 근대 경제학의 창시자라는 영예까지 안았다.

그랜트의 책은 최소한 5판을 거듭했고 영국에서는 물론이고 유럽 대륙에서도 많은 인기를 얻었다. 1666년 파리의 〈싸방Journal des Sçavans〉지에 실린 페티의 평론이 계기가 되어, 프랑스에서도 1667년에 그랜트의 연구와 비슷한 연구가 실시되기도 했다.

이렇듯 그랜트가 이룬 성과는 대중의 큰 관심을 불러일으켰으며, 영국 왕 찰스 2세Charles Ⅱ는 그랜트에게 당시에 조직된 '영국 왕립학회Royal Society' 입회를 제안했다. 그러나 왕립학회의 회원들은 일개 장사꾼에 불과한 그랜트의 입회를 그다지 달가워하지 않았다. 이에 대해 찰스 2세는 그들에게 다음과 같이 충고했다.

"장사꾼이라도 이런 장사꾼이라면 얼마든지 더 찾아서 입회시켜야 마땅할 것이오. 쓸데없는 야단법석은 이제 그만 집어치우시오."

결국 그랜트는 왕립학회의 회원이 되었다.

영국 왕립학회는 존 윌킨스John Wilkins(1617~1672)가 주도한 모임에서 시작되었다. 그는 워덤 대학의 연구실에서 만난 재기가 뛰어난 사람들만을 선별해 모임을 만들었다. 파리의 메르센 신부가 만들었던 클럽의 복사판인 셈이다.

윌킨스는 비공식적이었던 그 모임을 최초의 학술단체이자, 가장 유명한 학술단체로 만들어 당당하게 17세기 말을 장식했다. 얼마 후 영국 왕립학회를 모델로 프랑스 과학원French Académie des Sciences이 만들어졌다.

윌킨스는 후에 치체스터의 주교가 되지만, 오히려 그는 확률에 대한 언급으로 재미있게 엮어진 초창기 공상과학소설 작가로 주목을 끈다. 그의 작품 가운데 하나는 《달 세계의 재발견, 그러니까 달에도 사람이 살 수 있는 세계가 있을 수 있다는 것을 증명하고 싶은 이야기The Discovery of a World in the Moone or a discourse tending to prove that 'tis probable there may be another habitable world in that planet》라는 황홀한 제목을 달고 1640년에 출간되었다. 또한 윌킨스는 쥘 베른Jules Verne보다 앞서 북극해저를 운항

할 잠수함 설계에 대한 작품을 쓰기도 했다.

우리는 그랜트가 런던의 출생과 사망에 관해 연구한 계기를 모른다. 다만, 그의 다음과 같은 고백만 알고 있다.

"하찮게 여겨지는 사망자 자료를 보고 사람들이 생각지 못했던 심오한 결론을 이끌어내는 기쁨은 대단히 크며, 새로운 일 자체야말로 즐거운 일이다."

그러나 그에게는 진지한 목표도 있었다.

"성, 사회적 지위, 연령, 종교, 직업, 계급 등에 각각 얼마나 많은 사람들이 분포해 있는지 알아보는 것이 나의 목표다. 이 분포를 밝혀내면 매매 거래와 정부 행정이 좀더 명확히 정리될 것이다. 예를 들어, 인구분포에 따라 사람들의 소비성향을 예측할 수 있을 뿐만 아니라 매매가 불가능한 지역에 헛되이 희망을 거는 일 또한 없앨 수 있을 것이다."

그가 시장조사라는 개념을 만들어낸 것은 너무나도 당연한 결과다. 그는 징집 가능한 사람들의 추정 숫자를 뽑아 정부에 제공하기도 했다.

사실 출생과 사망에 관한 정보는 오래전에도 교구 교회에서 구할 수 있었다. 그리고 1603년부터 런던 시에서는 자체적으로 주간 계정표를 작성, 보관해왔다. 종신연금제도를 통해 자금을 조달하던 네덜란드의 도시에서도 비슷한 자료들을 구할 수 있었다(목돈을 주고 가입하는 이 연금제도는 연금 가입자나 가입자의 유족들에게 생활비를 지급하는 것이었다). 프랑스 교회에서도 세례자들과 사망자들의 기록이 있었다.

해킹은 그랜트와 페티가 파스칼이나 호이겐스에 대해 아는 바가 없었다고 말한다. 해킹의 말을 더 들어보자.

"하지만 신의 영감을 받았든, 도박의 승률을 높여보자는 의도였든, 장사에서 이익을 늘려보자 했든, 법을 완성하고자 했든 그 동기에 관계없이 동일한 생각이 동시에 여러 사람들의 머릿속에서 나온 것만은 분명하다."

분명히 그랜트는 영국 인구에 관해 중요한 정보를 분석하고 출판하기에 적절한 시대에 살았던 것이다.

정작 그랜트는 자신이 표본추출 이론의 혁신자라는 사실을 거의 깨닫지 못했다. 사실 그는 표본이 아닌 완전한 형태의 사망자 표를 분석했다. 하지만 그는 그 누구도 시도해보지 못한 방식으로 원시 자료를 체계적으로 분석해 더 넓은 범위의 추론을 이끌어낸 것이다. 그의 자료분석 방식은 통계학이라는 학문의 초석을 이루었다. '통계학statistics' 이라는 단어는 일정 상태state에 대한 양적 사실의 분석에서 유래했다. 그랜트와 페티는 바로 이 중요한 연구 분야의 공동 개척자로 인정받았다.

그랜트의 작업은 농경 위주의 사회였던 영국이 바다 건너 부와 사업을 넓히며 점차 복잡한 사회로 전환되어가는 무렵에 이루어졌다. 해킹이 지적했듯이 땅과 경작지를 기준으로 세금이 산출되는 시절에는 아무도 인구수에 관심을 갖지 않았을 것이다. 예를 들어, 1085년 발표된 〈토지 대장Domesday Book〉이라는, 윌리엄 1세William the Conqueror 때 이루어진 조사서에는 등록된 소유주와 부동산의 가치만 기록되어 있을 뿐, 관련된 사람들의 숫자에 대해서는 전혀 언급이 없다.

그렇지만 점차 더 많은 사람들이 마을로, 도시로 이주함에 따라 인구수가 문제로 제기되기 시작했다. 페티는 군복무 가능 연령에 있는 남성의 수를 추정하고 가능한 세금 수입액을 산정하기 위한 인구통계의 중요성에 대해 언급했다. 하지만 한창 재산을 모으던 그랜트로서는 정치적 고려사항은 그다지 흥미로운 관심사가 아니었다.

그즈음 그에게 영향을 끼치는 또 다른 요소가 등장했다. 바로 그랜트의 책이 출간되기 2년 전, 네덜란드에 유배되어 있던 찰스 2세가 소환되어 복위했던 것이다. 거센 왕정 복고와 함께 마침내 영국 국민들은 청교도들이 부과해놓은 모든 지적 억압을 제거할 수 있었다. 절대권력과 공화주의의 몰락으로 자유와 진보의 새로운 물결이 일렁였다.

때맞춰 아프리카와 아시아는 물론, 대서양을 가로질러 산재한 식민지에서 거대한 부가 영입되기 시작했다. 또한 당시 스물여덟 살이었던 뉴턴은 지구에 대해 새로운 방식으로 사고하도록 사람들을 이끌고 있었다. 찰스 2세 또한 자유로운 영혼의 소유자였다. 그는 인생의 유쾌함을 즐기기 위해 거리낌 없던 '즐거운 군주Merry Monarch' 였다.

일어나서 주위를 둘러볼 시간이었다. 그랜트는 시대적 변화에 재빨리 적응했고 결국 주요 인물이 되었다.

그랜트의 책에는 사회학, 의학, 정치학, 역사학 분야에서 학생들이 흥미를 느낄 만한 부분이 많다. 하지만 정작 그 책의 신선함은 추출된 표본의 활용에 있다. 그랜트는 그가 사용할 수 있는 통계가 런던의 출생자와 사망자 숫자의 일부만을 나타낸다는 것을 깨달았다. 그러나 그는 그의 자료를 표본으로 사용해 광범위한 결론을 이끌어냈다. 표본자료에서 전체적 개산概算을 이끌어내는 그의 분석방법은 오늘날 '통계학적 추론statistical inference' 으로 불린다. 후세의 통계학자들은 그의 방법을 토대로 추정치와 실제 값 사이의 오차 계산 방법을 파악했을 것이다. 그랜트는 한 학문의 개척자로서 단순한 정보수집 과정을, 세상과 신의 뜻을 해석하는 놀랍고도 정교한 수단으로 변형해놓았다.

그랜트는 런던 시에서 1603년부터 정리된 '사망자 표Bills of Mortality'를 통해 원시 자료를 수집했다. 1603년은 엘리자베스 여왕Queen Elizabeth이 사망한 해이자, 전염병의 만연으로 런던이 최악의 상황에 직면했던 해다. 대중 보건에 대한 위협 요소를 미리 정확하게 파악하는 일이 점차 중요해질 수밖에 없던 시점이었다.

런던 시의 '사망자 표' 에는 사망자 수는 물론이고 사망 원인까지도 명시되어 있다. 또한 매주 세례 받는 아이들의 숫자 역시 기록되어 있다. 관련 자료로 제시한 〈표 5-1〉은 1665년도 봄 · 가을 각기 한 주씩, 2의 사망자 기록이다.

4월 11일~18일까지 단 1주간만 전염병으로 7,165명이 사망했고, 130개 교구 가운데 전염병이 발생하지 않은 곳은 단지 네 곳뿐이었다.

그랜트는 특히 사망 원인에 관심이 많았다. 그 중에서도 '가장 두렵고 무시무시한 재난' 인 전염병에 대해서는 유독 관심을 기울였다. 또한 그는 무서운 전염병의 위협 속에서 살아가는 사람들의 생활양식에도 관심을 기울였다. 1632년도의 사망자 가운데 628명의 사망 원인을 분석하면서 그는 '노환' 을 필두로 60가지에 가까운 사인을 나열했다. 몇 가지 더 살펴보면, '경기驚氣' 와 '광견병', 그리고 '곤충에 쏘임', '편도선 질환',

〈표 5-1〉 1665년 봄 · 가을 1주간의 질병과 사망자 수

The Diseases and Casualties this Week.

Disease	Number	Disease	Number
A Bortive	5	Jaundies	5
Aged	43	Impofthume	11
Ague	2	Infants	15
Apoplexie	1	Killed by a fall from the Belfrey at Alhallowes the Great	1
Bleeding	2	Kingfevil	2
Burnt in his Bed by a Candle at St. Giles Cripplegate	1	Lethargy	1
Canker	1	Palfie	1
Childbed	42	Plague	716
Chrifomes	18	Rickets	17
Confumption	134	Rifing of the Lights	11
Convulfion	64	Scowring	5
Cough	2	Scurvy	2
Dropfie	33	Spleen	1
Feaver	309	Spotted Feaver	101
Flox and Small-pox	5	Stilborn	17
Frighted	3	Stone	2
Gowt	1	Stopping of the ftomach	9
Grief	3	Strangury	1
Griping in the Guts	51	Suddenly	1
		Surfeit	49
		Teeth	121
		Thrufh	5
		Timpany	1
		Tiffick	11
		Vomiting	3
		Winde	3
		Wormes	15

Chriftned { Males — 95, Females — 81, In all — 176 } Buried { Males — 4095, Females — 4202, In all — 8297 } Plague — 7165

Increafed in the Burials this Week — 607

Parifhes clear of the Plague — 4 Parifhes Infected — 126

The Afsize of Bread fet forth by Order of the Lord Maior and Court of Aldermen, A penny Wheaten Loaf to contain Nine Ounces and a half, and three half-penny White Loaves the like weight.

1665년 4월 11~18일

The Diseases and Casualties this Week.

Disease	Number	Disease	Number
A Bortive	5	French-pox	3
Aged	38	Griping in the Guts	14
Broken legge	1	Head-mould-fhot	1
Cancer	1	Impofthume	4
Childbed	8	Infants	7
Chrifoms	18	Kingfevill	2
Confumption	56	Overlaid	4
Convulfion	25	Plurifie	2
Dropfie	21	Rickets	4
Drowned at St. Kath. Tower	1	Rifing of the Lights	8
Executed	6	Rupture	1
Feaver	34	Scurvy	1
Fiftula	1	Spotted Feaver	8
Flox and Small-pox	13	Stilborn	7
Flux	2	Stone	1
Found dead (an Infant) at St. Giles in the Fields	1	Stopping of the Stomach	8
		Strangury	1
		Suddenly	3
		Surfeit	9
		Teeth	17
		Thrufh	3
		Tiffick	3
		Ulcer	1
		Wormes	1

Chriftned { Males — 117, Females — 120, In all — 237 } Buried { Males — 185, Females — 159, In all — 344 } Plague — 0

Decreafed in the Burials this Week — 38

Parifhes clear of the Plague — 130 Parifhes Infected — 0

The Afsize of Bread fet forth by Order of the Lord Maior and Court of Aldermen; A penny Wheaten Loaf to contain Ten Ounces, and three half-penny White Loaves the like weight.

1665년 9월 12~19일

'유아기 굶주림' 등의 사인이 나온다. 또 1632년에는 살인 사건이 7건 있었고 자살이 15건이 있었다. 이에 대해 그랜트는 다음과 같이 언급했다.

"파리에서는 거의 밤마다 살인사건이 일어나는데 런던에서는 그렇지 않다."

그랜트는 그 공로를 런던 시의 시민 방범대와 정부에 돌렸다. 또한 영국 혁명 당시에 '권력 찬탈자' 들조차도 단지 몇 사람만을 처형했을 뿐이라면서 "대부분의 영국인들은 천성적으로, 그리고 관습적으로 비인간적인 범죄와 모든 잔혹한 행위를 혐오한다"고 논평했다.

한편 그랜트는 일부 연도의 연간 전염병 사망자 수를 밝혔는데, 그의 계산에 따르면 1603년은 사망자의 82%가 전염병에 감염되어 숨진 최악의 해였다. 1604~1624년 사이에는 22만 9,250명이 온갖 질병과 재해로 사망했는데, 그 중 3분의 1이 질병으로 죽은 아이들이었다. 특히 그는 질병 사망자의 절반이 아이들임을 지적하면서 "태아를 포함해 모든 아이의 36%가 6세 이전에 사망한다"고 결론을 내렸다. 외관상 분명한 질병, 이를테면 암, 누관瘻管, 종양, 궤양, 골절상, 농양, 연주창, 머리 화상, 마마, 피지성 낭포 등으로 사망한 사람들은 4,000명 이하였다.

그랜트는 혹독한 전염병의 유행이 '이 나라의 식생활뿐 아니라 대기 상태와 기후, 나아가 나라의 전반적인 상태' 를 표출하는 것일지도 모른다고 말했다. 계속해서 그는 "굶어죽는 사람이 거의 없고, 거지들이 시내 여기저기를 떼 지어 다니지만, 그들 대부분은 건강하고 튼튼한 것 같다"고 했다. 그는 정부가 그들을 '격리' 하고 '각자의 건강과 능력에 맞는 일을 가르칠 것' 을 제안했다.

또한 주로 직업적인 요인으로 발생하는 사고의 비율을 언급한 후 "사망자 표에 나타난 이 질병에 관해서만큼은 매일 이야기하면서도 아무런 대책을 마련하지 못하고 있다"고 말했는데, 이 질병이란 매독의 일종인 프렌치팍스French-Pox였다.

"이 질병은 거의 대부분 무절제한 '성행위Venery' 때문이라기보다는 윤락녀 등과 같이 품위 없는 여성과의 성행위로 생기는 것이다. 무절제한 성행위는 오히려 '통풍痛風, Gowt'의 원인이다."

그랜트는 이 병으로 죽은 사람이 거의 없는 데 의아해했다. 왜냐하면 '수많은 사람들이 한두 차례씩은 이런 종류의 질병으로 고생하던 시절'이었기 때문이다. 결국 그는 종양이나 궤양으로 사망했다고 기록된 사람들이 사실은 대부분 성병으로 사망한 것이라는 결론을 내렸다. 즉, 진료기록에는 낯 뜨거운 사인들이 점잖게 위장되어 적혔다는 것이다. 그랜트에 따르면 관계자들은 사망자의 상태가 매우 심각한 경우에만 성병이라는 사인을 내렸다고 한다.

"성기가 썩어 문드러져 혐오감을 일으키는 사람들만이 빈번한 이 질병으로 인해 사망한 것으로 기록되었다."

사망자 표를 통해 여러 가지 사실을 알았지만, 그랜트는 자신의 자료에 많은 결점이 있다는 것 또한 인식했다. 특히 의료 진료기록은 불확실했다.

"왜냐하면 교구에서 가장 현명한 사람조차도 육안 검시만으로는 사인을 확실하게 파악할 수 없었기 때문이다."

게다가 영국 교회에서 세례 받은 사람들만이 기록에 올라 있기 때문에, 반대파들이나 가톨릭교도들은 배제되어 있었다.

그랜트가 이룬 성과는 그야말로 인상적이다. 그는 다음과 같이 적고 있다.

"하찮게 여겨지는 이 자료에서 어느 정도 진리를 얻고 나서, 나는 한 걸음 더 나아가 이와 같은 지식이 세상에 어떤 이익을 가져다 줄 수 있을지 생각해보았다."

그의 분석에는 해마다 달라지는 질병 분포와 함께 호황기를 맞이한 런던의 유입 · 유출 인구, 그리고 그 인구의 남녀 성비가 명시되어 있다.

그가 더욱 의욕적으로 노력해 이룬 성과 가운데 하나는, 역사상 최초로 타당한 근거를 토대로 런던의 총 인구수를 계산해낸 것이다. 그는 런던 인구의 증가와 감소, 그리고 증가한다면 적당한 양까지 증가할 것인지, 아니면 감당하기 힘들 만큼 늘어날 것인지를 알아낼 수 있는 인구자료의 중요성에 대해 지적했다. 또한 전체 인구를 추정함으로써 개인이 전염병에 걸릴 가능성에 대한 파악도 할 수 있으리라고 여겼다. 그는 자신이 내린 결론의 타당성을 조사하기 위해 여러 가지 평가방법을 시도해보았다.

그가 사용한 방법 가운데 하나는 '출산 가능한 여성의 수는 출생자의 두 배' 라는 가정으로 시작한다. 이런 가정은 '가임 여성들이 2년에 한 아이 이상을 낳는 일은 드물다' 는 생각에서 나온 것이다. 사망자 수가 연 평균 대략 1만 3,000명에 이르렀는데, 이 수치는 해마다 전염병 이외의 사인으로 사망하는 사람의 수와 거의 일치했다. 또한 출생자 수는 사망자 수보다 적었다. 그래서 그는 출생자의 대략적 수치를 1만 2,000명으로 잡았다. 그렇다면 출생 가능한 여성의 수는 2만 4,000명이 되는 것이다. 이어서 그는 하인과 하숙인을 포함한 가족 구성원의 숫자를 가구당 여덟 명으로 산정했다. 그리고 전체 가구수는 임신 가능한 연령의 여성을 포함한 가구수의 두 배로 추정했다. 따라서 4만 8,000가구에 가구당 여덟 식구가 있는 셈이므로 런던의 전체 인구를 38만 4,000명으로 계산한 것이다. 이 수치는 어쩌면 너무 낮았는지도 모른다. 그러나 200만이라는 당시의 일반적인 추정치보다는 실제 수치에 가까웠을 것이다.

그랜트가 사용한 또 다른 방법은 1658년의 런던 지도에 대한 조사에서 시작된다. 100평방야드당 54가구(1에이커당 대략 200명)가 거주한다는 가정 아래, 런던 성에 1만 1,880가구가 거주하는 것으로 본 것이다. 사망자 표에는 1만 3,000명의 사망자 가운데 3,200명이 런던 성에서 사망한 것으로 나타나 있다. 즉, 1 대 4의 비율이므로, 런던 성의 가구수 1만 1,880에 4를 곱하면, 런던 시의 전체 가구수는 약 4만 7,520가구가 되고, 여기에 가구당 인원수인 8을 곱하면……. 어쩌면 그는 첫 번째 방법에서 나온 추정치에서 역산하여 두 번째 방법을 만들어낸 것인지도 모른다. 우리로서는 알 수 없는 노릇이다.

그랜트는 '확률' 이라는 단어를 결코 사용하지 않았다. 그러나 그는 분명히 그 개념에 대해 제대로 인지했던 것으로 보인다. 우연의 일치인지는 몰라도 그 또한 포트로열 《논리》에 나오는, '번개에 대한 비정상적인 공포' 에 대한 언급과 유사한 언급을 하고 있다.

"많은 사람들이 무섭기로 악명 높은 일부 질병에 대해 엄청난 공포와 불안 속에서 살아가고 있기 때문에 실제 이러한 질병으로 죽어가는 수는 얼마나 되는지 밝혀야 될 것 같다. 그 각각의 수를 지난 20년 동안의 전체 사망자 수 22만 9,250명과 비교해보면 그들은 자신들이 처한 위험의 실체에 대해 더 잘 이해할 수 있을 것이다."

다른 부분에서 그는 또 다음과 같이 언급한다.

"누군가가 10년을 더 사느냐 못 사느냐 하는 것이 대등한 수치로 평가된다면 열 명 가운데 한 명이 1년 내에 사망할 수 있는 수치도 마찬가지일 것이다."

아무도 이렇게 확률의 문제로 표현한 적이 없었다. '길게 늘어뜨리는 어지러운 추론을 배제한 간결한 문장'을 쓰겠다고 이미 약속했던 그랜트는 자신의 논리를 상세히 설명하지는 않았다. 그러나 앞의 진술을 토대로 그가 세운 목표는 과히 독창적이었다. 그는 사망자 표에는 없는 정보, 즉 사람의 평균 수명을 추정해보려고 시도한 것이다.

그랜트는 '태아를 포함해 모든 아이의 약 36%가 6세 이전에 사망한다'는 자신의 결론과 '사람들 대부분이 75세 이전에 사망한다'는 추정을 이용해, 100명을 대상으로 6세에서 76세에 이르기까지 나이별로 생존하는 사람들의 수를 표로 만들었다(표 5-2). 이 표의 맨 오른쪽 줄은 1993년도 미국 자료이니 비교해보기 바란다.

그랜트가 이 표를 어떤 방법으로 작성했는지는 확실히 알 수 없다. 어쨌든 그가 만든 이 표는 널리 퍼져나갔고 결국은 잘 들어맞는 추측으로 판명되었다. 이 도표에 자극을 받은 페티는, 정부에서 중앙통계청을 세워야 한다는 주장을 펴나갔다.

〈표 5-2〉 나이별로 생존하는 사람들의 수

나이	그랜트	1993
0	100	100
6	64	99
16	40	99
26	25	98
36	16	97
46	10	95
56	6	92
66	3	84
76	1	70

자료 : 그랜트의 자료는 해킹의 《The Emergence of Probability : A Philosophical Study of Early Ideas about Probability, Induction, and Statistical Inference》(1975), p.108에서, 1993년도 자료는 〈This is Your Life Table〉, *American Demographics*, 1995년 2월호 p.1에서 발췌했다.

페티 역시 출생 시의 평균 여명을 추정하는 일에 뛰어든 인물이었다. 비록 다음과 같이 불평을 토로했지만 말이다.

"나는 무딘 칼질만을 해왔다. 이런 일을 완수하기 위해서는 더 많은 연장이 필요하다."

페티는 '있음직한 일likelyhood' 이라는 단어를 사용하면서도 이 단어에 대한 별도의 설명은 없었다. 그는 단지 아일랜드의 어느 교구에서 얻은 정보를 바탕으로 평균 여명은 18세라는 추정치를 작성했고 1674년 왕립학회에 보고했다. 그 전에 그랜트가 낸 추정치는 16세였다.

그랜트의 정리를 통해 자국에 대한 사람들의 기존 사고방식은 달라지기 시작했다. 그런 과정 가운데 그는 국내의 사회 문제에 대한 연구의 필요성을 제안했으며, 더불어 삶의 질을 높일 수 있는 여러 방안까지 제시했다.

이러한 그랜트의 선구적 작업으로 불확실한 상황에서 결정을 내리는 데 필수적인, 통계학 이론의 핵심 개념이 탄생되었다. 그가 제시한 표본 추출과 평균, 그리고 표준 개념 등으로 통계분석학이라는 학문이 수용되는 구조가 된 것이다. 이로써 우리는 정보를 의사결정에 이용할 수 있으며, 미래 사건의 확률에 대한 신뢰도에 영향을 받을 수 있다.

그랜트의 《사망자 표를 통한 자연적 · 정치적 관찰》이 출간되고 약 30년이 지나서, 그의 책과 유사한 또 다른 책이 출간되었다. 리스크 관리 역사상 좀더 중요한 의미를 갖는 책이었다. 저자인 에드먼드 핼리Edmund Halley는 유명한 과학자였다. 그는 그랜트의 연구 내용을 잘 이해하고 있었으며, 덕분에 자신의 분석을 더욱 심화시킬 수 있었다. 사실 그랜트의 선구적 노력이 없었다면, 그는 그러한 연구에 대한 생각조차 못했을지도 모른다.

핼리는 영국인이었지만, 독일 동부에 위치한 브레슬로라는 유럽 중부 마을에서 자료를 구했다. 제2차 세계대전 이후 그 마을은 폴란드의 영토가 되었고 현재는 브로츨라프라고 불린다. 당시 브레슬로의 가톨릭 신부들은 연간 출생, 사망 기록을 오랜 기간 동안 꼼꼼하게 보관해왔다.

우선 핼리가 브레슬로의 기록을 접한 계기에 대해 알아보자. 1690년 카스파어 나우만Caspar Naumann이라는 브레슬로의 과학자이며 성직자가 '달의 위상이 어떤 영향력을 발휘한다고 믿거나 액운이 든 해가 있다고 여기는 특정 미신들을 논박하기 위해' 브레슬로의 출생과 사망 기록을 샅샅이 조사했다. 나우만은 그 연구결과를 라이프니츠에게 보냈고 라이프니츠는 그것을 다시 런던의 왕립학회로 보냈다. 그리고 그것이 핼리의 눈에 띄게 된 것이다.

핼리는 곧 나우만의 자료에 큰 관심을 가졌다. 그는 당시 35세에 지나지 않았지만 이미 영국에서 가장 뛰어난 천문학자 가운데 한 사람으로 인정받았다. 1684년에 유명한 중력의 법칙이 처음으로 언급된 《자연철학의 원리Principia》를 뉴턴이 출판한 것도 핼리의 설득이 있었기 때문이다. 핼리는 대단한 재력가는 아니었지만, 그 책의 출판 비용을 전부 부담했으며 원고 교정을 봤고, 자신의 연구는 그 책의 출판이 끝난 후로 미루었다. 역사가 제임스 뉴먼James Newman은 핼리의 노력이 없었더라면 《자연철학의 원리》는 결코 빛을 보지 못했을지도 모른다고 추측한 바 있다.

어린 시절부터 천문학의 천재로 알려졌던 핼리는 옥스퍼드 퀸즈 대학의 학부에 입학할 때도 자신의 24인치 망원경을 갖고 갔다. 그러나 그는 학업을 중도에 포기하고 남반구의 하늘을 연구하기 시작했다. 그리고 그 연구로 20세도 되기 전에 자신의 명성을 확고하게 굳혔다. 22세가 될 무렵에는 이미 왕립학회의 일원이 되었다. 하지만 1691년 옥스퍼드 대학은 그가 견지하는 '물질주의적 관점'이 옥스퍼드 대학의 종교적 정통주의에 부합하지 않는다는 이유로 그의 교수직 수여를 거부했다. 그러나 1703년에는 교수들의 태도가 누그러져 그는 교수 자리를 얻을 수 있었다. 1721년 그는 왕의 특명으로 그리니치 천문대의 천문학자가 되었다. 한편 그 이전에 역시 왕의 특명으로 학위도 수여받았다.

핼리는 86세까지 장수했다고 전해진다. 그는 '보기 드문 생기와 활기'를 지닌 대단히 명랑한 사람이었으며, 러시아의 피터 대제Peter the

Great를 비롯해 많은 사람들과 따뜻한 우정을 나누었다고 한다. 1705년 혜성 궤도에 대한 연구 분야를 개척해오던 그는 1337~1698년 사이에 나타났던 총 24개의 혜성을 확인했다. 그리고 그 중 1530년, 1606년, 1682년에 나타났던 세 개의 혜성은 유독 닮은 점이 많아서 그는 그 모두가 하나의 혜성이라는 결론을 내렸다. 또한 그는 기원전 240년에도 이 혜성에 대한 관찰기록이 있다는 사실을 알아냈다. 1758년 그 혜성이 다시 나타나리라는 핼리의 예견이 정확히 들어맞자 전 세계인들은 흥분을 감추지 못했다. 그가 발견한 그 혜성은 지금도 정확히 76년마다 하늘을 가로질러 길게 뻗어가고 있고, 그때마다 우리는 핼리의 이름을 영예롭게 기억하고 있다.

브레슬로의 기록은 사실 핼리의 주된 연구 분야와 정확히 일치하는 주제는 아니었다. 하지만 왕립학회에서 새로 발간하는 학술지인 〈왕립학회 회보Transactions〉에 일련의 논문을 싣기로 약속하고 새 연구 소재를 찾아다니던 그에게는 연구 가치가 충분해 보였다. 마침 그는 그랜트의 연구에서 옥의 티 같은 결함을 발견하고 아쉬움을 느끼던 터였다(그 결함은 그랜트 자신도 인지했던 것이다). 생활에 변화를 주고 싶었던 핼리는 천체에 관한 자료 분석을 잠시 미루고 브레슬로 지역의 통계를 분석해 〈왕립학회 회보〉에 발표하기로 결심했다.

런던의 전체 인구에 대한 믿을 만한 수치가 없었던 그랜트는 단편적인 정보를 바탕으로 그 수치를 추정해내야만 했다. 사망자들의 숫자와 사망 원인을 밝힌 기록은 있었지만 사망 당시의 나이에 대한 자료는 부족했던 것이다. 또한 그동안 이루어진 지속적인 인구의 유출과 유입을 고려할 때, 핼리는 그랜트의 추정치에 의심을 품지 않을 수 없었다.

라이프니츠가 왕립학회에 보고한 브레슬로 기록은 1687~1991년까지의 월별 자료였다. 핼리는 다음과 같이 말했다.

"이 자료는 최대한 정확하게, 그리고 성실하게 만든 것으로 보인다."

거기에는 모든 사망자들의 나이와 성별, 그리고 매년 출생한 사람들의 수가 포함되어 있었다. 핼리는 브레슬로라는 곳이 바다에서 멀리 떨어져 있기 때문에 이방인들의 유입이 상당히 적은 곳이라고 지적했다. 출생자 수가 사망자 수보다 조금 더 많을 뿐이고, 런던과 비교해 인구 변동도 많지 않아 안정적이라는 것이 핼리의 판단이었다. 유일하게 빠진 자료는 전체 인구수였다. 핼리는 사망자와 출생자 수가 상당히 정확하기 때문에 믿을 만한 전체 인구 추정치에 대한 산출이 가능하리라고 확신했다.

그는 5년 동안 연평균 1,238명이 출생했고 1,174명이 사망한 것을 밝혀냈다. 사망자 수보다 출생자 수가 연간 64명이 많은 것에 대한 핼리의 추측을 들어보자.

"사람들이 그 수치만큼 해마다 황제를 위한 전쟁에 징집되기 때문에 출생자와 사망자 수는 거의 같을 것이다."

연간 출생자 1,238명과 사망자들의 연령 분포를 집중적으로 분석한 핼리는 '출생자 가운데 단지 692명만이 6세까지 살아남는다' 는 결과를 얻어냈다. 그랜트가 출생자 가운데 64%가 6세 이후까지 살아남는다고 추정한 것에 비하면 상당히 낮은 생존율이다. 반면에 브레슬로에는 81~100세까지 살다가 죽은 사람이 12명 정도 있었다. 각 연령대별로 연간 사망자가 차지하는 추정비율을 검토하고 사망자들이 속한 연령 분포를 다시 조사해본 핼리는 이 마을의 전체 인구가 3만 4,000명이라는 결론을 내렸다.

그 다음으로 할 일은 '신생아에서 사망 직전의 노인까지' 전체 인구의 연령 분포도를 작성하는 것이었다. 핼리는 그 분포도가 다양한 용도로 사용되리라고 믿었다.

"현존하는 그 어떤 도표보다 국가의 상황과 인류의 상태에 대해 정확한 이해를 제공하는 것이다."

예를 들어, 그 분포도를 보고 징집 가능 연령에 있는 인원이 9,000명이라는 유용한 정보를 얻을 수 있다는 것이다. 핼리는 '전체 인구에 대한 징집대상 인원비율' 9/34는 여느 지역에서도 충분히 통용될 수 있는 규칙이라고 장담했다.

핼리의 모든 분석작업은 확률 개념의 구체화뿐만 아니라 궁극적으로 리스크 관리까지 이어진다. 구체적인 몇 가지를 살펴보자. 핼리는 그의 분포도를 이용해 특정 연령의 사람들이 1년 내에 사망하지 않을 확률을 예시했다.

"25세인 사람들은 567명인데 26세에 속한 사람들은 560명이다. 결국 7명이 사망하는 셈이니까, 25세의 사람이 1년 안에 죽을 확률은 7/567이 된다. 바꾸어 말하면 25세의 사람이 26세까지 살 가능성은 80 대 1이 되는 것이다."

핼리는 특정 연령에 속한 사람들의 숫자에서 그보다 나이가 많은 사람들의 숫자를 빼는 동일한 방식을 응용해 40세의 사람이 47세까지 살 수 있는 가능성도 제시했다. 그 가능성은 5.5 대 1이었다.

핼리는 분석을 계속 심화시켜나갔다.

"어떤 연령대를 조사해봐도 그 나이의 누군가가 생존할 연한에 대한 균등값(50 대 50의 가능성을 갖는 수치)을 산출할 수 있다. 이 분포도를 보면 매우 쉽게 알 수 있다. 예를 들어, 30세의 인구가 531명이고 그 절반에 해당하는 숫자인 265명이 속한 연령을 분포도에서 찾아보면 57~58세 사이인 것을 알 수 있다. 따라서 30세의 사람은 27~28년을 더 생존할 것으로 기대해도 무방하다."

그 다음 분석작업이 가장 중요하다. 핼리는 그 분포도를 통해 나이별 생명보험료를 산출해낸 것이다.

"20세의 성인이 1년 안에 사망할 가능성은 100 대 1, 그에 비해 50세인 사람이 1년 안에 사망할 확률은 38 대 1이다."

핼리의 분포도는 연도별 사망 가능성을 기초로 한 정보 제공으로 그에 따른 연금액수를 책정하는 데 도움을 주었다. 나아가 한 사람의 연금액수뿐만 아니라 두세 사람의 연금액수를 함께 산정하는 작업도 가능해졌다. 핼리는 여기서 멈추지 않고 연금액수에 대한 세부적인 수학적 분석도 실행했다. 대량 계산 시에 생겨나게 마련인 '조잡한 산술Vulgar Arithmetick' 문제를 감소시키기 위해 대수표를 만들어낸 것이다.

연금 책정에 대한 이러한 작업은 사실 오래전에 행해졌어야 했다. 연금 개념이 나와 있는 현존 최고最古의 기록은 서기 225년까지 거슬러 올라간다. 고대 로마 시대의 선구적인 법학자 도미티우스 울피아누스Domitius Ulpianus가 평균 여명을 계산해 일련의 도표를 만들어 사용한 것이다. 그러나 그후 1400년 동안 아무런 발전도 이루어지지 않다니!

핼리의 연구 결과를 통해 유럽의 여러 국가에서는 평균 여명 산출이라는 중요한 작업에 관심을 갖는 계기가 되었다. 그러나 오히려 핼리의 조국인 영국 정부에서는 그의 분석표에 아무런 관심을 기울이지 않았다.

당시 네덜란드에서는 정부의 재정 조달책으로 연금 제도를 이용했다. 이에 자극 받은 영국 정부는 연금증서를 판매한 후 구매자에게 14년 후에 원금을 돌려주는 방법으로 100만 파운드의 자금 조성 계획을 세웠다. 그러나 계약자의 나이에 대한 고려 없이 모든 구매자들과 똑같은 계약을 체결해 막대한 재정적 손실을 입어야 했다. 그럼에도 불구하고 영국에서는 모든 이들에게 동일한 가격으로 연금증서를 판매하는 정책이 1789년까지 계속되었다. 출생한 아이의 평균 여명을 약 14세 정도로 가정한 것이 그나마 개선된 점이라고나 할까. 1540년에도 영국 정부에서는 구매자의 연령에 상관없이 연금증서를 판매하고 증서 구매가격을 7년 후에 되돌려주는 정책이 시행된 바 있었다.

핼리의 분포도가 〈왕립학회 회보〉에 실린 것은 1693년이었지만, 정부와 보험사에서 확률 개념을 기초로 만든 평균 여명표가 실제 업무에 사용되기까지에는 한 세기가 더 흘러야 했다. 그에 따라 핼리 혜성과 마찬가지로 핼리의 분포도 역시 밤하늘을 가로지르는 섬광 이상의 의미를 지니는 것으로 드러났다. 그는 단순한 숫자에 불과한 것을 지혜롭게 처리해 오늘날 생명보험업계에서 사용되는 데이터베이스의 기초를 제공한 것이다.

그랜트가 17세였고 핼리는 아직 태어나지도 않은 1637년 어느 날 오후, 캐노피우스Canopius라는 학자가 옥스퍼드 밸리올 대학Balliol College 집무실에 앉아 진한 커피를 내리고 있었다. 바로 영국 최초의 커피가 음

미되던 시간이었다. 이후 커피는 일반 대중들에게 소개되자마자 인기 음료가 되었고, 얼마 안 가 커피 전문점 수백 곳이 런던에 생겨나기 시작했다.

캐노피우스의 커피가 그랜트나 핼리, 나아가 리스크의 개념과 무슨 관계가 있을까? 여기서 커피를 언급하는 이유에 대해 간단히 말하자면, 200년이 넘도록 가장 유명한 보험회사의 명성을 놓치지 않았던 '런던 로이드 해상보험조합Lloyd's of London'이 바로 일개 커피 전문점에서 시작되었기 때문이다. 현재의 보험사업은 견본추출과 평균값 산정, 그리고 독자적 판단뿐만 아니라 그랜트의 런던 인구수 조사와 핼리의 브레슬로 인구수 연구에 자극이 되었던 표준normal 개념을 전적으로 따른다. 그랜트와 핼리가 그들의 연구 결과를 출간한 무렵, 보험업계의 급속한 성장은 결코 우연이 아니다. 그것은 상업과 금융업이 일대 혁신을 이루던 그 시대의 상징적 일면이었다.

현재의 '주식 중개인stockbroker'인과도 같은 당시의 '주식(장내) 중매인stock jobber'은 1688년경에 등장했다. 뉴욕의 월 스트리트에 있는 버튼우드 트리Buttonwood tree 둘레에서 미국인들이 주식 거래를 시작하기 딱 100년 전 얘기다. 기타줄 주식회사Lute-String Company, 벽걸이 융단 주식회사Tapestry Company, 잠수 주식회사Diving Company 등의 흥미를 끄는 이름으로 온갖 회사가 갑자기 등장하기 시작했다. 심지어는 당대의 석학들을 고용해 2,000명의 복권 당첨자들에게 원하는 주제를 강의해주겠다는 약속까지 내건 왕립학술원 주식회사Royal Academies Company라는 것도 있었다.

17세기 후반부는 무역이 싹트는 시대이기도 했다. 네덜란드인들이 당대의 지배적인 상업세력이었고, 영국은 그들에게 가장 큰 경쟁 상대였다. 전세계에 산재한 식민지나 공급자들의 상선이 도착해 한때 매우 희귀했거나 생전 본 적도 없는 물품—비누, 향료, 커피, 차, 원료, 도자기 등—을 대량으로 쏟아놓았다. 선조에게서 물려받는 길 외에는 달리 부에 대한 축적 방법이 없는 시대는 종언을 고했다. 이제 부는 벌거나 발견할 수 있고, 축적해나갈 수 있으며, 투자와 동시에 투자 손실에 대한 보호의 대상이 된 것이다.

게다가 17세기 말에 접어들면서 영국은 프랑스와의 전쟁 자금을 조달해야만 했다. 그 전쟁은 프랑스의 루이 14세Louis XIV가 1692년 5월 영국 정복을 시도했다가 실패한 것으로 시작되어 1713년 위트레흐트 조약Treaty of Utrecht을 체결함으로써 막을 내렸다. 한편 1693년 12월 15일 영국 하원에서는 앞서 언급한 100만 파운드 연금증서 발행과 함께 '영국 국채법'을 제정했다. 이에 대해 1849년 영국 사학자인 토머스 바빙턴 매콜리Thomas Babington Macaulay는 다음과 같이 규정함으로써 큰 반향을 불러일으킨 바 있다.

"국채의 기원은 그러했다. 국채는 거대한 괴물이 되어 총명한 판단력을 마비시켰고, 정치가들과 철학자들의 긍지를 짓밟아버렸다."

영국은 자국을 평가해보고 세계적인 역할에 대해 판단해야 할 시기였다. 또한 이 시기에는 급속히 팽창하는 부유층이나 타국과의 전쟁, 그리고 증가하는 해외교역 등에서 야기된 문제들을 해결하기 위해 복잡 미묘한 재정관리 기술을 적용해야 했다. 지구 저편에서 건너온 정보는 이제 자국의 경제에 중대한 영향을 미쳤다. 운송화물이 끊임없이 증가했으며, 그에 따라 항해 목적지까지의 시간과 날씨 변화, 낯선 바다에 도사리는 위험 등을 미리 파악하는 데 필요한 최신 정보 또한 절실한 상황이었다.

대중매체가 없던 시기였기에 사람들은 주로 커피 전문점에서 새로운 소식과 소문을 접했다. 다른 지배자들처럼 당시의 찰스 2세도 군중들의 정보 교환을 달갑게 여기지 않았다. 그래서 그는 1675년에 커피 전문점의 폐점을 명령했다. 그러나 군중들의 동요가 대단해 결국 16일 만에 그 명령을 번복해야만 했다.

새뮤얼 페피스Samuel Pepys는 자신이 관심을 가진 배의 도착 시간을 알기 위해 항상 커피 전문점에 들렀다. 그는 그곳에서의 소식을 그가 일하는 해군본부에서 얻는 정보보다 더 믿을 만한 것으로 여겼다.

에드워드 로이드Edward Lloyd가 1687년 템스 강 근처 타워 거리에 문을 연 커피 전문점은 런던 항에 정박한 배의 선원들이 가장 자주 들르던 장소였다. 동시대의 어느 간행물에 따르면 그 커피 전문점은 내부가 넓었으며 시설이 훌륭했고, 유능한 상인들이 상주해 있었다고 한다. 손님들로 넘쳐나자, 로이드는 커피 전문점을 롬바르드 거리의 훨씬 더 넓고 호사스런 장소로 옮겼다. 알렉산더 포프Alexander Pope에게서 담배를 찬양하는 하찮은 시나 팔아먹는다고 힐난 받았던 출판물 발행인인 냇 워드Nat Ward는 새로 이전한 커피 전문점의 테이블이 "너무나 깨끗하고 잘 닦여 있어 광이 난다"고 기록하고 있다. 새로 이전한 곳에서는 직원 다섯 명이 있었으며 커피는 물론 차와 과즙음료도 판매되었다.

로이드는 올리버 크롬웰Oliver Cromwell 시대에 성장했고 전염병의 창궐과 런던 대화재를 목격했으며, 1667년 네덜란드의 템스 강 침공과 1688년 명예혁명을 경험했다. 그는 단순히 경험 많은 커피점 주인만은 아니었다.

그는 고객 자원의 가치를 깨달아 끊임없이 정보를 요구하는 고객의 욕구를 채워주기 위해 1696년 신박의 입출항에 관한 정보와 해외동향을 비롯해 해상의 상태에 관한 정보를 담은 〈로이즈 리스트Lloyd's List〉를 발행했다. 그의 정보 입수처는 유럽과 영국의 주요 항구에 산재해 있던 거래처였다. 또한 자신의 커피점에서 선박 경매가 정기적으로 행해지자 계약을 기록할 종이와 펜을 비치해두었다. 그리고 가게의 한쪽을 선장들에게 할애했는데, 거기에서 선장들은 이전에 비해 사방으로 훨씬 더 멀리 뻗어나간 신항로들의 위험에 관한 모든 정보들을 교환할 수 있었다. 로이드는 거의 24시간 가게를 열어놓았고 가게에는 항상 손님들이 북적거렸다.

오늘날과 같이 당시에도 보험에 가입하려는 사람들은 중개인을 찾아갔다. 그러면 중개인들은 왕립 거래소Royal Exchange의 구내나 커피 전문점에 모여 있는 개별 '리스크 감수인' 들에게 해당 보험에 대한 리스크를 팔아넘겼다. 거래가 성사되면 리스크 감수인은 약정된 보험료에 대한 대가로 손실 발생 시에 책임을 떠맡는다는 동의를 확증하기 위해 자신의 이름을 계약서에 기재했다. 개인 보험 인수자들은 '서명자underwriters(보험업자)' 로 불려졌다.

번창하는 시대의 모험정신으로 런던의 보험산업은 급속도로 성장했다. 보험업자들은 어떤 리스크건 기꺼이 보험증권을 발행했다. 어떤 이야기에 따르면 당시의 보험가입 대상에는 가택 침입과 노상강도, 음주로 인한 사망, 말馬의 죽음, 그리고 심지어 여성의 정조 등이 포함되어 있었다고 한다. 마지막 것만 빼고는 오늘날에도 여전히 보험가입의 대상이 된다. 이러한 대상보다 보험산업 성장에 진지한 영향을 끼친 사건도 있었다. 1666년 런던 대화재 이후 화재보험 가입자가 급속도로 늘어났던 것이다.

로이드의 커피 전문점은 상거래나 운송에서의 빼어난 상호연결성 때문에 개점 초기부터 해상 보험업자들의 본부처럼 사용되었다. 선박의 입항과 출항, 사고나 실종 등의 정보를 제공하던 〈로이즈 리스트〉는 결국 주식 가격, 해외시장 정보, 런던 브리지의 만조 시간 등을 함께 편집해 출판하기 시작했다.

이 출판물은 곧 대단히 유명해져서 통신원들이 〈로이즈 리스트〉에 소식을 전할 때면 단순히 '로이즈Lloyd's' 라고만 적어 우체국으로 가져가도 될 정도였다. 영국 정부에서도 해상전투의 최근 상황을 알리기 위해 〈로이즈 리스트〉를 이용할 정도였다.

1720년 조지 1세King George Ⅰ가 30만 파운드의 뇌물에 굴복해 왕립보험법인Royal Exchange Assurance Corporation과 런던 보험법인London Assurance Corporation의 설립을 허가했다는 소문이 나돌았다. 영국 최초의 보험회사에 대한 설립 허가의 대가로 배타적 독점권을 인정해준 데 따른 소문이었다. 이러한 독점권은 다른 보험사(법인)들의 설립을 막기는 했으나 개인과 특정인들이 보험업자로서 일하는 것은 막지 못했다. 사실상 두 보험법인은 경험 많은 보험업자들을 영입하지 못했기 때문에 지속적으로 상당한 어려움을 겪었다.

로이드가 타워 거리에서 커피 전문점을 연 지 거의 100년이 지난 1771년, 로이드의 가게를 자신의 사무실처럼 쓰던 보험업자 79명이 100파운드씩 갹출해 '로이즈 조합Society of Lloyd's' 을 결성했다. 이 조합은 각자의 사업방침에 따라 사업을 벌이는 개인 사업주들의 모임이었다. 로이즈 조합의 창립 멤버들은 곧 '네임스Names'로 불렸다. 네임스는 고객의 손해 보상에 대한 약속을 보증하기 위해 그들의 물적 재산 전부와 금융자산 전체를 위탁했다. 그리고 자산 전체를 위임했다는 사실은 한동안 로이즈 조합 보험에 가입한 사업이 급속한 성장을 이루는 주요한 이유 가운데 하나가 되었다. 캐노피우스의 커피는 이렇게 역사상 가장 유명한 보험회사의 설립을 이끌어낸 것이다.

1770년대에 접어들 무렵, 규모가 큰 보험은 여전히 영국에서 이루어졌지만 식민지 미국에서도 각종 보험산업이 자리를 잡아갔다. 1752년 벤저민 프랭클린Benjamin Franklin이 '퍼스트 아메리칸First American'이라는 최초의 화재보험사를 설립했다. 최초의 생명보험 업무는 1759년에 장로교 목사기금Presyterian Minister's Fund에서 실시했다. 그리고 얼마 후 독립전쟁이 일어나 미국인들은 로이즈 조합의 혜택을 받지 못하고 말았다. 따라서 자신들 소유의 보험사를 더 많이 세우는 도리밖에 없었다. 주주들이 소유한 최초의 회사는 필라델피아의 '북아메리카 보험회사Insurance Company of North America'였다. 이 회사에서는 주로 화재보험과 해상보험을 취급했고, 미국 최초로 생명보험증권도 발행했다. 선장들을 대상으로 여섯 개 조항을 담은 생명보험증권을 발급한 것이다.

보험의 상업적 측면은 18세기가 되어서야 완전히 발달했지만 보험업의 개념 자체는 이미 기원전 18세기 기록에서도 찾아볼 수 있다. 기원전

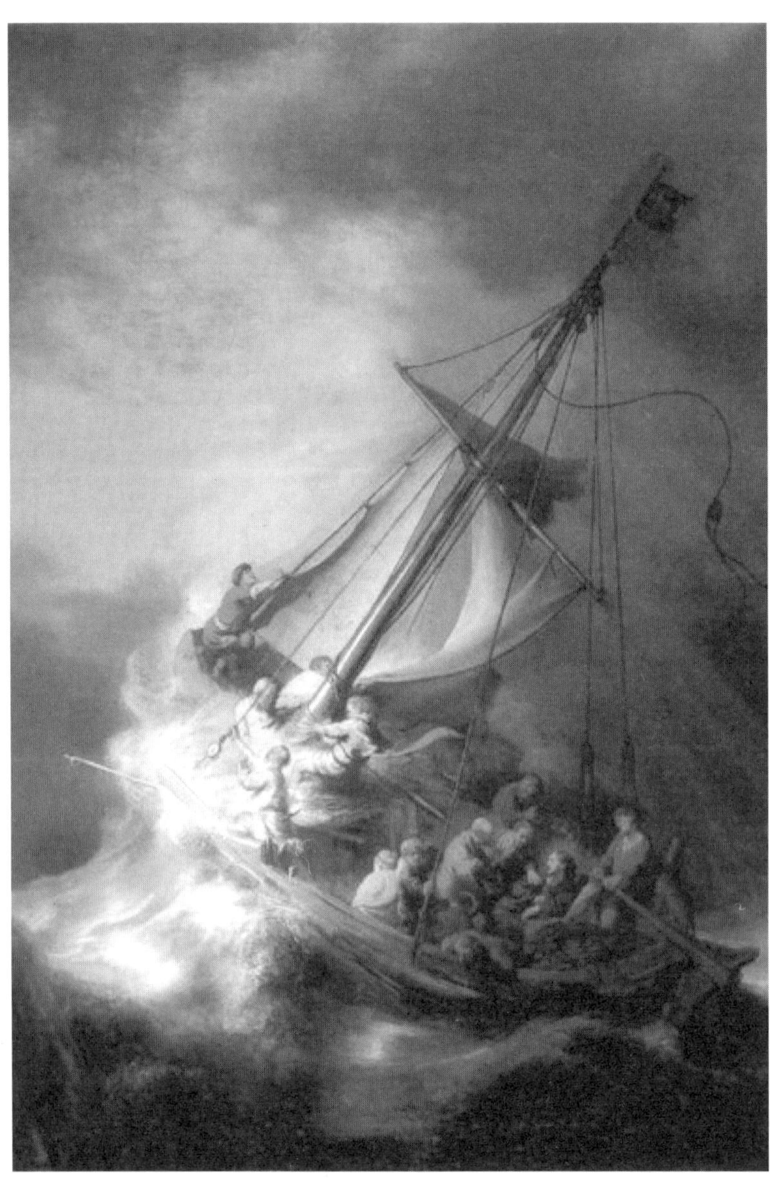

렘브란트의 〈갈릴리해에 불어닥친 폭풍Storm on the Sea of Galilee〉

1800년경에 만들어진 함무라비 법전에는 '선박저당계약bottomry'에 관해서만 282개 조항이 할애되었다. 선박저당계약이란 선주가 선박의 항해자금 조달을 위해 배를 저당 잡히고 대출을 받는 것이었다. 알려진 바에 따르면, 보험료는 따로 납부하지 않아도 되었고 선박 실종의 경우에는 대출금을 갚지 않았다고 한다.

이러한 해상보험제도의 초기 형태는 로마시대에 이르기까지 큰 변화 없이 그대로 실행되었다. 그리고 로마시대에 이르러서는 보험 인수의 개념이 도입되었다. 클라우디우스 황제Emperor Claudius(B. C. 10~A. D. 54)는 옥수수 무역을 크게 장려하는 한편, 로마 상인들에게 폭풍으로 발생한 손실에 대해서는 보험료 없이 책임을 져주는 일인一人 보험회사 역할을 했다. 오늘날 정부에서 지진 피해 지역 또는 태풍이나 홍수의 자연재해 지역을 복구해주는 것과 마찬가지다.

그리스나 로마의 동업조합은 조합원들의 돈을 모아두었다가 불의의 사고로 사망한 조합원의 유족에게 생계비를 지원하는 체제를 만들어 유지했다. 훈훈한 인정을 바탕으로 한 이러한 사회적 '품앗이' 관습은 단순한 형태이기는 하지만, 일종의 생명보험 형태로 로이드 시대까지 유지되었다.

중세 시대에 일었던 무역 바람으로 금융과 보험업의 성장은 가속화되었다. 주요 금융센터가 암스테르담, 아우크스부르크, 앤트워프, 프랑크푸르트, 리옹, 베니스 등지에 만들어졌다. 또 1310년에 브뤼주에는 '보험회관Chamber of Assurance'이라는 것도 생겨났다. 앞에 언급한 도시가 모두 항구는 아니었다. 대부분의 교역이 주로 육로로 이루어지던 시절이었다는 점을 참고하기 바란다. 어쨌든 교역의 발달과 함께 화물주와 운송업자, 대금업자와 차용자 사이의 자금 이체를 비롯해 교회 영지에서 로마 교황청으로 전해지는 거액의 자금 이체를 용이하게 할 목적으로 환어음 등의 새로운 증서가 사용되기 시작했다.

리스크 관리라는 재정적 형태와 크게 연관 있는 문제는 아니지만, 상인들은 일찍이 리스크 분산을 위해서는 투자대상에 대한 분산을 해야 한다고 생각했다. 셰익스피어의 《베니스의 상인Merchant of Venice》에 등장하는 안토니오Antonio 역시 그 점을 잘 알고 있었다.

> 나는 어떤 것에 투자가치가 있다고 해서,
> 그 하나에 내 모든 재산을 쏟아붓지는 않지.
> 올해 제법 운 좋게 흐르고 있다 해도 말이야.
> 그렇기 때문에 나는 슬픔을 모르고 장사를 하지.
> (1막 1장)

보험의 활용은 결코 선적되는 화물에 국한되지 않았다. 예를 들어, 농부의 처지를 살펴보자. 농사는 전적으로 자연에 의존하기 때문에 예기치 못한 가뭄이나 홍수 또는 역병 등 파괴적인 재난에 대단히 취약하다. 재해의 성격상 누구에게 불운이 닥칠지도 모르고, 이를 미리 통제한다는 것도 불가능하다. 따라서 이런 재난 때문에 보험제도에 완벽한 환경이 만들어졌다.

그 좋은 예가 이탈리아 농부들이었다. 그들은 농업조합을 설립해 불의의 자연재해로부터 서로를 보호했다. 좋은 날씨가 유지되어 작황이 좋은 지역의 농부들이 그렇지 못한 지역 농부들의 손실을 메워주는 식으로 합의가 이루어진 것이다. 후에 이탈리아에서 가장 큰 은행 가운데 하나로 성장한 '몬테 드 파스치Monte dei Paschi'가 1473년 시에나에 설립되어 그러한 합의를 매개하는 역할을 했다. 이와 유사한 합의는 오늘날까지도 농업에 대한 의존도가 상당히 높은 저개발국가에서 찾아볼 수 있다.

지금까지 어느 한쪽이 다른 쪽의 손실을 메워주는 사례를 살펴보았다. 이것이 바로 보험 처리의 전 과정을 설명해주는 방식이다. 보험회사는 손실을 입지 않은 사람들의 보험료를 손실을 입은 사람들에게 지급한다. 같은 과정이 카지노에도 적용된다. 패자들이 승자에게 지불되는 돈을 계속 공급해준다. 보험회사나 도박장의 중재 역할로 생기는 익명성 때문에 실제적인 교환 과정이 눈에 환히 들어오는 것은 아니다. 그러나 아무리 정교한 보험체계나 도박장치일지라도 결국 몬테 드 파스치 은행의 중재 역할을 변형한 것에 불과하다.

14세기 이탈리아 보험업자들도 항상 그들의 고객을 만족시켜주진 못했다. 그들에 대한 불평, 불만은 매우 빈번히 발생했다. 바르셀로나와 사우샘프턴까지 나가 장사를 하던 플로렌스의 상인, 프란체스코 디 마르코 다티니Francesco di Marco Datini가 그의 아내에게 보낸 편지를 보면 다음과 같은 내용이 나온다.

"보험업자들은 일단 돈을 받아먹어야겠다는 생각에 갖가지 감언이설로 가입자들을 꼬드기지만, 일단 재해가 발생하면 안면을 바꾸고 오리발을 내밀면서 될 수 있으면 보험금 지급을 하지 않으려고 애를 쓴다오."

다티니가 바로 그 오리발의 희생자였다. 그는 400개나 되는 해상보험증권을 유산으로 남기고 사망했다.

1600년경에 접어들면서 보험산업은 더 강력하게 추진되었다. 약속이나 보증을 의미하는 이탈리아어 polizza에서 유래된 '보험증권policy'이라는 용어가 이미 일상어로 쓰일 정도였다. 1601년 프랜시스 베이컨Francis Bacon은 보험증권에 대한 통제 법안을 의회에 상정했다. 그가 제출한 법안에는 다음과 같은 내용이 있었다.

"보험증권이라는 표현은 국내는 물론이고 외국에서도 오랜 옛날부터 주로 상인들이 사용해온 용어로서……."

상품이 판매시장까지 도달하려면 대개 장거리 수송을 거쳐야 하기 때문에 언제나 우선적으로 고려되는 사항은 날씨다. 하지만 이렇게 운송되는 상품에 대한 투자에서 이윤을 얻으려면 날씨 이외의 것도 고려해야 한다. 상품의 운반, 판매, 그리고 대금회수 과정에서의 금융비용은 기본적인 사항이고, 소비자의 요구, 가격 수준, 상품이 도착하는 시점의 유행 등도 미리 계산에 넣어야만 한다.

과거에는 앞날을 미리 예측하는 것이 기껏해야 시간낭비로 여겨지거나 최악의 경우에는 죄악이라는 오명도 뒤집어썼다. 하지만 자신의 계획대로 미래를 구체화하는, 즉 기꺼이 리스크를 감수하려는 모험정신으로 가득한 기업가들에게는 17세기 이후 100년이 흐르는 동안 앞날에 대한 예측은 필수불가결한 것이었다.

오늘날에는 너무나 평범해 보이지만 사업성을 예측하는 기법의 발달은 17세기 말까지만 해도 혁신에 속했다. 수학자들이 이론을 발전해나갔지만 상업적 적용에는 외면된 까닭에 리스크 관리라는 과학의 발달은 늦춰질 수밖에 없었다. 그랜트 같은 사람이 주사위 놀이판에 처박힌 사람들의 고개를 들게 만드는, 그런 질문을 제기할 때까지 기다려야만 했던 것이다. 핼리가 평균 여명의 산출에 지대한 공헌을 했지만 그의 작업은 단지 사회학적 연구에 그치고 말았다. 게다가 그의 연구가 동료들과 즐기기 위한 산술적 여가선용 정도로 보이는 것은 30년 전에 완성된 파스칼의 확률이론을 전혀 참조하지 않았기 때문이다.

냉혹하게 결정되는 수학적 가능성을 인식하고 이를 불확실한 미래에 대한 확률적 예측에 이용하는 수준에 이르기 위해 인류는 이후로도 방대한 개념적 장애를 극복해야 했다. 다시 말해 원시 자료를 수집하는 차원에서 벗어나 입수된 자료의 활용 방법을 결정하는 데까지 많은 시련을 극복해야 했다. 앞으로 이 문제에서 이룩되는 지적인 진보는 여러 면에서 지금까지 살펴본 것보다 훨씬 더 놀랄 만한 것들이다.

혁신적인 진보는 밤하늘의 별들을 올려다보며 얻은 영감에서 시작되기도 했고, 파스칼이나 페르마가 꿈꾸지 못했던 방식으로 확률 개념을 교묘히 다룬 결과로 이뤄지기도 했다. 지금부터 우리가 만날 인물은 그 중에서도 가장 창의적인 인물이었다. 물론 그는 부에 대한 문제에 주의를 기울였다. 덕분에 우리는 거의 모든 일상에서 그의 해답에 따라 꾸려갈 수 있는 것이다.

Risk

3부

선택과 결정에 대한 이론적 초석

1700~1900년

06

셀 수 없는 것을 측정하다

카르다노와 파스칼이 이루어낸 수학적인 업적은 불과 몇 년도 지나지 않아 누구도 꿈꾸지 못하던 영역에 이르렀다. 우선 그랜트와 페티, 그리고 핼리가 확률의 개념을 원시자료의 분석에 적용했고, 비슷한 시기에 포트로열 《논리》의 저자는 다음과 같이 '주관적인 신념'과 '측정'을 조화시켰다.

"피해에 대한 두려움은 피해의 크기에 비례할 뿐만 아니라, 피해 발생 확률에도 비례한다."

1738년 발표된 세인트 피터즈버그에 있는 왕립 과학학회의 논문집에는 우리의 중심 주제를 다룬 논문이 게재되었다.

"어떤 품목의 **가치**는 그 **가격**에 근거할 필요가 없다. 오히려 파급 **효용**에 근거해야 한다."

이 논문은 〈리스크 측정에 대한 신이론 해설Specimen Theoriae Novae de Mensura Sortis〉이라는 제목으로 1731년 학회에 처음으로 제출되었던 것이다(이 논문의 저자는 강조표현을 즐겨 사용했다. 앞에 굵은 글씨로 표시한 세 단어, '가치value', '가격price', '효용utility' 도 그가 강조한 것이다).

1738년 발표된 논문의 저자가 포트로열의 《논리》를 읽었으리라는 것은 어디까지나 나의 추측이다. 하지만 둘 사이에 존재하는 지적인 연계는 상당히 인상적이다. 즉, 《논리》에 대한 관심이 18세기 동안에 전 서유럽에 파급되었음을 보여주는 것이다.

두 저자는 모두, 리스크와 관계된 모든 결정은 두 가지 요소를 포함한다는 명제에 논거를 두었다. 서로 별개이면서 떨어질 수 없는 불가분의 성격을 띤 요소다. 바로 의사결정의 결과, 무엇을 얻고 무엇을 잃어야 바람직한 것인가에 대한 '객관적인 사실'과 '주관적인 관점'이다. 다시 말해 객관적인 측정값과 주관적인 신념의 강도는 필수 요소인 동시에 한 가지 요소만으로는 결코 충분하지 않다.

두 저자는 자신들이 선호하는 방식으로 접근했다. 《논리》의 저자는 "병적으로 리스크를 기피하는 사람들만이 내재된 확률에 아랑곳없이 사안의 중대성에 근거한 선택을 내린다"고 주장했다. 반면에 〈리스크 측정에 대한 신이론 해설〉의 저자는 "오직 무모한 사람들만이 사안의 중대성에 아랑곳없이 확률만으로 결정을 내린다"고 주장했다.

세인트 피터즈버그 논문의 저자는 당시 38세였던 스위스 수학자인 다

니엘 베르누이다. 베르누이라는 이름은 사실 과학자들에게 더 친숙하겠지만, 그의 세인트 피터즈버그 논문은 리스크라는 주제뿐만 아니라 인간의 행동양식까지 폭넓게 다룬 것으로서, 현존하는 가장 심오한 문서 가운데 하나라는 평을 얻고 있다. 그 논문에서 베르누이는 측정과 충동 사이의 복잡한 관계를 강조하면서 삶의 거의 모든 측면을 다뤘다.

베르누이는 비범한 가문에서 태어났다. 1600년대 말부터 1700년대 말까지 베르누이 가문에서 여덟 명이 저명한 수학자로 이름을 날렸다. 역사가 에릭 벨Eric Bell은 그들에 대해 다음과 같이 묘사했다.

"자손들 가운데 다수가 법률, 문학, 학술 전문직, 행정, 예술 등의 분야에서 탁월함을 보였고, 그 중 몇몇은 고위직에 상당하는 위치까지 올랐다. 실패자는 아무도 없었다."

베르누이 가문의 위대한 선조는 스위스 바젤의 니콜라우스 베르누이Nicolaus Bernoulli다. 그는 1585년쯤 가톨릭교 지배하의 앤트워프에서 벗어난 신교도의 후손으로 부유한 상인이었다. 니콜라우스는 1708년 85세에 숨을 거둘 때까지 장수했고 세 아들을 두었는데, 그들은 야코프Jacob, 니콜라우스Nicolaus(니콜라우스 1세로 알려져 있다), 그리고 요한Johann이었다.

야코프는 그의 책 《추측의 기술Ars Conjectandi》에 나오는 '대수의 법칙' 발견자다. 그는 전 유럽에 걸쳐 학생들의 관심을 끈 위대한 교사인 동시에 수학과 기계학, 천문학에서 각광을 받은 천재였다. 그러나 빅토리아 여왕 시대의 통계학자 프랜시스 골턴은 그를 "까다로우면서 우울증 기질이 다분하고…… 신뢰할 수 있지만 너무 느긋한" 인물로 묘사했다. 또한 그는 아버지와 사이가 매우 나빴다. 그래서 '아버지와의 나쁜 관계에도 불구하고 성공을 이루리라' 는 말을 신조로 삼고 살아야 했다.

골턴은 야코프에게만 신랄한 발언을 퍼부은 것이 아니었다. 베르누이 일가야말로 자신의 우생학 이론을 확인시켜주는 증거임에도 불구하고, 정작 자신의 저서 《유전적 천재Hereditary Genius》에서는 그들을 '대부분 싸우기나 좋아하고 시샘이 많은' 사람들로 묘사했다.

이러한 성향은 어쩌면 베르누이 가문의 내력일지도 모른다. 과학 명문가 편집자인 뉴먼은 야코프의 남동생이자 동료 수학자이며, 다니엘의 아버지이기도 한 요한을 "난폭하고 독설적이며…… 필요에 따라 정직을 저버리기도 하는 사람"으로 묘사한 바 있다. 또한 다니엘이 행성 궤도에 관한 연구로 프랑스 과학원의 상을 받았을 때, 수상에 욕심을 가졌던 아버지 요한은 다니엘을 집 밖으로 내던져버리기까지 했다고 한다. 뉴먼은 요한이 그러한 무례과 야비함을 끝까지 간직한 채 80세까지 살았다고 보고했다.

그리고 또 다른 니콜라우스가 있었다. 바로 가운데 형제 니콜라우스 1세의 아들이며, 니콜라우스 2세로 알려진 인물이다. 니콜라우스 2세는 삼촌인 야코프가 긴 투병 끝에 1705년 《추측의 기술》을 거의 완성해놓은 채 세상을 떠나자, 당시 나이 18세에도 불구하고 그 책의 출판을 위한 편집을 의뢰받았다. 그리고 그는 책을 완성 짓는 데 8년이라는 긴 시간을 소비했다.

니콜라우스는 그러한 지연으로 출판업자에게 잦은 독촉을 받아 고통스러웠다고 서문에서 고백했다. 오랜 지연에 대한 변명으로는 '여행으로 인한 공백'과 '어린 나이의 미숙함과 경험 부족'을 들었다.

그러나 그가 고의로 출판을 지연시켰다는 의심은 벗겨져야 한다. 그는 8년간 뉴턴을 비롯해 당대의 뛰어난 수학자들의 의견을 구하러 직접

발로 뛰었던 것이다. 의견 교환을 위한 활발한 서신 왕래뿐만 아니라, 뛰어난 학자들과의 상의를 위해서라면 직접 런던과 파리까지 찾아가기도 했다. 나름대로 수학에 커다란 공헌을 이룩한 셈이다. 물론 그 공헌에는 법의 적용에 있어서 추측과 확률이론의 이용에 대한 분석도 포함된다.

그리고 또 한 명의 니콜라우스로 인해 일은 약간 복잡해진다. 다니엘 베르누이에게는 니콜라우스라는 다섯 살 많은 형이 있었는데 그는 니콜라우스 3세로 알려져 있다. 그의 할아버지 이름에는 아무것도 붙이지 않고, 그의 삼촌은 니콜라우스 1세, 그의 손위 첫 사촌이 니콜라우스 2세라고 생각하면 된다. 니콜라우스 3세는 뛰어난 수학자였을 뿐만 아니라, 당시 11세였던 다니엘에게 수학자가 되도록 독려한 인물이었다. 그는 장남으로서 아버지의 격려로 수학자가 되었다. 8세 때 4개 국어를 구사했으며, 19세에 바젤에서 철학박사가 되었고, 30세였던 1725년에는 세인트 피터즈버그 대학의 수학교수로 임명되었다. 그러나 1년 후에 열병으로 사망하고 말았다.

다니엘 베르누이는 니콜라우스 3세와 같은 해에 세인트 피터즈버그의 교수로 임명되어 1733년까지 재직하였으며, 고향인 바젤로 돌아갈 때는 물리학과 철학 교수를 겸하고 있었다. 한때 러시아의 피터 대제가 러시아를 새로운 지적 활동의 중심지로 만들기 위해 뛰어난 학자들을 초대한 바 있었는데, 그는 그 중에서도 최고의 학자였다. 게다가 골턴에 따르면 다니엘은 물리학자이자 식물학자이며, 해부학자이고 유체역학의 권위자였다. 그것도 어린 나이 때부터 말이다. 또한 그는 확률에 지대한 관심을 지닌 역량 있는 수학자이자, 통계학자였다.

베르누이는 그 시대에 걸맞은 인물이었다. 지난 세기는 끝없는 종교 전쟁의 연속이었고, 18세기에는 전쟁의 격정에 대한 반동으로 일어난 합리주의가 기꺼이 받아들여졌던 시기다. 피비린내 나는 전투가 종식됨에 따라 반反종교개혁의 열정, 바로크 형식의 감정적 특성이 사라지고 질서와 고전적인 형식에 대한 인식이 대두되었다. 균형 감각과 이성에 대한 존중이야말로 18세기 계몽운동의 특징이었다. 이러한 시대상황으로 인해 베르누이는 포트로열 《논리》의 신비주의를 이성적인 의사결정자들에게 제기된 논리적인 논쟁으로 변형시킬 수 있었다.

다니엘 베르누이의 세인트 피터즈버그 논문은, 그가 정열적으로 매달렸던 논제에 대해 제시하는 문단으로 시작된다.

> 수학자들은 최초로 리스크의 측정을 연구하기 시작한 이래로 지금까지 다음 명제에 대해 일반적으로 동의해왔다.
> "기댓값은 각각의 가능한 수치에 발생 가능한 경우의 수를 곱한 다음, 그 결과의 합을 전체 경우의 수로 나누어 산출한다."

베르누이는 실생활에서의 의사결정 방법에는 이러한 명제가 별로 쓸모없다는 사실을 발견한다. 왜냐하면 오직 사실만을 강조하기 때문이다. 즉, 미래가 불확실할 때 결정을 내려야 하는 사람에게 발생 가능한 사안의 중대성을 무시한 명제라는 이유에서다. 기댓값 또는 확률만으로 어떤 것의 가치에 대한 결정은 불충분하다는 뜻이다. 베르누이의 설명을 들어보자.

"사실 그 자체가 모든 사람들에게 동일하더라도, '효용'은 사람들의 평가마다 독특한 상황에 따라 달라진다. 저마다 다른 예상 리스크가 동등한 가치로 간주되어야 한다고 가정할 이유가 없다."

결국 저마다의 판단 가치를 갖는 것이다.

효용의 개념은 직관적인 경험에서 얻어진다. 즉, 쓸모 있다거나 바람직하다거나 만족스럽다는 느낌을 담는다. 베르누이가 수학자들에 대해 참을 수 없는 기분이 들었던 '기댓값' 개념은 매우 기술적인 것이다. 베르누이가 지적했듯이, 기댓값은 제각기 다른 모든 가능성에 대한 각각의 경우의 수를 곱해 그 결과의 합을 전체 경우의 수로 나눈 것과 같다. 수학자들은 여전히 기댓값에 대해 '수학적 기댓값'이라는 용어를 사용한다.

예를 들어, 동전은 앞뒷면이 있어 던졌을 때 한 면이나 다른 면이 나올 50%의 가능성을 갖는다. 알다시피 동전의 양면이 동시에 나타날 수는 없다. 그렇다면 동전 던지기에서 '기댓값'은 얼마일까? 앞면이 나올 경우의 수 1에 50%를 곱하고, 또 뒷면이 나올 경우의 수 1에 50%를 곱해 그 각각의 결과를 합하면 100%가 나온다. 이것을 다시 2로 나누면 된다. 결국 동전 던지기의 '기댓값'은 50%이므로, 같은 가능성으로 앞면이나 뒷면을 기대할 수 있다는 얘기다.

그렇다면 주사위 두 개를 굴리는 것에 대한 기댓값(두 눈의 합에 대한 기댓값)은 얼마일까? 나타날 수 있는 열한 가지 경우에 해당 수치를 더하면, 2+3+4+5+6+7+8+9+10+11+12=77이라는 합계가 나온다.

결국 주사위 두 개를 굴리는 것에 대한 기댓값은 77/11이며, 정확히 7이 된다. 〈표 6-1〉을 보면 더 자세히 이해할 수 있다.

〈표 6-1〉 주사위 두 개를 굴리는 것에 대한 기댓값

결과	확률	가중 확률
2	1/36	2×1/36 = 0.06
3	2/36	3×2/36 = 0.17
4	3/36	4×3/36 = 0.33
5	4/36	5×4/36 = 0.56
6	5/36	6×5/36 = 0.83
7	6/36	7×6/36 = 1.17
8	5/36	8×5/36 = 1.11
9	4/36	9×4/36 = 1.00
10	3/36	10×3/36 = 0.83
11	2/36	11×2/36 = 0.61
12	1/36	12×1/36 = 0.33
		합 7.00

그러나 이러한 열한 가지 경우의 수가 발생할 확률은 각각 다르다. 카르다노가 설명했듯이, 2~12까지 열한 가지 결과를 만들어내는 서른여섯 개의 다른 조합이 있기 때문에 어떤 결과는 다른 결과보다 더 자주 발생할 수도 있다. 예를 들어, 2는 오직 두 개의 1로만 만들어지지만 4는 3+1, 1+3, 그리고 2+2의 세 가지 방법으로 만들어진다. 카르다노가 만들어낸 이 조합의 리스트는 이미 앞에서 확인한 바 있다.

이것으로 주사위 두 개를 굴리는 데에 대한 기댓값 또는 수학적 기댓값은 정확히 7임을 확인할 수 있다. 이제 크랩 게임에서 7이라는 숫자가 그토록 중요한 역할을 하는 이유도 이해할 수 있을 것이다.

베르누이는 이러한 계산이 운에 맡기는 승부에서는 쓸 만하다고 인정했다. 그러나 실생활에서의 문제는 전혀 다르다고 주장했다. 확률이 밝혀졌을 경우라도(이는 훗날 수학자들이 '지나친 간략화'라고 거부하는 표현이다), 합리적인 의사결정자는 유용성이나 만족감, 즉 '기대효용期待效用'을 극대화하기 위해 노력할 것이다. 기대효용도 기댓값 계산에 쓰였던 것과 같은 방법으로 산출된다. 그러나 효용은 좀더 무게가 실리는 요인으로 작용한다.

예를 들어, 포트로열《논리》의 대표 저자로 유명한 아르노는 번개를 무서워하는 사람들을 비난했다. 그 이유는 번개에 맞을 극히 희박한 확률을 너무 과대평가한다는 데 있었다. 물론 그의 비난은 잘못된 것이다. 그는 '무엇인가'를 무시한 사람이었다. 말하자면 '사실'은 모든 이에게 똑같이 적용된다. 그렇기 때문에 아무리 번개를 두려워하는 사람이라도, 정작 번개가 그들이 서 있는 자리에 정확히 내리꽂힐 리 없다는 '사실'은 확실히 알고 있다. 베르누이는 상황을 더 명확히 파악했다. 그는 번개 공포에 시달리는 사람들은 결과의 중대성에 무게를 두기 때문에 두려워한다는 사실을 인식한 것이다. 비록 번개에 맞을 가능성은 매우 작더라도 말이다.

배짱이야말로 측정을 지배하는 요소다. 궂은 날씨에 비행기를 탔던 승객들에게 각자가 느낀 불안이 비슷한 것이었는지에 대해 물어보라. 거의 모든 승객들은 비행기 여행이 자동차 운전보다 훨씬 안전하다는 것을 잘 알고 있다. 그럼에도 불구하고 몇몇 사람들은 불안에 떨면서 승무원들을 귀찮게 굴었을 것이다. 다른 사람들은 날씨에 신경 쓰지 않고 태연히 잠이나 청하고 있는 동안에 말이다.

그리고 그러한 차이는 바람직한 것이다. 만약 모든 사람들이 모든 리스크를 동일한 방법으로 평가한다면, 리스크를 수반하는 대부분의 기회는 사라질 것이다. 모험을 좋아하는 사람들은 확률이 비록 낮더라도 큰 이익에 큰 효용을 느낀다. 대신 손실의 확률이 높은 것에서 그다지 효용을 느끼지 못한다. 반면에 어떤 사람들은 이익의 발생 확률에 거의 효용을 느끼지 못한다. 왜냐하면 그들의 가장 주요한 목적은 자신의 자본을 그대로 유지하는 것이기 때문이다. 한 사람은 햇빛을, 다른 사람은 폭풍우를 보고 있는 셈이다.

아마도 이 세상은 모험을 좋아하는 사람이 없다면 변화가 더딜 것이다. 생각해보라. 모든 사람들이 번개에 대해, 비행기 여행에 대해, 또는 신생회사에 대한 투자를 두려워한다면 과연 삶은 어떨까? 인간의 욕구가 리스크에 대해서도 저마다 다르다는 것은 행운이 아닐 수 없다.

베르누이는 사람들이 리스크에 대해 저마다 다른 가치를 둔다는 사실에 자신의 기조적인 이론으로 정립한 후, 다음과 같이 핵심적인 개념을 소개했다. 서문에서도 간단히 언급한 바 있다.

"크건 작건 간에 부富의 증가에서 비롯되는 만족감은 이전에 소유하던 재화의 양에 반비례한다."

그의 이야기는 계속된다.

"인간의 본성을 고려해보건대, 앞서 언급한 가정이 많은 사람들에게 유효한 것 같다. 이런 식의 비교 개념이 적용될 수 있는 사람이 많다는 뜻이기도 하다."

새로운 재화에 대한 효용(만족감)이 이미 소유한 재화의 양에 반비례한다는 그의 가정은, 관념의 역사에서 위대한 지적 도약을 이룬 쾌거다. 종이 한 장도 안 되는 내용으로, 베르누이는 확률 계산 과정을 변환시킨 것이다. 즉, 주관적인 고려사항을 불확실한 결과를 갖고 있는 의사결정에 도입시키는 절차로 말이다.

베르누이의 공식은 탁월한 그의 인식에서 나왔다. 그 인식이란, 사실의 역할은 기댓값(모든 이에게 동등한 사실)에 대한 단 하나의 답을 제공하는 반면, 주관적인 과정은 관련된 사람들만큼이나 많은 답을 만들어낼 것이라는 생각이다. 게다가 그는 여기서 멈추지 않고 자신이 인식한 명제의 지평을 더 넓혔다. 개인이 원하는 양에 대한 결정에 접근하는 체계적 방법을 제시했다. 즉, 욕망도 소유하고 있는 재화의 양에 반비례한다는 가정이다.

역사상 최초로, 베르누이는 셀 수 없는 것에 대한 '측정'을 적용했다. 그는 측정과 직관을 맺어주는 매개인이었다. 카르다노, 파스칼, 페르마는 주사위를 던지는 행위에 대한 리스크의 측정 '방법'을 제공했다. 그런데 베르누이는 리스크를 감수하는 '사람'을 소개했다. 얼마나 걸 것인지, 또는 말 것인지를 결정하는 '장본인' 말이다. 확률이론이 선택을 제시했다면 베르누이는 그 선택을 행하는 인간의 '동기motivations'를 정의내린 셈이다. 전적으로 이론의 본체이자 연구에 대한 새로운 영역이 아닐 수 없다. 베르누이는 경제뿐만 아니라, 삶의 모든 면에서 사람들의 선택과 결정에 대한 이론적 초석을 마련한 것이다.

다니엘 베르누이의 논문에는 자신의 이론을 예증하는 여러 가지 재미있는 적용이 나온다. 그 중 가장 관심을 끌면서도 유명한 것이 바로 피터즈버그 역설이다. 그것은 그의 사촌이자 《추측의 기술》을 뒤늦게 출간한 편집자 니콜라우스 베르누이가 최초로 제시한 것이었다.

니콜라우스는 피터와 폴 사이에 벌어지는 게임을 제시했다. 피터가 동전을 던져 앞면이 나오면 계속 던지는 게임이다. 만약 첫 번째 던지기에서 앞면이 나오면 피터가 폴에게 금화 하나를 지불하고, 두 번째 던지기에서도 앞면이 나오면 두 개를, 세 번째에서는 네 개를 지불하는 식이다. 던지는 횟수가 한 차례씩 늘어날수록 피터가 폴에게 지불해야 할 금화는 배가 된다.

이 게임에서 꽤 큰돈을 긁어모을 듯한 폴의 특권을 사려는 사람은 얼마나 많은 돈을 지불해야 할까?

베르누이에 따르면, 이는 역설적이고 자가당착적인 질문이다.

"기댓값을 통상적인 방법으로 계산하면 폴이 얻을 수 있는 예상금액을 무한대로 잡을 수 있다. 그러나 아무도 예상값에 대한 '전망' 을 기꺼이 고가高價로 구매하고 싶지는 않을 것이다. 오히려 합리적인 사람이라면 자신의 운을 금화 20개 정도에 기꺼이 팔려고 할 것이다."

베르누이는 '부의 증가에 대한 효용은 최초의 부의 크기에 반비례한다' 는 자신의 가정을 기초로 이 문제에 대해 광범위한 수학적 분석을 진행했다. 그 가정에 따르면 200회 던졌을 때 폴이 얻을 이득은 100회 던졌을 때 얻는 것과 비교하면 추가적 효용은 거의 없다. 51회만 던져도 폴이 벌어들일 금화의 액수는 1,000,000,000,000,000개가 넘는다.

금화든 달러든 폴의 기댓값에 대한 이러한 평가는 오랫동안 수학, 철학, 경제학 분야에서 손꼽히는 학자들의 주목을 받아왔다. 1865년 출간된 아이작 토드헌터Issac Todhunter의 《영국 수학사An English History of Mathematics》 또한 피터즈버그 역설을 여러 차례 언급했다. 또한 많은 수학자들이 그가 제안한 여러 해법에 대해 논하고 있다. 한편 베르누이의 논문은 1896년 독일어 번역본이 나올 때까지 라틴어 원서로 남아 있었다.

1921년 《확률론Treatise on Probability》에서 케인스가 이 역설을 간단히 언급한 이후 이에 대한 수학적 처리는 더욱 세련되고 복잡해졌다. 그러나 베르누이의 논문이 영어로 번역되어 나온 것은 최초 출간 이후 216년이나 지난 1954년의 일이다.

피터즈버그 역설은 동전 던지기의 근간이자 대표격으로 학문적인 연습 이상의 의미를 지닌다. 전망이 밝아 무한대로 확장할 것 같은 급성장에 있는 회사를 생각해보자. 만일 그 회사의 무한대로 이르는 수익에 대해 정확한 예상을 내릴 수 있다는 '터무니없는' 가정을 한다면 (사실 다음 분기의 정확한 수익을 예측할 수 있기만 해도 운이 좋은 것이다), 그 회사의 주식은 어느 정도의 가치를 지닐까? 그것도 무한대일까?

매우 활동적인 전문 투자가들이 확률법칙을 잊을 정도로 유쾌한 이상理想을 즐기던 때가 있었다. 1960년대 후반, 그리고 1970년 초반 주요 펀드매니저들은 대부분 성장이라는 아이디어에 매혹되어 있었다. 그래서 그들은 이른바 '니프티-피프티Nifty-Fifty(인기 있는 성장주 50종목)'로 불리는 제록스Xerox, 코카콜라, IBM, 폴라로이드Polaroid 등의 회사 주식을 소유하기 위해 어떤 대가라도 치르려고 했다.

투자 전문가들은 니프티-피프티에 대한 리스크는 과도한 지불이 아닌, 그 주식을 소유하지 않는 것이라고 규정지을 정도였다. 이들 회사의 성장 전망이 너무나 확실하므로, 지불한 주식값이 얼마든 관계없이 미래의 수익과 배당 수준이 정당화되는 것은 시간문제라고 생각했다. 그들은 유니언 카바이드Union Carbide나 제너럴 모터스General Motors(GM) 등의 주식을 낮은 가격에 사는 리스크보다 성장주를 과도하게 비싼 값에 사는 리스크를 더 경미하게 생각했다. 쇠퇴하고 있는 비즈니스 사이클과 경쟁에 있던 이들 회사(유니언 카바이드와 GM)의 미래가 더 불확실해 보였던 것이다.

당시 이러한 견해는 매우 극단적으로 흘러서 겨우 1억 3,800만 달러의 매출을 올리는 인터내셔널 플레이버 앤드 프래그런스International Flavors and Fragrances(IFF) 등의 작은 회사와 유 에스 스틸U. S .Steel 등의(50억 달러의 판매실적을 지녔으나 투자대상으로는 별로 끌리지 않는) 회사에도 투자가들은 동일한 총 시장가치를 부여했다(IFF 같은 회사의 주가가 폭등하여 시가총액이 유 에스 스틸과 같아졌다는 뜻-옮긴이).

1972년 12월 폴라로이드 주식은 그해 자사의 수익보다 96배나 높게 팔렸으며, 맥도날드는 80배, IFF는 73배로 판매되었다. 스탠더드 앤드 푸어 500 주가지수Standard & Poor's Index of 500 Stocks는 평균 19배로 팔리고 있었는데 말이다(주식평가의 중요한 판단기준인 PER[Price Earnings Ratio : 주가수익비율]을 설명하고 있다. 일반적으로 PER가 높으면 과대평가된 주식, 낮으면 저평가된 주식으로 간주된다-옮긴이). 니프티-피프티의 평균 배당수익률은 S&P 500 구성 종목의 평균 배당수익률의 절반에도 미치지 못했다.

성장주라는 특별한 푸딩은 확실히 인기 있는 음식이었지만 막상 먹어보니 쓰기만 했다. 하늘 끝까지 치솟을 듯한 황홀한 수익 전망은 무한수익과는 거리가 멀다는 것이 밝혀졌다. 1976년경에 접어들면서 IFF의 가격은 40% 떨어졌으나 유 에스 스틸의 가격은 두 배를 넘어섰다. 그리고 배당과 가격변동까지 계산한다면, S&P 500은 1976년 말에 전고점을 뛰어넘기에 이르렀다. 반면에 니프티-피프티는 1980년 7월까지 1972년 강세 시장의 고점을 넘어서지 못했다. 설상가상으로 니프티-피프티에 균등하게 비중을 둔 포트폴리오도 1976~1990년까지 S&P 500의 수익률을 따라잡지 못했다.

투자의 세계에 무한대라는 경지가 과연 있을까? 펜실베이니아 대학의 워튼 경영학부 교수인 제레미 시걸Jeremy Siegel은 1970년 말부터 1993년 말까지 니프티-피프티의 수익률을 면밀히 계산해보았다.

50종목에 균등하게 비중을 둔 포트폴리오는 1972년 12월의 고점에 구입했다면 1993년 말 S&P 지수의 수익률을 1% 하회했다. 만약 이 포트폴리오를 2년 전인 1970년 12월에 구입했다면 1년당 1% 포인트씩 S&P의 수익률을 능가했을 것이다. 또한 1974년 폭락의 바닥권에서 발생한 구입가와 시장가치 사이의 마이너스 갭(주식을 사고 난 후 시장가격이 폭락하여 발생한 손실-옮긴이)이 작았을 것이다.

친근한 우량회사(쇼핑할 때 쉽게 볼 수 있는 제품을 생산하는 회사)의 주식을 소유해야만 안심하는, 매우 참을성 있는 개인투자가들에게는 니프티-피프티 투자에서 더 풍부한 효용을 느꼈을 것이다. 하지만 참을성 없는 투자가들에게는 그러한 포트폴리오의 효용이 훨씬 더 작게 느껴졌으리라. 50종목 가운데 5종목은 21년 동안 손실을 안겨주었고, 20종목은 90일물 재무성 단기채권을 만기 때마다 갱신하여 투자하는 것보다 더 적은 이익을 안겨주었으며, 겨우 11종목만이 S&P 500의 수익률을 능가했다. 그러니 어떤 사람들이 참을성을 가지겠는가? 그러나 어쨌든—베르누이 역시 비공식적인 자리에서는 이렇게 표현했을지도 모른다—선택도, 돈을 거는 것도 당신이다.

베르누이는 또 다른 새로운 개념을 소개했다. 오늘날 경제학자들이 경제적 성장의 원동력으로 간주하는 '인적 자본human capital'이 그것이다. 이 개념은 부에 대한 그의 정의에서 출현되었다.

"부란 어떤 결핍에 대해, 적절한 만족감을 주는 데 기여할 수 있는 그 무엇이다. 이러한 의미에서 보면 어느 누구도 굶어죽지 않는 한 아무것도 소유하지 않았다고 할 수는 없다."

대다수 사람들의 부는 어떠한 형태일까? 베르누이는 생산적인 역량이 유형의 자산과 재정적인 권리보다 더 가치 있다고 얘기했다. 그가 말하는 생산적인 역량에는 거지의 능력까지 포함된다. 베르누이는, 1년에 금화 열 개를 구걸해서 버는 거지에게 구걸 중단의 대가로 금화 오십 개를 제공한다면 당연히 거부할 것이라고 가정한다. 금화 오십 개를 써버리고 나면 거지는 먹고 살 방법도 없기 때문이다. 어쨌든 거지가 다시 구걸하지 않겠다는 약속에 대한 보상으로 받아들일 만한 정도의 액수는 반드시 존재하게 마련이다. 그리고 만약 그러한 액수가, 예를 들어 금화 백 개라고 한다면 우리는 그 '거지'가 금화 백 개만큼의 부를 소유했다고 말할 수도 있다.

오늘날 우리는 미래 수익 흐름의 원천을 구성하는 교육 · 재능 · 훈련 · 경험의 총합인 인적 자본을, 세계 경제의 중요한 변천을 이해하는 기본적 요소로 보고 있다. 고용주에게 공장이나 설비가 중요하듯, 종업원에게는 인적 자본이 중요한 역할을 한다. 1738년 이래 유형자산의 엄청한 증가에도 불구하고, 우리 사회에서는 여전히 인간 자본이 대다수의 사람들에게 가장 큰 수입 창출의 자산이다. 그렇지 않다면 어째서 많은 가장들이 그토록 어렵게 번 돈을 생명보험료로 소모하겠는가?

베르누이에게, 운에 맡기는 승부나 추상적인 문제 등은 단순히 부와 기회에 대한 욕망과 관련된 근원적인 상황을 이끌어내는 도구일 뿐이다. 그는 확률이론의 수학적 증명보다는 의사결정을 더욱 강조했다. 베르누이의 목적은 '누구든지 재정상황에 맞추어 어떤 리스크 감수를 했을 경우 예측 가능한 규칙을 만들자는 것' 이었다. 이는 현대의 모든 금융 경제학자, 사업가, 투자가 등에게는 핵심적인 사항이다. 리스크는 더 이상 수동적으로 받아들여져서는 안 된다. 리스크는 이제 선택할 수 있는 일련의 기회가 된 것이다.

베르누이의 효용에 대한 개념, 즉 '부의 증가로 얻어지는 만족은 이전에 소유했던 재화의 양에 대해 반비례 관계를 가질 것' 이라는 제안은 후대 중요 사상가들의 연구에 불멸의 영향력을 끼칠 정도로 강력했다. 효용은 수요 공급의 법칙을 이끌어내는 주춧돌이 되었다. 또한 바로 이 토대 위에서 빅토리아 왕조 시대의 경제학자들은 시장의 움직임, 판매자와 구매자의 가격 합의점 도출 방식에 대한 이해의 출발점을 제시했다. 뿐만 아니라 효용은 재정적 문제의 범주를 훨씬 초월해, 다음 2세기에 걸쳐 여러 분야에서 인간의 의사결정과 선택이론을 설명하는 패러다임 제공의 토대가 되었다. 그리고 전쟁, 정치, 사업 운영 등에서의 '의사결정' 에 대한 20세기의 혁신적인 접근방식인 게임이론에서도 효용은 전체 시스템의 절대적인 구성요소다.

효용은 심리학과 철학에도 심오한 영향을 끼쳤다. 베르누이가 인간 이성의 정의에 대한 기준을 설정해주었기 때문이다. 예를 들어, 심리학자나 도덕주의자들은 부유해질수록 부에 대한 효용을 더 크게 느끼는 사람을 신경증 환자로 간주한다. 인간의 탐욕은, 베르누이의 미래상에 포함될 수 없었듯이, 이성에 대한 현대적 정의에도 포함될 수 없다.

효용 이론에는 이성적인 사람이 요구된다. 어떠한 상황에서도 효용 측정이 가능하고 이에 따른 선택과 결정을 할 수 있는 사람 말이다. 살아가면서 부딪쳐야 할 수많은 불확실성을 감안하면 어쩌면 무리한 요구일지도 모른다. 베르누이가 가정했듯이, 사실 그 자체가 모든 사람들에게 동일하다고 해도 그 사실에 대한 느낌은 저마다 다르다. 실제로 사실에 대해서도 저마다 다르게 생각하게 마련이다. 사람들은 제각기 다른 정보를 갖는다. 또한 저마다 지닌 정보를 자신의 취향대로 윤색하는 경향이 있다. 가장 이성적인 사람들도 정작 사실에 대한 의미에서 서로 다른 의견을 보이는 경향이 있다.

어찌 보면 상당히 현대적으로 보이지만 베르누이는 자신의 시대에 걸맞은 인물이었다. 그의 인간 이성에 대한 개념은 계몽주의라는 당시의 지적인 환경과 절묘하게 일치한다. 그가 살았던 시대에는 작가와 예술가, 작곡가, 정치적 철학자들이 질서와 양식에 대한 고전적인 관념을 받아들이며, 지식의 축적을 통해 인류가 인생의 신비를 간파할 수 있다고 주장했다.

베르누이의 논문이 나온 1738년 전후를 살펴보자. 전성기를 누리던 포프는 자신의 시詩를 고적적인 암시로 장식하며 '사소한 지식은 위험스러운 것' 이라고 경고했을 뿐만 아니라, '인류의 진정한 연구 대상은 바로 인간 자신' 이라고 선언했다. 한편 데니스 디드로Denis Diderot는 28권에 달하는 백과사전 편찬 작업에 착수했으며, 새뮤얼 존슨Samuel Johnson은 영어로 된 최초의 사전을 만들어내려고 애쓰고 있었다. 또한 볼테르Voltaire의 사회에 대한 실제적 관점이 지식인 사회를 휩쓸고 있었다. 그런가 하면 1750년 무렵에 하이든Haydn은 교향곡과 소나타의 고전적 형식을 규정했다.

인간 능력에 대한 계몽주의의 이러한 낙관적 철학은 미국 독립선언에도 드러나며, 미국의 헌법에도 영향을 미쳤다. 그러나 얼마 후에는 폭력성을 띠며 극단적으로 치달아 프랑스 시민들은 루이 16세Louis XVI를 교수형에 처하고 노틀담의 제단에서 '이성Reason' 을 왕으로 추대하기에 이른다.

'가장 이성적인 사람일지라도 나름대로의 독특한 가치체계로 그에 걸맞게 반응하게 마련' 이라는 개념은 베르누이의 혁신 가운데 가장 대담한 부분이었다. 그러나 그는 거기서 멈추지 않았다. 효용이란 소유물의 양에 반비례한다는 단언으로 논문을 마무리함으로써 그는 인간의 행동양식과 리스크에 직면해 결정하고 선택하는 방식에 대한 매혹적인 통찰력을 보여준 것이다. 그의 천재성이 돋보이는 부분이다.

베르누이에 따르면 우리의 결정은 예측 가능하며 체계적인 구조를 지닌다. 이성적인 세계에서 볼 때 우리는 모두 가난보다는 부를 원하지만, 더 큰 부에 대한 욕망의 강도는 현재의 부의 정도에 따라 조절된다. 몇 년 전, 나의 투자 상담고객 가운데 어떤 사람도 첫 만남에서 손가락을 흔들어가며 이렇게 경고한 적이 있다.

“이것을 기억하게, 젊은 양반. 나를 부자로 만들 필요는 없네. 나는 이미 부자니까!”

베르누이의 통찰력에서 나온 논리를 통해 리스크 감수에 대한 새롭고 강력한 직관을 이끌어낼 수 있다. 만일 부의 연속적인 증가에도 불구하고 오늘의 만족감이 갈수록 줄어든다면, 손실로 야기되는 비효용은 언제나 손실과 똑같은 정도의 이득으로 정正의 효용을 넘어설 것이다. 이것은 나의 고객이 남긴 교훈이기도 하다.

벽돌더미가 당신의 부라고 생각해보자. 벽돌더미는 위로 올라갈수록 벽돌의 크기가 조금씩 작아진다. 당신이 더미의 꼭대기에서 제거하는 벽돌은 추가로 쌓을 벽돌보다 더 크다. 벽돌 하나를 잃는 고통이 하나를 얻는 즐거움보다 더 큰 것이다.

베르누이는 다음과 같은 예를 제시했다. 금화 100개를 가진 두 사람이 동전 던지기와 같은 50 대 50의 승산이 있는 공정한 게임을 하기로 한다. 도박장 사용료나 판돈 공제 따위는 없다. 그리고 각자 동전 던지기에 금화 50개를 건다. 말하자면 150개의 금화를 갖거나 겨우 금화 50개를 보유하는 것으로 끝나는, 운에 맡기는 승부인 셈이다.

과연 이성적인 사람이 이러한 게임을 하겠는가? 이러한 50 대 50의 양자택일 게임에서, 각자가 게임 후에 얻게 되는 부에 대한 수학적인 기댓값은 정확히 금화 100개다(150+50을 2로 나눈 값). 경기자가 게임 시작 전에 지녔던 양인 것이다. 다시 말해 각자의 기댓값은 게임을 하지 않을 때와 같다.

베르누이의 효용 이론은 이러한 대등한 게임이 왜 매력 없는 제안인가에 대해 설명하는 '불균형'을 밝혀준다. 패자가 잃은 금화 50개는 승자가 딴 금화 50개보다 더 큰 효용을 지닌다. 마치 벽돌더미에서처럼, 승자가 금화 50개를 얻는 기쁨보다 패자가 금화 50개를 잃은 고통이 더 큰 것이다.

그렇기 때문에 수학적인 의미에서 '제로섬 게임zero-sum game(득실의 합계가 항상 제로가 되는 게임-옮긴이)'은 효용이라는 가치가 부여될 때 항상 '패자의 게임'이 될 수밖에 없다. 양자를 위한 가장 올바른 결정은 이러한 게임 자체를 하지 않는 것이다.

베르누이는 아무리 공정한 게임을 하더라도 효용의 손실을 보게 마련이라는 것을 도박꾼에게 경고하기 위해 자신의 사례를 들었다. 그 우울한 결과는 다음과 같다.

> 자연은 도박을 피하라고 경고한다. 수학적으로 공정한 도박에 돈을 거는 사람은 누구나 자기 재산의 아무리 작은 부분을 걸더라도 비이성적으로 행동한다. 도박꾼이 게임에 거는 돈이 커질수록 그의 경솔함 또한 커지게 마련이다.

공정한 게임도 효용의 견지에서 보면 사실 패자의 게임이라는 베르누이의 말에 동의할 것이다. 심리학자들과 경제학자들의 표현처럼 우리는 이른바 '리스크 혐오자' 아니면 '리스크 기피자'인 것이다. 심오한 암시를 지니는 정확한 의미 부여가 아닐 수 없다.

당신에게 25달러의 확실한 선물과 50달러를 거머쥘 수 있는 50%의 승산이 있는 도박 가운데 하나를 선택하라고 한다면 어떻게 하겠는가? 50달러를 딸 수 있는 50%의 승산은 수학적으로 보면 25달러의 선물과 같은 25달러의 기댓값을 갖는다. 그러나 그 기대는 불확실하다. 리스크를 싫어하는 사람들은 도박보다는 선물을 선택할 것이다. 그러나 리스크를 싫어하는 정도는 사람마다 다르다. 따라서 어떤 사람들은 도박을 선택할 수도 있다.

당신은 자신의 '확실 등가確實 等價'를 측정해 리스크를 싫어하는 정도를 시험해볼 수 있다. 앞의 선택에서 당신이 도박을 선택하려면 도박의 수학적 기댓값이 선물보다 얼마나 더 높아야 하겠는가? 60달러를 얻을 수 있는 50%의 승산과 아무것도 얻지 못할 50%의 승산에서 나오는 30달러라는 기댓값 정도면 괜찮은가? 그렇다면 도박으로 얻을 수 있는 30달러의 기대는 확실히 확보되는 25달러와 동등한 가치를 갖는다. 그러나 당신은 겨우 26달러의 기대만으로도 도박에 참여할지도 모른다. 심지어 보상에 대한 수학적 기대가 25달러의 확실한 수익보다 적더라도 기꺼이 게임에 참여하고 싶은 '리스크 탐구자'가 된 자신을 발견할지도 모른다.

동전의 앞면을 던지면 얻는 게 없고 뒷면을 던지면 40달러를 따는 게임이라도 당신은 시도해보고 싶을지 모른다. 그 경우의 기댓값은 20달러인데도 말이다. 하지만 대부분의 사람들은 앞의 경우에 기댓값이 50달러는 넘어야 선물 대신 게임을 선택할 것이다. 그러나 복권의 인기는 흥미로운 예외가 아닐 수 없다. 발행 당국에서 챙기는 액수가 매우 커서 대부분의 복권은 극히 불공정한 게임인데도 인기를 끌고 있으니 말이다.

바로 여기에 중요한 원칙이 작용한다. 만약 주식 중개인이 주식시장에 상장된 소형주를 업종별로 투자하는 수익증권mutual fund(투자신탁회사가 펀드를 모집하여 주식 또는 주식군을 매입한 후, 이를 담보로 유가증권을 발행하여 거래소에 상장시킨다. 수익증권의 가격은 구성된 주식들의 가격변동에 따라 오르내린다. 일반 투자가들에게는 개별 주식에 투자하는 것보다 비교적 안정적인 투자수단이다-옮긴이)을 추천한다고 가정하자.

지난 69년 동안 자본금 규모별 하위 20%의 소형주들은 배당을 포함한 자본이득이 연평균 18%였다. 아주 후한 수익률인 것이다. 그러나 소형주들의 변동성volatility(금융상품의 가격 변동폭을 재는 단위. 변동성이 크면 리스크가 증가하고 변동성이 낮으면 리스크가 완화된다-옮긴이)은 매우 컸다. 전체 투자 기간의 수익률 가운데 3분의 2가 -23~+59%에 위치하기 때문이다. 또한 12개월을 기준으로 한 마이너스 수익률이 거의 3년마다 한 번꼴로 일어났는데, 그 평균이 20%에 달했던 것이다. 장기적으로 이러한 주식은 높은 평균수익률을 기록했음에도 어떤 특정 연도의 전망은 매우 불확실했다.

이에 대한 대안으로 다른 중개인이 S&P 종합지수Composite Index로 구성된 주식 500종의 '사서 보유하는buy and hold' 수익증권을 추천한다고 가정해보자. 지난 69년 동안 이들 주식의 연평균 수익률은 약 13%였다. 그러나 연평균 수익의 3분의 2가 분포하는 범위 역시 좀더 좁은 -11~+36% 사이였다. 또한 마이너스 수익률도 평균 13%였다. 만일 미래가 과거와 거의 비슷하다고 가정하고, 또한 미래의 투자수익률을 알기 위해 70년을 기다릴 수도 없는 현실에서 소형주 펀드의 높은 평균 기대수익률은 큰 폭의 변동성을 정당화시키기에 충분한 것인가? 당신은 어떤 수익증권을 사고 싶은가?

다니엘 베르누이는 리스크 감수라는 드라마의 무대를 변형시킨 인물이다. 불확실한 결과에 대한 결정을 내릴 때 우리는 과연 어떤 방법으로 측정과 결단력을 사용하는가? 이에 대한 그의 설명은 정말 감명 깊은 업적이 아닐 수 없다. 그 자신도 논문에서 장담한 바 있다.

"모든 명제는 경험과 완벽한 조화를 이루기 때문에 이러한 명제를 근거 없는 가정에 따르는 추상적인 개념으로 간과하는 것은 잘못된 일이다."

그로부터 약 200년 후 베르누이의 명제는 경험과 완벽한 조화를 이루지 못했다는 사실이 밝혀져 강력한 공격을 받았다. 인간 이성에 대한 그의 가정이 계몽시대 인물로서 그가 믿고 싶어했던 것보다 더 불확실했기 때문이다. 그러나 그러한 공격이 시작되기 전까지 베르누이의 효용 개념은, 그의 논문이 출간된 후 거의 200년 동안 유행했던, 이성에 대한 철학적 논쟁 속에서 전성기를 구가했다. 베르누이는 자신의 효용 개념이 얼마나 오래 생존할지 상상할 수 없었을 것이다.

어쨌든 그만큼 그의 효용 개념이 오래갈 수 있었던 요인은, 주로 그의 선구자적인 업적은 모른 채 자기들 나름대로 그러한 개념을 떠올렸던 후대의 저술가들 덕분이다.

07

의사결정과 선택에 대한 확신을 찾아서

제2차 세계대전 중 독일군의 공습이 잦던 어느 겨울 저녁, 모스크바의 저명한 통계학 교수가 거주지역의 공습 대피소로 피신했다. 전에는 결코 대피하는 일이 없던 사람이었다.

"모스크바에는 700만 명이나 사는데, 설마 내 머리에 폭탄이 떨어지겠어."

이렇게 말하던 그가 대피했다는 사실에 친구가 물었다.

그는 설명했다.

"이봐, 모스크바에는 700만 명이나 살고, 코끼리는 단 한 마리뿐이지. 그런데 어젯밤 코끼리가 맞았잖아."

이 이야기는 포트로열의 《논리》에서 분석한 '뇌우 공포증'의 현대판이다. 그러나 《논리》에 인용된 교훈과는 중요한 면에서 차이가 있다. 이 경우에는 관련된 개개인들이 폭탄에 맞을지도 모르는 수학적 가능성에 대해 좀더 강렬히 의식하고 있다. 따라서 교수의 심경 변화에 대한 진정한 의미는 '확률과 관련된 모든 것에는 이중적인 성격이 내재되어 있다'는 것이다. 즉, 위험한 선택을 내려야 하는 경우 과거의 발생 빈도와 인간의 신뢰도가 서로 충돌할 수도 있다는 뜻이다.

또한 이 이야기에는 앞서 지적한 것보다 더 많은 의미가 내포되어 있다. 다음과 같은 의문점을 짚어봐야 한다. 미래 또는 과거에 대한 완벽한 인식이 불가능할 때, 이미 입수한 정보에는 과연 어느 정도의 대표성을 띠는 것인가? (이에 대해서는 그랜트와 페티, 핼리도 관심을 나타낸 바 있다.) 700만 명과 코끼리 한 마리 가운데 어느 것이 더 가치 있는가? 우리는 새로운 정보를 어떻게 평가해야 하는가? 또한 이전 정보에서 발전된 신뢰도에 새로운 정보를 어떻게 결합해야 하는가? 확률이론이란 수학적 놀이에 불과한가, 아니면 예측을 위한 중요한 도구인가?

물론 확률이론은 예측을 위해 중요한 도구다. 하지만 그 세부 사항을 들여다보면 확률 이론가들의 말처럼 사탄이 도사리고 있다. 바로 확률 평가의 기본을 이루는 정보의 질quality 문제다. 본 장에서는 바로 그러한 정보 사용의 문제에 대한 혁명적인 개선과 현대 사회에서의 의사결정과 선택에 대한 확률이론의 적용 방법을 발달시킨 18세기의 위대한 진보 과정을 소개한다.

최초로 확률과 정보의 질 사이의 연결고리를 고려한 사람은 다니엘의

삼촌인 야코프 베르누이(1654~1705)였다. 파스칼과 페르마가 그들의 수학적 업적을 이룰 당시 야코프는 어린아이에 불과했으며, 그의 조카인 나니엘이 겨우 다섯 살 되던 해에 야코프는 사망했다. 야코프는 베르누이 집안사람들과 비슷한 재능을 타고났다. 뉴턴과 동시대에 살면서, 자신을 위대한 영국 과학자의 적수로 간주한 오만함과 고약한 성질 또한 베르누이 집안 사람이라 하기에 충분했다.

하지만 야코프가 제기한 의문은 단순히 이를 제기한 자체만으로도 대단한 지적 위업이다. 게다가 그는 이에 대한 답까지 제시해놓았다. 야코프는 20년 동안이나 그 문제에 대해 숙고한 후 연구에 착수했다고 한다. 그리고 그는 50세에 이르러서야 자신의 연구를 가까스로 완성하고 얼마 후인 1705년에 사망했다.

그의 장년기는 찰스 2세의 왕정복고(1660년)에 따른 여파로 쾌락이나 추구하는 음탕한 시대였음에도 불구하고, 야코프는 생의 마지막 시기에 접어들면서 더욱 유난스럽고 고집스러워졌다.

당시의 시대적 상황을 더 상세히 이해하기 위해 야코프와 동시대 저명인사 가운데 한 사람이었던 존 아버스넛John Arbuthnot에 대해 살펴보자. 그는 앤 여왕Queen Anne의 주치의이자 야코프와 왕립학회 동료였으며, 그도 확률에 대해 깊은 관심을 가졌던 아마추어 수학자였다. 그는 자신의 요점을 예시하기 위해 부적절한 예를 잔뜩 제시한 인물로 유명하다. 일례로 그의 논문을 보면, '20세 여성들의 처녀막 보유 가능성' 과 '20세 여성의 처녀막 보유가 바람직한지' 에 대해 고심한 흔적이 엿보인다.

1703년 야코프 베르누이는 표본자료에서 확률을 발전시키는 방법에 대해 처음으로 의문을 가졌다. 친구인 라이프니츠에게 보낸 편지를 보자.

"우리는 주사위 한 쌍을 여덟 번 던지는 대신 일곱 번 던질 경우의 승산에 대해서는 잘 알고 있다. 그런데 어째서 스무 살 청년이 예순 살 노인보다 오래 살 확률에 대해서는 잘 모르는 것일까?"

그는 그러면서 "나이별로 사람들의 많은 쌍(주사위 쌍처럼)을 조사하면 이 문제에 대한 답을 알아낼 수 있지 않을까?"라는 의문을 제기했다. 하지만 라이프니츠는 야코프에게 보낸 답장에서 이러한 접근에 대해 비관적인 견해를 보였다.

"자연은 사건의 재발에서 비롯되는 패턴을 확립해왔다(자연은 되풀이되면서 일정한 패턴을 드러낸다–옮긴이). 그러나 단지 대개의 경우 그럴 뿐이다. 새로운 질병이 인류에게 나타나고 있고, 그래서 그대가 시체를 대상으로 아무리 많은 실험을 하더라고 미래의 사건이 일정한 모습을 갖도록 미래 사건의 본질에 어떤 한계를 부과할 수는 없을 것이다."

라이프니츠는 라틴어로 이 편지를 썼다. 하지만 "그러나 단지 대체로 그럴 뿐이다"고 밝힌 부분은 그리스어ωξ επι το πολυ로 표현했다. 아마도 이는, 야코프의 제안과 같은, 한정된 몇 차례의 실험이 자연에 대해 정확히 계산하기 위한 표본으로는 너무 작다는 요점을 강조하기 위한 것이었으리라.

야코프는 라이프니츠의 냉담한 반응에도 개의치 않고 자신의 의문을 계속 풀어나갔다. 그러나 문제풀이 방식에는 변화를 주었다. 그리스어로 보낸 라이프니츠의 경고를 잊지 않았던 것이다.

표본자료에서 확률을 얻어내려는 야코프의 노력은 사후 8년 만에 《추측의 기술》(그의 조카인 니콜라우스가 1713년에 결국 출간)로 빛을 본다. 그의 관심은 객관적 분석인 사고의 기술이 어디서 끝나고, 추측의 기술이 어디서 시작되는가에 대한 입증이었다. 어떤 면에서 보면 추측이란 부분에서 전체를 추정해내는 과정이다.

야코프의 분석은, 확률이론이 도달한 부분에 대한 관찰에서 시작한다. 그의 이야기를 직접 들어보자.

"어떤 사건의 개연성에 대한 가설을 세우기 위해서는 가능한 경우의 수를 정확히 계산해내고, 이어서 하나의 경우가 다른 경우보다 얼마나 더 발생 가능성이 높은가를 결정하는 것이 중요하다."

야코프가 계속 지적해나간다.

"그러나 문제는 확률 이용이라는 게 오로지 '운에 맡기는 승부' 에만 한정되어 있다는 점이다."

이 시점에 이르러 파스칼의 업적은, 결국 지적 호기심보다 조금 나은 정도에 불과한 것이 된다. 그러나 야코프는 이러한 한계의 심각성을 고려하지 않을 수 없었다. 라이프니츠의 우려를 반영한 다음 구절에서 그러한 태도가 잘 드러난다.

> 그러나 어떤 인간이 모든 질병을 파악해 그 수를 셀 수 있으며, 어떤 인간이 하나의 질병이 다른 질병보다 더 치명적인 정도를 밝혀낼 것인가(전염병은 수종증보다 또는 수종증은 열병보다 위험하다는 식으로)? 또한 그에 기초해 다음 세대의 삶과 죽음의 관계에 대한 예언을 할 수 있을까?
>
> 게다가 참가자의 정신적 예리함이나 신체적이나 신체적 민첩함에 좌우되는 게임에서 어느 누가 인간 정신의 본질이나 놀라운 인체구조를 속속들이 파악하는 척하고, 감히 언제 누가 이기거나 진다고 예언할 수 있겠는가?

야코프는 확률의 법칙을 적용하는 데 현실과 추상 사이의 결정적인 구분을 이끌어내고 있다. 예를 들어, 파치올리의 미완의 발라 게임과 아직 끝나지 않은 가상의 월드 시리즈(우리가 파스칼의 삼각형으로 분석한)는 실제 세계의 상황과는 전혀 유사한 점이 없다. 실제 상황에서는 월드 시리즈나 발라 게임의 경쟁자들이 서로 다른 '정신적 예리함이나 육체적 민첩함'을 지닌 것이다. 또한 '결과 예측을 위한 확률 사용법'의 지나치게 단순화된 예시에서 무시되었던 각기 다른 '질quality'이 있는 것이다. 파스칼의 삼각형은 여기서 그러한 실생활의 게임이 어떻게 판명날 것인가에 대한 암시를 제공할 뿐이다.

확률이론은 카지노 게임이나 복권에서의 확률을 명확히 밝혀줄 수 있다. 즉, 결과의 본질에 대한 평가를 위해 룰렛의 바퀴를 직접 돌릴 필요도 복권을 모두 셀 필요도 없다. 그러나 실생활에서는 적절한 정보야말로 필수적인 요소다. 문제는 원하는 모든 정보를 결코 전부 가질 수는 없다는 데 있다. 자연은 패턴을 확립해왔다. 그러나 그것은 단지 대체로 볼 때 그러하다. 이론이란 자연에서 추출하면 더 다루기가 쉽다. 필요한 정보를 얻을 수 있거나 아예 정보가 전혀 필요하지 않을 수도 있다. 서론에서 인용한 피셔 블랙의 말처럼, 세계의 모습은 허드슨 강 근처의 혼란스러운 월 스트리트에서보다 찰스 강 근처에 있는 MIT공대의 교내에서 볼 때 더욱 말쑥해 보이는 법이다.

파치올리의 발라 게임이나 가상의 월드 시리즈에 대해 논할 때는 장기간의 기록, 육체적 능력, 경기자의 I.Q. 등은 아무런 상관이 없었다. 심지어 경기의 본질 자체도 아무 상관이 없었다. 이론이 정보의 완벽한 대용물이 되었던 것이다.

증권시장의 열성 투자가들처럼 실제 세계의 야구 팬들은 수많은 통계 자료를 꼼꼼하게 수집한다. 선수들과 팀의 능력, 또는 주식거래에서의 수익률을 판단하기 위해 그러한 정보가 필요하기 때문이다. 그러나 수천 가지 사실에 대한 정보가 있더라고 운동경기에서나 금융 분야에서나 전문가들의 실제 기록을 보면 최종 결과에 대한 자신들의 확률산정(예측능력)이 의문과 불확실한 것 투성이라는 것이 입증된다.

파스칼의 삼각형이나 확률의 초기 작업에는 "이러저러한 결과에 대한 확률은 얼마인가" 등의 단 하나의 질문만이 연구되었다. 이러한 질문에 대한 답에는 대부분의 경우 제한된 가치만이 있다. 왜냐하면 일반성의 의미가 없기 때문이다.

참가자 A가 발라 게임에서 60% 정도의 이길 기회를 갖는다는 계산이 나왔을 때 진정 우리가 아는 것은 무엇인가? 그러한 확률을 통해 A가 참가자 B와 게임을 할 때 그 중 60% 승리하기에 충분한 기술이 있다고 알려줄 수 있을까? 단지 단판 승부에서의 승리는 그러한 기대를 확증하기에 불충분하다. 그렇다면 A가 더 뛰어난 참가자라는 점을 확신하려면 A와 B는 몇 번이나 게임을 해야 할까?

월드 시리즈의 결과로 올해의 월드 시리즈 우승 팀이 앞으로도 최고의 팀으로 남을 확률에 대해 알 수 있는 것은 무엇인가? 흡연자들 가운데 폐암 사망률이 높다는 것은, 당신이 천수를 다하지 못하고 흡연으로 사망할 가능성에 대해 무엇을 의미하는 것인가? 어느 통계학자가 방공호로 피하도록 만든 가치에 대해 코끼리의 죽음으로 알 수 있는 것은 과연 무엇인가?

그러나 실생활의 상황에서는 간혹 정확히 표본에서 전체를 이끌어내는 방식으로 확률에 대한 측정이 필요하다. 실생활에서는 어떤 사건이 '운에 맡기는 승부' 와 비슷하게 전개되는 경우는 매우 드물다.

게임에서는 사건 발생 전에 결과에 대한 확률 산정이 가능하다. 야코프 베르누이는 이를 '아프리오리a priori' 라 칭했다. 대부분 실생활에서는 사후에 확률 측정이 가능하다. 이것을 '아포스테리오리a posteriori' 라 했다. 바로 아포스테리오리 개념이 실험방법, 그리고 신뢰도의 변화를 의미한다. 모스크바에는 700만 명이나 살았지만, 나치의 폭격으로 단 한 마리 있던 코끼리가 죽고 나서야 방공호 대피에 대한 결정을 내린 것이다.

실생활의 한정된 정보량에서 확률을 발전시키는 문제에 대한 야코프의 공헌은 두 부분으로 나뉜다. 첫 번째는 아무도 그러한 정의에 대한 필요성을 인식하지 못할 때 그 문제를 정의했다는 점이다. 그리고 두 번째는 오직 하나의 필요조건만으로 해결방법을 제시했다는 점이다. 그 조건은 '유사한 상황에서는 미래에 일어나는 어떤 사건의 발생(또는 미발생)이 과거에서 관찰된 패턴을 동일하게 따르게 마련이다' 라는 가정이다.

이것은 위대한 가설이다. 어쩌면 야코프는 단순한 확률만으로 결과 예언이 가능할 만큼 실생활의 정보가 완벽한 경우는 거의 없다는 사실에 불만을 품었을지도 모른다. 그러나 그는 과거를 통해 미래를 알 수 없다면, 사후의 확률 측정 역시 불가능하다고 인정했다. 이 연구과제의 어려움은 부연할 필요가 없다.

과거나 분석을 위해 선택한 자료는 실제의 파편일 뿐이다. 그러나 자료에서 일반화를 이끌어내는 데 결정적으로 중요한 것은 바로 파편의 질이다. 확신을 얻기 위해 필요한(또는 획득 가능한) 모든 정보를 다 가질 수는 없다. 예를 들어 주사위에는 여섯 면이 있고 각 면마다 서로 다른 숫자가 있고, 유럽식 룰렛 판에는 서른일곱 개의 홈이 있고(미국식 룰렛 판에는 서른여덟 개의 홈이 있다) 그 위에는 서로 다른 숫자가 있다는 등, 잘 알려져 있어 의심의 여지가 없는 수준의 정보를 가질 수는 없다는 얘기다.

현실이란 관계있는 사건들의 연속이다. 사건마다 서로 다른 것에 의존하고 있다. 한 번 던지는 것이 다음번에 던지는 것의 결과에 아무런 영향도 주지 않는 '운에 맡기는 승부'와는 전혀 다른 이야기다. 운에 맡기는 승부는 모든 것을 딱딱한 숫자로 바꾸어버린다. 그러나 실생활에서는 정확한 양의 측정보다는 '다소', '많이' 또는 '너무 많이는 말고' 등의 표현이 훨씬 더 자주 사용된다.

야코프 베르누이는 무의식중에 이 책의 나머지 부분의 내용까지 정의 내렸다. 앞으로는 리스크 관리에 대한 논쟁이 그가 제시한 세 가지 필수적인 가정, 즉 완전한 정보, 독립적인 시도, 양적인 평가의 타당성에 대한 활용 부분에 집중될 것이다. 그리고 이러한 가정의 타당성에 대한 활용 부분에 집중될 것이다. 또한 이러한 가정의 타당성이야말로 미래를 예측하기 위해 측정과 정보의 적용 가능성을 단정하는 데 결정적인 역할을 한다.

야코프의 가정은 과거 자체에 대해 조망하는 방법을 구체화해놓았다. 그렇다면 사실이 일어난 후에 무슨 일이 일어났는지 설명할 수 있을까?

아니면 사건을 단순히 평범한 운(무슨 일이 일어났는지 설명할 수 없다는 또 하나의 단순한 방법)에 돌릴 수 있을까?

모든 장애에도 불구하고 실용성 문제의 경우에서는 명백하게, 또는 암시적으로 '야코프의 필요조건이 충족되었다' 는 것을 사실로 받아들이도록 만든다. 현실이 이상적인 경우와 다르다는 점을 충분히 인식할 경우에도 마찬가지다. 우리는 아마도 적당히 얼버무린 것일지도 모른다. 하지만 본 장에 언급된, 다른 수학자들과 야코프가 발전시킨 방법론을 통해 과거의 제한된 자료를 기반으로 미래의 결과에 대한 확률을 알 수 있다.

야코프 베르누이의 아포스테리오리 확률계산 명제는 '대수의 법칙' 으로 알려져 있다. 일반적인 관점과는 달리, 이 법칙으로 관찰된 사실에 대한 유효화 방법을 알 순 없다. 관찰된 사실이란 단지 전체적인 진실에 대한 불완전한 묘사이기 때문이다. 또한 관찰 횟수의 증가가 바로 예상하는 것을 그대로 얻을 수 있는 확률 증가인 것은 아니다. 아울러 이 법칙은 경험적인 실험의 질을 개선하기 위해 고안된 것도 아니다. 야코프는 라이프니츠의 충고는 받아들였지만, 경험적 실험의 방법으로 확실한 답을 찾는다는 라이프니츠의 안을 받아들이지 않았다.

야코프는 다른 확률을 찾고 있었다. 예를 들어, 계속해서 동전 던지기를 한다고 가정해보자. 대수의 법칙을 통해 던지기 횟수의 증가로 던지는 결과의 평균이 50%에 접근한다는 사실은 알 수 없다(수학을 이용하면 동전을 계속해서 던지는 지루한 일에서 벗어날 수는 있다). 오히려 대수의 법칙에서는 "던지는 횟수가 증가할수록 앞면이 나올 비율이 어떤 수치(아주 미세한 수치일지라도)보다 더 적은 정도로 50%에서 벗어날 확률도 증가한다"고 말한다. 여기서 중요한 것은 '벗어나다vary' 라는 표현이다. 이러한 조사는 50%라는 진짜 평균을 찾는 게 아니라, 관찰된 평균과 진짜 평균 사이의 오차가 가령 2%보다는 적을 확률을 찾고자 하는 것이다. 다른 말로 하자면, 던지는 횟수가 증가할수록 관찰된 평균이 진짜 평균의 2% 이내로 떨어질 확률이 증가하리라는 얘기다.

이는 무한히 던지며 오차가 없을 것임을 의미하지도 않는다. 야코프도 그러한 경우는 제외했다. 게다가 오차가 무시해도 좋을 만큼 작아진다는 것을 의미하지도 않는다.

"대수의 법칙으로 알 수 있는 전부는, '많이 던지는 횟수' 의 평균이 '적게 던지는 횟수' 의 평균보다 어떤 정해진 수치보다 더 적은 정도로 진짜 평균과 차이가 날 것 같다는 것뿐이다."

그리고 관찰된 결과가 지정된 범위보다 더 큰 정도로 진짜 평균과 달라질 가능성 또한 항상 존재할 것이다. 분명히 700만의 모스크바 사람들도 통계학 교수를 만족시키기에는 충분하지 않았던 것이다.

대수의 법칙은 평균의 법칙과는 다르다. 수학에서는 동전 던지기에 대해서도 앞면이 나올 확률은 50%지만 각 던지기에 대한 결과가 다른 모든 것에 대해 독립적이라는 점을 지적한다. 이는 과거에 던진 결과에 영향을 받지 않을뿐더러 미래에 던질 것에 대해서도 영향을 끼치지 않는다는 뜻이다. 결과적으로 대수의 법칙에서는 이미 100번, 또는 100만 번을 던져 얻은 앞면에 대한 확률이 단지 40%에 불과하다고 해서 다음

던지기에 앞면이 나올 확률이 50%를 상회한다고 보장할 수 없다. 연속되는 손실losing streak에 빠져 있어도 거기서 벗어나도록 약속할 수 있는 대수의 법칙은 없다는 얘기다.

야코프는 자신의 대수의 법칙을 증명하기 위해 하얀 구슬 3,000개와 까만 구슬 2,000개가 있는 단지를 가정했다(이는 후에 확률 이론가들과 까다로운 수학 퍼즐의 창안자들이 가장 선호하는 정치가 되었다). 이 실험은 각 색깔의 구슬을 꺼내고 그 색깔을 명기한 다음 단지에 다시 넣는 행위의 반복이다. 구슬을 꺼내는 횟수가 거듭됨에 따라 나타나는 색깔의 빈도를 통해 각 구슬의 비율이 3 대 2라는 '강한 확신moral certainty(절대적인 확신이라기보다는 실용적인 문제로서의 확신-옮긴이)' 이 든다면, 사실 이전a poriori의 것을 알았듯이 사실 이후a posteriori의 경우의 수도 측정 가능하다고 야코프는 결론지었다.

그는 계산을 통해 다음과 같이 지적했다.

"1000/1001을 초과하는 가능성으로 관찰된 결과가 3 대 2라는 진짜 평균의 2% 이내에 있음을 보여주기에 충분한 횟수는 단지에서 구슬을 2만 5,550차례 꺼내는 것이다."

2만 5,550번 꺼내면 당신에게 '강한 확신' 이 생긴다는 것이다.

야코프는 '강한 확신' 이라는 표현을 결코 경솔하게 사용하지 않았다. 그는 자신의 확률에 대한 정의에서 그 표현을 이끌어냈다. 그러한 그의 확률은 라이프니츠의 작업에서 얻어낸 것이다. 먼저 라이프니츠의 확률에 대한 정의를 들어보자.

"확률이란 확신의 정도이며 부분이 전체와 다르듯이 절대적인 확신과는 다른 것이다."

그러나 야코프는, '확신'의 의미에 대해서는 라이프니츠의 생각을 능가했다. '강한 확신'은 '거의 완벽하게' 확신할 때 존재한다는 것이 야코프의 생각이었다. 결국 야코프의 주의를 끌었던 것은 확신에 대한 저마다 다른 개인적인 판단이었다. '강한 확신'의 개념을 '무한히 그럴 듯한'이라고 규정했던 라이프니츠와는 다소 달랐다. 야코프 자신도 1000/1001이 근사하다는 것에는 만족해했다. 그러나 그는 융통성을 발휘하려고 했다.

"만약 치안판사들이 '강한 확신'에 대한 고정된 범위를 설정해놓는다면 훨씬 유용할 텐데……."

야코프는 의기양양했다. 이제 그는 어떤 불확실한 수량에 대해서도 '운에 맡기는 승부'의 예측만큼 정확하게 과학적인 예측이 가능하다고 단언한다. 확률을 이론 세계에서 현실 세계로 끌어올린 것이다.

> 만약 단지 대신에, 지구의 대기나 인체를 예로 들어보자. 거기에는 매우 다양한 과정과 질병이 다량으로 숨겨져 있다. 단지 안에 구슬이 있는 것과 마찬가지다. 그렇다면 대기나 인체에 대해서도 관찰을 통해 한 사건에 대한 다른 사건의 발생 빈도가 측정 가능할 것이다.

그럼에도 불구하고 야코프는 여전히 '구슬 단지'에 대해 많은 고심을 한 것 같다. '강한 확신'이 드는 데 필요한 2만 5,550번의 시도가 그에게는 감당할 수 없을 만큼 큰 수로 느껴졌음에 틀림없다. 당시 그의 고향 바젤의 전체 인구도 2만 5,550보다는 적었다는 사실을 생각하면 이해가 갈 것이다. 그는 이어서 무엇을 해야 할지 몰랐다. 그의 책이 여기서 끝나는 것을 보면 알 수 있다. 책의 마지막 부분에는 실생활에서의 모든 관찰이 서로 독립적이어야 하는 요건 부합의 어려움에 대해 곰곰이 생각하는 언급 외에는 아무것도 없다.

> 만일 영겁의 세월을 거쳐 모든 사건이 반복될 수 있다면, 세상 모든 일이 분명한 이유로, 그리고 분명한 규칙에 따라 발생한다는 사실을 발견할 수 있으리라. 또한 가장 우연한 일로 보이는 것 가운데 어떤 필연, 즉 이른바 '숙명'을 생각할 수밖에 없으리라는 것도 발견할 것이다.

어쨌든 야코프의 구슬 단지는 그 불멸성을 인정받을 만하다. 평범한 구슬들이 불확실성을 측정하는 첫 시도(불확실성을 정의하는 시도)의 매개체가 된 것이다. 뿐만 아니라 구슬은 실제 가치가 알려지지 않았어도 경험적으로 측정된 수치로 실제 가치에 근접할 확률 계산에 첫 매개체가 된 것이기도 하다.

야코프 베르누이는 1705년에 사망했다. 그리고 그의 조카 니콜라우스 2세가 야코프의 연구(알려진 관찰에서 미래의 확률을 이끌어내는)를 이어받았다. 《추측의 기술》을 완성하기 위한 작업과 자신의 연구도 병행한 것이다. 니콜라우스의 연구 결과는 1713년에 출간되었으며, 같은 해에 야코프의 책도 마침내 빛을 보았다.

야코프는 관찰된 가치와 진짜 가치 사이의 오차가 어떤 특정한 범위에 떨어질 확률에 대해 연구를 시작했다. 그리고 그 정도로 확률을 높이는 데 필요한 관찰의 수를 계산해나갔다. 그러나 니콜라우스는 삼촌의 확률 해석방법을 외면하려고 했다. 관찰의 수를 미를 정해놓고, 그 수가 특정한 범위에 떨어질 확률을 계산한 것이다. 그는 자신의 논리를 설명하기 위해 남녀의 출생비율이 18 대 17이라고 가정한 예를 들었다. 가령 전체 신생아가 1만 4,000명이라면 남아 출생에 대한 기댓값은 7,200명이 된다는 얘기다. 그는 이어서 남아 출생의 실제 수가 7,200+163과 7,200−163, 다시 말해 7,363과 7,037 사이일 가능성이 적어도 43.58 대 1이라는 것을 계산해냈다.

1718년 니콜라우스는 프랑스 수학자인 아브라함 드 무아브르에게 자신의 연구에 동참을 의뢰했다. 그러나 드 무아브르는 다음과 같이 그 청을 거절했다.

"경제적 · 정치적 용도에 가능성의 원칙을 적용시킬 능력이 제게 있었으면 좋겠지만…… 그 임무는 저보다 더 나은 사람에게 기꺼이 양보할 수밖에 없겠군요."

그럼에도 불구하고 우리는 니콜라우스에 대한 드 무아브르 반응으로 확률과 예측의 용도가 불과 몇 년 사이에 상당히 먼 길을 지나왔음을 알 수 있다.

드 무아브르는 야코프 베르누이보다 13년 후인 1667년, 비 가톨릭 신자에게 점점 더 적대적이었던 프랑스에서 신교도로 태어났다. 드 무아브르가 18세가 되던 1685년, 루이 14세는 낭트 칙령을 폐지했다. 낭트 칙령은 신교도로 태어난 앙리 4세Henry Ⅳ의 통치시절에 선포된 것으로, 위그노라고 불리던 신교도들에게 가톨릭 신자와 똑같은 정치적 권리를 부여한 것이었다. 칙령 폐지 이후 개신교의 선교 활동은 금지되었고, 모든 아이들은 가톨릭으로 교육받아야 했으며 이민도 금지되었다. 이러한 환경 속에서 드 무아브르는 종교상의 이유로 2년이 넘는 수감 생활을 하기도 했다. 결국 프랑스와 관련된 모든 것을 증오하게 된 드 무아브르는 1688년 가까스로 런던으로 도망치기에 이르렀다. 당시의 런던에서는 명예혁명을 기점으로 가톨릭 배척이 시작되었고 가톨릭 교도들에 대한 공식적인 추방작업이 마무리되던 시점이었다. 영국에 정착한 드 무아브르는 다시는 조국으로 돌아가지 않았다.

하지만 드 무아브르의 영국 생활은 우울과 좌절의 연속이었다. 아무리 노력해도 그는 자신이 원했던 학술적 지위에 오를 수 없었다. 수학 가정교사, 확률이론을 적용한 도박사에 대한 상담역, 보험중개인 등으로 활동하며 근근이 생활을 꾸려나갔다. 그리고 그러한 활동을 위해 그는 세인트 마틴 골목에 있는 슬로터 커피하우스를 자신의 비공식 사무실로 삼았다. 그는 가정교사 일이 끝나면 오후 내내 그곳에서 보냈다. 뉴턴과 친구였고, 겨우 30세에 왕립학회 회원으로 선출되었지만, 내성적이고 반사회적이었던 그는 결국 끝까지 쓰라린 삶을 살아야 했다. 게다가 말년에는 눈까지 멀어 매우 궁핍한 생활을 하다가 1754년 87세의 나이로 세상을 떠났다.

1725년 드 무아브르는 《연금에 대한 연구Annuities upon Lives》라는 책을 발표했다. 여기에는 핼리의 브레슬로 사망률 통계표에 대한 분석이 실려 있다. 주로 수학에 대한 연구 결과가 담겨 있는 이 책에서 주목할 점은, 어떤 퍼즐과 관련된 매우 중요한 문제가 제기되었다는 것이다. 여기서 어떤 퍼즐이란 베르누이가 풀어내고자 애썼으며, 후에 드 무아브르도 아주 상세히 탐구했던 퍼즐을 말한다.

통계사학자인 스티븐 스티글러Stephen Stigler는 드 무아브르의 《연금에 대한 연구》에 제기된 '가능성' 문제에 대해 흥미로운 예를 제시했다. 핼리의 표에서는 브레슬로의 50세 성인 346명 가운데 겨우 142명, 즉 41%만이 70세까지 살아남는다고 밝히고 있다. 그러나 이는 단지 작은 표본에 불과하다. 과연 우리는 50세 성인의 평균 여명에 대한 일반화를 위해 이 결과를 어느 정도까지 확장해 사용할 수 있을까? 드 무아브르 또한 이 수치를 이용해 50세 남성의 70세 전 사망 가능성이 50%가 안 된다는 확률을 산정할 수는 없었다. 하지만 그는 다음과 같은 질문에는 답할 수 있었을 것이다.

"만약 실제의 가능성이 1/2이라면, 142/346만큼 작거나 그보다 더 작은 비율이 발생할 확률은 얼마인가?"

드 무아브르가 확률이란 주제에 대해 단도직입적으로 단행한 첫 모험의 책은 《운의 측정에 대하여On the Measurement of Lots》라는 제목으로 나왔다. 이 연구는 왕립학회의 회보로 1711년에 첫 출간되었다. 그리고 1718년에는 《가능성의 원칙The Doctrine of Chances》이라는 제목의 영어 증보판으로 발행되었다. 이 책은 그의 절친한 친구인 뉴턴에게 바치는 것이었는데, 대성공을 거두며 1738년과 1756년에 각각 한 차례씩 재발행되었다. 뉴턴은 가끔 학생들에게 다음과 같이 말했다고 한다.

"드 무아브르에게 가라. 그는 나보다 이러한 것에 대해 더 잘 알고 있으니까."

뉴턴은 드 무아브르의 책에 많은 감동을 받았다. 《운의 측정에 대하여》는 아마도 리스크를 '손실의 가능성'으로 명쾌하게 정의한 최초의 연구이리라.

"일정한 액수를 잃을 리스크는 기대에 대한 역逆이다. 그리고 그에 대한 실제 척도尺度는 '감행한 액수에 손실의 확률을 곱해 나오는 산물'이다."

1730년 마침내 드 무아브르는 니콜라오스 베르누이의 계획을 직접 추진해보기로 마음먹는다. 그것은 사실에 대한 표본이 그 표본을 뽑아낸 실제의 전체에 대한 대표성 확인 연구였다. 그는 자신의 연구를 완성해 1733년에 공표했으며, 《가능성의 원칙》 2, 3판에도 그 내용을 수록했다. 그리고 헌사에서 다음과 같이 밝혔다.

"야코프 베르누이와 니콜라우스 베르누이는 매우 훌륭한 기술을 선보였다. 그러나 다른 무언가가 더 필요했다. 특히 그들이 택했던 접근방식은 매우 힘들고 까다로워 보여 그런 작업을 직접 수행하려는 사람들이 거의 없었다."

2만 5,550번을 시도해야 하는 필요성은 분명히 장애였다. 뉴먼이 시사했듯이, 설령 야코프 베르누이가 실제 비율인 3 대 2의 2% 내로 떨어지는 결과가 나오는 대등한 내기(50/100의 확률이 있는 내기)에 대한 '미약한 확신immoral certainty(강한 확신에 반대되는 개념. 즉, 표본 수가 적어 확신하기에 힘든 경우를 의미한다-옮긴이)'에 안주했더라도 8,400번의 시도가 필요한 것이다. 야코프가 선정한 '1000/1001'이라는 확률은 오늘날의 기준으로 보면 그 자체로 진귀한 것일 수밖에 없다. 오늘날의 통계학자들은 20차례 가운데 한 번 일어나는 가능성도 그 결과는 단순한 우연이라기보다는 '유효significant(강한 확신을 의미하는 현대적 술어)' 하기에 충분한 증거라고 보기 때문이다.

이러한 문제에 대한 해결에서 드 무아브르가 이룩한 진보는 수학 분야의 가장 중요한 업적 가운데 하나로 평가받는다. 드 무아브르는 파스칼의 삼각형에 대한 기본적인 구조와 계산법으로 '2항 정리'를 만들어냈다. 그리고 야코프의 구슬 단지 실험 등의 무작위 추출이 어떤 식으로 평균값 주위에 분포되는지를 예시했다. 예를 들어, 당신이 야코프의 단지에서 연속적으로 구슬 100개를 꺼낸다고 가정하자. 물론 꺼낸 구슬은 그때그때 다시 집어넣고, 흰색 대 검은색의 비율을 기록하는 것이다. 즉, 구슬 100개로 연속적인 뽑기 시리즈를 만다고 가정하자. 드 무아브르라면 아마도 어느 정도의 비율이 전체 뽑기의 평균 비율에 가까운가를 미리 얘기해줄 수 있을 것이다. 그리고 각각의 비율이 어떻게 총평균 주위에 분포하는가에 대해서도 얘기해줄지도 모른다.

드 무아브르의 분포는 오늘날 정규분포 곡선, 또는 그것이 종을 닮았다 하여 종형 곡선으로 알려져 있다. 곡선을 따라 살펴보면 그 분포는 관찰기록 횟수의 가장 큰 수가 전체 관찰기록 횟수의 평균 또는 평균값에 가깝게 가운데에 밀집해 있음을 보여준다. 그후 곡선은 먼저 평균의 양 방향에 따라 관찰된 동등한 수만큼 대칭으로 가파르게 내려가며, 양 끝에서는 흩어져 하강한다. 즉, 평균에서 멀리 떨어진 관찰기록은 평균에 가까운 관찰기록보다 덜 빈번하다는 얘기다.

드 무아브르는 자신이 만든 곡선의 모양을 토대로 평균값 주위의 산포에 대한 통계적 척도를 계산할 수 있었다. 오늘날 표준편차로 불리는 이 척도는 하나의 관찰집단이 전체에 대해 충분히 대표성을 띤 표본 구성인지 판단할 때 결정적으로 중요한 기준이 된다. 정규분포에서는 관찰의 대략 68%가 총 관찰평균의 1 표준편차 안에, 95%가 평균의 2 표준편차 안에 떨어진다.

표준편차를 이용하면 '머리를 오븐에 넣고 다리를 냉장고에 넣고 있는 사람' 의 경우를 다룰 때 주의할 수 있다. 이 불쌍한 사람의 '평균적인 조건' 은 그가 자기 느낌을 어떻게 말하더라도 아무런 의미를 갖지 못한다. 그가 몸의 중간 부분에서 느끼는 느낌의 평균은 온도계 지수와는 거리가 먼 것이다. 또한 표준편차를 통해 야코프의 2만 5,550번의 구슬 뽑기가 단지에 있는 검은색과 하얀색 구슬의 비율을 정확히 측정하는 횟수라는 사실도 파악할 수 있다. 왜냐하면 상대적으로 관찰의 수가 적으면 평균과는 거리가 먼, 전혀 엉뚱한 것이 되기 때문이다.

드 무아브르는 무작위적이고 무관해 보이는 관찰이, 횟수의 증가로 질서정연한 모습을 갖춘다는 사실에 흥분했다. 그러한 질서정연함을 전능자의 계획으로 생각할 정도였다. 이는 공정한 조건에서라면 측정을 통해 불확실성의 정복과 리스크 관리에 대한 자신감을 반영하는 것이기도 하다. 그는 강조 표현을 써가며 자신의 성과를 다음과 같이 요약했다.

> 우연은 불규칙성을 창출하지만, 그럼에도 불구하고 그러한 불규칙성은 시간의 흐름 속에서 '창조 계획ORIGINAL DESIGN' 에서 자연스럽게 야기된 질서의 재현에 대해 어떠한 비比도 갖지 못할 정도로 가능성은 무한히 커지게 마련이다.

드 무아브르가 수학자들에게 준 선물은, 주어진 관찰 횟수가 실제 비율에 가까운 어떤 특정한 범위 안에 떨어질 확률에 대한 측정 가능 도구였다. 그후 그 선물을 통해 다수의 실용적 적용이 가능해졌다.

예를 들어, 모든 제조업자들은 불량품이 조립 라인에서 빠져나가 고객의 손에 들어갈지도 모른다는 걱정을 한다. 100% 완벽함은 대부분의 경우에 사실상 불가능하다(우리가 알고 있는 세계는 완벽함을 거부하는 구제불능의 습성을 지닌 듯하다).

핀 공장의 공장장이 생산품 10만 개 가운데 10개 정도, 즉 전체의 0.01%로 불량 핀의 수를 줄이려고 노력한다고 가정해보자. 그는 노력의 성과를 확인하기 위해 조립라인에서 핀 10만 개를 무작위로 추출해 표본을 만들어 살펴본다. 그리고 머리 부분이 없는 불량 핀 12개를 발견한다. 이 수치는 그가 바라던 성과(평균 10개의 불량품이 나올 것에 대한 기대)보다 2개가 많은 것이다. 그러한 차이는 얼마나 중요한 것인가? 10만 개마다 평균적으로 10개의 불량품이 나오도록 할 의도라면, 10만 개 표본 가운데 불량품 12개를 발견할 확률을 알아야 하는데, 과연 그 확률은 얼마인가? 여기서 드 무아브르의 정규분포와 표준편차로 그에 대한 답을 알 수 있다.

그러나 이것은 사람들이 일반적으로 답을 알고 싶어하는 종류의 질문은 아니다. 많은 경우 사람들은, 공장에서 평균적으로 얼마나 많은 불량품이 생산될지 사전에 확실하게 파악하지 못한다. 앞에 가정한 공장의 경우만 하더라도 바람직한 노력에도 불구하고, 평균적으로 0.01%를 상회하는 수준으로 불량품의 실제 비율이 계속될 수도 있다. 앞에 설정한 표본 10만 개를 통해 불량품의 평균 비율이 전체 제품의 0.01%를 초과할 가능성에 대해 어떤 정보를 제공하는가? 표본 20만 개에서는 얼마나 더 많은 것을 알 수 있을까? 불량품의 평균 비율이 0.009~0.011% 사이에 위치할 확률은 얼마인가? 0.007~0.013% 사이에 위치할 확률은 얼마인가? 내가 우연히 고른 어떤 핀이 불량품일 확률은 얼마인가?

이 각본에는 자료가 주어져 있다. 바로 10개, 12개, 1개로 주어진 핀 등이 그렇다. 그러나 확률은 알려져 있지 않다. 이러한 조건으로 제기되는 문제가 이른바 [illegible]과 관련된 '[illegible]'에 대한 주요 내용이다.

"10만 개 가운데 12개 불량품이 나온다면, 전체에 대한 불량품의 실제 평균 비율이 0.01%가 될 확률은 얼마인가?"

이러한 문제에 대해 가장 효과적인 해결책을 제안한 사람은 토머스 베이스 목사였다. 베이스는 1701년에 태어나 켄트(영국 남동부의 주)에서 살았다. 그는 비국교도였다. 그는 헨리 8세Henry VIII 시대의 분리주의 이후 영국 국교회가 가톨릭 교회에서 받아들여 유지해온 모든 종교의식을 거부했다.

베이스에 대해서는 별로 알려진 게 없다. 심지어는 그가 왕립학회 회원이었다는 사실조차 잘 알려져 있지 않다. 사람들은 건조하고 비인간적인 통계 교과서를 통해 '정체 모를' 인물로 인식할 뿐이다. 그는 수학에 관한 어떤 책도 발표하지 않았다. 단지 그의 사후에 책 두 권이 출간되었지만 그다지 주목받지는 못했다.

그러나 〈가능성 이론과 문제해결방법 소론Essay Towards Solving A Problem In The Doctrine Of Chances〉은 훗날 통계학, 경제학, 기타 사회과학 분야에서 베이스에게 불후의 명성을 안겨준 독창적인 논문이었다. 베이스는 이 논문으로 야코프 베르누이가 최초로 제기한 '통계학 추론'에 대한 현대적 방법의 토대를 마련했다.

베이스는 1761년에 사망했는데, 그보다 1년 전 다음과 같은 유언을 남겼다.

"현금 100파운드와 함께 이 논문의 원고를 현재 뉴잉턴그린의 목사로 생각되는 리처드 프라이스Richard Price에게 남긴다."

베이스가 프라이스에 대해 모호하게 말한 것이 이상하다. 왜냐하면 프라이스는 켄트에 있는 작은 마을의 목사 이상 가는 대단한 인물이었기 때문이다.

프라이스는 고상한 도덕적 기준과 인간의 자유와 종교의 자유에 대해 열렬한 믿음을 지닌 사람이었다. 그는, 자유는 신에게서 부여받은 것으로 도덕적 태도의 필수인자라고 확신했다. 그래서 차라리 자유로운 가운데 죄를 짓는 것이 누군가의 노예상태로 있는 것보다 훨씬 낫다고 천명하기도 했다. 이러한 그의 생각은 1780년대에 발표한 《미국 독립전쟁의 중요성과 그의 세계 이익화 방법에 대한 고찰Observations on the Importance of the American Revolution and the Means of Making it a Benefit to the World》이라는 장황한 제목의 저서에 잘 드러나 있다. 그는 이 책에서 '혁명은 신이 정한 것'이라는 그의 신념을 과감하게 피력했다. 또한 개인적인 위험을 무릅쓰고 영국으로 압송된 미국의 전쟁포로들을 돌보기도 했다. 그는 벤저민 프랭클린과 좋은 친구였으며, 애덤 스미스와도 아는 사이였다. 프라이스와 프랭클린은 스미스가 《국부론The Wealth of Nations》을 쓰고 있을 때 원고의 일부를 읽고 비평을 가하기도 했다.

그러나 어떤 자유는 프라이스에게도 괴로웠다. 바로 차용의 자유였다. 그는 프랑스에 대한 전쟁과 북미 식민지에 대한 전쟁으로 눈덩이처럼 불어난 영국의 국채를 심각하게 걱정했다. 그는 그러한 빚이 '영원한 조달' 이라고 불평하며 '거대한 국가적 재난' 이라고 이름 붙였다.

프라이스는 단순히 인간 자유에 대한 열정적인 옹호론자라거나 목사만이 아니었다. 그는 확률 분야에 대한 인상적인 업적으로 왕립학회 회원 자격을 획득한, 실력 있는 수학자이기도 했다.

1765년 '공정한 사회Equitable Society' 라는 보험회사에 근무하는 직원 세 명이 프라이스에게 도움을 청했다. 그들의 목적은 생명보험의 보험료와 연금 산출 활용을 위한 사망률의 통계표 고안에 있었다. 프라이스는 그들의 요청을 받아들여 주로 핼리와 드 무아브르의 연구를 조사한 끝에, 〈왕립학회 회보〉에 그 주제에 대한 논설 두 편을 발표했다. 그의 전기작가 칼 콘Carl Cone에 따르면, 프라이스가 특히 두 번째 논설을 쓸 때 하룻밤 내내 고심하며 집중한 나머지 머리가 희게 되었다고 한다.

프라이스는 먼저 런던에 보관된 기록 연구에서부터 작업을 시작했다. 그는 기록에 나와 있는 평균 여명이 실제의 사망률보다 상당히 낮게 책정된 것을 발견했다. 그래서 그는 런던 시보다 훨씬 더 조심스럽게 기록을 보존해온 노샘프턴셔(영국 중부의 주) 지방의 자료를 연구했다. 그리고 1771년에 연구 결과를 《보험(연)금 지급에 대한 고찰Observation on Reversionary Payments》이라는 제목으로 출간했다. 19세기까지 생명보험이나 연금 분야의 성서로 꼽힌 책이 출현한 것이다. 결국 그는 '보험통계학(오늘날 모든 보험회사에서 보험료 산정에 기초가 되는, 확률에 대한 복잡한 수학연구 분야)' 의 창시자라는 영예를 안았다.

하지만 프라이스의 책에는 심각한 오류가 있었다. 그것도 값비싼 오류였다. 그 원인은 부분적으로 출생 신고를 하지 않은 많은 사람들의 수를 생략한 자료 자체의 결함 때문이었다. 게다가 그는 젊은 나이의 사망률은 지나치게 과대평가한 반면, 노년 사망률은 과소평가했다. 노샘프턴셔 지방의 전출입에 대한 측정에도 결함이 드러났다. 가장 심각한 것은 그가 평균 여명에 대해 과소평가한 부분이었다. 이는 결국 필요 이상으로 생명보험료를 높게 책정하도록 만든 것이다. 이러한 실수로 '공정한 사회' 라는 보험사는 번창했고, 반면에 같은 통계표를 연금 지불에 사용한 영국 정부는 엄청난 손해를 보았다.

베이스가 사망한 지 2년 후, 프라이스는 베이스의 '매우 독창적인' 논문을 존 캔턴John Canton이라는 왕립학회 회원에게 보냈다. 그리고 베이스의 논문 집필 의도를 장황하게 설명하는 첨부서까지 동봉했다. 결국 1764년 왕립학회에서는 베이스의 논문을 회보에 실었다. 그러나 그 당시뿐 아니라 그후 20여 년이 지나도록 그의 혁신적인 논문은 빛을 보지 못했다.

베이스가 풀고자 했던 다음 문제를 함께 살펴보자.

미지의 사건이 발생하거나 발생하지 않을 횟수가 주어져 있다. 한 번의 시도는 그것이 발생할 확률이 어떤 지정된 확률의 두 수치 사이에 놓일 가능성은 얼마인가?

이 문제는 그보다 60여 년 전에 야코프 베르누이가 제기한 문제와 정확히 반대의 순서를 취한 것이다. 베이스는 어떤 사건의 발생 확률에 대한 산정 방법을 묻고 있다. 몇 차례는 일어났고 몇 차례는 일어나지 않았다는 점을 제외하고는 아무것도 알지 못하는 조건에서 말이다.

다른 예를 들어보겠다. 핀 1개가 불량품이 될 수도 있고 정품이 될 수도 있는 상황이다. 만약 표본 100개 가운데 불량 핀 10개가 있음을 안다면 단지 100개라는 표본이 아니라 핀의 총 생산량 가운데 불량품이 9~11% 사이일 확률은 얼마인가? 바로 이것에 대해 묻는 것이다.

프라이스가 캔턴에게 보낸 첨부서를 보면, 단지 100년 남짓한 사이에 어떻게 확률 분석이 현실세계의 '의사결정'으로까지 진보되어왔는지 잘 알 수 있다.

"현명한 사람이라면 지금 언급된 문제가 인지 가능성 이론에서의 호기심 어린 탐구에 불과한 것이 아니라, 과거의 사실이나 미래에 있음직한 사실과 관계된 추리를 위한 기반을 제공하기 위해 반드시 해결해야 할 필요가 있는 문제라고 감지할 것이다."

그는 계속해서 야코프 베르누이나 드 무아브르를 비롯해 누구도 정확하게 이러한 방식으로 문제를 제기한 적이 없다고 말한다. 물론 드 무아브르가 자신의 해법에 도달하는 데에 대한 어려움을 '가능성이라는 주제에 제기할 수 있는 가장 어려운 수준'이라고 토로한 것도 언급하고 있다.

베이스는 그의 논지를 증명하기 위해 비국교파 목사로서는 특이하게 다음과 같이 이상한 구성을 사용했다. 당구대가 있다. 공이 굴러가다 멈출 곳은 정해져 있지 않다. 아무 곳에서나 자유롭게 멈추고 멈춘 다음에는 자리를 잡고 가만히 있는다. 첫 번째 공을 굴린 다음에 두 번째 공을 같은 식으로 굴린다. 그리고 두 번째 공이 첫 번째 공의 오른쪽에 멈추는 횟수를 헤아린다. 그러면 그 수는 '미지의 사건이 발생한 수' 가 된다. 그리고 '발생하지 않은 수(실패의 수)' 는 공이 왼쪽에 멈춘 경우를 말한다. 이렇게 해서 두 번째 공의 '성공' 과 '실패' 를 통해(한 차례 시도할 경우) 첫 번째 공의 위치에 대한 확률을 추론할 수 있다.

베이스 체계의 첫 번째 응용은 새로운 정보를 이용해 과거의 정보를 기초로 한 확률을 수정하는 것이다. 통계학 용어로 말하자면, 사후 확률을 사전 확률과 비교한다는 얘기다. 당구공의 경우에는 첫 번째 공이 사전 확률, 두번째 공을 반복해서 굴림으로써 첫 번째 공의 위치에 대한 측정치를 계속 수정해가는 것은 사후 확률을 의미한다.

이렇게 새로운 정보가 나오는 대로 과거 정보에 대한 추정을 수정하는 과정은 베이스의 공헌을 눈에 띄게 현대화시킨 철학적 관점에서 비롯된 것이다. 즉, 역동적인 세계에서는 불확실한 상황 조건에서 단일 해답이란 있을 수 없다는 관점이다. 수학자 A. F. M. 스미스A. F. M. Smith는 이에 대해 잘 요약했다.

"복합적인 불확실성에 대한 대응으로 하나의 답을 합리화하고자 하는, 그 어떠한 과학적 추론도 내 눈에는 이성적인 학문탐구인 척하는, 전체주의의 설익은 모방으로밖에 보이지 않는다."

베이스식의 추론체계는 사실 너무 복잡해 여기에 일일이 다 열거할 수 없다. 따라서 그 분석의 전형적인 응용의 예를 본 장의 부록에 선보이는 것으로 만족하고 넘어가야 할 듯싶다.

본 장에서 언급된 모든 업적 가운데 가장 흥미로운 것은 '불확실성의 측정' 이라는 과감한 개념이다. 불확실성이란 미지의 확률을 의미한다. 말하자면 확실성에 대한 해킹의 표현을 역으로 생각해보자. 이는 정보가 정확한데도 사건이 일어나지 않거나, 정보가 부정확한데도 사건이 발생하는 경유에 대해 무엇인가가 '불확실하다' 고 말할 수 있는 것이다.

야코프 베르누이, 드 무아브르, 베이스는 현실의 경험적인 사실에서 미지의 확률 추정 방법을 보여주었다. 이러한 업적은 미지에 대한 과감한 공격으로, 실로 대담한 것이 아닐 수 없다. 드 무아브르는 '창조 계획' 을 연상해낸 후, 스스로의 업적에 대해 감탄해마지 않았다.

"만약 우리가 형이상학적인 먼지로 눈을 멀게 하지 않는다면, 우리는 만물의 '통치자GOVERNOR' 와 위대한 '조물주MAKER' 를 인정할 수 있는 간결하고도 분명한 길로 인도될 것이다."

우리는 지금까지 계몽주의의 영향으로 지식에 대한 탐구가 인간 활동의 가장 고귀한 형태로 인정받던 시대인 18세기 중반 이후까지 살펴보았다. 이제 과학자들은 자신들의 눈에서 형이상학적인 먼지를 닦아내야 할 때가 왔다. 미지의 세계를 탐구하고 새로운 것을 창조해내는 작업이 금지되던 시대는 지나갔다. 1800년이 되기 몇 년 전인 18세기 말경에 이루어진, 리스크 관리에 대한 노력의 위대한 진보는 새로운 세기의 시작과 더불어 더욱더 박차를 가하기 시작했다. 또한 이어지는 빅토리아 왕조 시대는 여기에 한층 더 강한 자극제 역할을 해냈다.

베이스가 제시한 통계적 추론체계의 실용 예

다시 핀을 만들어내는 회사로 돌아가보자. 그 회사에는 공장 두 곳이 있으며, 그 중 오래된 공장에서 총 생산량의 40%를 만들어낸다고 하자. 이는 무작위로 집어든 핀이 불량품이든 정품이든 오래된 공장에서 생산되었을 확률이 40%라는 의미다. 이것이 사전 확률이다. 이어서 오래된 공장에서의 불량품 생산율이 새로운 공장에서의 불량품 생산율보다 두 배 높다는 것을 안다고 치자. 만약 고객이 불량 핀을 발견하고 이의를 제기했다면 회사 책임자는 두 공장 가운데 어느 곳에 전화를 걸어야 할까?

사전 확률로 보면 그 핀이 전체의 60%를 생산해내는 새로운 공장에서 나왔을 확률이 높다는 것을 알 수 있다. 그러나 공장에서는 회사 전체 불량품 가운데 3분의 1만을 생산해낸다는 사실이 밝혀져 있다. 이러한 추가 정보를 반영해 이전의 확률을 수정하면, 새로운 공장에서의 불량품 생산율은 단지 42.8%라는 것을 알 수 있다. 바꿔 말하면 오래된 공장에서 불량품이 나왔을 확률이 57.2%라는 것이다. 이 새로운 추정이 바로 사후 확률이다.

08

무질서의 선행 없이 질서는 발견할 수 없다

1855년 카를 프리드리히 가우스Carl Friedrich Gauss가 78세의 나이로 세상을 떠났다. 그는 눈을 감기 이전인 27년 동안, 괴팅겐에 있는 집을 떠난 적이 단 한 번뿐이었다. 그는 여행을 극도로 싫어해 유럽의 유수 대학에서 주는 명예와 교수직도 거부했다.

가우스 이전과 이후의 많은 수학자들이 그랬듯이 그 역시 어린 시절부터 천재성을 나타냈다. 그의 아버지는 그런 그를 달갑게 여기지 않았지만 어머니는 기뻐했다. 그의 아버지는 막노동자로서 아들의 지적 성숙함을 경멸하며 그를 힘들게 만들었고, 어머니는 반대로 그를 보호하고 그의 능력을 키워주기 위해 애썼다. 이런 이유로 그는 정성을 다해 어머니를 모셨다.

가우스의 전기를 살펴보면, 남들이 겨우 24÷12의 셈을 할 수 있을 정도의 나이에 이루어낸 수학적 기적에 대한 이야기가 많다. 특히 숫자에 대한 기억력이 매우 뛰어나 언제든지 꺼내 쓸 수 있는 대수표를 기억하고 다닐 정도였다. 그는 18세 때 17각형의 기하학을 발견했는데, 이는 그보다 2000년 전의 위대한 그리스 수학자 시대 이후로 처음 있는 일이었다. 그는 박사학위 논문인 〈한 변수의 모든 유리함수는 1차 또는 2차 실인수로 분해될 수 있다는 것에 대한 새로운 증명방법A New Proof That Every Rational Integer Function of One Variable Can Be Resolved into Real Factors of the First or Second Degree〉은 학자들 사이에서 대수학의 기본법칙으로 널리 인정되고 있다. 새로운 개념은 아니었으나, 새로운 증명이었던 것이다.

수학자로서 명성을 떨치자 그는 세계적인 명사가 되었다. 1807년 프랑스 군대가 괴팅겐 부근까지 침략해 들어갔을 때, 나폴레옹Napoleon은 그 도시만은 피해가도록 명령했다. '모든 시대를 통틀어 가장 위대한 수학자가 살고 있는 곳' 이기 때문이었다. 그것은 황제의 자비였다. 그러나 명성에는 동전처럼 양면이 있는 법이다. 승리로 의기양양해 있던 프랑스가 독일에 대해 가혹한 세금을 징수할 때, 그들은 가우스에게도 2,000 프랑을 요구했다. 이는 오늘날 화폐가치와 구매력으로 환산해볼 때 5,000달러에 해당하는 돈으로 대학교수에게는 매우 과중한 액수였다.

그때 어느 부유한 친구가 그를 돕겠다고 했으나 가우스는 매몰차게 거절했다. 그러나 가우스가 두 번째로 거절하기도 전에 프랑스 수학자 피에르 시몽 드 라플라스 후작Marquis Pierre Simon De Laplace(1749~1827)이 그 세금을 지불해버렸다. 라플라스는 자신의 행동에 대해 스물아홉 살 연하의 가우스를 '세계에서 가장 위대한 수학자' 로 생각하기 때문이라고 밝혔다. 그렇게 함으로써 나폴레옹이 가우스에게 내렸던 평가를 몇 단계 하락시켰다. 그 일이 있은 지 얼마 후 가우스를 존경하던 어느 독일인이 라플라스에게 진 빚을 일부 갚으라고 가우스에게 1,000프랑을 보내기도 했다.

가우스가 연구하던 확률이론은 라플라스가 오랫동안 관심을 기울였던 부분과 일치했다. 라플라스 역시 가우스처럼 수학의 신동이었고 천문학에도 깊은 관심을 가진 인물이었다. 그러나 그들의 유사점은 거기까지였다. 라플라스는 프랑스 혁명, 나폴레옹 1세 시대, 왕정복고 시대에 걸쳐 격동의 세월을 보낸 풍운아였다. 이른바 높은 지위에 오르려는 야망가에게 남다른 처세를 요구하는 시대에 살았던 것이다. 라플라스는 야심찬 인물이었고, 그에 적합한 민첩함도 갖췄다. 결론부터 말하자면 그는 결국 고위직에 올랐다.

1784년 프랑스 국왕은 라플라스를 왕실 포병대의 검사관에 임명했다. 검사관은 상당한 연봉이 보장되는 지위였다. 그러나 공화당에서 정권을 잡자마자 라플라스는 자신의 '왕실에 대한 꺼지지 않는 증오'를 증명하며 어렵지 않게 변신한다. 뿐만 아니라 나폴레옹이 권력을 손에 넣은 직후에는 새로운 지도자에게 열렬한 지지를 표해 백작의 칭호와 함께 내무장관직을 하사받았다. 나폴레옹 신생 정부로서는 프랑스의 가장 훌륭한 과학자를 각료로 두는 게 국민의 신뢰를 얻는 데 유리하리라는 계산이었으리라. 그러나 나폴레옹은 곧 마음을 바꾸어 라플라스의 자리를 자신의 동생에게 주기로 결정하고 겨우 6주 만에 라플라스를 해임시키며 이렇게 말했다.

"모든 곳에서 미묘한 차이나 탐색하는, 평범한 행정가보다 못한 인물이다. 게다가 극도로 사소한 문제를 계속해서 정부 일에 연관시키는 데는 질리지 않을 수 없다."

권력에 너무 가까이 접근하려 했던 학자의 말로를 보는 듯하다.

하지만 라플라스는 복수할 기회를 갖는다. 그의 위대한 논문 〈확률 분석 이론Theéorie analytique des Probabiliteés〉의 1812년 판에는 '위대한 나폴레옹에게 바침'이라는 헌사가 있었다. 그러나 1814년 판에서 그는 그 헌사를 삭제하고 대신 정치동향의 변동을 논문의 주제와 연결시켰다.

"전세계를 손아귀에 넣으려 했던 황제의 몰락은 가능성의 계산에 밝은 사람이라면 누구나 높은 확률로 예견할 수 있는 것이었다."

왕정복고의 기수, 루이 18세Louis XVIII는 왕위에 올라 그에 대해 매우 적절한 조치를 취했다. 라플라스를 후작으로 임명한 것이다.

라플라스와는 달리 가우스는 은둔자였으며 극도의 비밀주의자였다. 그는 자신의 방대한 중요 수학적 연구의 출판을 꺼려했다. 그래서 다른 수학자들의 업적은 그가 이미 완성해놓은 연구를 재발견하는 것에 불과했다. 게다가 출간된 그의 연구는 방법보다는 결과를 강조해놓은 것이었기 때문에 다른 수학자들은 그가 내린 결론에 도달하기 위한 방법을 찾기 위해 애써야만 했다. 가우스의 전기작가 가운데 에릭 템플 벨Eric Temple Bell은 가우스의 성격이 좀더 외향적이었다면 수학의 진보가 50년은 더 앞당겨졌으리라 믿는다.

"그의 일기장에서 몇 년 또는 몇십 년 동안 묻혀 있던 연구가 그 당시에 즉시 출판되었더라면 그는 지금보다 더 큰 명성을 얻었을 것이다."

가우스의 비밀주의적 성향은 결국 명성과 뒤섞여 스스로를 구제불능의 지적 속물로 만들었다. 자신의 주요 업적이 정수론整數論에 있었음에도 불구하고, 가우스는 정수론의 선구자격인 페르마의 연구를 거의 참고하지 않았던 것이다. '페르마의 정리(또는 페르마의 마지막 정리)' 는 100년 이상 수학자들을 매료시켜 도전하게 만들었지만 가우스는 그것을 무시하며 이렇게 말했다.

"아무 연관도 없는 고립된 명제에는 별 관심이 없다. 누구도 증명하거나 해결할 수 없는, 그런 명제는 얼마든지 제시할 수 있기 때문이다."

그의 말이 허풍만은 아니었다. 1801년 24세의 가우스는 우아한 라틴어로 쓴 《산술 연구Disquisitiones Arithmeticae》라는 책을 출간했고, 그 책은 지금도 정수론의 개척서이자 역사적인 연구로서 각광받고 있다. 수학자가 아닌 사람들에게는 그 책이 어렵겠지만, 가우스에게는 아름다운 음악이나 마찬가지였다. 그는 정수론이 지닌 '신비한 매력' 을 발견했으며, 다음과 같은 관계의 일반성을 발견하고 증명하는 것을 즐겼다.

$$1 = 1^2$$

$$1 + 3 = 2^2$$

$$1 + 3 + 5 = 3^2$$

$$1 + 3 + 5 + 7 = 4^2$$

이것을 일반화시키면 1부터 시작한 n개의 연속적인 홀수의 합은 n^2이 된다는 것이다. 따라서 1부터 시작한 100개의 연속되는 홀수, 즉 1부터 199까지 홀수의 합은 100^2, 즉 1만이고, 1부터 999까지의 홀수의 합은 25만이 되는 것이다.

가우스는 자신의 이론적 연구가 중요한 적용성을 지닌다는 것을 스스로 증명까지 해주었다. 1800년 이탈리아의 어느 천문학자가 새로운 행성(전문적 용어로는 소행성)을 발견해 '세레스Ceres' 라고 명명했다. 1년 뒤 가우스는 그 행성의 궤도 계산 방법을 밝히기 위한 작업을 개시했다. 그는 이미 태음일람표를 만들어 어떤 연도에서든 부활절을 계산할 수 있도록 한 일도 있었다.

가우스가 그 일을 시작한 이유는 주로 대중적인 명성을 얻으려는 열망 때문이었다. 그러나 조금 더 내면을 들여다보면, 천체역학이라는 연구 분야에서 프톨레마이오스에서부터 갈릴레오, 뉴턴에 이르는 뛰어난 선조들의 대열에 동참하고 싶은 마음이 크게 작용했음을 알 수 있다. 물론 동시대인이자 자신의 빚을 갚아주기도 했던 라플라스의 천문학 연구를 능가하고자 했던 것은 말할 나위도 없겠다. 이유야 어찌되었든 이 행성에 대한 탐구는 그 자체로도 충분히 매혹적이었다. 세레스가 태양을 도는 속도에 관한 자료를 비롯해서 기타 관련 자료가 빈약했기 때문에 더더욱 그의 도적의식이 불타올랐다.

미친 듯이 계산에 몰두한 뒤에 가우스는 결국 정답을 찾아냈고, 어느 순간에나 세레스의 위치에 대한 정확한 예견이 가능해졌다. 그가 전개한 계산 과정 가운데 천체역학으로 응용하기에 손색없는 내용도 포함되어 있어, 여느 과학자라면 3~4일 걸려야 풀어내는 행성의 궤도 계산을 한두 시간 내에 끝낼 수도 있었다.

가우스는 특히 천문학에 대한 자신의 업적을 자랑스럽게 여겼다. 그리고 자신이 위대한 영웅인 뉴턴의 유지를 이어가고 있다고 느꼈다. 뉴턴의 발견을 찬양해 마지않았던 그는, 뉴턴이 머리 위로 떨어진 사과를 보고 중력의 법칙에 대한 영감을 받았다는 이야기에 대해서는 화를 내곤 했다. 가우스는 다음과 같은 우화로 그것을 설명한다.

> 우습기도 하지! 어리석고 주제넘은 한 남자가 뉴턴에게 가서 중력의 법칙을 어떻게 발견했냐고 물었다. 뉴턴은 그의 지능이 낮음을 알고 지루하지 않도록 쉽게 설명해주어야겠다는 생각에서 코 위로 사과가 떨어져 알게 되었다고 대답했다. 그 남자는 만족하고 만면에 웃음을 띤 얼굴로 돌아갔던 것이다!

가우스는 전반적으로 인간애를 믿지 않았으며, 날로 번져가는 국수주의와 전쟁에 대한 찬미 태도를 개탄했고, 외국 정복자를 '이해할 수 없는 미치광이'로 간주했다. 여자를 싫어했던 그의 태도로 보아 생애의 대부분을 집에서 틀어박혀 보낸 이유가 설명될 수 있을지도 모르겠다.

가우스는 리스크 관리에 대해 관심을 보이지 않았다. 그러나 그는 야코프 베르누이가 시작했고 드 무아브르와 베이스가 진전시켰던 확률과 대수, 표본추출에 대한 이론적 문제에는 매료되었다. 정작 리스크 관리에는 관심이 없었음에도 불구하고, 이러한 분야에 대한 그의 연구성과는 현대의 리스크 통제 기술의 중심을 이루고 있다.

천체의 움직임에 대해 기술한 1809년판 《움직임의 이론Theoria Motus》

에는 확률에 대한 가우스의 초기 시도가 나와 있다. 이 책에서 가우스는 수십 번의 관찰을 통해 그 중 가장 자주 나타나는 행로에 기초해 궤도 측정 방법을 설명하고 있다. 이 책은 또한 라플라스에게도 큰 영향을 끼쳤다. 라플라스는 1810년에 《움직임의 이론》을 읽고, 가우스가 명료하게 설명하지 못한 모호한 사실을 밝히기 위해 열정적으로 파고들었던 것이다.

확률에서 가우스가 이룬 가장 큰 공헌은 오히려 전혀 다른 분야, 즉 측지학(두 점 사이의 거리를 정확히 측정하기 위해 지구의 표면 굴곡을 연구하는 학문)의 연구에서 얻어졌다는 점이다. 지구는 둥근 데다 표면 굴곡이 심하기 때문에 지표면의 두 지점 사이의 실제 거리와 새가 그 두 지점을 일직선으로 날아가는 거리는 다르다. 이 거리가 짧을 때에는 별 관계가 없지만 그 거리가 대략 10마일보다 커지면 커다란 차이가 생긴다.

1816년 가우스는 바바리아Bavaria(현재의 바이에른 주에 해당하는 독일 남부지역-옮긴이)에 대한 측지 조사의 감독을 맡아달라는 요청을 받는다. 그리고 그 조사 결과를 덴마크와 북독일에서 과거에 측정했던 결과와 비교해달라는 것이었다. 아마도 가우스처럼 학구적이고 굼뜬 사람에게는 재미없었을지도 모른다. 그는 바깥으로 나가 일해야 했다. 또한 지적으로 자기보다 열등하다고 생각하는 공무원들과 다른 사람들, 그리고 동료 과학자들과 의사소통을 하기 위해 애써야만 했다. 결국 그 연구는 1848년에야 끝났고, 결과는 16권의 책으로 출판되었다.

지구의 표면 구석구석을 모두 측정하는 것은 사실상 불가능하므로, 측지 조사는 연구 지역 내의 표본 거리를 기초로 전체를 추정하는 방법을 이용한다. 이같이 추정된 거리의 분포를 분석한 결과, 가우스는 그

분포가 매우 다양하기는 하지만 측정 횟수가 늘어날수록 어떤 한 중심점을 향해 응집한다는 것을 발견했다. 그 중심점이 바로 모든 관찰의 평균이며, 통계학적인 용어로 '평균값' 인 것이다. 관찰 결과는 또한 평균값의 양쪽에 대칭적으로 분포했다. 가우스는 측정 횟수를 거듭할수록 그림은 더욱 명확한 모양을 갖춰간다는 것을 알았다. 드 무아브르가 83년 전에 만들었던 종형 곡선과 닮아갔던 것이다.

리스크와 지표면 굴곡 측정 사이의 연계성은 생각보다 더 밀접하다. 가우스는 지표면의 굴곡을 조사하기 위해 바바리아 언덕 주변을 돌아다니며 매일같이 측정해 많은 측정값을 얻었다. 어떤 문제에 대한 해결 과정을 생각해보자. 그 문제가 결국 어떤 한 방향으로 귀착될 확률에 관한 판단을 내릴 때 우리는 과거의 경험을 떠올린다.

가우스도 마찬가지였다. 그는 자신의 관측이 형성하는 패턴을 조사해 지표면의 굴곡이 바바리아의 여러 지점 사이의 거리에 어떤 영향을 미치는가에 대해 판단을 내려야 했다. 그리고 관측 결과 총합의 평균 주변에 어떻게 분포하는가를 살펴봄으로써 관측 결과의 정확성을 산정할 수 있었다.

가우스가 풀려고 했던 의문은 오늘날 우리가 리스크를 수반하는 결정을 내릴 때 일반적으로 품을 수 있는 의문사항과 유사하다. 4월의 뉴욕에서 비올 확률은 평균적으로 얼마인가, 그래서 일주일 예정으로 뉴욕에 갈 때 우비를 놔두고 가도 안전할 가능성은 얼마나 되는가? 국토횡단을 떠날 때 3,000마일의 여행코스 가운데 자동차 사고를 당한 리스크는 얼마나 되는가? 내년에 주식시세가 10% 이상 하락할 리스크는 얼마인가?

그러한 질문에 답하기 위해 가우스가 발전시킨 구조는, 그 유래를 따져보기 위한 시간 낭비 없이도 많이 알려져 있다. 그러나 만일 가우스가 발전시킨 구조가 없었다면 리스크 평가와 리스크의 감당 여부를 결정할 체계적인 방법이 전무했을 것이다. 또한 입수한 정보의 정확성 산정도 어려웠을 것이다. 예컨대, 비가 올 확률, 85세 남성이 사망할 확률, 주식 시세가 20% 하락할 확률, 러시아가 데이비스컵에서 이길 확률, 민주당이 승리할 확률, 안전벨트가 고장날 확률, 유전개발 회사가 석유를 발견할 확률 등 말이다.

확률 평가 과정은 종형 곡선에서 시작된다. 그 과정의 주요 목적은 정확성에 대한 표시가 아니라 오류에 대한 표시를 위해서다. 만약 모든 측정이 측정 대상에 대해 완전하게 정확한 측정이 된다면 이야기는 끝난 것이다. 또한 만약 모든 인간들이 전부 똑같고 코끼리가 다른 코끼리들과 똑같다면, 그리고 난초나 큰 부리 바다오리가 그 종의 다른 것들과 정확히 닮았다면 이 땅의 모든 삶은 지금과는 전혀 다르리라. 그러나 삶이란 동일하지 않으며 유사한 것들의 집합이다. 따라서 단 한 번의 관측으로는 그 무엇도 일반적인 것에 대한 완벽한 표본이 될 수 없다. 정규분포를 보여주는 종형 곡선은 이러한 뒤범벅 상태를 정렬시킨다. 골턴은 정규분포에 대해 다음과 같이 열변을 토한다.

'오류 빈도의 법칙Law Of Frequency Of Error'은 가장 거친 혼돈 가운데서도 조용하게, 그리고 완벽하게 겸손한 모습으로 드러난다. 무리의 수가 많으면 많을수록 그것의 통치력은 완벽해진다. 그것이 바로 '무질서의 대법칙'이다. 무질서한 요소를 광범위하게 표본추출해보면 거기에는 언제나 의심할 수 없는, 그리고 가장 아름다운 질서의 모습이 숨겨져 있다.

대부분의 사람들은 종형 곡선에 대해 배웠을 것이다. 선생님들은 채점할 때 이것은 A, 이것은 C+식의 절대평가 대신 곡선을 기준으로 한 상대평가를 한다. 보통 수준의 학생들은 B−나 C+ 또는 80%에 해당하는 평균 등급의 점수를 받고, 그보다 우수하거나 열등한 학생들은 평균 등급 양쪽에 대칭적으로 분포되어 있는 점수를 받는다. 즉, 학생들이 모두 뛰어난 답안지를 제출했거나 모두 형편없는 답안지를 제출했더라도 그 중에서도 더 뛰어난 학생들이 A를, 형편없는 학생들이 D를 받으며 대부분의 등급은 그 사이에서 내려진다.

한 집단의 사람들의 키 또는 중지中指의 길이 등 자연적 현상은 정규분포를 이룬다. 골턴이 밝힌 대로 관측 결과가 평균을 중심으로 정상적, 다시 말해 대칭적으로 분포하려면 두 가지 조건이 충족되어야 한다. 먼저, 가능한 한 많은 수의 관측이 있어야 한다. 둘째로 관측은 주사위를 굴리는 것처럼 독립적으로 행해져야 한다.

"무질서가 선행되지 않으면 질서는 발견할 수 없다."

사람들은 독립적이지 않은 표본자료를 사용하기에 심각한 실수를 범하기도 한다. 지금은 절판된 〈문학 다이제스트Literary Digest〉라는 잡지에서 1936년에, 다가올 프랭클린 루스벨트Franklin Roosevelt와 알프레드 랜던Alfred Landon 간의 대통령 선거에 대해 모의투표를 실시한 적이 있었다. 잡지사에서는 전화번호부와 자동차등록 명부에서 명단을 뽑아 투표용지 약 1,000만 장을 우편으로 발송했다. 투표용지는 높은 비율로 회수되었고 랜던 59%, 루스벨트 41%의 지지를 나타냈다. 그러나 선거 당일, 랜던은 39%의 지지를 얻었고, 루스벨트가 61%의 지지를 얻어 당선되었다. 말하자면 1930년대 중반, 전화나 자동차가 있던 사람들은 미국 유권자의 무작위 표본이 될 수 없었다. 그 시대 대부분의 사람들이 누리지 못하던 환경을 기준으로 후보자 선호도를 조사한 게 실수였다.

우리는 정확히 독립적인 관측 결과를 통해 확률에 대한 매우 유용한 정보를 얻을 수 있다. 주사위 굴리기를 예로 들어보자.

주사위의 여섯 면은 각각 똑같이 나타날 가능성을 갖는다. 주사위를 한 번 굴려 얻을 수 있는 숫자에 대한 확률 그래프를 그려보면, 주사위의 여섯 면 모두 1/6지점에 수평선을 그릴 것이다. 그래프는 정규분포 곡선과는 판이할 것이고, 주사위를 한 번 던진다는 것에서는 각 면에 숫자가 새겨져 있다는 사실 외에는 주사위에 대한 어떤 정보도 알지 못한다. 장님이 코끼리 다리 만지는 격이다.

이번에는 주사위를 여섯 번 던져 어떤 결과가 나오는지 살펴보자(나는 무작위 숫자들이 나올 것을 확신하면서 컴퓨터를 이용했다). 처음에는 5 네 번, 6 한 번, 4 한 번으로 평균은 정확히 5.0이었다. 두 번째는 또 다른 뒤죽박죽으로 6 세 번, 4 두 번, 2 한 번, 그래서 평균이 4.7이었다. 정보라 할 만한 것이 없었다.

하지만 여섯 번 던지기를 10회 시도한 결과 평균은 3.5 정도로 집계

되었다. 이 숫자는 주사위 여섯 면의 합(1+2+3+4+5+6)의 평균값이었고, 주사위 두 개를 던질 때 나오는 수학적 기댓값의 정확히 반이었다. 10회의 시도 가운데 6회는 3.5를 밑돌았고 4회는 3.5를 넘었다. 두 번째로 10회 던지기를 시도한 결과는 잡다했다. 3회는 3.0보다 작았고 4회는 4.0을 넘었으며, 4.5 이상과 2.5 이하도 1회씩 있었다.

실험의 다음 단계는 처음의 여섯 번씩 10회 던지기에서 각 차례마다의 평균을 구하는 것이었다. 10회 모두 각각 독특한 분포를 이뤘지만, 이들 평균의 평균은 3.48이었다! 평균은 고무적이었다. 그러나 0.82라는 표준편차는 나의 기대보다 큰 것이었다.

다른 말로 하면 10회 가운데 7회가 4.30(3.48±0.82)과 2.66(3.48−0.82) 사이에 있었고, 나머지는 평균과 멀리 떨어져 있었다.

이제 나는 컴퓨터로 여섯 번 던지기를 256회 시도해보았다. 첫 번째 시도는 3.49라는, 목표에 거의 근사한 평균을 산출했고 표준편차는 0.69로 떨어졌다. 256회의 실험 가운데 3분의 2 정도는 4.18과 2.80 사이의 평균을 나타냈다. 오직 10%만이 2.5보다 낮거나 4.5보다 높은 평균을 보였고, 반면에 반 이상이 3.0과 4.0 사이에 위치했다.

컴퓨터는 계속 돌아가고, 256회의 시도를 또 10회 반복했다. 이 각각의 결과를 평균해서 총 평균을 구하니 3.499였다(3.5에 얼마나 가까운 결과가 나왔는가를 보여주기 위해 소수점 세 자리까지 적었다). 그러나 인상적인 변화는 표준편차가 겨우 0.044 줄어들었다는 것이다. 이렇게 해서 256회 시도의 10회 표본 가운데 7회가 3.455와 3.543 사이라는 좁은 범위의 평균을 가졌다. 5회는 3.5보다 낮았으며 5회는 높았다. 완벽에 가까웠다.

야코프 베르누이가 발견했듯이 양이 문제였다. 그리고 이와 같이 평균의 평균이 놀랍게도 총 평균 주변의 분산을 감소시킨다는 발견, 즉 야코프식 통찰력의 새로운 유형은 오늘날 '중앙 한계의 법칙'으로 알려져 있다. 이 법칙은 1809년 라플라스가 처음 제시했다. 그가 가우스의 《움직임의 이론》을 접한 것이 1810년의 일이니, 그보다 1년 앞서 발표된 셈이다.

평균의 평균은 더욱 흥미로운 사실을 밝혀준다. 우리는 처음에 각각의 숫자가 나올 가능성이 동일한, 여섯 면의 보통 주사위로 앞의 실험을 시작했다. 그때의 그래프는 정규분포와는 전혀 다른 평평한 모습이었다. 그러나 컴퓨터로 주사위 던지기를 계속 실행한 결과, 표본의 수는 늘어나고 이에 주사위의 성격에 대해 더 많은 정보를 수집할 수 있었다.

여섯 번 던지기 가운데 1 또는 6에 가까운 평균값은 드물었다. 2나 3 사이, 또는 4나 5 사이가 대부분이었다. 이러한 구조는 약 250여 년 전 카르다노가 가능성의 법칙을 향해 더듬어나가며, 그의 도박 친구들을 위해 풀어낸 결과와 정확히 일치한다. 주사위 하나를 수없이 던지면 3.5라는 평균을 얻는다. 그러므로 주사위 두 개를 던질 때는 평균 3.5의 두 배, 즉 7.0일 것이다. 그리고 카르나도가 증명했듯이 7의 왼쪽과 오른쪽 끝, 즉 2와 12로 향해가면서 그 빈도가 점차 일정하게 줄어드는 것이다.

정규분포는 리스크 관리 시스템 대부분의 핵심을 형성한다. 정규분포야말로 보험사업의 전부라고 할 수 있다. 왜냐하면 애틀랜타의 화재로 시카고에 불이 날 리 없을 뿐만 아니라, 어떤 순간의 한 개인의 죽음이 다른 장소 다른 순간 다른 사람의 죽음과는 아무 관계가 없기 때문이다.

보험회사들이 수백만에 달하는 사람들의 경험(사망을 뜻하는 보험용어 -옮긴이)을 성별과 나이별로 표본 채집하면, 평균 여명 자체는 정상곡선으로 그려지기 시작한다. 결과적으로 생명보험회사는 각 그룹에 대해 신뢰할 수 있는 평균 여명을 추정해 산출할 수 있다. 평균 여명뿐만 아니라, 해마다 다양해지는 실제 사망 범위 또한 추정할 수 있다. 병력, 흡연 습관, 주거지, 그리고 작업 활동 등의 부가적인 자료를 통해 그러한 추정을 정제함으로써 평균 여명의 정확한 추정을 만들어내는 것이다.

정규분포는 표본의 신뢰도 측정 이상의 중요한 정보까지 제공한다. 관측 결과가 서로 다른 관측 결과에 의존할 때, 다시 말해 어떤 사건의 확률이 선행 사건에 따라 결정되는 경우 정규분포의 발생 가능성이 전혀 없지는 않더라도 매우 적다.

예를 들어, 연속적인 두 개의 증가요인이 연속적인 세 개의 증가요인을 만들 확률이 높다면 그 분포는 정상적이지 않을 것이다. 또한 한 궁수가 시각적인 문제 때문에 과녁의 왼쪽으로 쏘는 경향이 있다면 그의 실수는 양쪽으로 고르게 분포되지 않고, 비정상적인 분포를 보일 것이다. 또한 주사위의 한쪽이 무거워 언제나 하나의 숫자가 다른 다섯 개의 숫자보다 자주 나오게 된다면 정규분포를 기대할 수 없다. 그러한 상황에서는 관측 결과가 평균 주변에 대칭적으로 분포하지 않게 마련이다.

그러한 경우에서 거꾸로 추론해 이득을 얻을 수도 있다. 만약 독립적인 사건이 정규분포를 이루는 필수조건이라면, 종형 곡선을 그린 관찰 사실은 서로 독립적이라고 가정할 수 있기 때문이다. 이제 재미있는 질문을 몇 가지 던져보자.

주식시세의 변화는 정규분포와 얼마나 비슷한가? 주식시장 변동에 대해 일부 전문가들은, 주가란 목표도 없고 계획도 없이 가로등을 잡으려고 애쓰는 주정뱅이의 비틀거림을 닮은 '갈지자 행보random walk(랜덤 워크는 주가가 시계열적으로 서로 독립적이라는 가정에서 장기적으로 사서 보유하는 것이 단기간의 예측에 따라 매매하는 것보다 더 나은 수익률을 제공한다는 유명한 가설이다-옮긴이)'를 따른다고 주장한다. 그들은 주가의 형편없는 기억력은 룰렛 게임의 회전판이나 주사위 한 쌍과 다를 바 없다고 믿는다. 그리고 관찰된 각각의 사실이 이전의 사실에 대해 독립적이라고 생각한다. 오늘의 주식 움직임은 몇 분 전의 것이나 어제, 그제 또는 며칠 전의 움직임과는 무관하다는 것이다.

주가 변화가 정말 독립적인가 아닌가를 결정하는 가장 좋은 방법은 정규분포를 이루는지 확인하는 것이다. 그리고 주가의 변화에는 정규분포를 이룬다는 명확한 증거가 존재한다. 어쩌면 당연한 일일지도 모르지만 지금처럼 유동적이고 경쟁적이며, 각 투자가들이 다른 투자가들을 능가하려고 애쓰는 자본시장에서는 새로운 정보가 재빨리 주가에 반영된다. 만약 GM사가 실망스러운 수익을 기록한다면, 또는 머크Merck사가 새로운 약품을 발표한다면, 주가는 투자가들에게 그러한 정보에 대해 심사숙고할 시간을 주지 않는다. 어떤 투자가도 남들이 먼저 행동하는 것을 기다릴 만큼 여유를 가질 수 없다. 그래서 그들은 집단적인 행동 양상을 띠며, GM이나 머크의 주가는 새로운 정보를 반영하는 수준으로 움직인다. 그러나 새로운 정보라는 것은 언제나 '일정하지 않은' 방식으로 도달한다. 그렇기 때문에 결과적으로 주식 가격은 예측 불가능한 방식으로 움직인다.

1950년대에 시카고 대학의 교수 해리 로버츠Henry Roberts는 이러한 관점에 대해 지지하는 재미있는 증거를 발표했다. 로버츠는 컴퓨터를 사용해 주식시장에서의 주가 변화와 동일한 평균과 표준편차를 갖는 한 집단에서 무작위 숫자들을 끌어냈다. 그 다음에 그는 그러한 무작위 숫자의 변화 결과를 보여주는 도표를 그렸다. 그 결과는 주식시장 분석가들이 주식시세 예측에 이용할 때와 같은 동일한 패턴을 만들어냈다. 실제의 가격 변동과 컴퓨터가 발생시킨 무작위 숫자의 변화는 서로 분간할 수 없을 정도로 닮아 있었다. 아마 주식가격의 기억력이 형편없다는 것은 사실이었던 모양이다.

〈표 8-1〉은 투자 전문가들이 선호하는 주식시장 지수인 S&P 500지수의 월별, 분기별, 연도별 백분율의 변화다. 1926년 1월부터 1995년 12월까지의 840개월, 280분기, 70년간의 관측 결과다.

각 도표는 서로 다르지만 두 가지의 공통점을 지닌다. 첫째는 J. P. 모건J. P. Morgan의 "시장은 변동할 것이다"라는 유명한 말처럼, 주식시장은 위쪽이든 아래쪽이든 양방향으로 일이 벌어질 수 있는 변동성이 큰 곳이라는 점이다. 둘째는, 대부분의 관측 결과가 0의 왼쪽보다는 오른쪽에 위치한다는 점이다. 주식시장은 평균적으로 볼 때 하락했다기보다는 상승했다고 하겠다.

정규분포는 주식시장의 랜덤 워크라는 가설에 대해 좀더 엄밀한 시금석 역할을 한다. 그러나 한 가지 중요한 특징이 있다. '랜덤 워크' 라는 표현이 주식시장의 실체에 대한 적절한 표현일지라도, 다시 말하면 주가의 변화가 완벽한 정규분포를 그릴지라도 그 평균은 0이 아닌 다른 무

〈표 8-1〉 1926년 1월부터 1995년 12월까지 S&P 500지수의 월별, 분기별, 연도별 가격 변화의 백분율 도표

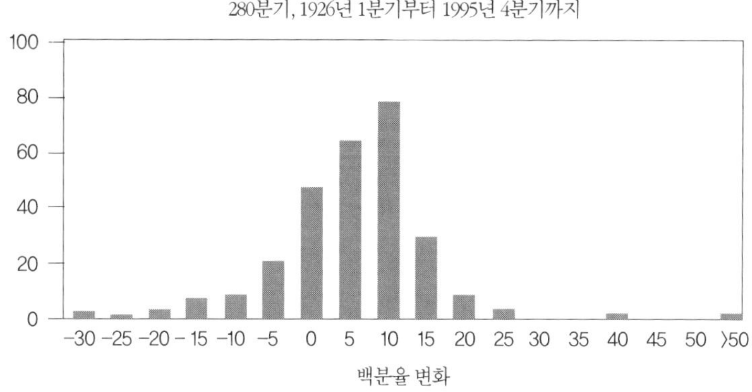

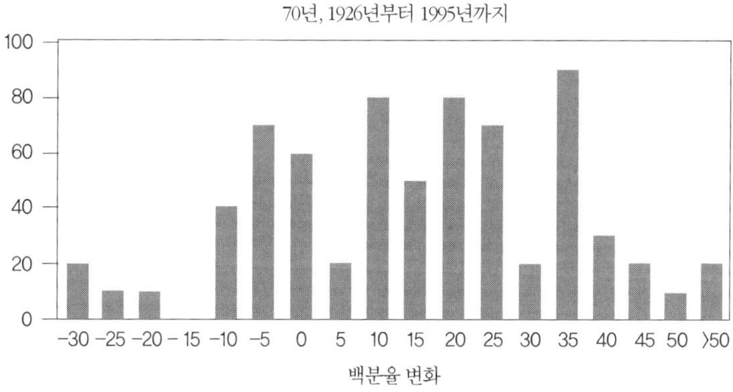

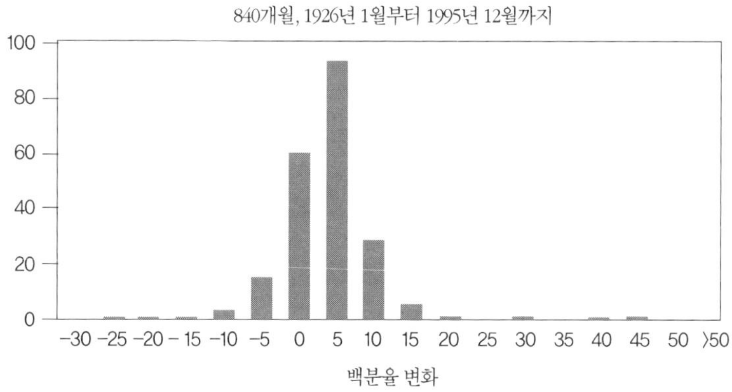

엇이 되리라는 것이다. 상향편향上向偏向, upward bias이 전혀 놀라울 게 없다는 얘기다. 경제발전이 이루어지고 주식회사의 수입과 이익이 늘어났듯이 보통주를 소유한 사람의 부도 오랜 세월에 걸쳐 상승되어왔다. 주가 움직임이 하락하기보다는 상승해왔기 때문에 주가의 평균 변화 또한 0보다 큰 수를 산출하는 것이다.

연도별 자료는 연간 주가 변화가 전형적이지 않다는 것을 보여준다. 이러한 결과는 7.7%의 평균 주변에 무질서하게 퍼져 있다.

표준편차는 19.3%로 나타나는데 이는 어떤 연도에서든 3분의 2에 해당하는 기간 동안 주가는 +27.0%와 −12.1%의 범위에서 이동하는 경향이 있다는 의미다. 조사 대상 연도 가운데 +46.4%보다 큰 가격 변화를 일으킨 해는 2.5%(40년 가운데 1년)에 불과해 아쉽지만, 거꾸로 2.5%만이 −31.6%보다 더 큰 약세시장을 만날 것이라고 생각하면 약간 위안이 된다.

이 표준의 주가는 70개 연도 가운데 47개 연도 동안 상승했다. 즉, 매 3년 가운데 2년은 상승했다는 뜻이다. 바꾸어 말하면 주식시세가 23개 연도 동안 하락했다는 뜻도 된다. 그리고 23개 연도 가운데 10개 연도, 거의 절반에 해당하는 기간의 주식시세는 표준편차 1 이상, 즉 12.1% 이상 폭락했다. 실제로 그러한 23개 연도의 손해는 평균적으로 −15.2%였다.

그렇다면 70년간의 자료를 통해 관측한 70개의 사실로 주식시장의 랜덤 워크 여부를 판단할 수 있을 만큼 충분한 정보가 되는 것일까? 아마도 아닐 것이다.

우리는 주사위 던지기가 서로 독립적이라는 것을 이미 알고 있다. 그러나 단지 여섯 번의 던지기는 전형적인 정규분포와 아무런 유사성도 없는 결과를 만들어낸다는 사실도 잘 알고 있다. 던지는 횟수와 시도를 증가시킨 후에야 이론과 실제가 일치하기 시작하는 것이다.

280분기를 통한 관측은 연도별 관측보다 정규분포곡선에 더 가깝다. 그럼에도 불구하고 분포는 아직 넓게 퍼져 있으며, 매우 큰 변화가 몇 차례 있어 결코 대칭적으로 보이지 않는다. 분기별 평균 변화는 +2.0%다. 그러나 12.0%라는 표준편차는, +2.0%라는 수치가 분기별로 기대할 수 있는 전형은 아니라는 점을 말해준다. 총 분기의 45%는 평균인 2.0%보다 낮았고 55%는 그보다 높았다.

70년 동안 어떤 주식군(포트폴리오)을 사서 보유하던 투자가라면 결국 이익을 보았을 것이다. 3개월마다 2%의 수익을 기대했던 투자가들은 바보였을 것이다(여기서 과거 시제를 사용하는 데 주목하라. 주식시장에서는 과거의 기록이 미래를 규정할 것이라는 확신을 가질 수 없기 때문이다. 즉, 이 문단의 내용은 '기록상의 기간 동안을 보면 그러했다'는 뜻이다.)

840개월의 가격 변화는 연도별 또는 분기별 변화보다 훨씬 더 밀집되어 있다. 그리고 더 질서정연해 보인다. 월별 평균 변화는 +0.6%였다. 시간의 경과에 따라 주식시장의 자연스러운 상향편향을 수정하기 위해 각각의 관측 결과에서 월별 평균 변화율 0.6%를 공제하면 평균 변화는 +0.0000000000000002%가 된다. 840개월 가운데 50.6%는 플러스(+)였고 49.4%는 마이너스(−)였다는 사실을 고려해 뽑은 수치다. 또한 중심점에서 204만큼 아래쪽인 첫 번째 사분위 관측 결과는 −2.78%였고, 또한 중심점에서 204만큼 위쪽인 세 번째 사분위 관측 결과는 −2.78%였고, 중심점에서 204만큼 위쪽인 세 번째 사분위 관측 결과는 +2.91%

였다. 대칭이 거의 완벽하다.

840개월 변화에서의 무작위적 성격은 연속적인 추세가 적다는 사실에서도 밝혀진다. 다시 말해 이번 달과 지난 달의 시세가 연속해서 같은 방향으로 이동한 경우는 전체의 절반뿐이었다. 그리고 다섯 달 동안 연속해서 같은 방향으로 움직인 경우는 전체의 10%에 불과했다.

이런 식으로 주식시장 기록은 일종의 랜덤 워크를 만들어냈다. 적어도 840개월의 관측 사실로 보자면 그렇다. 만약 주가 변화가 주사위 던지기처럼 서로 독립적이지 않았다면 자료는 이렇게 평균 근처에 분포하지 않았을 것이다. 상향편향을 수정한 후의 관측 결과를 살펴보면 주가 변화는 상승했던 것만큼 하락하려는 성향을 보였다. 또한 동시에 두 달 이상 연속적인 변화를 기록하는 일도 드물었다. 시간의 흐름에 따른 변동성 비율이 놀라울 정도로 이론과 흡사한 것이다.

미래는 과거와 비슷할 것이라는 야코프 베르누이의 주장을 수용할 수 있다면, 앞의 정보를 토대로 어떤 달이든 주가가 정해진 양만큼 변동할 리스크 계산이 가능하다. 예를 들어, S&P 지수에서 월별 평균 주가 변화는 5.8%의 표준편차를 지닌 0.6%였다. 가격 변화가 무작위적으로 분포한다면, 어떤 달이나 상관없이 −5.2%보다 작지도 +6.4%보다 크지도 않은 가격 변화를 보일 확률은 68%가 되는 셈이다. 또한 만일 어떤 달의 주가가 하락할 확률은 3.5%에 불과하다. 30개월마다 약 한 번씩 일어날 수 있다는 뜻이다. 그리고 어느 방향으로건 10%씩의 변동은 15개월마다 약 한 번씩 나타날 것이다.

예상했듯이 840개월의 관찰 가운데 33개월(전체의 4%)이 월별 평균인 +0.6%에서 2 표준편차 이상을 보여주었다. 다시 말해 −11%보다 더 나빴고 12.2%보다 더 좋았다는 뜻이다. 비록 33개월이라는 대폭 변동월의 수치가 완벽하게 무작위적인 관측 결과에서 나온 것치고는 작은 수다. 그러나 관측 결과 가운데 21개가 하락시세를 띠고 있었다는 점에 주의해야 한다. 가능성의 원칙을 따랐다면 16이나 17이라는 수치가 나왔어야 하는데 말이다. 또한 고정적인 장기 상승추세를 갖는 시장이라면, 816개월 가운데 16이나 17보다 훨씬 적은 수의 재앙의 달을 가져야 한다.

결국 주식시장이 양 극단에서는 랜덤 워크를 취하지 않는다는 얘기다. 양 극단에서의 주식시장은 부를 창조하기보다는 파괴할 가능성이 더 크다. 그렇기 때문에 주식시장은 리스크가 큰 곳이다(월별, 분기별, 연도별로 투자성과를 측정하는 초장기 투자가라면 랜덤 워크 가설대로 주가의 상호 독립적인 변화와 그에 따른 정규분포에 따라도 좋을 것 같다. 아쉽게도 본문에는 주식시장의 대다수 투자가가 주시하는 일별, 주별 주가 변화에 대한 언급은 없다. 만약 주식 보유 기간이 더 짧은 투자가라면 랜덤 워크 가설을 다시 한번 재검증할 필요가 있다—옮긴이).

지금까지의 이야기는 대부분 수에 대한 것이었다. 함께 살펴본 것처럼 고대 인도, 아랍, 그리스의 혁신에서부터 19세기 가우스와 라플라스에 이르기까지, 논지의 중심 무대는 수학자들이 차지해왔다. 불확실성보다는 확률이 주요 주제였던 것이다.

이제 장면을 옮겨야 할 때다. 실생활은 독립적이거나 관계없는 사건의 연속인 파치올리의 발라 게임 같은 것과는 다르다. 주식시장은 랜덤 워크와 상당히 닮아 보이지만, 완벽에는 미치지 못한다. 평균은 어떤 경우 유용할 수도 있지만 오도의 경우가 더 많다. 심지어 어떤 경우에는 수가 전혀 도움이 되지 않아 단지 추측에 따라 미래를 예측해나가야 한다.

그렇다고 숫자가 실생활에 쓸모없다는 뜻은 아니다. 중요한 것은 적절한 숫자와 적절하지 않은 숫자를 구분해내는 감각을 기르는 일이다. 이제 새로운 질문에 답해야 할 시기가 된 것이다.

다음 중 어느 것이 폭탄을 맞을 리스크에 대한 정의를 내려주는가? 한 마리의 코끼리인가, 아니면 700만의 사람들인가? 주식시장의 정상 수익률에 맞는 평균은 다음 중 어떤 것인가? 1926~1995년까지의 +0.6%라는 월별 가격변화 평균인가, 1930~1940년까지의 매월 +0.1%라는 근소한 평균인가, 아니면 1954~1964년까지의 매달 +1.0%라는 유혹적인 평균인가?

다시 말해 '정상'이라는 표현으로 우리가 의미하고자 하는 것은 무엇인가? 어떤 평균이라야 '정상'을 제대로 나타내는 것인가? 행동의 지침이 되는 평균은 얼마나 안정되고 얼마나 강력한 것이어야 하는가? 관측결과가 과거의 평균에서 벗어났을 때, 앞으로 다시 그 평균으로 되돌아갈 가능성은 얼마인가? 그리고 만약 정말로 되돌아간다면 그 평균에서 멈출 것인가, 아니면 넘어설 것인가?

주식시장이 다섯 달 동안 연속적으로 상승하는 드문 경우는 무엇을 의미할까? 상승하는 모든 것은 반드시 하강하게 마련이라는 게 사실일까? 전성기는 언제나 몰락에 선행하는가? 어려움을 겪고 있는 회사가 다시 정상을 되찾을 가능성은 얼마인가? 조병躁病적인 성격은 언제나 울병鬱病으로 변하고 마는가? 그리고 그 반대의 경우도 일어나는가? 가뭄이 끝날 시기는 언제인가? 번영은 임박해 있는가?

이 모든 질문에 대한 답은 '정상'과 '비정상'을 구분하는 능력에 달려 있다. 많은 리스크 감수행위의 기회는 정상에서 일탈해 전개되는 상황에서 존재한다. 분석가들이 우리에게 그들이 가장 선호하는 주식이 '과소평가된 것'이라고 말할 때, 투자가라면 지금 그렇게 과소평가된 주식을 사서 그 주가가 정상으로 돌아갈 때까지 기다려야 한다는 뜻이다.

그러나 정신적인 조울증 상태가 평생 지속되는 경우도 있다. 1932년의 경제는, 허버트 후버Herbert Hoover와 그의 막료들이, 정부의 자극, 즉 부양책은 경제 스스로 회생의 길을 찾는 데 방해될 뿐이라는 사실을 확신했음에도 불구하고 침체국면에서 헤어나오지 못했다.

아무도 '평균'의 개념을 실제로 발견할 수 없었듯이, 누구도 '정상'의 개념을 실제로 발견할 수는 없었다. 그러나 영국 빅토리아 여왕시대의 아마추어 과학자 골턴은 가우스와 그 선조들이 평균, 즉 정규분포의 개념을 지원하기 위해 창조해놓은 토대를 바탕으로 새로운 구조를 더했다. 그 덕분에 측정 가능한 리스크와 미래에 대한 추측만을 가능케 하는 불확실성 사이의 차이를 구별할 수 있게 되었다.

골턴은 불변의 진리를 탐구하는 과학자가 아니었다. 그는 실용적인 사람이었고, 과학에 열광적으로 몰두하긴 했지만 여전히 아마추어였다. 그러나 그의 혁신과 업적은 수학과 일상생활에서의 실제적인 의사결정에 불변의 영향을 끼친 것이다.

09

무엇이든 측정하라

골턴(1822~1911)은 20대 초반에 병원에서 잠시 근무한 것을 제외하고 생계를 위해 일해본 적이 없는 사회적 속물이었다. 그러나 그는 이 책에서 가장 매력적이며 호감 가는 인물 가운데 하나다. 그는 찰스 다윈의 사촌이며, 아마추어 발명가이자, 그 당시 백인이라고는 찾아보기 힘들었던 아프리카 탐험에 호기심 많은 사람이기도 했다. 그는 리스크 관리이론에 독창적인 공헌을 했다. 하지만 그것은 단지 못된 생각을 고집스럽게 추구하다가 만들어낸 업적이었다.

측정은 골턴의 취미였다. 아니 취미라기보다는 집착에 가까웠다.

"가능한 것은 무엇이건 측정하라."

그가 늘상 되뇌던 말이다. 그는 사람들의 머리 · 코 · 팔 · 다리 등의 치수와 키 · 몸무게 등을 적고 다녔으며, 심지어 눈의 색깔과 여성 상속인의 불임증, 강의를 들을 때 사람들이 안절부절못하는 횟수, 더비Derby 경마에서 배팅한 말이 달리는 장면을 볼 때 사람들의 얼굴 색이 변하는 정도까지 적었다. 그는 거리를 지나가는 여성들의 매력 정도를 분류하기도 했다. 예쁜 여성이 지나갈 때는 왼쪽 주머니에 있는 카드에 구멍을 찍고, 못생긴 여자가 지나갈 때는 오른쪽 주머니의 카드에 구멍을 찍는 식이었다. 그가 만든 영국의 '미인 지도Beauty Map'를 보면 런던 아가씨들이 최상위를, 애버딘 아가씨들은 최하위를 기록했다. 그는 판사 1만 명의 판결문을 검토해 그들이 내린 형량 대부분이 3년, 6년, 9년, 12년, 15년, 18년, 24년 등의 일정한 간격이 있음을 알아냈다. 17년의 형량은 한 건도 없었고 11년과 13년은 극소수였다. 또한 그는 가축 전시장에 방문한 800명에게 황소의 몸무게를 예측하게 한 적도 있는데, 그 결과 눈대중의 평균이 실제 평가와 단지 1% 이내의 오차를 보인다는 사실을 발견했다.

1884년 골턴은 자신의 인체측정학 실험실을 설립했다. 그리고 그곳에서 인체의 가능한 모든 부분을 측정하고 그 성격을 밝혀나갔다. 거기에는 지문도 포함되어 있었다. 골턴이 특히 지문에 관심을 보인 이유는, 신체의 여느 부위와 달리 나이가 들어도 절대 그 모양이 변하지 않기 때문이었다. 1893년 그는 지문에 대한 200쪽짜리 책을 출간하기에 이르렀다. 그리고 얼마 지나지 않아 경찰의 지문 이용이 일반화되었다.

측정에 대한 골턴의 강박증은 1849년 지금의 나미비아(UN이 정한 남서 아프리카의 명칭-옮긴이)로 떠난 맹수 사냥 여행에서도 여실히 드러났다. 호텐토트의 한 마을에 도착했을 때, 그는 영국 여성들이 원하는 몸매, 속옷으로 부풀릴 필요조차 없는 완벽한 몸매를 발견했다. 한 여성이 그의 주의를 끌었던 것이다. 탐구 정신이 강한 그는 이렇게 기록했다.

"나는 그녀의 몸매를 정확하게 측정하고 싶어 미칠 지경이었다."

호텐토트어語도 몰랐고, 그토록 다급한 조사를 어떻게 착수해야 할지도 확신할 수 없었지만 그는 그럭저럭 목적을 이루었다.

> 갑자기 나의 시선이 들고 다니던 6분의六分儀(임의의 두 점 사이의 각도, 특히 원의 1/6을 측정하는 계기-옮긴이)로 쏠렸다. 반짝이는 생각이 머릿속에 스친 것이다. 나는 측정기를 이용해 각 방향에서 그녀의 모습을 관측한 후, 대담하게 줄자를 꺼내 그녀가 서 있는 장소에서 내가 서 있던 거리를 측정했다. 그리하여 기저base와 각도를 얻은 뒤, 삼각법과 대수를 이용해 결과를 산출해냈다.

골턴은 전세계가 자기 땅인 것처럼 활보했던 전형적인 빅토리아 시대의 영국인이었다. 아프리카에서 사냥 여행을 하는 동안, 그 지역의 추장이 그의 야영지를 습격할지도 모른다는 두려움에 붉은색 사냥용 외투와 모자에 긴 장화를 신고, 황소에 올라탄 채 마을에서 가장 큰 오두막으로 먼저 돌격해 들어갔다. 그의 야영지는 무사했다.

또 다른 마을에선 집주인이 양치질을 하고 그 양칫물을 손님의 얼굴에 뱉는 의식에 대한 참여를 거부해 사교상의 실수를 범하기도 했다. 한 번은 낭고로 왕King Nangoro이 하룻밤의 즐거움을 위해 샤팬지Chapange 공주를 그에게 선사한 적이 있었다. 그런데 그 공주는 밤을 위한 치장을 한답시고 '황토와 버터로 연지를 찍고' 도착했다. 골턴은 아연실색하지 않을 수 없었다.

"나는 잘 보관해두었던 흰색 리넨 양복을 꺼내 한껏 멋을 부렸다. 그런데…… 나는 의전이고 뭐고 당장 그녀를 쫓아내지 않을 수 없었다."

낭고로 왕은 피부가 흰 사람들만 사는 세계가 있다는 사실을 믿기 어려웠다. 왕에게는 골턴과 그의 친구들은 진귀한 이동성移動性 동물 아니면 변종으로 보였다. 골턴의 동료는 그의 몸 전체가 하얗다는 것을 증명하기 위해 여러 차례 왕 앞에서 옷을 벗어야만 했다.

골턴의 호기심은 만족할 줄을 몰랐다. 그가 케임브리지 대학에 다닐 때, 마침 순회 서커스단이 그곳을 지나간 적이 있었다. 그때 그는 사자 우리 안으로 똑바로 걸어들어감으로써, 그 서커스단 역사상 그렇게 할 수 있었던 네 번째 사람이 되었다. 또한 그는 자신이 가장 좋아했던 연구 시간인 오후 10시~새벽 2시 사이에 졸지 않기 위해 '생기 소생 기계Gumption-Reviver machine'라는 것을 고안해내기도 했다. 머리 위로 차가운 물을 계속 떨어뜨려주는 기계였다. 또 노년 시절에는 물속에서 독서가 가능한 장치를 발명했다. 한번은 그 장치를 이용해 욕조에 몸을 담근 채 괜찮은 책을 읽고 있다가 익사할 뻔한 적도 있다고 한다.

앞으로 살펴보겠지만, 측정에 대한 골턴의 열정과 혁신에 대한 재능으로 끔찍한 결과가 나타난다. 그러나 통계와 리스크 관리에 대한 주목할 만한 공헌에는 그 공로를 높이 사야 마땅하다. 카르다노처럼 그 또한 떠오른 생각을 실험으로써 입증하려고 고집스럽게 애썼다. 바로 그것이 새로운 이론 정립을 목표로 하지 않았음에도 불구하고, 새로운 통계학적 이론을 만들어낸 원동력이 된 것이다.

골턴은 우리를 일상의 세계로, 다시 말해 숨 쉬고 땀 흘리고 성교하고 미래에 대해 숙고하는 세상으로 이끌었다. 골턴 덕분에 우리는 초기 수학자들이 자신들의 이론을 증명하기 위해 선택했던 도박 테이블과 운에서 벗어날 수 있는 것이다. 골턴은 이론을 발견함과 동시에 사용해보았고 그것을 작동하게 만드는 요인을 계속 찾아나갔다.

비록 야코프 베르누이에 대한 암묵적인 언급조차 없지만, 그의 연구는 사실 확률 연구가 질병, 정신적 예리함, 육체적 민첩함 등의 분석을 위해 필수적인 도구라는 베르누이의 주장을 반영하고 있다. 또한 자연과학보다는 인간 사회의 조직에 관심이 많았던 그랜트와 프라이스의 발자취를 따르고 있다.

골턴을 비롯해 이 같은 개혁자들의 노력으로 오늘날 비즈니스와 금융 분야의 리스크를 통제하고 측정하는 복잡한 수단이 출현할 수 있었던 것이다.

골턴은 부유하고 지적 활동이 왕성한 환경에서 자라났다. 그의 할아버지인 에라스무스 다윈Erasmus Darwin은 당시 가장 유명한 내과의사였으며 의학 이외의 분야에도 지대한 관심을 가진 인물이었다. 그는 동물의 힘을 빌리지 않고 기계장치로 움직이는 탈것과 수세식 화장실을 발명했으며, 풍차와 증기 엔진을 실험했다. 또한 여러 식물들의 생식 과정을 과학적으로 상세하게 기술한 《식물의 사랑The Loves of the Plants》이라는 책을 2,000행의 시구로 써서 발표했다.

1796년 에라스무스는 65세에 《동물개체론, 식생 이론Zoomomia, or the Theory of Generations》이라는 두 권짜리 책을 출간하기도 했다. 이 책은 7년 동안 3판을 찍어냈지만 학계를 감동시키지는 못했다. 이론은 풍부했지만 사실적인 기반이 빈약했기 때문이다. 그럼에도 불구하고 《동물개체론》은 그보다 유명한 손자, 찰스 다윈이 63년 뒤에 펴낸 《종의 기원The Origin of the Species》과 놀라울 정도로 흡사하다.

골턴은 자신이 네 살 때부터 영어로 쓰여진 어떤 책이라도 읽을 수 있었다고 주장한다.

"나는 라틴어로 된 52행의 시 외에도 모든 라틴어 명사와 형용사, 그리고 활용동사를 암송할 수 있었고 구구단을 외울 수 있었다."

그는 16세 때 버밍엄에서 의학 공부를 시작했으나 병실과 검시실을 방문한 뒤, 그 경험을 "끔찍하고 끔찍하고 끔찍하다!"라고 묘사했다. 결국 열심히 수학책을 읽으라는 찰스 다윈의 조언에 따라 수학과 고전학을 공부하기 위해 케임브리지로 향했다.

골턴은 스물두 살에 아버지를 여의었는데, 아버지는 일곱 자식에게 충분한 재산을 남겨주었다. 자신이 좋아하는 일을 맘대로 할 수 있다는 생각에 골턴은 곧 형식적인 공부를 중단했다. 그리고 다윈의 갈라파고스 항해에 고무된 그는 첫 번째 아프리카 여행을 떠나 나일 강을 탐사했다. 그 뒤 낙타를 타고 하르툼(수단의 수도)으로 향했는데, 그의 여행 거리를 모두 합치면 약 16,000km에 이른다. 다시 영국으로 돌아와 4년 동안 빈둥거린 후, 골턴은 아프리카로 두 번째 여행을 떠났다. 이런 경험을 토대로 1853년에는 아프리카에 대한 책을 펴내 왕립 지리학회 회원이 되었고, 금메달 수상과 학회의 인정이라는 영광을 안았다. 그리고 1856년 왕립학회의 회원이 되었다.

하지만 스물일곱 살에 떠났던 두 번째 아프리카 여행으로 골턴은 기력을 잃었다. 육체적인 피로와 몇 차례의 우울증 발작으로 생긴 결과였다. 그리고 그의 우울증은 거의 평생 동안 재발했다. 그는 그런 자신을 가리켜 '접질린 뇌sprained brain' 의 소유자라고 했다.

골턴은 유전遺傳에 대해서는 열정적인 관심을 가졌지만 사업과 경제에 대해서는 무관심했던 아마추어 과학자였다. 그러나 '이상적인 중간 자식 형질' 과 '부모 형질', 그리고 '평균적 조상 형질' 에 대한 연구를 통해 그는 예측과 리스크 관리에 필수적인 통계학적 발견에 이른다.

유전 연구는 지능 · 눈 색깔 · 체형 · 행동 등 주요 특질의 세대 간 전달과 관계가 있다. 물론 그러한 연구는 비정상적인 특질을 갖는 개체의 경우에도 주의를 기울이지만, 한 가지 종의 모든 구성원이 갖는 공통적인 경향에 더 많은 관심을 쏟는다. 동질성으로 향하는 경향, 즉 우위를 점하는 평균으로 향하는 경향 속에 바로 리스크 관리 분야와 관련된 강력한 통계학적 도구가 숨어 있는 것이다.

골턴의 최고 목표는, 다윈 가문을 포함한 몇몇 특출한 가문에서 어떻게 세대 간에 재능이 전달되는가를 이해하는 데 있었다(베르누이 가문이 포함된 것은 우연이 아니었다). 골턴은 자신의 자손에게 재능이 전달되는 모습을 보고 싶었지만 그들 부부에게는 아이가 없었다. 그의 형제들과 하나 있는 누이도 마찬가지였다. 무엇보다도 그는 뛰어난 재능을 지닌 것으로 분류한 가문들의 구성원 가운데 '뛰어나게 고상한 천성'을 확인하려고 애를 썼다.

1883년 그는 이러한 연구 분야에 '우생학eugenics'이라는 이름을 붙였다. 그리스어 어원으로는 '좋은' 또는 '바람직한'의 의미를 갖는 표현이다. 그런데 반세기가 흐른 후 나치스는 이 용어를 나름대로 해석해, 게르만 민족의 우수성을 지킨다는 미명하에 완전히 무능하거나 가치 없다고 판단한(?) 유태인 수백만 명에 대한 학살로 연결시켰다.

이러한 나치스의 죄악에 대해 골턴의 책임 여부를 가리자는 열띤 논쟁도 있어왔다. 그러나 골턴이 그러한 야만적 행위를 알고도 용인했다고 볼 만한 근거는 전혀 없다. 그가 생각했던 좋은 사회란 부와 사회적 지위, 인종적 배경에 상관없이 '우수한 재능을 타고난' 개인을 돕고 교육하는 사회였을 뿐이다. 그는 '다른 나라에서 들어오는 이민자와 망명자'를 적극적으로 받아들이고, 그들의 후손이 영국 시민이 되도록 장려하자고 제안한 사람이었다. 하지만 이와 동시에 재능이 모자라거나 열등한 사람들이 재생산되는 길을 막는 방법을 모색했던 것 같다. 좋은 사회란 '약한 자들이(독신 생활을 하는) 수도원이나 수녀원에서 환대와 안식을 찾을 수 있는 사회'가 되어야 한다고 제안한 것을 보면 말이다.

골턴의 우생학 연구를 다른 사람들이 어떻게 인용했든 간에, 우생학의 중요성은 그가 직접 제기한 편협한 의문을 훨씬 넘어서는 수준으로 확장되었다. 요컨대, '다양성은 인생의 양념'이라는 자명한 이치에 더욱 신빙성을 부여한 것이다.

에노바르부스Enobarbus는 클레오파트라Cleopatra에 대한 경의를 표하며 이렇게 말한 적이 있다.

"세월도 그녀를 시들게 할 수 없으며, 관습도 그녀의 무한한 다양성을 진부하게 만들 수 없다."

그녀는 연인이자 친구였으며 차가울 뿐 아니라 뜨겁게 달아오르기도 하고, 요부이자 적이었으며 유순한 듯하면서도 요구사항이 많은 여성이었다. 그러면서도 언제나 그녀 자신이었다. 그녀는 한 사람이었지만 또 다른 사람이 될 수도 있었던 것이다.

우리는 오늘날 55억의 모든 사람들을 개개인으로 인정할 수 있다.

수많은 단풍나무들이 버몬트 숲에서 자라고 있지만 여느 단풍나무와 또 다르다. 그러나 어느 것도 자작나무나 독미나리로 오해되는 일은 없다. 제너럴 일렉트릭사와 바이오겐사의 주식은 둘 다 뉴욕 증권거래소에 상장되어 있지만, 완전히 다른 종류의 리스크에 따라 영향을 받는다.

클레오파트라의 많은 가면, 오늘날을 살아가는 수십 억의 사람들, 버몬트의 단풍나무, 자작나무, 독미나리 또는 뉴욕 증권거래소에 상장되어 있는 주식…… 이들 가운데 어느 것이 각 부류의 원형이 되는가? 각 부류를 구성하는 구성원들은 서로 얼마나 다른가? 우간다의 소년은 스톡홀름의 할머니와 얼마나 다른가? 변이는 체계적인가, 아니면 단순히 무작위적 영향의 결과인가? 다시 한 번 묻지만 우리는 '정상'이라는 것을 과연 무엇으로 인식하는가?

이러한 질문에 대한 해답을 찾는 과정에서 골턴은 초기 수학자들을 거의 언급하지 않았고, 그랜트와 같은 사회 통계학자들도 무시했다. 그러나 그는 램버트 아돌프 자크 케틀레Lambert Adolphe Jacques Quetelet라는 벨기에 과학자가 1820년대와 1830년대에 실행했던 경험적 연구를 많이 인용했다. 케틀레는 골턴보다 스무 살 위였고, 사회 환경에 대해 끈질기게 조사한 사람이었으며 골턴만큼이나 측정에 미쳐 있던 인물이다.

케틀레는 신생 대학이었던 겐트Ghent 대학에서 첫 번째 과학박사 학위를 받았을 당시 겨우 스물세 살이었다. 그는 그때 이미 미술공부를 마쳤고, 시를 발표했으며 오페라를 공동 집필하기도 했다. 통계사학자인 스티글러는 그를 '과학자이며 과학기업가'였다고 적고 있다. 이는 런던의 왕립 통계협회와 국제 통계학 학술대회를 포함해 여러 통계학협회의 설립을 도왔으며, 몇 년 동안 벨기에 정부 통계국의 지역 특파원으로 일한 케틀레의 경력을 적절히 반영한 표현이다.

또한 그는 빈약한 천문학 지식에도 불구하고, 1820년경 벨기에에 새 관측소를 설립하는 운동을 주도하기도 했다. 관측소가 설립되자마자 그는 벨기에 정부를 설득해 경비 지원을 받아 파리에서 석 달간 체류하며 천문학과 기상학 연구를 비롯해 관측소 운영방법까지 배웠다.

그는 파리에 있는 동안 프랑스의 유명한 천문학자들과 수학자들을 만나 확률에 대해 깊은 지식을 얻었다. 그가 만났던 사람 가운데 걸작《천체 역학Meécanique ceéleste》의 마지막 권을 집필 중이던 74세의 라플라스도 포함되어 있었던 것으로 보인다. 케틀레는 이런 사람들과의 만남을 통해 확률이라는 주제에 매료되었다. 그 결과 그는 1853년까지 확률에 대한 책을 세 권이나 써서 발표하기에 이른다. 그는 또한 습득한 지식을 실생활에서 유용하게 사용할 수 있도록 했다.

케틀레는 파리 체류를 마치고 돌아온 이후에도 브뤼셀의 왕립관측소에서 계속 근무했다. 한편 프랑스의 인구통계에 관련된 조사도 계속해 다가오는 1829년도 인구 센서스 계획을 세웠다. 그리고 1827년에는 〈베네룩스 지역의 인구, 출생, 죽음, 감옥과 빈민가 등에 관한 조사Researches on population, births, deaths, prisons, and poor houses, etc. in the Kingdom of the Low Countries〉라는 제목의 논문을 발표했다. 이 논문에서 그는 사회통계학에서 자료를 수집하고 분석하는 데 사용된 절차를 비난했다.

케틀레는 프랑스 인구에 대한 추정에 1780년대에 라플라스가 개발한 방법을 적용하고 싶어했다. 라플라스의 방법은 30개 지역의 다양한 집단에서 무작위적인 표본을 취해 전체 인구를 추정할 기초로 사용하는 것이었다.

그런데 한 동료가 케틀레에게 그러한 접근방식을 포기하라고 충고했다. 그 이유는 프랑스의 인구조사 담당 공무원들이, 그러한 표본의 대표성에 대해 알 방도가 없으리라는 것이었다. 지방마다 다른 독특한 풍습과 관례는 출생률에 영향을 미쳤으며, 더군다나 핼리와 프라이스가 이미 발견했듯이 아무리 작은 지역의 조사에서도 표본의 질이 인구의 이동에 영향을 받을 수 있다는 문제가 있었다. 클레오파트라에 대한 에노바르부스의 언급과는 달리, 케틀레는 프랑스의 사회구조가 매우 다양한 나머지 한정된 표본을 기초로 해서는 어느 누구도 일반화를 이끌어낼 수 없다는 것을 발견했다. 결국 그는 프랑스 전체에 대한 인구조사를 결심했다.

케틀레는 이러한 경험을 계기로 사회측정을 사용해 사람들과 지역 간에 그러한 차이가 존재하는 이유에 대해 설명했다. '양념을 더하는 다양성' 의 근원을 설명하고자 했던 것이다. 만약 그 차이가 무작위적이라면 표본을 취할 때마다 자료에서 동일한 양상이 보일 것이고, 그 차이가 체계적이라면 각 표본에서는 서로 다른 양상이 나타날 것이다.

이러한 착상으로 케틀레는 측정에 대한 왕성한 욕구를 보였다. 그에 대해 스티글러는 다음과 같이 묘사한다.

> 그는 월별 · 도시별 · 기온별 · 시간별로 출생률과 사망률을 조사했다. 그리고 연령 · 직업 · 지역 · 계절에 따른 감옥과 병원에서의 사망자 수를 조사했다. 뿐만 아니라 그는 신장 · 체중 · 성장률 · 체력 등을 고려했으며, 음주 · 정신병 · 자살 · 범죄 등에 따른 사망률 통계를 발전시켰다.

그 결과 케틀레는 1835년에 《인간과 인간 기능의 진보에 관한 연구A Treatise on Man and the Development of His Faculties》를 출간할 수 있었고, 이 책은 즉시 영어로 번역되었다. 케틀레가 '기능faculties' 이란 뜻으로 사용한 불어 단어는 '사회적 체격physique social' 이었다. 이 책으로 케틀레는 유명해졌다. 그 책을 다시 세 부분으로 나누어 연구한 어느 학자는 유명한 학술지에 다음과 같이 언급한 적이 있다.

"이러한 저서의 출현은 문명의 역사 가운데 하나의 신기원으로 기록되어야 마땅하다."

그 책에는 딱딱한 통계와 단조로운 본문 이상의 내용이 담겨 있다. 케틀레는 그 안에 지금까지도 우리 곁에 존재하는 영웅, 즉 '표준 인간l' homme moyen' 을 집어넣었다. 이러한 발상은 대중들의 상상력을 사로잡았으며 케틀레의 명성은 날로 드높아졌다.

케틀레는 범죄자, 주정뱅이, 군인, 사자死者 등 어떤 특정 집단에 속하는 사람들의 전형을 규정하려고 했다. 어떤 집단을 대표하는 전형적인 인물, 그것이 바로 '표준 인간' 인 것이다. 그는 심지어 다음과 같이 생각하기도 했다.

"만일 어느 시대의 사회에서든 한 개인이 표준 인간의 모든 특질을 소유한다면 그가 바로 위대하고 훌륭하고 아름다운 모든 사람들을 대표하는 인물이리라."

그러나 모든 사람이 그의 의견에 동의한 것은 아니었다. 케틀레의 책을 가장 가혹하게 비평한 사람 가운데 한 명은 유명한 수학자이며, 경제학자이자 확률 분야의 권위자였던 앙투안 오귀스탱 쿠르노Antoine Augustin Cournot였다. 쿠르노의 주장을 들어보자.

"만일 확률의 법칙을 준수하지 않는다면 관측의 과학으로 이루어진 측정의 정확성에 대해 명확한 개념을 얻지 못할 것이다. 그리고 영리기업의 성공을 이끌어내는 조건에 대해서도 명확한 개념을 얻지 못할 것이다."

쿠르노는 '표준 인간' 이라는 개념 자체를 비웃었다.

"직각삼각형군이 있을 때 그것들의 각 변에 대한 평균을 내서 그 평균을 변으로 삼는 또 하나의 삼각형을 만든다고 언제나 직각삼각형이 되는 것은 아니다. 마찬가지로 전적으로 평균적인 인간은 오히려 일종의 변종이나 기형 인간으로 봐야 한다."

그러나 케틀레는 단념하지 않았다. 그는 연령별 · 직업별 · 지역별 또는 인종별로 각 집단의 평균적 특질을 확인할 수 있다고 확신했다. 더욱이 특정 개인이 어째서 어느 특정 집단에 반드시 속하는지 그 이유에 대한 예측 방법을 찾을 수 있다고도 주장했다. 이것은 새로운 시도였다. 그때까지 어느 누구도 원인과 결과를 분리하기 위해 수학과 통계를 사용하지 못했던 것이다.

"결과는 원인에 비례한다."

케틀레는 이렇게 쓰고, 계속해서 다음과 같은 내용을 강조했다.

"관측되는 개인의 수가 많으면 많을수록, 육체적이든 정신적이든 특별함이 줄어들고 일반적인 사실이 우세해진다. 그리고 바로 그런 일반적인 사실에 따라 사회는 존재하고 보전된다."

1836년경 케틀레는 확률에 대한 적용을 내용으로 하는 저서에서 '윤리학과 정치학'에도 이 개념을 확대 적용했다.

케틀레의 원인과 결과에 대한 연구에는 재미있는 읽을거리가 있다. 예를 들어, 그는 범죄로 기소되는 사람들에 대한 유죄판결 비율에 영향을 미치는 요소를 분석해 평균적으로 기소자들의 61.4%가 유죄 판결을 받는다는 수치를 뽑아냈다. 구체적으로 살펴보면 재산권 침해죄에 대해 유죄 판결을 받을 확률이 60%를 넘어선 반면, 대인 범죄에서는 유죄 판결의 확률이 50%를 밑돌았다. 또 피고인이 교양 있고 제대로 교육받은 30대 이상의 여성이며 도망가지 않고 자수를 한 경우에는 유죄 판결 확률이 61.4% 이하였다. 케틀레는 평균인 61.4%에서의 편차가 의미 있는 것인지, 아니면 무작위적인 것인지를 결정하기 위해 노력했다. 부도덕성을 심판하는 재판에서 '마음의 확신'을 찾았던 것이다.

케틀레는 자신이 조사하는 모든 것에서 종형 곡선을 발견했다. 거의 모든 경우에 평균으로부터의 편차나 '오차'가 라플라스와 가우스가 정규분포에서 밝혔듯이 평균값의 양쪽을 따라 대칭적으로 분포했다. 그는 평균값 부분에서 정상을 이루며 아름답게 균형 잡힌 종형 곡선의 배열을 보고, '표준 인간'에 대한 타당성을 확신해나갔다. 통계학적인 조사를 통해 발전시킨 모든 추론이 딱 맞아떨어졌던 것이다.

그는 스코틀랜드 군인 5,738명의 가슴둘레를 측정했다. 그리고 그 집단에 대한 정규분포를 꾸며본 뒤, 이론적인 결과를 실제적인 결과와 대조해보았다. 그것은 거의 완벽하게 들어맞았다.

가우스의 정규분포가 자연 전반에 걸쳐 전형성을 띤다는 것은 이미 논증된 바 있었다. 그런데 이제는 그 정규분포가 사회구조와 인간의 육체적 특성에도 뿌리를 내리는 것처럼 보였다. 마침내 케틀레는 스코틀랜드 군인들의 가슴둘레 측정으로 정규분포에 가까운 곡선을 그린 것이 그 평균값 주변의 편차가 무작위적임을 의미한다는 결론을 내렸다. 다시 말해 평균값 주변의 편차가 그 집단의 어떤 체계적인 차이의 결과로 비롯된 것이 아니라는 뜻이고, 따라서 그 집단은 어떤 집단보다도 균등성이 높다는 뜻이기도 했다. 거기서 나온 '표준 스코틀랜드 병사'는 모든 스코틀랜드 병사의 완벽한 대표가 될 수 있었다. 말하자면 클레오파트라는 다른 무엇이기 전에 한 여성이었던 것이다.

그러나 케틀레의 연구 대상 가운데 정규분포와 딱 맞아떨어지지 않는 것이 있었다. 프랑스의 징집대상자 10만 명에 대한 신장 분석에서 그들 가운데 너무 많은 수가 정규분포와는 거리가 먼, 가장 키가 작은 그룹에 속했던 것이다. 그러나 그는 연구 대상으로 삼았던 측정 기록이 왜곡된 것이라고 단언했다. 키가 너무 작으면 병역면제가 된다는 점을 악용한 징병 비리의 결과라는 것이었다.

완전히 평균적인 사람은 일종의 괴물일 수도 있다는 쿠르노의 지적은 확률이론을 자연적 자료가 아닌 사회적 자료에 적용하는 데 대한 염려를 반영한 것이었다. 인간이라는 존재는 얼마든지 여러 기준으로 분류될 수 있다는 것이 그의 주장이었다. 인체에 대한 일련의 측정에서 정규분포가 나오자, 케틀레는 이를 표본으로 삼은 사람들 사이에서의 무작위적 차이만을 암시하는 것이라고 믿었다. 그러나 쿠르노는 그 차이가 무작위적인 게 아닐지도 모른다고 생각했다.

어느 해에 태어나는 남아의 수에 대한 분류를 예로 들어보자. 어떻게 분류하겠는가? 부모의 나이, 지리적인 위치, 태어난 요일, 인종, 몸무게, 임신 기간, 눈의 색깔, 중지의 길이 등 그야말로 분류 기준이 너무도 많다. 그렇다면 이 중에 어떤 기준에 따른 평균적인 아기를 '표준' 아기라고 자신 있게 말할 수 있겠는가? 쿠르노는 어느 자료가 의미 있고 어느 것이 그저 우연의 결과에 불과한지에 대한 결정이 불가능하다고 주장했다.

"(평균에서) 같은 크기를 갖는 편차에서는 여러 가지 다른 판단이 나올 수도 있다."

쿠르노는 언급하지 않았겠지만, 현대의 통계학자들은 대부분의 신체 치수가 영양 섭취의 차이를 반영한다는 사실을 잘 알고 있다. 이는 곧 신체 치수가 사회적 신분의 차이를 반영하는 경향이 있음을 의미하기도 한다.

오늘날 통계학자들은 쿠르노가 걱정했던 실행방법을 '데이터 마이닝data mining'이라고 부른다. 다시 말해 자료의 수를 억지로라도 충분히 늘리면 원하는 어떤 것이라도 증명할 수 있다는 얘기다. 쿠르노는, 케틀레가 한정된 숫자의 관측만으로 넓게 일반화시키는 것이 위험하다고 느꼈다. 같은 크기의 어떤 집단에서 끌어낸 두 번째 관측이 처음과는 다른 패턴으로 나타날 수도 있기 때문이다.

케틀레는 정규분포에 대한 지나친 심취로 인해 도에 넘치는 주장을 폈던 것 같다. 하지만 그럼에도 불구하고 그의 분석은 그 시대에 큰 영향을 미쳤다. 후세의 유명한 수학자이며 경제학자인 프랜시스 이시드로 에지워스Francis Ysidro Edgeworth는 케틀레의 이름을 따 '쿼틀리스무스Quetelismus' 라는 새로운 용어를 만들어냈다. 정규분포가 존재하지 않는 곳에서 이를 발견하려고 애쓰거나, 진정한 정규분포의 조건을 충족시키지 못하는 정규분포를 찾는 사람들을 의미한다.

1863년 골턴이 처음 케틀레의 연구를 접했을 때 그는 매우 깊은 감명을 받았다. 그가 쓴 글을 보자.

> 평균은 단지 독립적인 사실일 뿐이다. 그러나 만약 어떤 다른 사실이 첨가되면 관측된 사실과 거의 일치하는 하나의 완전한 정상구조가 잠재적으로 존재하기 시작한다. 어떤 사람들은 통계라는 그 이름을 싫어한다. 하지만 나는 통계의 아름다움과 흥미를 안다.

골턴은 케틀레가 발견한 '평균값으로부터의 편차에 대해 매우 호기심 가는 이론법칙', 즉 정규분포가 어디서나 발견된다는 사실에 매료되었다. 특히 신장이나 가슴둘레 수치에서도 그러하다는 사실에 흥분했다. 골턴도 케임브리지 대학교 학생 7,634명의 수학졸업 시험 점수에서 종형 곡선을 발견한 바 있었다. 골턴이 조사한 수학점수에서도 그 범위는 최고 점수에서부터 '저 밑바닥 심연까지' 다양했다. 얼마 후 그는 샌드허스트에 있는 육군사관학교의 입학시험 성적에서도 비슷한 통계 패턴을 발견했다.

종형 곡선에서 골턴이 가장 감동한 부분은, 어떤 자료가 같은 부류에 속하면 비교적 동질성을 지닌 실체로 분석될 가능성을 보여준다는 점이었다. 그 반대의 경우도 마찬가지였다. 정규분포가 존재하지 않는다는 의미는 '비슷하지 않은 체계' 임을 암시하는 것이었다. 이에 대해 골턴은 다음과 같이 강조했다.

"이러한 추정은 결코 그릇된 것으로 드러나지 않을 것이다."

그러나 골턴이 추구한 것은 차이였지 동질이 아니었다. 한 여성이 아니라 다양한 모습의 클레오파트라였던 것이다. 자신의 새로운 연구 분야인 우생학에 대해 연구하면서 골턴은 정규분포로 구분될 가능성이 있는 특질의 집단에서도 차이점을 찾아다녔다. 그의 목적은 사람들을 '선천적 능력' 으로 분류하는 것이었다.

> 그러한 지적 능력과 특성을 통해 그 사람은 명성을 얻을 수 있는 행위를 하는 것이다. 천성은 누가 이끌어주지 않아도 타고난 자극으로 그 사람을 탁월하게 이끌어 정상에 도달하는 힘으로 작용한다. 탁월함을 성취한 사람들, 그리고 선천적으로 능력을 타고난 사람들은 넓게 보면 동일한 사람들이다.

골턴은 사실에서부터 출발했다. 그는 재능과 탁월함이 유전적인 성향임을 증명하기 위해 1866~1969년까지 많은 증거를 수집했다. 그리고 그 발견을 자신의 가장 중요한 연구 성과인 《유전적 천재Hereditary Genius》에 요약해놓았다(그는 그 책의 부록에 케틀레의 연구와 함께 베르누이 가문을 다루기 힘든 성격의 전형으로 신랄하게 비평해놓았다). 그 책은 '탁월하다' 라고 분류할 수 있는 인구의 비율 측정으로 시작된다. 〈런던 타임스〉의 부고기사와 인명사전을 근거로, 그는 당시 중년 이상의 영국인들 가운데 4,000명 또는 5,000명 가운데 한 명꼴로 탁월함이 나타난다고 계산했다.

골턴은 평균 이하의 재능을 가진 사람들에 대해서는 별 관심이 없었지만 어쨌든 그들의 수는 밝혔다. 그의 추정에 따르면 영국의 '백치와 저능아' 는 당시 총 2,000만 영국인 가운데 5만 명, 즉 400명 가운데 한 명꼴이었다. 그가 탁월하다고 추정한 사람들보다 열 배나 많은 셈이었다. 그러나 그의 관심은 여전히 탁월한 사람들에게 쏠려 있었다. 그의 결론을 들어보자.

"탁월하게 고귀한 천성을 지닌, 인간들의 왕으로 태어나는 위대한 인간 종족이 있다는 것은 아무도 의심할 수 없으리라고 확신한다."

또한 그는 '아주 강력한 여성' 의 존재를 무시하지는 않았으나 다음과 같이 결론 내렸다.

"그러한 재능을 타고나는 여성은 매우 드물다. 다른 성性의 평안을 위해서는 다행스런 일이다."

골턴은 신장이나 가슴둘레 수치가 케틀레의 가정과 부합한다면 머리 크기와 뇌의 무게, 신경섬유, 나아가 정신적인 능력도 마찬가지라고 확신했다. 그는 케틀레의 발견과 자신이 측정했던 영국인들의 (천재부터 백치까지의) 지능 평가가 얼마나 일치하는지 증명했다.

"범재를 중심으로 천부적인 재능을 지닌 사람들의 우위 수준과 백치들의 저하 수준의 양이 같다는, 부정할 수 없는, 그러나 예상 밖의 결론을 얻었다."

그러나 무엇보다도 골턴이 증명하고 싶었던 것은 '유치원, 학교, 대학 또는 직업 경력' 등 후천적인 환경과 관계없이 유전성만이 특별한 재능의 원천이 된다는 점이었다. 그리고 적어도 골턴이 정한 모수범위母數範圍에서는 유전성이 열쇠인 것처럼 보였다.

그는 판사 286명을 조사해 그들의 가까운 친척 아홉 명 가운데 하나가 판사의 아버지, 아들 또는 형제가 된다는 사실을 발견했다. 분명히 일반 사람들보다 높은 비율이었다. 더 나아가 골턴은 판사들의 많은 친척들이 제독, 장군, 소설가, 시인, 의사라는 것도 발견했다(골턴은 탁월한 사람들의 군에서 성직자는 배제했다). 그는 '지문'으로 탁월한 사람들과 '선천적인 백치'들을 구별하지 못하는 것에 대해 실망했다. 그러나 탁월함이 대대로 지속되지 않는다는 것을 발견했다. 물리학자들의 지적대로 탁월함의 생명력은 짧았던 것이다. 탁월한 사람들의 자식 가운데 단지 36%만이 탁월했고, 설상가상으로 손자 대에 가서는 그 수치가 9%로 뚝 떨어졌다. 그는 뛰어난 가문의 자제들이 돈 많은 상속녀와 결혼하는 관습을 버리지 않는 탓에 점차 소멸해가는 것이라고 그 이유를 설명했다. 그러나 그 이유가 비난의 대상이 되는 이유는, 상속녀들은 자손이 귀한 가문 출신일 가능성이 높기 때문이다. 만약 그들에게 여러 형제자매가 있었다면 상속녀가 될 만큼 충분한 재산을 물려받지 못했을 것이다. 이는 골턴이 여섯 형제자매들과 아버지의 재산을 나눠가진 후 안락하게 지냈던 것을 생각해보면 의외의 발언이 아닐 수 없다.

《유전적 천재》를 읽은 후에, 찰스 다윈은 골턴에게 다음과 같이 말했다.

"내 평생 이것보다 더 흥미롭고 독창적이고…… 기억할 만한 연구를 읽어본 적이 없네."

다윈은 그에게 유전성 통계에 대한 분석을 계속해나가라고 권유하며 격려 또한 아끼지 않았다. 그러나 골턴에게는 이미 누구의 격려 따위가 필요하진 않았다. 그의 우생학 연구는 날로 진전해갔고, 그는 최고의 인간이라고 생각하는 실체를 발견하고 그것을 지켜나가는 일에 전력을 다하고 있었다. 그는 뛰어난 사람들은 많은 자손을 갖고, 열등한 사람들은 자손 번식을 삼가기를 원했다.

그러나 평균에서 이탈하는 편차의 법칙이 여전히 그의 길을 가로막았다. 어떻게 해서든 그는 정규분포 '안'에서 차이를 설명해야 했다. 그리고 그 차이를 설명하는 유일한 방법은, 먼저 자료가 종형 곡선으로 배열되는 이유를 밝히는 데 있었다. 결국 그는 나름대로의 연구를 통해 오늘날 우리가 내리는 크고 작은 의사결정 전반에 영향을 끼치는 비상한 발견에 이르렀다.

골턴은 1875년 출간된 논문에 그 첫 단계를 기술했다.

평균 주변에 편재하는 대칭적 분포는, 정규분포에 따라 배열되는 분포를 유발하는 영향력의 결과일지도 모른다. 가장 빈도가 낮은 조건에서 가장 빈도가 높은 조건까지 올라가다가 다시 일련의 반대되는 영향력에 따라 다시 빈도가 떨어지는 식으로 말이다. 각각의 영향력 자체에서조차도 가장 약한 것에서 가장 강력한 것으로 올라가다가 다시 내려가는, 마찬가지의 분포가 존재할 것이다.

그가 주장하는 핵심은, '적당한' 영향력은 극단적인 영향력(좋은 쪽이든 나쁜 쪽이든)보다 훨씬 빈번히 발생한다는 점이었다.

1874년경 골턴은 영국 왕립학회에서 그러한 자신의 생각을 퀸컨스 Quincunx라고 칭한 간단한 기계장치로 입증해 보였다. 퀸컨스는 핀볼 기계를 거꾸로 해놓은 것과 비슷한 모양으로, 모래시계처럼 좁은 목 부분에 약 20개의 핀이 박혀 있었다. 그리고 퀸컨스의 가장 넓은 부분인 바닥은 작은 칸막이로 나뉘어 있었다. 그 장치에 구슬을 발사하면 구슬들은 목 부분을 통과하면서 무작위적으로 핀을 치고 아래로 내려와 전통적인 가우스 패턴으로 칸막이 사이에 분포한다. 대부분의 구슬이 가운데 칸막이에 쌓이고, 양쪽으로 퍼지면서 쌓이는 양이 점점 줄어든 것이다.

1877년 그는 〈유전의 전형적인 법칙Typical Laws of Heredity〉이라는 논문을 발표하면서 다시 새로운 퀸컨스 모형을 소개했다(실제로 만들었는지는 알 수 없다). 그 모형에는 칸막이가 첫 모형에서처럼 바닥에만 있는 것이 아니라 중간에도 있어서 구슬들이 중간 칸막이에 떨어져 첫 번째 경우처럼 분포한다. 그리고 중간 칸막이 가운데 하나가 열리면 구슬은 바닥의 칸막이로 떨어져 또다시 정규분포를 이루는 것이다.

그것은 중대한 발견이었다. 크기와 성격에 관계없이 모든 집단이 정규분포로 배열되는 성향을 가진다는 점이다. 즉, 관찰된 대부분의 자료가 중앙으로, 더 익숙한 표현을 쓰자면 '평균값'으로 모이는 것이다. 모든 집단이 하나로 융합되면, 퀸컨스 I에서 증명되었듯이 구성원들이 정규분포를 나타낸다. 따라서 '완전한 정상grand normal'이란 작은 하위 집단 평균의 평균인 것이다.

퀸컨스 II는 골턴이 1875년 다윈이 제안한 실험을 하던 중 발견한 아이디어에 기계적인 변형을 한 것이다. 다윈이 제안한 실험은 주사위나 운 또는 인간에 관한 것이 아니었다. 그것은 사향 완두, 즉 깍지콩에 관한 실험이었다. 사향 완두는 내한성耐寒性이 좋고 다작성이며 약간 잡교수정 경향을 띤다. 그리고 하나의 콩깍지 안의 완두콩은 본질적으로 균등한 크기를 갖는다. 골턴은 사향 완두 수천 개의 무게를 달고 크기를 잰 후에, 일곱 가지 무게별로 분류한 콩들을 각각 열 개씩 표본을 만들었다. 그러고 나서 꼼꼼하게 명시한 조건에 따라 그 콩들을 심으라는 지시문과 함께 다윈을 포함해 영국 도처에 있는 아홉 명의 친구들에게 보냈다.

골턴은 그 결과를 분석한 후에 무게가 다른 일곱 집단의 자손들이 그 무게에서 퀸컨스에서 나타났던 것과 똑같은 분포를 보였다고 보고했다. 열 개 표본 각각의 자손이 모두 정규분포를 이루었으며, 일곱 개의 각기 다른 무게 집단의 자손 역시 정규분포를 이룬 것이다. 이 같은 놀라운 결과는 '다양한 조합에서의 사소한 영향'으로 인한 결과가 아니라는 골턴의 주장이었다(골턴은 특히 '사소한'을 강조했다). 오히려 유전의 과정은 매우 중요한 영향에 따라 진행된다는 뜻이었다.

"한 인간 집단에서도 탁월한 개인의 숫자가 적기 때문에 그들의 자손이 탁월할 가능성도 적은 것이다. 바꿔 말하면 대부분의 인간들이 평균적이기 때문에 그들의 자손들도 평균적인 것이다. 평범한 사람들이 재능 있는 사람들보다 언제나 수적으로 우세하다."

시항 완두가 나타낸 일련의 '소-대-소' 정규분포를 보고 골턴은 자손의 형질 결정에 어버이의 영향력이 지배적이라는 사실을 재차 확인한 셈이었다.

그의 실험으로 드러난 것은 또 있었다. 어버이 완두콩과 그 어버이에게서 나온 자식 완두콩의 지름 평균을 측정한 〈표 9-1〉을 참고하기 바란다.

〈표 9-1〉 어버이 완두콩과 자식 완두콩의 지름(단위 1/100인치)							
어버이	15	16	17	18	19	20	21
자식 완두콩의 지름 평균	15.4	15.7	16.0	16.3	16.6	17.0	17.3

어버이 완두콩의 지름 분포가 자식들의 지름 분포보다 넓다는 것에 유의하라. 어버이 완두콩의 평균 지름 0.18인치이고, 평균 양끝으로 0.03인치의 차이를 보이며, 0.45~0.21인치까지 퍼져 있다. 자식 완두콩의 평균 지름은 0.163인치로 평균 양끝으로 약 0.01인치의 차이만을 보이며, 0.154~0.173인치까지 퍼져 있다. 자식 대는 어버이 대보다 더 빈틈없는 포괄적 분포를 나타냈다.

이러한 실험 결과를 통해 골턴은 평균으로 복귀, 또는 평균으로의 회귀로 알려진 심오한 일반원칙을 만들어냈다. 그리고 다음과 같이 설명했다.

"복귀는 어버이 형질에서 벗어나 이상적 평균으로 돌아가려는 다음 세대의 경향이며, 대략 '조상의 평균적 형질'이라고 설명될 수 있는 그 무엇으로 돌아가고자 하는 성질이다."

만약 이러한 좁힘 과정이 작용하지 않는다면, 다시 말해 큰 완두콩이 계속 큰 자손만을 생산하고 작은 완두콩은 계속 작은 자손만을 생산한다면 이 세상에는 극소형이나 극대형 말고는 아무것도 존재하지 않을 것이다. 한마디로 자연 전체가 모든 세대에 걸쳐 변덕을 부리다가 완벽하게 미쳐버리거나 우리가 전혀 상상할 수 없는 어떤 극단으로 돌입해 버릴 것이다.

골턴은 가장 감동적이며 극적인 문장으로 자신의 결론을 요약했다.

> 자손의 형질은 부분적으로는 부모에게서, 부분적으로는 조상에게서 유전된다. 그의 계보를 거슬러 올라갈수록 그의 조상은 더 많아지고 더 다양해질 것이다. 그리고 결국 그 종족 전반으로부터 우연히 골라잡은, 동등한 수많은 그 어느 표본과도 같아질 것이다. 이러한 법칙은 재능의 완전한 유전과는 매우 반대된다. 그러나 그 법칙은 공평해서 좋은 형질은 물론이고 나쁜 형질의 전달에도 똑같은 상속세를 부과한다고 할까. 만약 그 법칙으로 자기 자식들은 자신들의 모든 능력을 물려받을 것이라고 생각하는 재능 있는 부모들의 지나친 기대가 좌절된다면, 이는 바로 자신들의 약점과 질병을 물려받을 것이라는 지나친 걱정도 할 필요가 없음을 시사한다.

이것은 골턴에게 나쁜 소식일 수밖에 없었다. 격조 있고 명료하게 표현하면 할수록 자신의 우생학 이론에서 벗어나는 이야기가 펼쳐지는 것이었다. 그러나 그는 이를 우생학 증진에 대한 노력에 더욱 박차를 가하는 계기로 삼았다. 분명한 해결책이 떠올랐던 것이다. '조상의 평균적 형질'의 영향을 극대화시키면 되는 것이었다. 최하위 부분의 자손 생산을 계속 억제해 정규분포곡선의 왼쪽 부분을 줄여나가면 평균이 상향이동하고 아울러 '조상의 평균적 형질'이 영향력 또는 극대화될 수 있다는 논리였다(이는 훗날 미국의 우생단종법과 독일 나치스 정권의 단종법에 의거한 우생재판소 제도에 영향을 끼쳤다-옮긴이).

1885년 골턴은 영국 과학진흥회의 회장으로 당선되었다. 그리고 그 행사의 일환으로 자신이 평균으로의 회귀에 대한 확신을 더욱 굳힐 수 있었던 어느 실험에 대해 보고했다. 그는 그 실험을 위한 설문 대가로 비용을 지불해 사람들에게서 막대한 양의 자료를 모았다. 그리고 그 자료를 토대로 205쌍의 부모에게서 태어난 928명의 성장한 자식들에 대한 관측을 실시할 수 있었다.

그 실험에서 골턴이 초점을 기울인 부분은 '키', 즉 그 시대 용어로 하자면 '신장'이었다. 그가 목표로 한 바는 완두콩 실험과 비슷했다. 어떤 특정 형질이 부모에게서 자식에게 유전되는 방법을 알고자 한 것이다. 관찰된 사실을 분석하려면 남성과 여성 사이의 키 차이를 조정해야 했다. 그래서 그는 여성의 키에 1.08을 곱했고, 부모의 경우에는 양친의 키를 합해 2로 나누었다. 그는 그 결과로 얻어진 항목을 '중간부모mid-parents'라 이름 붙였다. 또한 키 큰 남성이 키 큰 여성과 결혼하고 작은 남성이 작은 여성과 결혼하는 체계적인 경향은 없다는 것을 확인할 필요가 있었다. 마침내 그는 '계산 결과 그러한 경향이 없다는 것을 가정할 수 있기에 충분히 가까운 수치가 나왔다'는 결론을 내렸다.

실험 결과는 〈표 9-2〉처럼 놀라운 것이었다. 왼쪽의 낮은 부분에서부

〈표 9-2〉 205명의 중간부모에게서 태어나 성장한 928명의 자손에 대한 도표

(중간부모의 신장과 자손의 신장을 기준으로 분류)

중간부모의 신장(인치)	성인 자손의 신장														성인 자손의 총수	중간부모의 총수	중위수
	〈61.7	62.2	63.2	64.2	65.2	66.2	67.2	68.2	69.2	70.2	71.2	72.2	73.2	〉75.7			
〉73.0	–	–	–	–	–	–	–	–	–	–	–	1	3	–	4	5	–
72.5	–	–	–	–	–	–	–	1	2	1	2	7	2	4	19	6	72.2
71.5	–	–	–	–	1	3	4	3	5	10	4	9	2	2	43	11	69.9
70.5	1	–	1	–	1	1	3	12	18	14	7	4	3	3	68	22	69.5
69.5	–	–	1	16	4	17	27	20	33	25	20	11	4	5	183	41	68.9
68.5	1	–	7	11	16	25	31	34	48	21	18	4	3	–	219	49	68.2
67.5	–	3	5	14	15	36	38	28	38	19	11	4	–	–	211	33	67.6
66.5	–	3	3	5	2	17	17	14	13	4	–	–	–	–	78	20	67.2
65.5	1	–	9	5	7	11	11	7	7	5	2	1	–	–	66	12	66.7
64.5	1	1	4	4	1	5	5	–	2	–	–	–	–	–	23	5	65.8
〈64.0	1	–	2	4	1	2	2	1	1	–	–	–	–	–	14	1	–
총수	5	7	21	59	48	117	138	120	167	99	64	41	17	14	928	205	–
중간값	–	–	66.3	67.8	67.9	67.7	67.9	68.3	68.5	69.0	70.0	–	–	–	–	–	–

(골턴의 1886년 발표, 〈신장 유전에서 평균으로의 회귀〉에서 발췌)

터 오른쪽으로 올라가는 숫자들의 비스듬한 구조는 키 큰 부모가 역시 상대적으로 큰 키의 자녀를 낳는다는 것을 말해준다. 그리고 그 반대의 경우도 마찬가지다. 유전성이 중요한 역할을 하는 것이다. 중앙을 향해 응집된 큰 수들은 키로 분류된 자손 그룹이 정규분포를 이루고 있으며, 부모의 각 그룹에서 나온 각각의 자손도 정규분포를 이룬다는 것을 보여준다.

이제 가장 오른쪽에 위치한 열과 가장 왼쪽에 위치한 열의 숫자들을 비교해보자('중위수median'는 집단의 반은 그 값보다 크고 반은 그 값보다 작다는 것을 의미한다). 68.5인치 이하 중간부모들의 자손은 모두 부모보다 높은 중간값을 나타낸다. 이를 바탕으로 키 큰 부모의 자녀들의 평균은 부모보다 작고, 키 작은 부모의 자녀들의 평균은 부모보다 큰 경향이 있다고 보아도 무방하다. 완두콩의 경우와 맞아떨어지는 것이다.

몇 차례의 실험으로 확인한, 정규분포와 평균으로의 회귀의 일관성을 통해 골턴은 그 과정에 대한 수학적 계산을 해낼 수 있었다. 이를 테면, 키가 가장 큰 집단에 속하는 부모의 자손들이 그들의 부모보다는 작지만 같은 또래 아이들보다는 키가 클 비율 등을 계산할 수 있었다. 전문적인 수학자가 이러한 그의 연구 결과를 확증해주었을 때 골턴은 다음과 같이 썼다.

"나는 수학적인 분석의 통치력과 장엄한 영향력에 대해 그토록 큰 경외감을 느껴본 적이 없었다."

골턴의 분석은 마침내 '상관相關 개념'에 이르렀다. 상관이란 서로 관련이 있는 두 연속체에 대한 밀접성의 정도를 측정하는 것이다. 예컨대, 부모와 자식의 키, 강우량과 농작물, 인플레이션과 금리, GM사와 바이

오겐사의 주가 등이 상관관계에 해당된다.

골턴의 전기작가이자 뛰어난 수학자인 칼 피어슨Karl Pearson은 "골턴은 과학에 대한 철학, 나아가서는 삶 자체에 대한 철학을 변화시킨 과학적 개념의 혁명을 이루어냈다"고 평가한 바 있다. 피어슨의 말은 결코 과장이 아니다. 평균으로의 회귀는 실로 굉장한 것이다. 골턴은 확률 개념을, 무작위와 '대수의 법칙'에 기초한 통계적 개념에서 역동적 과정으로 전환시켰다. 외곽에 위치하도록 운명 지워진 것들의 후손이 다시 중심부로 무리지어 모이는 과정 말이다. 외곽의 한계에서 중심으로 향하는 변화와 움직임은 부단한 것이며 필연적이며 예견 가능한 것이다. 이러한 과정에 대한 필요성만 주어지면 정규분포에서 벗어난 어떤 결과도 상상할 수 없다. 그 추진력은 항상 평균을 향해, 정상으로의 회복을 향해, 케틀레의 '표준 인간'을 향해 작용하고 있는 것이다.

평균으로의 회귀는 거의 모든 리스크 감수와 예측에 동기를 부여한다. '오르막이 있으면 내리막이 있다', '전성기는 몰락에 선행한다', '아무리 가난해도 3대까지 이어지지는 않는다' 등의 속담이나 격언도 평균으로의 회귀에 뿌리를 두고 있다.

야곱이 파라오에게 7년의 풍작 후에 7년의 기근이 뒤따르리라고 예언했을 때, 그는 이런 식으로 예고된 사건의 반복진행을 알고 있었던 것이다. 모건의 "시장은 변동하게 마련이다" 역시 회귀를 염두에 두고 한 말이다. 이는 이른바 다수의 의견에 대해 반대의견을 갖는 투자가들이 믿는 신조이기도 하다. 어떤 주식에 대해 '과대평가' 또는 '과소평가' 되었다고 말할 때, 그것은 모정의 두려움 또는 탐욕이 군중들을 부추겨 주가를 본질적인 가치intrinsic value에서 멀어지게 만들었으며 언젠가는 본질적인 가치로 되돌아갈 것이 확실하다는 뜻이다.

회귀는 또한 '이제까지 잃기만 했으니 좀 따겠지' 하는 도박꾼의 환상을 자극하는 것이고, 의사가 환자에게 '시간이 지나면 낫겠지요' 라고 말하는 의미이며, 1931년 후버 대통령이 번영의 임박을 호언하며 의미했던 바이기도 하다. 그러나 불행히도 당시 경기 회복의 평균점은 그가 기대했던 곳에 있지 않았다.

골턴은 대단한 삶을 살았다. 그의 사전에 '몰락' 은 없었다. 그의 수많은 업적은 충분히, 그리고 널리 인정받았다. 부인과 사별한 후에는 재혼하지 않고 연하의 젊은 여성들과 교제하며 여행과 글쓰기를 즐기는 길고도 충만한 생을 살았다. 그는 또한 숫자와 사실에 눈이 멀어 자연에 대한 경탄을 놓치는 일도 결코 없었다. 한마디로 다양한 즐거움을 누릴 줄 아는 인물이었다.

10

'평균으로의 회귀'에 배팅하라

평균으로의 회귀는 많은 의사결정 시스템에 철학적 토대를 제공한다. 아울러 합당한 이유도 제공한다. 삶에서 큰 것이 무한히 커지고 작은 것이 무한히 작아지는 경우란 거의 없다. 나무들은 절대로 하늘에 닿을 만큼 크지 않는다. 과거의 추세를 바탕으로 미래를 추측하고 싶을 때, 반드시 골턴의 완두콩을 상기해야 한다.

그런데 만약 평균으로의 회귀가 그렇게 일정한 패턴을 따른다면, 어째서 예측이란 것이 그토록 좌절스러운 결과를 안겨줄까? 왜 우리는 야곱이 파라오에게 얘기했던 것과 같은 선견지명을 가질 수 없는 것일까?

이에 대한 가장 간단한 답은 자연에 작용하는 힘이 인간 정신에 작용하는 힘과 같지 않다는 것이다. 예측의 정확성에 대한 대부분의 평가는 대자연보다는 인간들이 내린 의사결정에 좌우된다. 대자연은 모든 변덕에도 불구하고, 무언가를 결정하려고 애쓰는 인간 집단보다는 그래도 믿을 만하다.

평균으로의 회귀가 의사결정에서 헛된 지침이 되고 마는 까닭은 세 가지다. 첫째, 평균으로의 회귀는 경우에 따라 그 과정이 너무 느려 도중에 어떤 충격으로 인해 붕괴될 위험이 있다. 둘째, 어쩌면 회귀가 너무 강력해 일단 평균에 도달하면 안정을 취하지 않고 오히려 반복적으로 평균 주변을 동요시켜 양쪽에 불규칙한 일탈을 만들 수도 있다. 마지막으로, 경우에 따라서는 평균 자체가 불안정해 어제까지만 해도 표준이라고 생각되었던 것이 오늘은 전혀 모르는 새로운 것으로 대체될 수도 있다. 따라서 번영이 임박해 있다는, 되풀이되는 이유 하나만으로 당장 내일이라도 번영이 찾아오리라고 가정하는 것은 극도로 위험한 일이다.

평균으로의 회귀가 맹목적으로 신봉되는 곳으로 주식시장만 한 곳이 없다. 월 스트리트에는 항상 "싸게 사고 비싸게 팔아라", "이익을 챙기면 가난해지는 법은 없다", "황소(강세 투자가, 매입 측-옮긴이)는 무언가를 벌고 곰(약세 투자가, 매도 측-옮긴이)도 무언가를 얻지만, 돼지(탐욕에 젖은 투자가-옮긴이)는 아무것도 손에 넣지 못한다" 등의 캐치프레이즈들이 난무한다.

이 모든 것의 주제는 간단하다. 만약 오늘의 정상상태가 미래로 무한히 확장되리라는 쪽에 승부를 걸면 당신은 곧 부자가 될 것이고, 아울러 대중과 함께 뛰는 경우보다 훨씬 적은 파산 리스크를 겪게 되리라는 얘기다. 그러나 많은 투자가들은 이 충고를 지키지 못한다.

사람의 심리상, 쌀 때 사고 비쌀 때 파는 게 쉽지 않기 때문이다. 탐욕과 두려움에 밀려 그들은 혼자 힘으로 생각하는 대신 대중과 함께 뛰는 것이다.

이렇듯 완두콩을 항상 염두에 두는 것은 쉬운 일이 아니다. 내일 무슨 일이 일어날지 정확히 아는 것은 불가능하기 때문에 미래에 어떤 미지의 변화가 일어나리라고 인정하기보다는 미래가 현재와 비슷하리라고 가정하는 게 더 쉽다. 어쨌든 현재 상승 주식을 사는 게 바닥주식을 사는 것보다 나은 일처럼 보인다. 대부분의 사람들은 주가 상승이 회사의 번창을, 주가 하락은 회사의 위기를 나타낸다고 가정한다. 그렇다면 왜 모험을 하겠는가?

모험을 하기보다는 안전하게 가고 싶은 마음은 전문가나 비전문가나 마찬가지다. 실례로 1994년 12월 샌퍼드 C. 번스타인 증권회사의 분석가들은, 어떤 회사에 대해 평균 성장률보다 높게 예상하는 전문가들은 실제 결과에 대해 항상 과대평가한다는 점을 발견했다. 이는 회의론자들이 실제 결과를 항상 과소평가하는 것과 마찬가지였다. 분석가들은 "평균적으로 기대가 충족되지 않는다"고 보고했다.

결과는 명확하다. 장밋빛 전망을 가진 주식은 비현실적으로 올라가고, 앞날이 비관적인 주식 또한 비현실적으로 떨어진다. 그리고 그 다음에 평균으로의 회귀가 적용된다. 좀더 현실적이고 대담한 투자가들은 남들이 팔 때 사고, 남들이 살 때 판다. 이들이 얻는 실제적인 이득에 시장 동향을 좇는 사람들은 놀라고 만다.

역사적으로 싸게 사들이고 비싸게 팔아, 즉 '평균으로의 회귀'에 배팅하여 큰돈을 번 전설적인 투자가들은 버나드 바루크Bernard Baruch, 벤저민 그레이엄Benjamin Graham, 워렌 버핏Warren Buffett 등이다. 반대중적 투자는 많은 조사를 통해 입증된 바 있다.

대중과 맞서서 성공한 소수의 사람들은 주목을 받는다. 그러나 똑같은 일을 하고도 실패한 투자가들에 대해서는 아무도 관심을 기울이지 않는다. 그들은 너무 빨리 행동했거나 전혀 행동하지 않았기 때문에, 또는 회귀하리라고 기대한 주가의 평균이 실제로 회귀한 평균과 달랐기 때문에 실패한 것이다.

대공항 직후인 1930년대 초, 주가가 전보다 50% 하락했을 때 주식을 사들이는 만용을 부렸던 투자가들을 생각해보라. 주가는 계속 하락세를 보여 80%까지 떨어지다가 1932년 가을 마침내 바닥으로 떨어졌다. 또한 1955년 초 주식을 팔았던, 지나치게 신중한 투자가들을 생각해보라. 당시 다우존스 산업평균지수는 마침내 1929년의 고가高價를 회복해 앞서 6년간 가격의 세 배를 넘어섰을 때였다. 그런데 겨우 9년 뒤에 주가는 1929년과 1955년의 고점을 연결한 폭보다 두 배 이상 뛰었다. 두 경우 모두 '평균' 으로의 회귀는 일어나지 않았다. 평균이 새로운 자리로 옮겨갔던 것이다.

평균으로의 회귀가 주식시장의 움직임에 대한 좌우 여부를 논의하면서, 주가 예측이 가능한지, 만약 그렇다면 어떤 조건에서 가능한지 묻지 않을 수 없다. 어느 투자가도 먼저 이러한 질문에 답하지 않고는 리스크

감수 여부를 결정할 수 없다.

경우에 따라 어떤 주식은 '너무 높게' 오르거나, '너무 낮게' 떨어진다는 몇 가지 증거가 있다.

1985년 미국 금융협회 연례모임에서 경제학자 리처드 탈러Richard Thaler와 워너 드본트Werner Debondt는 〈주식시장은 과잉반응하고 있는가?Does the Stock Market Overreact?〉라는 제목의 논문을 발표했다.

그들은 한 방향으로 극단적인 움직임을 보이는 주가가 평균으로의 회귀를 유발하고 이어서 다시 반대 방향으로도 극단적인 움직임을 보이는지 실험하기 위해 1926년 1월부터 1982년 12월까지 1,000개가 넘는 주식의 3년 간 수익률을 분석했다. 그들은 3년 단위로 시장평균보다 상승한 주식, 또는 떨어졌더라도 시장평균보다는 덜 떨어진 주식을 '승자'로 분류했고, 시장평균보다 덜 떨어진 주식, 또는 올랐어도 시장평균보다 덜 오른 주식을 '패자'로 분류했다. 그런 후 각 집단이 그 다음 3년 동안 보인 평균 수익률을 계산했다.

그들이 찾아낸 결과는 뚜렷한 양상을 띠었다.

"지난 반세기 동안 '패자' 포트폴리오는 포트폴리오 형성 이후 36개월 동안 평균 19.6%의 상승세를 기록했다. 반면에 '승자' 포트폴리오는 약 5.0% 하락했다."

드본트와 탈러의 실험방법은 비난의 대상이 되기도 했지만, 그들의 발견은 다른 방법을 사용해 실험한 또 다른 분석가들에 의해 입증되었다. 투자가들이 새로운 정보에 대해 과잉반응하며 장기 추세를 무시하는 동안, 평균으로의 회귀는 평균적인 승자를 패자로, 평균적인 패자를 승자로 바꿔놓은 것이다.

이러한 반전은 어느 정도 유예기간을 거쳐 전개되는 경향이 있으며, 이러한 경향이 바로 이익창출의 기회를 제공한다. 결국 주식시장은 처음에는 단기적인 뉴스에 과잉반응을 보이고, 다음에는 또 다른 성격의 단기 뉴스를 기다리며 소극적인 반응을 보인다.

그 이유는 간단하다. 일반적으로 주식가격은 기업의 성쇠에 따라 변화한다. 지나치게 단기 실적에 초점을 맞추는 투자가들은 갑작스런 대부분의 이익 급증은 오래가지 않는다는 많은 증거들을 무시하는 것이다. 반면, 문제에 직면한 회사들은 그 문제가 무한히 진전되도록 그냥 놔둘 리 없지 않은가. 운영자들은 회사가 다시 정상궤도에 오를 수 있도록 어려운 결정을 내리기 시작할 것이고, 또는 좀더 열의 있는 다른 사람들에게 자리를 내주고 물러날 수도 있다.

평균으로의 회귀는 반드시 존재해야 한다. 만약 승자가 계속 승리하고 패자가 실패를 계속한다면 경제계는 거대 독점기업들로만 구성되어 소기업을 찾아볼 수 없을 것이다. 한때 감탄 어린 시선을 받았던 일본과 한국의 거대 독점기업들은 이제 반대의 과정을 겪고 있다. 수입자유화 물결이라는 형태로 밀려드는 평균으로의 회귀로 인해 그들의 경제력은 점차 약화되고 있기 때문이다.

전문적인 투자 관리자들의 실적 역시 평균으로 회귀하는 경향이 있다. 오늘의 훌륭한 관리자가 내일, 또는 적어도 모레에는 별 볼일 없는 관리자가 될 수 있는 확률이 높은 것이다. 반대의 경우도 마찬가지다. 그렇다고 성공적인 관리자가 틀림없이 그 능력을 잃고, 저조한 실적의 관리자가 반드시 빛을 본다는 의미는 아니다. 그렇게 되는 경향이 강하다는 점을 강조할 뿐이다. 투자 관리자들이 실패하는 까닭은 '영구히 지속되는 투자방식은 없다' 는 단순한 이유 때문이다.

피터즈버그 역설에 대한 논의에서 무한한 이익을 가져다주는 것처럼 보이는 주식의 가치 평가에 대한 어려움에 주목한 바 있다. 투자가들의 과도한 낙관론이 그러한 성장 주식의 가격을 믿을 수 없는 수준으로까지 올려놓게 된 것은 불가피한 일이다. 이어서 평균으로의 회귀로 주가가 폭락했을 때, 성장주 포트폴리오를 보유한 가장 뛰어난 투자 관리자도 바보처럼 보일 수밖에 없었다.

비슷한 유행이 1970년대 후반 소형주 투자에서도 일어난 적이 있다. 학술적인 연구 조사를 통해, 리스크는 크지만 소형주가 가장 성공적인 장기 투자였음이 입증되었을 때다. 1983년경 평균으로의 회귀가 또다시 엄습했고, 소형주는 그후 여러 해 동안 시장 평균수익률을 하회했다. 이번에는 소형주를 보유한 가장 뛰어난 투자 관리자도 바보처럼 보일 수밖에 없었다.

1994년 뮤추얼 펀드 수익률에 관한 유력 잡지인 〈모닝스타〉는 1989년 3월 말과 1994년 3월 말을 기준으로 각각 5년 동안의 다양한 펀드의 실적표를 만들었다(표 10-1).

이 표는 평균으로의 회귀 작용을 확연히 보여준다. 두 기간 동안의 평균은 거의 같다. 그러나 첫 번째 기간과 두 번째 기간의 항목별 변동사항은 엄청나다. 첫 번째 시기의 평균보다 높았던 세 집단은 두 번째 시기의 평균보다 낮은 분포를 보였고, 첫 번째에서 평균보다 낮았던 세 집단은 두 번째에서 평균보다 높은 분포를 보였다.

이처럼 평균으로의 회귀에 대한 명확한 증거는 지속적으로 투자관리자를 바꾸는 투자가들에게 귀중한 충고가 될지도 모른다. 다시 말해 가

〈표 10-1〉 다양한 펀드에 대한 실적표

대상 펀드	1989년 3월까지 5년	1994년 3월까지 5년
국제주식	20.6%	9.4%
수입	14.3%	11.2%
성장과 수입	14.2%	11.9%
성장	13.3%	13.9%
소기업	10.3%	15.9%
급성장	8.9%	16.1%
평균	13.6%	13.1%

장 현명한 전략은 최근 가장 뛰어난 실적을 올린 관리자를 해고하고 가장 실적이 나쁜 관리자에게로 자산을 옮기는 것이다. 이는 주가가 지나치게 위로 솟구칠 때 팔고 지나치게 아래로 곤두박질할 때 사는 것과 다름없는 전략이다.

만약 이러한 반대중적 전략을 따르기 힘들다면 같은 결과를 얻는 다른 방법도 있다. 다름 아닌 당신의 본능에 적극적으로 따르는 것이다. 실력 없는 관리자를 해고하고 실력 있는 관리자의 펀드 보유량을 증가시켜라.

"그러나 2년을 기다린 후에 그렇게 하라."

전반적인 주식시장은 어떠한가? 다우존스 산업평균지수와 S&P 500 주가지수처럼 대중적인 평균지수는 과연 예측 가능한 것인가?

앞서 제시한 〈표 8-1〉은, 1년 또는 그 이상 단위로 보는 시장 동향은 정규분포와 별로 비슷하지 않다는 것을 보여준다. 그러나 월별과 분기별로 보면 정확히 일치하지는 않지만 정규분포를 그리고 있음을 알 수 있다.

케틀레라면 단기간의 주가 변동은 독립적이라는 증거로 이 내용을 해석할 것이다. 즉, 오늘의 가격 변화가 내일의 가격과는 전혀 상관없다는 얘기다. 주식시장은 예측할 수 없다. 랜덤 워크의 개념은 이러한 상황을 설명하기 위해 도입된 것이다.

그러나 장기적인 관점에서 보면 어떠한가? 결국 대부분의 투자가들은 아무리 참을성이 없는 사람이라 할지라도 한 달 이상, 1분기 · 4분기 이상, 또는 1년 이상을 기다리지 않는가? 시간 흐름에 따라 포트폴리오 구성 종목을 바꾸더라도 진지한 투자가들은 몇 년 동안, 때에 따라서는 10년 이상 그들의 돈을 주식시장에 묶어두는 경향이 있다. 그렇다면 주식시장의 장기 운용은 단기 운용과 완전히 다른가?

만약 랜덤 워크의 관점이 옳다면, 오늘의 주가는 모든 관련된 정보를 반영할 것이다. 그리고 주가 변화의 유일한 요인은 새로운 정보의 입수 가능성밖에 없을 것이다. 또한 그 새로운 정보가 어떠한지 전혀 알 길이 없으므로 주가가 회귀할 평균도 없을 것이다. 다른 말로 하면 일시적인 주가, 즉 주가가 변화하기 전에 잠깐 머무를 중간 상태가 없으리라는 것이다. 그리고 이것 역시 변화 예측이 불가능한 이유가 되리라.

그러나 두 가지 다른 가능성이 있다. "새로운 뉴스에는 과잉반응을 보인다"라는 드본트와 탈러의 가설이 개개의 주식이 아닌 전반적인 시장에 적용된다면, 중 · 장기적인 현실에서와 마찬가지로 주요 시장 평균수익률에서 평균으로의 회귀가 가시화될 것이다.

반대로 투자가들이 다른 것보다 경기상황에 더 민감하다면—예컨대, 1932년과 1974년의 불경기와 1968년과 1986년의 호경기를 비교해보면—주가는 투자가들이 불안에 떠는 만큼 떨어질 것이고, 상황이 바뀌어 미래의 희망적 견해를 정당화시켜줄 때 다시 올라갈 것이다.

두 가지 가능성을 통해 단기적인 변동성에 대해 무시하고 장기적인 안목으로 투자해야 한다. 시장이 어떻게 변화하든 투자가들의 수익률은 장기적으로 평균 수준에 도달할 것이기 때문이다. 그렇다면 주식시장은 몇 달 또는 2, 3년의 기간을 놓고 볼 때 리스크가 큰 곳이지만, 5년 또는 그 이상의 기간을 투자한다면 적어도 막대한 돈을 잃을 리스크는 거의 없는 곳이 된다.

이러한 관점을 지지하는 인상적인 논문이 1995년에 '투자관리 및 연구협회' 라는 기관에서 출간되었다. 이 기관에는 대부분의 전문 투자가들이 있고, 논문의 저자는 베일러 대학의 교수인 윌리엄 라이헨슈타인William Reichenstein과 도밸리 도셋Dovalee Dorsett이다. 두 교수는 방대한 조사를 기초로, 좋은 시기 뒤에 나쁜 시기가 또 나쁜 시기 뒤에 좋은 시기가 뒤따르는 것을 예측할 수 있다고 결론지었다. 이러한 발견은, 주가 변화는 예측 불가능하다는 랜덤 워크의 관점에 정반대되는 것이다. 주가도 완두콩과 마찬가지로 일정한 방향으로 무작정 돌진하는 경향은 없다.

수학적인 계산을 통해 일련의 연속되는 무작위 숫자에 대한 분산variance(관측된 사실이 평균 주변에 퍼지는 경향에 대한 척도)은 연속되는 길이가 커지는 정도에 따라 정확히 늘어남을 알 수 있다. 3년간의 관측은 1년간 관측된 분산의 세 배가 될 것이며, 10년간의 관측은 매년 관측된 분산의 열 배를 보여줄 것이다. 그러나 만일 그 숫자가 무작위적이지 않다면 평균으로의 회귀가 작용하기 때문에 기간에 따른 분산의 변화율이 1보다 적다는 수학적 계산이 나온다.

라이헨슈타인과 도셋은 1926~1993년까지의 S&P 500을 연구했다. 그리고 3개년 수익률 분산이 연간 수익률 분산의 겨우 2.7배라는 것을 알아냈다. 그리고 8개년 수익률 분산은 연간 수익률 분산의 5.6배에 불과했다. 또한 그들이 채권과 주식을 혼합한 실제와 비슷한 포트폴리오를 조합했을 때, 기간에 따른 분산 비율은 주식만으로 구성된 포트폴리오보다 훨씬 작게 나타났다.

따라서 주식시장에서의 장기적인 변동성이란 극단적인 일만 없다면 예상보다 훨씬 적을 게 확실하다.

"결국 투자가들은 자기 나름대로 여러 차례 시도해본 다음, 피리 부는 사나이의 뒤를 춤추며 따라가기보다는 골턴에게 귀를 기울인다."

이러한 발견에는 장기 투자가들을 위한 심오한 암시가 존재한다. 왜냐하면 장기간의 수익률에 대한 불확실성은 단기간에서보다 훨씬 작다는 것을 의미하기 때문이다. 라이헨슈타인과 도셋은 수많은 과거 자료와 미래의 가능성에 대한 예측을 제공했다. 그 중에서도 인플레이션을 감안한 수치 조정 이후의 결과에 기초한 그들의 주요 발견은 다음과 같다.

1년 보유기간 동안 투자가들이 주식시장에서 투자액의 25%를 잃을 가능성은 5%이고, 40% 이상 벌어들일 가능성도 5%다. 반면에 30년의 보유기간 동안에는 100% 주식으로만 구성된 포트폴리오가 20% 이하로 상승할 가능성이 단지 5%이고, 이 포트폴리오의 소유주가 처음보다 50배가 넘는 이익을 올릴 가능성도 5%다.

시간이 흐름에 따라, 리스크가 큰 포트폴리오와 안정적인 투자 사이의 수익차는 극적으로 커진다. 20년의 보유기간 동안 장기 회사채로만 구성된 포트폴리오가 4배 이상이 될 가능성은 겨우 5%인데, 100% 주식 포트폴리오가 적어도 8배가 될 가능성은 50%인 것이다.

그러나 이렇게 수고스럽게 조사했다고 해서 부자가 되는 요령을 터득한 것은 아니다. 우리는 역경에도 불구하고 오래 버티는 것이 어려운 일임을 잘 알고 있다. 그리고 라이헨슈타인과 도셋은 단지 1926년부터 1993년에 일어난 일에 대해서만 조사했을 뿐이다. 그들의 계산은 긍정적으로 보면 장기 투자에 대한 유혹이 될 수 있겠지만, 그들의 분석은 완전한 '뒷북치기'에 불과하다. 게다가 연간 수익률에서의 차이가 아무리 작더라도 그것이 몇 년 동안 지속되면 결국 투자가들의 부에 큰 차이를 초래한다는 점이다.

드본트와 탈러가 보고한, 새로운 정보에 대한 주가의 과잉반응 현상은 최근의 증거에만 집중해 장기적인 안목을 상실하기 쉬운 인간 성향의 결과로 비롯된 것이다. 어쨌든 우리는 미래의 어떤 시점에 일어날 일보다 지금 일어나는 일에 대해 더 많은 것을 알고 있다.

그럼에도 불구하고 현재를 지나치게 중시하는 자세는 오히려 현실 왜곡뿐만 아니라 어리석은 결정과 평가를 낳을 수도 있다. 예를 들어, 일부 관측자들은 지난 25년에 걸친 미국의 생산성 성장률의 둔화를 개탄

해왔다. 그러나 사실 그 기간의 기록은 그들의 염려보다는 훨씬 나은 것이었다. 평균으로의 회귀를 염두에 둔다면 비관론자들의 잘못된 관점도 수정할 수 있다.

1986년 프린스턴 대학의 경제학자 윌리엄 보몰William Baumol은 생산성에서의 장기 동향에 대한 연구논문을 발표했다. 그는 72개국에서 자료를 수집했다. 그 자료들은 1870년까지 거슬러 올라간다. 그가 실시한 연구의 초점은 스스로 '수렴 과정'이라고 이름 붙인 것에 맞춰져 있었다.

이 과정에 따르면 1870년에 가장 낮은 수준의 생산성을 보인 나라들은 그후 세월이 흐르면서 가장 높은 생산성 증가율을 기록하면서 발전을 이뤘고, 1870년에 높은 생산성을 보인 나라들은 그후 가장 낮은 생산성 증가율을 기록했다. 다시 완두콩의 법칙이 작용한 것이다. 생산성 증가율에서의 이러한 차이로 후진국과 선진국 사이의 격차는 느리지만 확실하게 좁혀졌다. 각 그룹이 평균으로의 회귀를 이루어낸 것이다.

조금 더 자세히 살펴보면, 110여 년 동안 가장 생산적인 국가와 가장 비생산적인 국가 간의 차이는 8 대 1의 비율에서 2 대 1로 수렴되었다. 이에 대해 보몰은 다음과 같은 사항을 지적했다.

"단지 '하나의' 변수, 즉 각국의 1870년도 시간당 국내총생산GDP이 상당히 중요한 역할을 한다는 명백한 암시가 인상적이다."

경제학자들이 일반적으로 생산성 성장에 기여하는 것으로 생각하는 요인, 이를테면 시장경제, 높은 저축률과 투자율, '건전한' 경제정책 등은 오히려 거의 무관한 것처럼 보였다. 보몰의 결론을 들어보자.

"생산성 변화 요인이 무엇이든 각국은 미리 정해진 위치에 근접하도록 예정되었다."

여기서 바로 골턴의 작은 실험을 정확히 복제한 세계적인 현상이 존재하는 것이다.

이러한 관점으로 바라보면, 미국에 대한 평가는 근본적으로 바뀐다. 최근 상대적으로 낮은 미국의 생산성 증가율은 20세기 들어 산업국가 가운데 시간당 높은 GDP를 보인 국가로서 어쩌면 당연한 것일지도 모른다. 보몰의 자료는 미국의 생산성 증가율이 지난 20년뿐만 아니라, 반세기 넘게 '중간쯤'에 머무르고 있음을 보여준다. 1899~1913년 사이에 이미 미국의 생산성 증가율은 스웨덴, 프랑스, 독일, 이탈리아, 일본보다 떨어졌다.

한편 일본은 제2차 세계대전 동안을 제외하고는 모든 선진 경제국 가운데 가장 높은 장기長期 증가율을 보여온 국가임에도 불구하고, 보몰은 일본의 1870년도 노동자당 생산기준이 가장 낮은 그룹에 속해 있었으며 지금도 여전히 미국보다 낮은 등급에 위치한다고 지적한다. 그러나 어쨌든 수렴 과정은 기술의 발전으로 교육이 보급됨에 따라, 증가하는 물량으로 규모의 경제가 촉진됨에 따라 아무 감정 없이 계속된다는 것이 보몰의 주장이다.

또한 보몰은 1960년대 후반 이래 미국의 생산성 증가율에 대한 불만은 최근의 업적을 지나치게 강조하고 장기간의 추세를 무시하는 일부 평론가들의 근시안적인 관점 탓이라고 지적한다. 그의 지적에 따르면 대략 1950~1970년까지 이루어졌던 미국의 비약적인 생산성 향상도 사실 예정된 운명은 아니었다고 한다. 미국과 같은 기술 지향적인 국가에서도 말이다. 오히려 좀더 장기적인 관점에서 보면, 그러한 도약은 1930년대와 제2차 세계대전 동안 있었던 증가율 급락을 개략적으로나마 상쇄하고자 하는 일탈에 불과했다는 것이다.

결국 다루는 주제는 전적으로 다르더라도, 보몰의 주된 결론은 드본트와 탈러의 것과 일치한다.

현재에 영향을 미치고 내일에 심오한 효력을 행사할 과거 사건에 대한 체계적인 조사 없이 현상에 대한 이해는 불가능하다. 장기적인 흐름은 중요하다. 경제학자들과 정책결정자들이 일시적인 조건에 영향을 받을 수 있는 단기적 사건 전개의 흐름에서부터 장기적인 추세와 그 결과를 발견하려고 애쓰는 것은 현명하지 못하다(단기적인 흐름에서 장기적인 추세를 파악한다는 것은 거의 불가능하다. 그러나 그럴수록 장기적인 흐름이 중요하다는 의미다-옮긴이).

평균으로의 회귀가 작용할 때라도 간혹 장기적인 흐름이 너무 늦게 시작되어 미궁에서 벗어나지 못하는 경우도 있다. 위대한 영국 경제학자 케인스는 다음과 같은 유명한 구절을 남겼다.

> 장기적으로 보면 인간은 모두 죽게 마련이다. 만약 경제학자들이 폭풍우가 몰아치는 계절에, 폭풍우가 지나고 어느 정도 시간이 흐르면 바다는 잔잔해지리라는 얘기밖에 할 수 없다면 그들은 너무 안이하고 쓸모없는 사람에 불과한 것이다.

그러나 우리는 단기적인 흐름에서 살아갈 수밖에 없다. 당면한 문제가 여기저기 떠다니는 상황에서 바다가 잔잔해질 때까지 기다릴 뱃심은 없다. 게다가 바다가 잔잔해지더라도 폭풍우와 폭풍우 사이에 있는 잠깐 동안의 고요함일지 감히 누가 알겠는가.

평균 자체가 유동적일 때 평균으로의 회귀에 따라 미래를 예측하는 일은 위험하다. 라이헨슈타인과 도셋의 연구에서는 미래란 과거와 같은 것이라고 가정하지만, 언제나 그렇다고 할 자연법칙은 존재하지 않는다.

지구 온난화가 실제로 진행 중이라면, 몇 년 연속 기온이 높았다고 해서 다음 몇 년에 반드시 기온이 떨어지는 것은 아니리라. 또한 단순한 신경증적인 증세가 아닌 정신질환자에게는 우울증이—간헐적이지 않고—지속적으로 오게 마련이다. 만약 인간이 환경 파괴를 계속해나간다면 홍수는 일어나지 않고 가뭄만 계속될지도 모른다.

자연이 간혹 평균으로의 회귀에 실패한다면 인간 활동은 완두콩과는 달리 불연속성을 경험할 것이며, 그 어떤 리스크 관리 시스템도 제대로 이루어지지 않을 것이다. 골턴은 그러한 가능성에 대해 인식하고 다음과 같이 경고한 바 있다.

"평균은 단지 독립적인 사실일 뿐이다. 그러나 만약 어떤 다른 사실이 첨가되면 관측된 사실과 거의 일치하는 하나의 완전한 정상구조가 잠재적으로 존재하기 시작한다."

이 책의 앞부분에서 대부분의 사람들이 몇 세기 동안 누려온 일상생활의 안정성에 대해 언급한 바 있다. 그러나 200여 년 전 착수된 산업혁명 이래로, 너무나 많은 '다른 사실' 이 '평균' 에 첨가되는 바람에 '정상구조' 에 대한 정의가 점점 더 어려워졌다. 따라서 불연속성의 위협 앞에서는 지금까지 완벽하게 합리적으로 보였으나 갑자기 비합리적으로 변한 기존의 추세에 따라 의사결정의 기초를 두는 것은 위험한 일이다.

지금부터 평균으로의 회귀를 과신해 실패한 두 가지 사례를 살펴보겠다.

1930년 후버 대통령이 "번영이 임박해왔다"고 단언했을 때, 그것은 결코 대중을 현혹시킬 의도로 내뱉은, 입에 발린 소리가 아니었다. 그의 말은 진심이었다. 무엇보다도 역사를 돌이켜보면 언제나 그랬던 것처럼 말이다.

불황은 왔다가 또 언제나 그렇게 사라져갔다.

1869년부터 1929년까지 제1차 세계대전 기간을 제외하고, 경기 침체를 보인 해는 모두 합쳐 7년에 불과했다. 그 중 한 번은 경기가 매우 높은 수치에서 하락해 1907년에서 다음 해까지 2년 연속 침체의 늪을 헤맨 경우도 있었다. 그러나 5.5% 하락을 포함해 경기 침체를 보인 7년간 실질 GDP의 연간 평균 하락률은 1.6%에 불과했다. 그러나 1930년에 접어들면서 상황은 급변했다. 생산이 9.3% 떨어졌고, 1931년에는 8.6% 떨어졌다. 경기의 최저점인 1932년 6월 GDP는 1929년 절정 때보다 55%나 밑돌았다. 심지어 1920년 일시적인 불황기에 보였던 최저치보다 더 낮았던 것이다. 60년 역사가 갑자기 무의미해져버렸다. 부분적으로 산업발전이 오랜 기간 지속되면서 역동성이 시들어버린 것이 문제였다. 심지어 1920년대의 활황기에도 경제 성장은 1870년에서 1918년까지 보였던 장기 추세보다 낮았다. 이러한 추진력의 쇠퇴는 국내외의 정책적 실수와 1929년 10월 주식시장 폭락의 충격과 결합해, 어쩌면 '임박해 있었을 번영'은 뒤로 물러나버렸다.

두 번째 예를 들어보자. 대공황 30년 뒤인 1959년, 역사적 견지에서 전혀 이치에 닿지 않는 사건이 발생했다. 1950년대 후반까지 투자가들은 채권보다 주식에서 더 높은 수익을 올렸다. 양자의 수익률이 비슷해질 때마다 보통주의 배당 수익률은 다시 움직여 채권 수익률을 넘어섰다. 주식가격이 떨어지면 주식에 투자된 1달러는 전보다 많은 소득을 안겨주었다.

그것은 당연한 일처럼 보였다. 어쨌든 주식은 채권보다 더 리스크가 크다. 채권이란 차입자의 원금 지불 시기가 정확히 명기되어 있을 뿐만 아니라, 이자의 지급 일정도 정해져 있는 계약이다. 만일 차입자가 채권 계약을 불이행하면, 신용이 훼손될 뿐만 아니라 파산에 이르고, 차입자의 자산은 채권자가 처분할 수 있게 된다.

그러나 주식을 보유한 주주들은 채권자가 만족할 때까지 그 회사의 자산에 대한 실질적 청구권이 없다. 주식은 또한 영대永代 소유권이다. 다시 말해 회사의 자산이 언제까지 소유주들에게 배분된다는 최종 일자는 없는 것이다. 더욱이 주식 배당금을 지불해야 할 의무가 없다. 일례로, 대중에 공개된 회사가 지불하는 전체 배당금이 1871년에서 1929년 사이에 19차례나 삭감된 일도 있었다. 1929년에서 1933년에는 50% 이상, 1938년에는 약 40%가 삭감되었다.

따라서 투자가들이, 채권보다 주식이 높은 소득을 안겨줄 때만 주식을 사들이는 것은 당연하다. 또한 주식에서 얻은 소득이 채권에서 얻는 소득과 비슷해질 때마다 떨어지는 것도 당연한 현상이다.

1959년까지 그러한 상황이었다. 그런데 그때 갑자기 주가가 치솟고 채권가격이 폭락하기 시작했다. 이는 이자율 급등과 주가 배당률의 하락을 의미하는 것이었다. 채권과 주식 간의 오랜 관계는 사라지고, 마침내 채권이 주식보다 더 큰 수익을 안겨주기 시작했다. 그리고 그 격차는 한때 주식의 채권에 대한 수익률 폭보다 더 크게 벌어졌다.

이러한 반전의 원인은 결코 하찮은 것이 아니었다. 인플레이션이 바로 과거와 현재를 갈라놓은 주요인이었다. 1800년에서 1940년까지 물가는 겨우 연평균 0.2%의 비율로 상승했으며, 사실 하락한 해도 69차례나 있었다. 1940년의 소비자 물가지수는 140년 전에 비해 단지 28%가 올랐을 뿐이다. 그러한 상황에서 고정된 달러 가치의 자산 소유는 즐거움이었던 반면, 고정적이지 않은 달러 가치의 자산 소유는 리스크가 매우 큰 일이었다.

그러나 제2차 세계대전과 그 여파로 모든 것이 변했다. 인플레이션은 1941년에서 1959년까지 연평균 4.0% 상승했으며, 소비자 물가지수도 한 해를 제외하고는 해마다 상승했다. 잔인하게 오르는 물가로 영향을 받지 않을 것처럼 보이던 채권이라는 금융상품은 극단적으로 리스크가 큰 투자 대상으로 바뀌고 말았다. 재무성이 1945년에 발행한 표면금리 21/2%인 채권가격은, 1959년경 1,000달러에서 820달러까지 떨어졌다. 820달러로는 1949년에 살 수 있었던 채권의 반밖에 살 수 없었다.

한편 주식 배당금은 1945년에서 1959년 사이에 세 배로 폭등했다. 그 사이 오직 한 해에만 저조한 실적이 나타났으며 그것도 2% 하락에 불과했다. 투자가들은 주식을 더 이상 가격과 수익 예측이 불가능할 정도로 움직이는 위험한 자산으로 인식하지 않았다. 현재(당해년도)의 배당금을 위해 지불하는 가격은 점점 더 무의미해 보였다. 중요한 것은 미래에 받을 배당금의 상승세였다. 시간이 흐르면 주식의 자본 가치 상승과 함께 그러한 배당금이 채권의 이자를 넘어서리라고 충분히 기대했기 때문이다. 주식이 제공하는 성장과 인플레이션 헤징hedging의 기회 때문에 프리미엄을 얹어서라도 주식을 사들이고 고정금리 수익률만을 가진 채권을 팔아치우는 게 영리한 행동이었다.

1959년 이전에 이와 같이 새로운 움직임이 뚜렷이 드러났다. 그러나 옛 기억을 간직한 사람들이 여전히 주요한 투자가로 남아 자본시장에서는 주식과 채권의 오랜 관계가 지속되는 경향을 보였다. 예를 들어, 대공황을 겪은 나의 동료들은 당시 눈에 보이는 추세가 일탈에 불과하다며 나를 이해시키려고 했다. 그들은 몇 달 안에 주가가 떨어지고 채권가격이 회복되는 정상적인 추세로 돌아설 것이라고 장담했다.

그런데 나는 지금도 기다리는 상황이다. 상상할 수도 없는 그 무엇이 일어날 수도 있다는 당시의 경험을 통해 나는 인생관, 특히 투자에 대한 지속적인 영향을 받고 있다. 그러나 미래에 대한 나의 태도 변화뿐만 아니라, 과거를 반추하는 일이 과연 지혜로운 행동인가 하는 회의에 빠지곤 한다.

그렇다면 미래 예측을 판단하는 데 과연 어느 정도로 평균으로의 회귀를 신뢰해야 하는가? 어떤 상황에서는 강력한 힘을 발휘하고, 또 다른 상황에서는 재난을 이끌어내는 개념으로 도대체 무엇을 하려는 것인가?

케인스는 말했다.

"살아 움직이는 존재로서 우리는 행동할 수밖에 없다. 우리의 지식으로 계산된 수학적 기댓값에 대한 충분한 근거가 없더라도 말이다."

우리는 주먹구구로, 경험으로, 본능으로, 관습으로, 다른 말로 하자면 배짱으로 현재에서 미래를 향해 더듬거리며 나아간다. 존 케네스 갤브레이스John Kenneth Galbraith가 처음 사용한 '일반 통념conventional wisdom'이라는 표현에서는 경멸의 의미를 볼 수도 있다. 마치 대부분의 사람들이 믿는 것이 잘못된 것일 수밖에 없다는 식이다. 그러나 통념 없이는 장기적인 의사결정을 내릴 수 없으며 인생에서 길을 찾기도 힘들 것이다.

결론적으로 훌륭한 지혜를 얻는 비결은 평균으로의 회귀가 단지 도구일 뿐이라는 유연한 생각에 있다. 평균으로의 회귀는 불변의 교리와 의식을 지닌 종교가 아니다. 후버 대통령이나 나의 동료들이 그랬듯이, 평균으로의 회귀를 과거에서 기계적인 추정을 이끌어내는 데 그친다면 그것은 우상 숭배보다 나을 게 없다. 현재 내린 가정의 타당성 여부에 대해 지속적인 의문 없이는 절대로 평균으로의 회귀만을 믿고 게임에 뛰어들지 마라. 골턴이 현명한 충고를 해주지 않았던가.

"평균보다 포괄적인 관점을 즐겨라."

11

원하지만 불확실한 이익을 얻고 싶다면

지금까지 확률에 관한 이론과 이에 대한 독창적인 측정 방법에 중점을 두어왔다. 파스칼의 삼각형, 야코프 베르누이의 구슬 단지에 대한 확신의 연구, 베이스의 당구대, 가우스의 종형 곡선, 그리고 골턴의 퀸컨스에 이르기까지……. '선택의 심리학'에 관해 최초로 심도 있는 연구를 시도했던 다니엘 베르누이는 효용까지도 측정 가능한 대상이라고 확신했다.

이제 조금 다른 종류의 탐구로 접어들겠다. 어떤 리스크는 감수해야 하고 어떤 리스크는 헤지hedge(리스크 방지 또는 회피의 뜻으로, 한쪽의 거래에서 생긴 리스크를 다른 쪽 거래로 상쇄시키는 행위-옮긴이) 해야 하는가? 어떠한 정보가 유용한 것인가? 미래에 대한 우리의 신념은 얼마나 확고한가? 이 모든 의문을 요약하면 다음과 같은 질문이 된다.

"리스크를 다루는 데 어떤 방식으로 관리의 개념을 도입할 것인가?"

불확실한 상황에서는 이성적인 행동과 측정이 의사결정에 필수적인 요소다. 이성적인 사람들은 정보를 객관적으로 처리한다. 그들이 미래 예측 과정에서 저지르는 실수는 지나치게 낙관적 또는 비관적으로 고집부리다 생긴 결과라기보다는 무작위적인 실수로 봐야 한다. 그들은 명확히 규정된 일련의 선호도에 따라 새로운 정보에 반응한다. 그리고 스스로 원하는 바를 알기 때문에 자신의 선호도를 지지해주는 방식으로 정보를 사용한다.

선호란 어떤 것을 다른 것보다 좋아한다는 의미다. 취사선택trade off이란 말에는 이 개념이 함축되어 있다. 선호는 유용한 개념이다. 그러나 선호도에 대한 측정 방법이 있다면 그 개념은 좀더 명료해질 것이다.

1738년 다니엘 베르누이가 효용의 측정에 관해 비범한 논문을 저술하며 염두에 두었던 점도 바로 그것이다. 그는 다음과 같이 호언장담했다.

"(효용에 대한) 나의 견해가 근거 없는 가설에 따라 세워진 추상적인 개념 정도로 무시된다면 그것은 매우 잘못된 것이다."

베르누이는 효용을 선호도 측정 단위로 소개했다. 어떤 것을 다른 것보다 더 좋아하는 정도에 대한 계산의 단위로 말이다. 그는 세상에는 갖고 싶은 것으로 가득 차 있으나, 그것을 얻기 위해 기꺼이 지불하려는 대가는 사람마다 서로 다르다고 얘기했다. 또한 많이 소유한 사람일수록 그 이상의 것을 얻으려면 좀더 적게 지불하려 한다는 것이 그의 결론이었다.

베르누이의 효용 개념은 대단히 혁신적이었으나 그 개념을 다루는 그의 방법은 1차원적이었다. 오늘날에는 객관적인 측정 기준으로 볼 때 충분한 부를 소유한 사람이더라고 다른 사람에게 뒤지지 않는 생활을 영위하려는 욕망 때문에 더 많은 것을 원한다는 것을 정설로 인정하고 있다. 베르누이는 하나의 게임을 통해 자신의 이론을 정립했다. 피터가 던진 동전이 앞면이 나오는 동안 폴이 금화를 받는 게임을 기억할 것이다. 폴은 동전의 앞면이 나오면 이긴다. 그러나 뒷면이 나와도 폴은 '손실'이 없다. 여기서 '손실loss'이라는 단어는 사실 베르누이의 논문에 나온 표현은 아니다. 또한 그후 200년 동안 효용 이론에 관한 어떤 연구서에도 등장하지 않는다. 그러나 그 단어가 일단 쓰이자마자, 효용 이론은 '원하지만 불확실한 이익'을 얻고자 할 때 감수해야 할 리스크의 정도를 규정하는 데 선택의 전형이 되었다.

그럼에도 불구하고 베르누이의 효용 이론의 힘은 여전히 대단하다. '인간의 본성'에 대한 그의 통찰력이 계속 인정받고 있기 때문이다. 이성적인 결정에 대한 정의, 계량화와 지침을 제시한 그의 노력 덕분에 의사결정 이론과 리스크 측정이 오늘날의 수준으로 진보할 수 있었던 것이다.

효용 이론과 의사결정의 역사는 전적으로 베르누이 학파에 지배되어 왔다고 생각할지 모른다. 특히 과학자로서 다니엘 베르누이가 누렸던 명성을 생각하면 더욱 그렇다. 그러나 반드시 그렇다고 볼 수만은 없다. 후에 효용 이론에서 이루어진 진보는 대부분 새로운 발견이었다. 베르누이의 최초 이론을 확장시킨 것은 일부에 불과했다는 얘기다.

베르누이가 라틴어로 논문을 썼다는 사실이 문제였을까? 케네스 애로는 리스크 측정의 새로운 이론에 대한 베르누이의 논문이 1896년에야 독일어로 번역되었고, 영어 번역은 1954년이 되어서야 미국 학술지를 통해 소개되었다고 지적한 바 있다. 하지만 수학 연구서에 라틴어를 쓰는 것은 19세기까지 이루어진 관행이었다. 가우스 또한 라틴어를 사용했지만, 그 때문에 그의 생각이 주목받는 데 어떤 장벽이 있었던 것은 아니다. 그렇지만 베르누이의 업적이 경제학자나 행동과학을 연구하는 학생들보다 수학자들에게 더욱 주목을 받은 이유는, 아마도 그의 논문이 라틴어로 쓰여졌기 때문이라는 관점은 타당한 듯 보인다.

케네스 애로는 좀더 본질적인 문제를 제시했다. 베르누이는 효용을 수익 관점에서 다루었다. 그러나 후에 사람들은 그것을 선호도의 길잡이로 간주했다. "저것보다는 이것이 좋다"고 말하는 것은 "이것이 내게 x의 효용을 지닌다"고 말하는 것과 다르다는 주장이었다.

효용 이론은 18세기 말 제러미 벤담Jeremy Bentham이 재발견했다. 벤담은 1748년에서 1832년까지 그리 짧지 않은 생애를 보낸 유명한 영국의 철학자이자 공리설의 주창자다. 런던에 있는 유니버시티 칼리지University College(옥스퍼드 대학의 단과대학 가운데 하나-옮긴이)에서 지금도 그를 만나볼 수 있다. 본인의 유언대로 미라가 되어 유리상자에 잠들어 있는 것이다. 머리는 밀랍으로 대체되어 있고, 다리 사이에는 그가 아끼던 모자가 끼여 있다.

그의 주요 작품은 1789년 출간된 《도덕과 법률에 대한 원칙The Principles of Morals and Legislation》으로, 이 책은 계몽주의 정신으로 가득 차 있다.

자연은 인류를 '고통'과 '즐거움'이라는 두 군주의 통치하에 두었다.

우리의 의무를 지시하고 우리의 향후 행동을 결정하는 주체가 바로 그 두 가지다. 효용의 원칙은 이런 종속從屬을 인식하고, 그 종속을 자연체계의 바탕을 지탱하기 위한 당연한 것으로 여긴다. 그리고 그 목표는 이성과 법의 손길로 행복이라는 직물을 짜는 것이다.

이어서 벤담은 효용이라는 용어로 자신이 의미하고자 하는 바를 설명했다.

"어떤 대상을 소유함으로써 이익이나 특권, 즐거움, 선, 행복에 대한 증가 경향이 강해지고, 또 그 경향이 사회 행복의 감소보다 증가로 기울 때, 우리는 그 대상이 효용을 지닌다고 말한다."

여기서 벤담은 전반적인 삶에 대해 논하고 있다. 그러나 19세기의 경제학자들은 효용을, 구매자와 판매자의 상호작용적인 의사결정에서 가격 결정 방법을 발견해내는 도구라고 여겼다. 이것이 바로 수요공급의 법칙으로 발전되었다.

19세기를 주도한 경제학자들은, 구매자와 판매자가 자신들에게 열린 기회를 심사숙고하는 동안에는 미래가 정지된 상태로 기다려준다고 생각했다. 그들은 이 기회가 저 기회보다 더 나은지에 대해서만 관심을 기울였을 뿐이다. 손실의 가능성은 전혀 고려하지 않았다. 따라서 불확실성의 혼란이나 경제순환구조 등은 염두에 두지 않았다.

그 대신 그들은, 사람들이 빵 한 덩이나 포도주 한 병 또는 열 병째 포도주를 사기 위한 비용 지불에 동기를 부여하는, 심리적이고 주관적인 요인 분석에만 집중했다. 포도주 한 병조차 살 돈이 없는 사람도 있을 수 있다는 사실은 생각해보지도 않았던 것이다. 빅토리아 시대의 저명한 경제학가 앨프리드 마셜Alfred Marshall은 이렇게 말하기도 했다.

"그 누구라도 자신을 신사 이하로 만드는 직업을 가져서는 안 된다."

수학을 좋아한 전형적인 공리주의자인 윌리엄 스탠리 제번스William Stanley Jevons 또한 이러한 사상가였다. 그는 1835년 리버풀에서 태어났으며, 그의 꿈은 과학자였다. 그러나 경제적인 어려움 때문에 그는 오스트레일리아 시드니의 왕립조폐국에서 일을 해야 했다. 당시 시드니에서는 금 채광 붐이 일어나 인구가 10만 가까이 늘어나며 급속한 성장세를 보였다. 10년 뒤 런던으로 돌아와 경제학을 공부한 제번스는 생애의 대부분을 유니버시티 칼리지의 정치경제학 교수로 보냈다. 그는 페티 이래로 왕립학회 회원으로 뽑힌 첫 번째 경제학자였다. 제번스는 자신의 직함에 상관없이 '정치경제학'에서 '정치'라는 단어를 없애자고 제안한 사람들 가운데 하나였다. 그는 정치경제학이 지향하던 추상성의 수준을 폭로했던 것이다.

그럼에도 불구하고 1871년 출판된 그의 대표작은 《정치경제학 이론Theory of Political Economy》이라는 제목이 달려 있다.

제번스의 분석은 "가치는 전적으로 효용에 달려 있다"는 선언으로 시작된다. 그리고 이렇게 이어진다.

"만족스러운 교환 이론에 도달하기 위해서는 소유한 상품의 양에 따르듯 효용 변화의 자연법칙을 조심스럽게 밝혀나가기만 하면 된다."

여기서 다니엘 베르누이가 단언한 내용이 반복되는 것을 알 수 있다. 효용이 이미 소유한 일용품의 양에 따라 달라진다는 주장 말이다. 책의 말미에 제번스는 전형적인 빅토리아 시대의 신사다운 어구로 이 사실을 일반화해놓았다.

"우리에게 필요한 세련되고 지적인 것일수록 싫증을 덜 내게 마련이다."

제번스는 자신이 '가치'의 문제를 풀어냈다고 자부했다. 모든 것을 양적인 용어로 표현할 수 있게 만들어 그때까지 경제학을 특정 지었던 모호한 일반성을 제거할 수 있었다는 주장이다. 또한 그는 우리에게 필요한 것은 과거의 경험과 관측에서 얻어진 확률을 적용하는 일뿐이라고 단언해 불확실성 문제를 일소시켰다.

"확률을 올바르게 추정해냈느냐 하는 여부는 그 계산이 평균적 사실과 일치하느냐에 달려 있다. 우리는 실생활에서 이러한 계산을 비교적 정확하게 하는 편이다."

구체적으로 베르누이를 언급하지는 않았지만 제번스 수학을 경제학에 도입하기 위한 초기의 노력에 대해 여러 장을 할애해 소개했다. 또한 자신의 업적에 대해서는 추호의 의심도 하지 않았다.

파스칼 시대 이전에는 어느 누구도 의심과 믿음에 대한 측정이 가능하리라고 생각지 못했다. 도박이라는 사소한 게임에 대한 연구가 수학의 확률이론으로 창출되리라고 어느 누가 생각이나 했겠는가?

기쁨 · 고통 · 효용 · 가치 · 부 · 돈 · 자본 등의 모든 개념이 양으로 환산될 수 있다는 것을 의심할 사람은 없다. 이제 산업과 무역의 모든 활동까지도 이익과 불이익의 양으로 비교되는 것이다.

자신의 업적에 대한 제번스의 자부심은 빅토리아 시대의 특징인 측정

에 대한 열정을 반영한 것이다. 빅토리아 시대가 무르익어가면서 더욱 더 많은 인생의 단면이 양量으로 파악되었다. 또한 산업혁명의 도움을 입은 과학 연구의 폭발적인 증가도 한몫했다.

일찍이 영국 최초의 체계적인 인구조사가 1801년에 실행되었고, 보험업계의 통계학 이용은 19세기를 거치면서 더욱 정교해졌다. 올바른 사고방식을 가진 수많은 사람들은 산업화의 병폐를 줄이고자 사회학적 측정에 관심을 기울였다. 그들은 빈민가의 생활수준을 향상시키기 위해, 그리고 범죄와 문맹, 신흥 빈민층의 알코올 중독 등을 퇴치하기 위해 발 벗고 나섰다.

그러나 사회에 효용 측정을 적용시키자는 빅토리아 시대의 일부 제안은 실용적이지 못했다. 심지어 제번스와 동시대인이자 혁신적인 수학경제학자인 에지워스 같은 사람은 '쾌락 측정기hedonimeter'의 개발을 제안하기도 했다. 또한 케임브리지 출신의 젊고 똑똑한 수학자 프랭크 램지Frank Ramsay는 1920년대 중반에 '심리 검류계psychogalvanometer'라는 기계의 발명 가능성까지 탐구했다.

일부 빅토리아 시대 사람들은 측정에 대한 이러한 질주가 물질주의적 냄새를 짙게 풍긴다고 우려했다. 1860년 플로렌스 나이팅게일Florence Nightingale이 골턴을 비롯한 여러 사람들과 상담한 후 옥스퍼드 대학에 응용통계학 강좌를 지원하겠다고 제안한 바 있다. 그러나 물질주의 지향성에 대한 염려로 그녀의 제안은 단호하게 거절당했다. 탁월한 통계학자이자 통계사학자인 모리스 켄들Maurice Kendall은 다음과 같이 얘기한다.

"선임 대학들은 그때까지도 중세의 마법에서 빠져나오지 못했던 것 같다. 그후 나이팅게일은 30년 동안이나 노력하다가 결국 포기하고 말았다."

그러나 사회과학을 자연과학과 같은 정도로 수량화하려는 움직임은 시간이 지남에 따라 더욱 강렬해졌다. 자연과학에서나 쓰이던 용어가 점차 경제학에서도 자리를 잡아갔다. 예를 들면, 제번스는 효용이나 이기심을 설명하며 '역학' 이라는 용어를 사용했다. 균형 · 운동량 · 압력 · 기능 등의 개념이 서로 다른 분야를 넘나들기 시작한 것이다. 오늘날 금융계에서 널리 쓰이고 있는 금융 공학financial engineering, 신경망neural networks, 유전학적 알고리즘genetic algorithms 등의 용어를 보더라도 알 수 있다.

경제학자로서 제번스가 행한 연구 가운데 주목할 만한 것이 하나 더 있다. 자연과학에 대한 체계적인 훈련을 쌓은 그는 '경제는 변동한다' 는 사실에 주목하지 않을 수 없었다. 《정치경제학 이론》이 출간되고 2년 후인 1873년, 유럽과 미국에서는 20여 년간 지속되던 활황이 막을 내렸다. 그리고 3년 동안 대서양 양안의 경제활동은 지속되던 하락세를 보였고, 회복 또는 느리게 전개됐다. 1878년 미국의 산업생산력은 1872년에 비해 단지 6% 상승했다. 그후 23년 동안 미국의 재화와 용역 가격은 계속적으로 하락세를 이어가다가 40%가량이나 떨어졌고, 결국 서유럽과 북미 지역에서 난관에 부딪쳤다.

제번스는 이렇듯 혹독한 경험으로 산출과 고용이 최적의 수준일 때 경제구조는 안정적일 수밖에 없다는 데이비드 리카도David Ricardo와 그의 추종자들의 주장에 의심을 품었던 것일까? 전혀 그렇지 않았다고 보는 게 옳을 것이다. 그 대신 그는 날씨에 미치는 흑점의 영향, 수확에 미치는 날씨의 영향, 가격 · 임금 · 고용에 미치는 수확의 영향을 기초로 경제주기 이론이라는 것을 제안했다. 제번스에게 경제 문제는 자연에 있는 것이지 경제철학에 있는 것이 아니었다.

사람들이 결정을 내리고 선택을 취하는 방법에 대한 이론이, 당시에는 실생활과 괴리되어 있었던 것으로 보인다. 그럼에도 불구하고 그러한 이론이 거의 100년 동안 널리 인정받으며 우세했다. 심지어 대공황 시기에도 경제 변동이 리스크 감수로 인한 경제구조 고유의 사건이라기보다는 일종의 우연한 사고로 여겼다. 때문에 1930년, 번영이 임박했다는 후버 대통령의 약속은 대공황을 구조적인 잘못으로 보기보다는 임시적인 궤도 이탈에서 야기된 것으로 본 그의 신념이 반영된 것이다. 1931년, 케인스 또한 빅토리아 시대라는 자신의 성장배경에서 비롯된 듯한 낙관론을 드러냈다.

"경제적 문제는 불쾌한 혼란에 불과하다. 일시적이고 '불필요한' 혼란일 뿐이다."

그는 특히 '불필요한'을 강조했다.

4부

투자전략에 대한 분석

1900~1960년

12

행운을 빌어요

사람들은 측정에 대한 신뢰감이 종종 무너지기 때문에 측정을 거부하기도 한다. 그래서 행운이든 불운이든 '지난밤에 코끼리가 폭탄 맞은' 사건 등도 그저 운으로 돌려버리곤 한다. 그러나 만약 모든 일이 전부 운에 달렸다면 리스크 관리는 별 의미가 없어진다. 사건을 운과 관련지어 설명하는 것은 원인과 결과가 서로 분리되어 결국은 진실이 감춰져버리기 때문이다. 말하자면 "그 사람은 참 운이 나빴어"라고 말하는 것은, 그 사람이 그 일에 아무런 책임도 없다는 뜻이다. 마찬가지로 "그 사람은 운이 참 좋았어"라고 말한다면, 그처럼 좋은 결과를 만들기 위한 그의 노력을 부인해버리는 것과 같다. 결과를 결정짓는 것은 과연 운인가? 아니면 우리의 판단인가? 이 점에 대해 얼마나 확실한 대답을 할 수 있는가?

우연히 일어난 일과 인과관계의 결과로 발생한 일을 구분할 수 없다면 원하는 바를 손에 넣을 수 있으리라는 자신이 없어진다. 더욱이 이미 손에 넣은 것도 그것을 가질 수 있었던 방식에 대해 확실하게 말할 수 없다. 어떤 리스크를 감수할 때는 의사결정으로 초래될 어떤 결과에 대해 베팅하는 것이다. 비록 현재로서는 그 결과에 대해 확신하지는 못하더라도 말이다.

"결국 리스크 관리의 본질은 결과에 대한 통제 가능한 범위를 최대한 늘리는 반면, 인과관계에 숨겨진 연결고리를 알 수 없기에 결과에 대한 통제 불가능 범위는 최소화하는 데 있다."

운이란 과연 무엇인가? 라플라스는 운이나 우연은 없다고 확신했다. 《가능성을 초월한 철학Essai philosophique sur les probabilités》이라는 에세이에서 그는 다음과 같이 주장했다.

> 원인 없이 결코 사건이 일어날 수 없다는 자명한 원칙에 따라 현재의 사건은 선행 사건과 관련 있게 마련이다. 대자연의 법칙을 따를 것 같지 않은 일개 사건일지라도 사실은 태양이 뜨고 지는 데 적용되는 것과 같은 바로 그 인과율에 적용받는 것이다.

이는 야코프 베르누이의 견해와 동일하다. 즉, 모든 사건이 무한히 반복되면 모든 일마다 반드시 명확한 원인이 있다는 사실이 파악되고, 우연한 사건으로 확실하게 보이는 것조차도 어떤 필연의 결과, 즉 '숙명FATE'에 따른 결과임을 알게 될 것이다. 또한 드 무아브르는 '창조계획'의 힘을 따르려 했으며, 라플라스 역시 모든 인과관계에 헤아릴 수 있는 '전능한 지성vast intelligence'이 있다고 가정하면서 불확실성이라는 개념 자체를 무시했다. 당시의 조류에 따라 인간 이성에 대한 낙관적인 기대를 했던 라플라스는 천문학 · 역학 · 기하학 · 물리학 등에서 이미 이룩해놓은 많은 사람들의 업적들을 고려해볼 때, 언젠가는 '전능한 지성'과 같은 수준에 이르는 것이 가능하다고 믿었다. 그가 그러한 업적을 어떻게 생각했는지는 다음과 같은 언급에 잘 드러나 있다.

"그러한 진보는 동물보다 우월한 인간만의 독특한 특성에서 비롯된다. 그리고 그러한 진보를 통해 나라와 시대가 구분되고, 인간의 진정한 영화榮華가 만들어지는 것이다."

라플라스는 물론 어떤 일의 원인을 찾기 어려울 때도 있다고 인정했다. 그러나 어떤 사건을 단순히 확률법칙에 따라야 할 경우에도 굳이 인과관계를 따지려는 경향에 대해서는 우려를 표명했다.

"탁자에 알파벳 카드가 CONSTANTINOPLE의 순으로 놓여 있을 때, 우리는 그것을 단순한 우연의 결과라고 생각하지 않는다. 그러나 만일 그 단어가 어느 나라에서도 사용되지 않는다면 굳이 그 글자의 나열에 어떤 이유가 있으리라고 추측할 필요는 없는 것이다."

같은 이치로 만약 BZUXRQVICPRGAB의 순서로 카드가 나열되어 있다면, 설사 그와 같은 나열이 나올 가능성이 CONSTANTINOPLE와 같을지라도 글자 순서의 필연성에 대해 재차 생각할 필요는 없다. 만약 1에서 1000까지의 숫자가 각각 적힌 1,000장의 카드가 든 항아리에서 우연히 1000이라는 숫자 카드를 끄집어내었다면 놀랄 만한 일일지도 모른다. 그러나 그 역시 우연히 457이라는 숫자가 나올 수 있는 가능성, 즉 1/1000과 다를 바 없다.

"결과가 특수한 것일수록 그 원인을 밝히는 데 더욱 '강력한 증거'가 필요하다."

라플라스의 결론이다.

1987년 10월 한 달 동안 주식시장이 20% 이상이나 폭락했다. 한 달 동안 주식값이 20%도 넘게 떨어진 사례는 1926년 이래로 네 차례 있었다. 그러나 유독 1987년의 주가 폭락만에 대한 원인은 알 수 없었다. 가설만 무성할 뿐, 일치된 의견이 없었다. 분명 어떤 원인이 있었기에 폭락했겠지만 아직까지도 그 원인은 모호한 상태다. 사건의 특수성에도 불구하고 아무도 사건의 원인을 밝힐 수 있는 '강력한 증거'를 찾지 못한 것이다.

라플라스보다 약 100년 후에 태어난 프랑스 수학자, 쥘 앙리 푸앵카레Jules-Henri Poincaré(1854~1912)는 인과관계의 개념뿐만 아니라 의사결정 과정에서의 정보에 대한 중요성을 한층 더 강조했다. 뉴먼은 그를 다음과 같이 묘사한다.

> 그는 프랑스 학자의 전형을 보여주었다. 키는 작았고 몸집은 통통했으며, 무성하게 자란 굵은 턱수염과 콧수염이 멋졌다. 또한 구부정한 자세

에 근시안이었으며, 말할 때는 미친 듯이 흥분하곤 했다. 다소 멍해 보이는 표정의 그는, 늘 검은 실크 리본 줄이 달린 코안경을 걸쳤다.

푸앵카레는 신동의 대열에 포함시켜야 마땅한 인물이다. 그리고 그는 주위 사람들의 기대를 저버리지 않고 당대 프랑스 수학계를 이끄는 인물로 성장했다.

그러나 그는 루이 바실리에Louis Bachelier라는 학생의 학문적 성과를 과소평가하는 큰 실수를 범하고 만다. 바실리에는 1900년에 소르본 대학에서 〈투기 이론The Theory of Speculation〉이라는 제목의 논문으로 학위를 받았는데, 그의 논문 심사 교수가 푸앵카레였다. 바실리에의 논문에 대한 푸앵카레의 평을 들어보자.

"바실리에는 매우 독창적이고 명료한 사고력을 가진 학생이다. 그러나 그의 논문은 주제 면에서 다른 학생들이 일반적으로 다루는 것과 다소 거리가 멀다."

결국 그의 논문은 '우수'라는 평가를 받는 데 그쳤다. 학계에서 어느 정도 인정받는 일자리를 구하기 위해서는 '최우수' 평가가 필수적이었는데 말이다. 바실리에는 결국 그런 일자리를 구할 수 없었다.

어쨌든 바실리에의 논문은 작성된 지 50년 이상 지나서 그것도 아주 우연한 기회에 빛을 보았다. 수학자로서는 어린 나이에 프랑스 국채國債에 대한 옵션가격 선정을 설명하기 위해 발전시킨 그의 수학이론이, 후에 알베르트 아인슈타인Albert Einstein의 전자운동 발견보다 5년이나 앞섰다는 사실이 밝혀진 것이다(한편 아인슈타인의 발견은 후일 금융 분야에서 주식시장의 랜덤 워크 가설에 대한 근거를 제공했다). 더욱이 투자 과정에 대한 바실리에의 고찰은 오늘날 금융시장에서 주목받는 많은 이론을 앞지르는 것이었다. 매우 '우수' 하게도 말이다.

바실리에가 논문에서 주장하는 핵심은, 투자자의 수학적 기댓값은 '제로(0)' 라는 것이다. 당시의 여건을 고려하면 실로 깜짝 놀랄 만한 진술이 아닐 수 없다. 현재 트레이딩trading(유가증권, 외환 등의 단기매매-옮긴이) 전략과 파생상품derivative의 사용에서부터 포트폴리오 관리의 매우 세련된 기법에 이르기까지, 모든 부문에서 그의 진술은 자명한 사실로 인정받는다. 사람들의 냉담한 반응에도 불구하고, 바실리에는 자신이 대단한 경지에 도달해 있음을 알았다.

"이 이론을 통해 확률을 계산해내면 투자 연구에서 제기되는 거의 모든 문제를 다 해결할 수 있다."

그러나 바실리에의 논문에 대해 평가절하했던 푸앵카레의 생각을 다시 한 번 살펴볼 필요가 있다. 푸앵카레는 라플라스처럼 모든 일에 원인이 있다고 믿었다. 다만, 미약한 인간에게는 모든 일의 발생 원인을 꿰뚫어볼 능력이 부족할 뿐이라는 것이었다.

"만약 전능하며 모든 자연법칙에 대해 모두 파악하는 어떤 존재가 있다면, 세상이 시작될 때부터 그는 이미 모든 일을 예견했을 것이다. 실로 그런 존재가 있다면, 우리는 그와 어떠한 종류의 '운에 맡기는 승부' 도 할 수 없을 것이다. 우리가 질 것이 뻔하기 때문이다."

인과관계의 힘을 극적으로 보여주기 위해 푸앵카레는 인과관계가 없는 세상을 상상해보자고 제안했다. 그는 당대 천문학자였던 카미유 플라마리옹Camile Flammarion의 공상을 예로 들었다. 공상 속의 여행자는 빛의 속도보다 훨씬 더 빠르게 우주를 날아간다.

그는 시간을 거꾸로 거슬러 올라갔을 것이다. 시간의 기호가 플러스(+)에서 마이너스(−)로 바뀌었으리라는 뜻이다. 따라서 그에게는 역사도 반대방향으로 흘러, 워털루 전쟁이 아우스터리츠 전쟁보다 먼저 일어났을 것이다. 이런 경우 그는 모든 것의 균형이 깨진, 어떤 혼돈상태에 따른 결과처럼 느낄 게 분명하다. 아울러 모든 자연현상도 우연으로 여길 것이다.

그러나 인과관계가 지배하는 세상에서는 어떤 일의 원인을 안다면 그 결과 또한 예측할 수 있다. 따라서 무지한 사람에게는 우연처럼 보이는 일도 과학자에게는 그렇지 않다. 즉, 우연이란 말은 단지 무지의 척도에 불과한 것이다.

푸앵카레는 과연 우연에 대한 이러한 정의로 완전히 만족할 수 있는지 묻는다. 아무튼 미래에 대해 알기 위해 확률 법칙을 이용할 수도 있다.

월드 시리즈에서 어떤 팀이 승리할지 아무도 모른다. 그러나 파스칼의 삼각형은 첫 게임에서 진 팀이—상대팀이 세 게임을 더 이기기 전에—네 게임에서 다 이길 확률을 22/64로 밝히고 있다. 주사위 하나를 던졌을 때 3이 나올 확률은 1/6이다. 오늘의 일기예보에서는 내일 비올 확률이 30%라고 말한다. 바실리에는 다음 주식거래에서 주가가 오를 확률이 정확히 50%라는 것을 증명해 보인다. 푸앵카레는 다음과 같이 지적한다.

"생명보험회사 사장은 보험 계약자가 언제 죽을지 알지 못한다. 그러나 주주들에 대한 배당금 배분으로 보아 그는 확률 계산과 대수의 법칙으로 문제를 해결할 수 있다."

또한 푸앵카레는 우연처럼 보이는 일부 사건도 실제로는 그렇지 않으며, 다만 변화 요인이 사소해 그 원인이 드러나지 않는 것이라고 지적했다. 예를 들어 정점이 평면에 접한 상태로 거꾸로 세워진 원추를 생각해 보자. 원추의 완벽한 균형은 아주 미세한 허점만 있어도 무너진다. 균형에는 아무런 문제가 없더라도 '입김처럼 아주 작은 진동'에도 넘어갈 수 있다. 푸앵카레는 이러한 이유로 기상학자들이 기상 예측에 한계를 느낄 수밖에 없다고 설명했다.

> 많은 사람들은 비나 눈이 오게 해달라고 드리는 기도를 자연스럽게 여긴다. 하지만 그런 사람들도 일식이나 월식을 바라는 기도는 어리석은 짓이라 생각한다. 그러나 실제 이유의 10분의 1 정도만 알았어도, 왜 여기에서는 태풍이 몰아치고 저기에서는 잔잔한지 이해할 수 있었을 것이다. 그리고 예상과는 달리 태풍의 피해가 전 지역으로 확산되는 이유 또한 설명할 수 있었으리라. 단 10분의 1만 알았어도 말이다. 그러나 사람들은 모든 것을 운의 탓으로만 여긴다.

룰렛 판을 회전시킬 때나 주사위를 던질 때조차도 거기에 가해지는 미묘한 힘의 차이에 따라 결과가 다르게 나타난다. 이러한 미세한 차이를 관찰할 수 없기 때문에 결과는 우연한 것으로 보이고 예측불가능한 일로 여기는 것이다. 푸앵카레마저 룰렛 판을 회전시키며 빌었듯이 말이다.

"룰렛 판은 돌아가고 심장은 뛰는구나. 내게 행운이 있기를……!"

최근에 전개된 '혼돈이론Chaos Theory'도 이와 비슷한 전제를 기초로 한다. 이 이론에 따르면 혼돈으로 여기는 많은 것이 사실은 숨어 있는 질서의 산물이다. 따라서 그 질서에 숨은 매우 하찮은 동요로 인해 주식시장에서는 미리 예정된 폭락이나 장기간에 걸친 강세시장이 연출된다는 것이다.

1994년 7월 10일자 〈뉴욕 타임스〉에는 버클리 대학의 컴퓨터 학자인 제임스 크러치필드James Crutchfield의 혼돈이론을 멋지게 응용한 기사가 실렸다.

"은하수 가장자리에서 인력引力에 끌리는 대로 이리저리 이동하는 전자 알맹이 하나로 지구에서는 당구 게임의 결과가 변할 수도 있다."

라플라스와 푸앵카레는 우리가 아는 정보의 양이 너무나 적어서 확률 법칙을 적용하지 못하는 경우가 있다고 여겼다. 얼마 전에 모 투자전문가 회의에 참석했는데, 어떤 친구가 나에게 다음과 같은 내용의 쪽지를 건네주었다.

가진 정보는 원하는 정보가 아니다.
원하는 정보는 필요한 정보가 아니다.
필요한 정보는 얻을 수 있는 정보가 아니다.
얻을 수 있는 정보는 지불하려는 대가보다 더 비싸다.

우리는 크고 작은 정보의 조각들을 짜맞출 수는 있지만, 결코 모든 정보를 다 얻을 수는 없다. 또한 우리가 가진 표본의 유용 정도도 확신할 수 없다. 바로 이러한 불확실성 때문에 결론 도달이 어렵고, 그러한 결론을 근거로 한 행동에도 리스크가 따른다. 사실 우리는 내일 아침에 해가 떠오를지조차도 100% 확신할 수 없다. 고대인들은 우주의 전체 역사에 비하면 극히 일부에 지나지 않는 표본에 따라 일출을 예견했던 것이다.

결국 정보가 부족한 상태에서는 귀납논리에 따라 가능성을 추측할 수밖에 없다. 케인스도 확률에 관한 어느 논문에서 통계적인 개념이 아무 소용 없는 경우도 빈번하다고 결론지었다.

"사건과 그에 대한 증거 사이에는 어떤 관계가 있을 것이다. 그러나 그 관계가 반드시 측정 가능한 것은 아니다."

불확실성과 리스크에 대처하려고 애쓰다 보면 귀납논리로 인해 이상한 결론이 나올 수 있다.

노벨상 수상자인 케네스 애로는 이런 현상에 대해 인상적인 연구 결과를 발표했다. 그는 제1차 세계대전이 끝날 무렵 태어나, 그 당시 활발한 지적 활동과 토론의 중심지였던 뉴욕에서 성장했다. 그는 공립학교를 거쳐 사립대학을 나왔으며 계속해서 하버드와 스탠퍼드 대학에서 교편을 잡았다. 그리고 현재 스탠퍼드 대학에서 ORoperations Research(수학 등을 이용한 경영관리합리화 연구-옮긴이)과 경제학 부문의 명예교수직에 있다.

그는 많은 사람들이 이용 가능한 정보의 양을 과대평가하고 있다고 확신했다. 대공황 당시에 경제학자들이 그 원인을 밝힐 수 없었던 이유도 그들의 경제학 지식이 '대단히 제한되었기' 때문이라고 여겼다. 또한 그는 제2차 세계대전 당시 공군 기상 예보자로 일한 경험을 바탕으로 '자연계 또한 예측하기 어렵다'는 확신을 굳혔다. 이 부분에 대한 그의 언급은 이미 서문에서 인용한 바 있다. 조금 더 살펴보도록 하자.

사회나 자연을 다스리는 섭리에 대한 인식은 모호성이라는 구름을 길게 드리우며 다가온다. 방대한 재앙이 확실성에 대한 신념을 뒤따르는 것이다.

사회나 자연의 섭리에 대한 인식은 모호성이라는 구름을 길게 드리우며 다가온다. 확신의 대상이 역사의 필연성에 관한 것이든, 거창한 외교적 구상에 관한 것이든, 경제정책에 대한 극단적인 견해든 간에 확실성에 대한 신념에는 엄청난 재앙이 뒤따른다. 따라서 개인이나 사회에 널리 영향을 미치는 정책에 대한 진행에는 대단히 신중해야만 한다. 그 결과를 아무도 예측할 수 없기 때문이다.

케네스 애로가 기상 예보자로 일하면서 겪었던 사건은 불확실성과 더불어 그에 대한 인정을 꺼리는 인간의 모습을 잘 보여준다. 일부 장교들이 한 달 후의 일기 예보 임무를 할당받았을 때의 일이다. 그와 동료 장교들은 그러한 장기 예보의 확률이란 모자 속에서 숫자 카드를 꺼내는 게임보다 나을 게 없다는 사실을 알았다. 그들은 상관에게 다른 임무를 부여해달라고 요청했다. 그러자 상관은 이렇게 대답했다.

"대장님도 그런 기상 예보가 아무 소용이 없다는 것을 잘 알고 계신다. 하지만 계획을 세우는 데는 그런 게 필요하다고 생각하신다."

그는 리스크에 관한 논문에서 많은 사람들이 도박을 하거나 정기적으로 보험회사에 보험료를 납부하는 이유에 대해 묻는다. 수학적 확률로 보면, 두 경우 모두 돈을 잃게 마련인데 말이다. 도박의 경우 실제로는 어느 정도 가능하더라도 통계학적으로 본전 이상을 기대하는 것 자체가 불가능하다. 도박장의 운영비나 수익이 어디에서 나오겠는가. 보험의 경우를 보자. 우리는 화재 또는 귀중품 분실에 대한 통계적 가능성을 초과하는 보험료를 지불한다.

우리는 어째서 이렇게 밑지는 장사를 하는 것일까? 도박을 하는 이유는, 큰 이익을 얻을 수 있는 작은 확률이 우리에게 유리하게 작용하리라는 희망에서 작은 손실이 발생할 큰 확률을 기꺼이 감수하기 때문이다. 따라서 대부분의 사람들은 도박을 리스크라기보다 오락으로 여긴다.

한편 보험에 가입하는 이유는, 화재로 집이 다 타버려 인생마저 잿빛으로 변해버리거나 때 이른 죽음을 당하는 리스크에 대한 감당 능력이 없기 때문이다. 다시 말해 보험에 가입하지 않으면 당장 그만큼의 작은 이익을 볼 수는 있지만, 앞으로 자신 또는 가족에게 닥칠 재난에 대한 불확실성을 항상 떠안고 살아야 하기 때문이다. 그래서 우리는 100% 가능성을 지닌 약간의 손실(보험료) 대신, 커다란 이익을 얻을 가능성(재난이 닥치는 경우)에 대한 베팅을, 확실한 작은 이익(보험료의 절약) 때문에 일어날 수 있는 재난을 떠안은 베팅보다 선호하는 것이다.

케네스 애로는 종류나 규모에 관계없이 어떤 손실이든 보상을 해주는 가상의 보험회사와 그밖의 리스크 분담 기관에 대한 연구를 인정받아 노벨상을 수상했다. 가상의 보험회사는 그가 '완벽한 시장complete market'이라고 묘사한 경제구조에 존재한다. 그는 사람들이 미래의 어떤 가능성에 대해서도 보험에 들 수 있다면 이 세상은 더욱 살기 좋은 곳이 되리라고 결론지었다. 실제로 그렇게 된다면 사람들은 기꺼이 리스크를 감수할 것이다. 그리고 당연한 얘기겠지만 그러한 리스크 감수 없이는 경제 발전도 불가능한 일이 아닌가.

의사결정 과정에서 확률법칙을 적용할 경우 충분한 실험을 할 수 없거나 충분한 표본을 얻지 못할 수도 있다. 동전 100개를 던지지 못하게 때문에 동전 10개만을 던져서 판단을 내리기도 하는 것이다. 보험이 없다면 어느 사건이든지 운에 따라야 한다. 그렇기 때문에 보험은 많은 사람들의 리스크를 한데 묶어서, 대수의 법칙에 따라 발생하는 이익을 개개인이 누릴 수 있도록 하는 것이다.

그러나 보험의 역할은 대수의 법칙이 준수될 때만 제 몫이 가능하다. 대수의 법칙은 보험의 대상이 되는 리스크의 수가 반드시 커야 하고 그 각각이 서로에 대해(포커 게임의 카드 패처럼) 독립적이어야 한다.

'독립적' 이라는 말에는 여러 의미가 있다. 예컨대, 화재가 발생했다 하자. 그 화재의 원인은 보험 가입자의 행동에서 독립적이어야 한다. 다음으로, 보험의 대상이 되는 리스크는 서로 밀접한 관계에 있어서는 안 된다. 마치 주식시장 전체가 곤두박질치고 있을 때 어떤 특정 주식 하나가 유망한 움직임을 보이는 것처럼 상호 관련이 없어야 한다. 그렇지 않으면 전쟁에 따른 파괴처럼 보험 적용이 불가능해진다. 마지막으로, 보험은 손실의 가능성에 대한 합리적인 계산 방법이 존재할 경우에만 적용할 수 있다. 신상품이 엄청난 성공을 거둘지, 또는 어떤 국가가 앞으로 10년 내에 전쟁에 휘말릴 위험이 있을지 등에 대한 보험은 배제되어야 한다는 뜻이다.

결과적으로 보험 대상이 될 수 있는 리스크의 수는 우리가 일생 동안 겪는 리스크의 수보다 훨씬 적다. 따라서 선택을 잘못해 후회스러운 결

과를 얻기도 한다. 우리가 보험회사에 지불하는 보험료는 미래에 겪을지 모를 손실의 가능성을 회피하고, 더 나아가서는 잘못된 선택의 결과에서 스스로를 보호하기 위해 부담하는 많은 확정비용 가운데 하나일 따름이다. 이에 대해 케인스는 다음과 같은 문답을 전개한 적이 있다.

"왜 사람들은 돈을 벌고 싶어하는가? 실제로 돈을 지니고 있어야 덜 불안하기 때문이다. 그렇다면 우리가 떼어놓는 보험료 또한 불안함에 대한 척도가 되는 것이다."

계약 체결 시에 사람들은 계약서에 서명을 하거나 상대방과 악수를 함으로써 거래를 마무리 짓는다. 이러한 정식 절차는 계약 종료시점까지 계약 당사자들의 행동을 규제한다. 밀이나 금 등 가격 변동이 심한 상품을 생산하는 회사들은 상품 생산 이전에 판매하는 선물거래 계약을 체결해 손실을 방지한다. 그들은 미래의 상품 가격에 대한 불확실성을 피하기 위해 나중에 더 높은 가격에 팔 수 있는 가능성은 우선 접어두는 것이다.

1971년 케네스 애로는 동료 경제학자인 프랭크 한Frank Hahn과 함께 '돈, 계약, 불확실성' 에 대한 상호관계를 강조했다.

"만약 우리가 과거나 미래를 배제하고서 경제를 생각한다면 돈에 관한 계약은 성립될 수 없다."

과거와 미래가 경제에 대해 갖는 관계는 씨줄과 날줄이 직물에 대해 갖는 관계와 같다. 어느 정도 확실한 이해가 가능한 과거와 불확실한 예측만이 가능한 미래를 동시에 고려하지 않는다면 아무런 결정도 내릴 수 없다. 케네스 애로가 모호한 구름이라고 표현한 불확실성 속에서 헤맬지라도 우리는 계약과 유동성을 통해 원치 않는 결과에서 벗어날 수 있다.

이밖에도 불확실한 결과 때문에 자신들을 지켜나가는 사람들의 방식은 다양하다. 택시나 대중교통수단을 이용할 때 생기는 불확실성을 피하기 위해 리무진 서비스를 이용한다든가, 안전에 대한 불확실성의 문제로 집 안에 방범 경보장치를 설치해놓기도 한다. 어쨌든 불확실성을 줄이기 위해서는 뭔가 대가를 치러야만 한다.

케네스 애로는 삶의 가치에 대한 나름대로의 인식을 통해 '완벽한 시장'이라는 개념에 도달했다.

"훌륭한 사회의 기본요소는 주변의 잡다한 것들을 한데 모으는 '구심성求心性'에 있다. 이러한 원칙은 자유에 대한 일반적인 참여를 암시한다. 경제 사정을 개선하고 경제활동의 기회를 늘리는 일은 곧 자유를 증진시키는 기본적인 바탕이 된다."

그러나 우리는 손실에 대한 두려움 때문에 선택을 꺼리곤 한다. 그렇기 때문에 그는 보험이나 상품 선물거래 계약 등의 리스크 분담 제도를 찬성하고, 주식이나 채권을 사고파는 공공시장을 지지했다. 이러한 제도를 통해 투자가들은 한 바구니에 모든 계란을 담는 리스크를 피하고, 다양하게 분산된 포트폴리오를 보유할 수 있는 것이다.

그러나 케네스 애로는 아무도 리스크 감수의 결과를 두려워하지 않는다면, 역으로 반사회적인 행동이 극에 다다를 수도 있다고 경고했다. 예컨대, 1980년대에는 S&L 연합회savings and loan associations(우리나라의 상호

신용금고와 유사한 업무 성격의 군소금융기관 연합회. 1980년대 말 S&L들의 무더기 도산으로 사회적인 문제가 되었다-옮긴이)의 예금주들은 예금보험에도 가입할 수 있었다. 그래서 일이 잘되면 한몫 챙길 수 있고, 일이 잘되지 않더라도 손해 볼 게 별로 없었다. 실제로 일이 엉망이 되었을 때, 그 손해에 대한 비용 부담은 고스란히 고객들에게 돌아갔다. 이렇듯 보험이 있는 곳에는 어디에서나 윤리적 해악, 즉 사기에 대한 유혹이 존재하게 마련이다.

한편으로는 라플라스와 푸앵카레, 그리고 다른 한편으로는 케네스 애로와 그의 동시대인들 사이에 커다란 견해가 존재하는 셈이다. 인간은 알아야 할 모든 것을 언젠가는 다 알게 될 테고, 결국 확실성이 불확실성을 대치할 것이라는 20세기 초기의 꿈은 제1차 세계대전 후에 서서히 사라져버렸다. 전쟁 후 지식은 폭발적으로 증가했지만, 오히려 인간의 삶은 더욱 불확실해졌고 세상은 더욱 이해하기 어려운 곳으로 변해버렸다.

그러한 면에서 보면 케네스 애로는 지금까지 우리가 살펴본 인물 가운데 가장 현대적이다. 그는 확률의 작용 방법이나 관찰 사실에 대한 평균으로의 회귀 방법 따위에는 관심이 없었다. 오히려 인간은 불확실한 상황에서 어떤 방식으로 의사결정을 하고, 어떻게 그 결정에 따라 살아가는가에 초점을 맞추었다. 직면할 리스크와 감수해야 할 리스크 사이에서 사람들은 과연 어떻게 운신하고 있는가? 그는 바로 그러한 것들을 더욱 체계적으로 다루었다. 포트로열 《논리》의 저자들과 다니엘 베르누이 등도 리스크 분야에서 미래에 어떤 분석이 이루어질지 이미 감지했다. 하지만 케네스 애로야말로 리스크 관리를 실용 기술의 형태로 전환한 선구자다.

리스크 관리가 실용적인 기술로 인식된 계기는 가장 심오한 결론을 지닌, 그러나 너무도 간단하고도 진부한 한마디에서 비롯되었다. '신이 세상을 창조할 때 확실성을 포함하는 것을 잊어버렸다' 는 것이다. 따라서 인간은 결코 확실한 지식을 가질 수 없으며, 항상 어느 정도는 무지한 상태로 있다는 점이다. 그래서 우리가 가진 정보의 대부분은 부정확하거나 불완전하다는 것이다.

이런 상황을 가정해보자. 낯선 사람이 당신에게 동전 던지기 게임을 제안한다. 그는 당신에게 동전을 건네주면서 그 동전을 믿어도 좋다고 말한다. 당신은 그가 진실을 말하고 있는지, 거짓을 말하는지 알 수 없다. 그래서 당신은 그를 믿기 전에 동전을 시험적으로 열 번 던져보기로 결정한다.

테스트 결과 앞면이 여덟 번 나오고 뒷면이 두 번 나오자, 당신은 그 동전에 납이 박혀 있다고 따진다. 그러자 그는 당신에게 통계학 책을 내밀면서, "이 책에는 동전을 열 번 던질 때, 아홉 번마다 한 번꼴로 이렇게 한쪽 면으로 치우친 결과가 나오기도 한다고 적혀 있다"고 말한다.

당신은 통계학 책의 설명에 수긍하더라도, 야코프 베르누이의 가르침에 따라 동전을 100번 던질 수 있도록 충분한 시간을 달라고 요구한다. 앞면이 80번 나온다! 다시 통계학 책을 들춰본다. 동전을 100번 던져서 앞면이 80번 나올 확률을 확인해보니, 소수점 아래 0의 개수를 일일이 세야 할 만큼 단위가 크다. 어렵게 읽어보니 약 10억 분의 1이다!

하지만 당신은 아직도 그 동전에 납이 박혀 있다는 것을 100% 확신할 수는 없다. 100년 동안 동전 던지기를 계속하더라도 마찬가지일 것이다. 비록 10억 분의 1이라는 가능성이라면, 그가 게임 상대로 위험하다는 확신을 굳히겠지만, 당신이 그를 부당하게 대우할 가능성도 여전히 남아 있는 것이다. 소크라테스는, 진리에 근접했다고 진리 그 자체가 되는 것은 아니라고 말했다. 여기서 야코프 베르누이의 주장 또한 기억해야 한다. 그는, '강한 확신'은 확신 그 자체보다는 덜하다고 주장하지 않았던가.

불확실한 상황에서는 거부와 채택 가운데서 어떤 가설을 선택하는 게 아니라, 그 가설에 대해 '거부하는 것'과 '거부하지 않는 것' 가운데 선택하는 것이다. 다시 말해 오판일 확률이 대단히 작아 어떤 가설을 거부하지 말아야겠다고 결심할 수도 있고, 반대로 오판일 확률이 대단히 크기 때문에 그 가설을 거부해야겠다고 결심할 수도 있다. 그러나 오판 확률이 제로인, 즉 불확실성이 배제된 확실성의 경우를 제쳐놓는다면 그 어떤 확률로도 가설을 받아들일 수는 없다는 얘기다.

이렇듯 우리는 강력한 개념을 바탕으로 타당성 있는 과학적 연구와 엉터리를 구별한다. 즉, 타당한 과학적 연구를 위해서는 주어진 가설이 다음과 같은 검증 과정을 거쳐야 한다. 우선 가설 자체가 거부 여부에 대한 명료하고 구체적인 판단이 들어야 한다. 또한 그 확률 측정이 가능해야 한다. 예를 들어, '그는 좋은 사람이다' 등의 진술은 기준이 모호해 분석 자체가 불가능하다. 하지만 '저 사람은 식사 후 초콜릿을 먹지 않는다' 등의 진술은, 그 사람이 과거에 식사를 마친 후 초콜릿을 먹어왔는지에 대한 증거를 모을 수 있기 때문에 검증 가능한 가설이 된다.

만약 1주일치 증거를 모았다면 1년치 증거가 있을 때보다 가설에 대한 거부 확률이 높아진다. 그가 식후에 초콜릿을 먹지 않는다는 행위에 의심을 품기가 더 쉽다는 뜻이다. 그러나 규칙적인 초콜릿 섭취에 대한 증거가 검증을 통해 확보되지 않는 한, 테스트 결과는 '거부하지 않음'이 될 것이다. 또한 장기간에 걸쳐 초콜릿을 섭취하지 않았다는 증거가 확보되더라도 그가 앞으로도 계속 식후에 초콜릿을 결코 먹지 않을 것이라고는 확신할 수 없다. 더욱이 그와 함께 동거하지 않은 이상, 그가 과거에 규칙적으로 초콜릿을 먹지 않았다는 사실부터 이미 확신할 수 없다.

형사재판은 이러한 원칙의 좋은 본보기다. 미국의 법체제에는 무죄 평결verdict of innocence이라는 것이 없다. 때문에 피고의 무죄를 입증할 필요 또한 없다. 입증되어야 할 가설은 피고가 유죄라는 것이며, 검사는 피고가 유죄라는 가설을 기각해서는 안 된다고 배심원들을 설득하는 것이다. 반면, 변호의 목적은 피고가 유죄라는 가설에 많은 의혹이 깔려 있다고 배심원들을 확신시켜 가설이 기각되도록 만드는 것이다. 이것이 바로 배심원들이 내리는 평결이 '유죄guilty' 또는 '유죄 아님not guilty' 가운데 하나인 까닭이다.

주어진 가설을 검증해 그 가설의 거부를 정당화시킬 불확실성의 정도에 대한 광범위한 논의는 배심원들에게만 주어진 것이 아니다. 또한 결정의 기준이 되는 불확실성의 정도도 미리 정해져 있지 않다. 결국 어느 정도의 불확실성까지 받아들일 것이냐에 대한 각자의 주관적인 판단에 따라 결정을 내려야 한다.

의사결정에 개입하는 주관성에 대해 구체적으로 생각해보자. 뮤추얼 펀드의 펀드매니저에게는 두 가지 리스크가 있다. 하나는 누구나 알고 있듯이 형편없는 실적을 거둘 수 있는 리스크다. 다른 하나는 잠재적 투자가들potential investors에게 알려진 어떤 기준benchmark에 도달하지 못해 투자 유치에 실패할 리스크다.

〈표 12-1〉은 업계에서 가장 크고 오래된 주식형 뮤추얼 펀드 회사인 아메리칸 뮤추얼 펀드American Mutual Fund사의 1983년에서 1995년까지 투자가들에게 지급한, 연간 세전수익률(배당금+주가 변동분)이다. 비교하기 쉽도록 동사의 연간 총수익률 변화는 각 점을 선으로 이어서 표시했고, S&P 500 지수의 실적 변화는 막대 모양으로 표시했다.

동사의 수익률이 S&P 500 지수에 근접해 있지만, S&P 500 지수보다 높은 수익률을 보인 해는 13년 동안 세 차례뿐이었다. 1983년과 1993년에는 펀드 수익률이 S&P 500 지수를 웃돌았고, 1990년에는 S&P 500 지수 하락률보다 낮았다. 나머지 10년 동안은 비슷한 수익률을 보였거나 낮은 수익률을 보였다.

이런 결과를 놓고 그저 불운의 연속이었다고 해야 할까? 아니면, 동사 펀드매니저의 능력(운영기법)이 부족해서 관리도 하지 않은 500종에 달하는 주식의 수익률에도 미치는 못하는 실적을 거두었다고 해야 할까?

여기서 한 가지 주목할 사항이 있다. 아메리칸 뮤추얼 펀드사가 S&P보다 변동성이 적었기 때문에 주식시장이 상승했던 13년 가운데 12년 동안 수익률이 뒤처진 듯이 보이는 것이다. 만약 이 기간 중에 주식시장이 상승하지 않고 하락했다면, 또는 그다지 움직이지 않았다면 동사의

〈표 12-1〉 S&P 500 지수 대 아메리칸 뮤추얼 펀드사의 수익률 비교

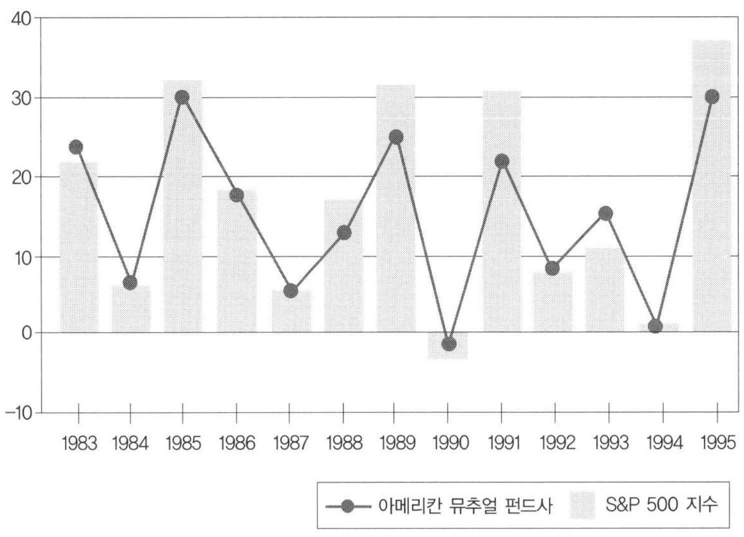

수익률은 상대적으로 훨씬 더 나아 보였을지도 모른다.

그럼에도 불구하고 이러한 결과의 의미를 확인하기 위해 수학적인 측면에 중점을 둔 테스트 실시 결과, 아메리칸 뮤추얼 펀드사 펀드매니저의 운용능력 부족을 발견할 수 있었다. 아울러 이러한 결과가 우연히 나타날 확률이 단지 20%에 불과하다는 것도 발견했다. 다시 말해 각각 다른 13년의 단위 기간을 다섯 개 선정해 같은 실험을 실시할 경우 20%, 즉 다섯 번 가운데 한 번만이 우연의 결과로 그러한 실적이 나타나고, 나머지 네 번은 운용능력 부족으로 그러한 실적이 나온다고 봐야 한다는 것이다. 결국 동사가 S&P 500 지수를 밑도는 수익률을 나타낼 기댓값은 다섯 개의 단위 기간 가운데 네 개라는 것을 의미한다.

아마도 이런 식으로 기댓값을 내는 행위에 대해 많은 관측자들은 반대할지도 모른다. 그들은 '펀드매니저들의 운용능력 부족'이라는 결론을 일반화하기에는 13년이라는 기간은 너무 짧은 표본이라고 주장할 것이다. 그러나 20%의 우연 가능성은 비록 50%보다는 크지 않지만 결코 작은 수치라고 볼 수도 없다.

아닌 게 아니라 현재 금융계의 관례에 따르면 어떤 것이 '통계적으로 의미 있다'—이 표현은 '강한 확신'에 대한 현대적 동의어다—라고 인정받으려면 95%의 확실성을 지녀야 한다. 즉, 5% 미만의 우연 가능성을 지녀야 한다는 것이다. 야코프 베르누이는 1,001개의 사건 가운데 1,000개의 사건이 가설을 뒷받침해야 실제적인 확실성에 이를 수 있다고 말하지 않았던가. 이에 비해 우리는 관측이 우연에 따른 것이라고 주장하기 위해 단지 20분의 1, 즉 5%의 가능성만을 따져본 것이다.

그러나 만일 13년이라는 관측 결과만을 토대로 했기 때문에 95%의 확신에 이를 수 없었다면, 95%의 확실성을 얻으려면 대체 얼마나 많은 관측 결과가 필요한 것일까? 이것을 알아보기 위해 실행한 테스트 결과, 이와 같이 낮은 성과가 운 때문이 아니라고 95% 확신할 수 있으려면 S&P 500 지수 대비 아메리칸 뮤추얼 펀드 수익률의 변화를 보여주는 30년 동안의 기록이 필요한 것으로 나타났다. 그러나 이러한 테스트는 현실적으로 불가능하다. 따라서 최선의 판단은 펀드매니저들의 수익률이 그 상황에서는 그런대로 받아들일 만했다는 것이다.

표 하나를 더 살펴보자. 〈표 12-2〉에는 작지만 공격적인 활동을 벌이는 AIM 컨스텔레이션AIM Constellation사의 S&P 500 지수 대비 수익률 변화를 나타냈다. 이 회사의 수익률은 같은 기간 동안 S&P 500 지수나 아메리칸 뮤추얼 펀드사의 수익률보다 훨씬 더 큰 변동성을 보였다. 이 표의 수직 변화폭이 우리가 이미 살펴본 〈표 12-1〉의 수직 변화폭보다 두 배나 더 큰 것을 보면 쉽게 이해할 수 있으리라.

〈표 12-2〉 S&P 500 지수 대 AIM 컨스텔레이션사의 수익률 비교

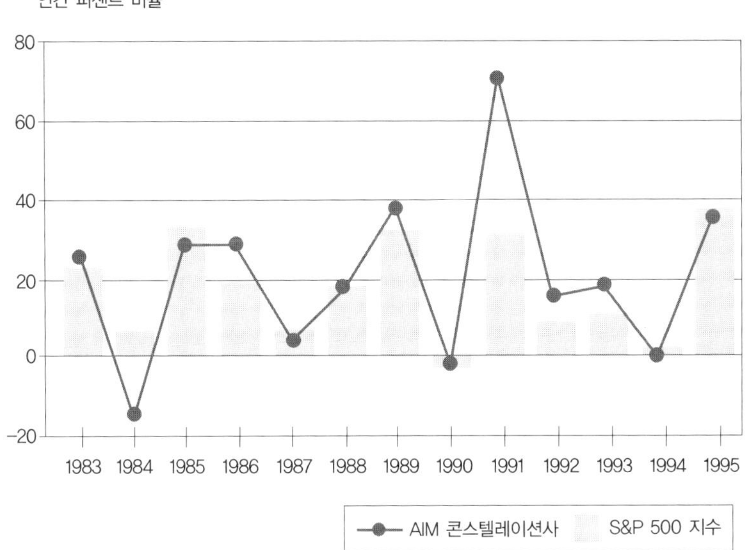

1984년은 AIM으로서는 재난의 해였지만 다른 5년 동안은 S&P 500의 수익률을 크게 상회하는 실적을 보였다. 전체적으로 볼 때, 13년 동안 AIM의 연평균 수익률은 19.8%였다. 반면에 같은 기간 동안 S&P 500 연평균 수익률은 16.7%였고, 아메리칸 뮤추얼 펀드사의 연평균 수익률은 15.0%였다.

이러한 성과는 운의 결과인가? 운용능력의 결과인가? AIM의 수익률과 S&P 500의 수익률 간의 현저한 차이에도 불구하고, AIM의 큰 변동성 때문에 이는 상당히 어려운 문제다. 또한 아메리칸 뮤추얼 펀드사는

S&P 500 주가를 충실히 따라가고 있지만, AIM은 그렇지 않기 때문에 대답은 더욱 어려워진다. S&P 500의 수익률이 오른 어떤 해에 AIM의 수익률은 떨어졌고, 반면에 S&P 500 지수가 떨어진 1986년에는 AIM의 수익이 1년 전인 1985년과 마찬가지였다. 이렇듯 불규칙한 변화 때문에 우리는 S&P 500의 수익률 예측은 가능하더라도, AIM의 성과 예측에는 어려움을 겪는 것이다.

수학적인 면에 중점을 둔 테스트에서 드러난 결과를 보면 높은 변동성과 낮은 상관관계 때문에 아메리칸 뮤추얼 펀드사의 경우처럼 AIM 역시 운이 매우 중요했다는 사실을 알 수 있다. 반면에 AIM의 성과가 운의 산물이 아니었다는 사실을 95% 확신하기 위해서는 실로 100년 이상의 기록이 필요할 것이다. 100년 동안의 기록? 결국 리스크 관리라는 관점에서 보면 AIM 펀드매니저들이 수익률을 넘어서기 위해 엄청난 리스크를 감수했다는 추측만 나올 뿐이다.

많은 금연론자들은 간접흡연의 피해를 우려해 공공장소에서의 흡연을 법으로 금지하려는 움직임에 성원을 보내고 있다. 과연 음식점이나 비행기에서 옆자리에 앉은 사람이 담배를 피운다면 당신이 폐암에 걸릴 리스크는 얼마나 될까? 그렇다면 당신은 그 리스크를 그대로 감수해야 하는가? 아니면 당장 담배를 끄라고 요구해야 하는가?

1993년 1월 미국 환경청은 〈간접흡연이 호흡기에 미치는 영향 : 폐암과 그밖의 질환Respiratory Health Effects of Passive Smoking : Lung Cancer and

Other Disorders〉이라는 기분 나쁜 제목의 510쪽짜리 보고서를 간행했다. 그리고 1년 후 환경청 장관 캐롤 브라우너Carol Browner는 의회에서 공공건물에서의 흡연금지에 대한 규세조항을 남은 '공공상소 흡연금지 법안'을 통과시켜야 한다고 촉구했다. 브라우너는 자신의 주장이, "간접흡연이 폐암을 유발하는 것으로 알려진 발암성 물질에 대한 호흡의 결과를 초래한다"는 환경청 보고서에 기반을 두었다고 말했다.

그러나 실제로 간접흡연에 관한 조사는 어느 정도로 진척되었고, 그 영향에 대해 얼마나 알려져 있는 것일까? 다시 말해 주변 사람의 흡연으로 인해 당신이 폐암에 걸릴 리스크는 얼마나 되는 것일까?

이 답변에 대한 확실성에 접근할 수 있는 유일한 방법은 사람들이 담배를 피우기 시작한 수백 년 전부터 지금까지 간접흡연을 경험한 모든 사람을 일일이 조사하는 것이다. 그러나 그렇게 해서 간접흡연과 폐암의 상관관계를 설명하더라도 간접흡연이 폐암의 직접적인 원인이라는 증거까지 확보되는 것은 아니다.

어느 경우에나 역사 전반에 걸쳐 모든 지역의 모든 사람을 조사하고 모든 사물을 연구하는 것은 사실상 불가능하기 때문에 과학적 연구조사 결과란 항상 불확실한 채로 남을 수밖에 없다. 중요한 상관관계가 있는 듯한 것들도 사실은 제비뽑기와 같은 우연한 연관에 불과할 수도 있다. 다른 시간대의 다른 장소에서 채취한 견본이 서로 모순된 결과를 나타낼 수도 있으며, 심지어 같은 시간에 동일한 지역에서 채취한 표본도 서로 반대 결론을 내리게 만들기 때문이다.

간접흡연에 대해 우리가 확실히 알 수 있는 것은 단 한 가지다. 간접흡연은 100%에 못 미치는 확률로 폐암과 관련이 있으며, 결코 이 둘을 원인과 결과로 연결 지을 수는 없다는 것이다. 간접흡연이 폐암에 대해 100%에 못 미치는 확률의 확실성을 갖는다는 것은 간접흡연이 폐암과 전혀 관계가 없을 수도 있으며, 다른 표본조사에서도 필연적으로 비슷한 결과가 나오지 않는다는 의미를 내포한다. 결국 간접흡연으로 폐암에 걸려 쓰러질 리스크는 운에 맡기는 승부에서처럼 일련의 가능성에 지나지 않는 것이다.

환경청의 조사처럼 대부분의 연구조사는 유익하든 해롭든 어떤 것에 '노출된 집단'과 동일한 영향에 노출되지 않은 '통제된 대조 집단'과의 반응을 비교한다. 예를 들어, 신약이 개발되면 이를 복용한 집단의 반응과 유효성분이 없는 위약placebo(심리효과용, 신약 테스트의 대조제-옮긴이)을 지급받은 집단의 반응을 비교함으로써 약효를 테스트하는 것과 같은 식이다.

간접흡연과 폐암의 상관관계 연구의 경우에는 흡연하는 배우자와 함께 사는 비흡연 여성들 가운데 폐암에 걸린 사례에 초점을 맞추어, 비흡연자인 배우자와 함께 사는 비흡연 여성으로 구성된 대조집단의 발병 사례가 비교 연구되었다.

대조집단의 반응에 대한 노출집단의 반응 비율을 검사 통계값test statistic이라 하는데, 검사 통계값 자체의 절대 크기와 여기에 포함된 불확실성 정도를 토대로 어떤 행동을 취할 것인지 또는 취하지 않을 것인지가 결정된다. 다시 말해 검사 통계값을 통해, 연구자들이 CONSTANTINOPLE의 순서로 나열된 알파벳과 BZUXRQVICPRGAB의 차례로 배열된 문자 조합 간의 차이를 파악해 양자 구분이 가능해진다. 물론 이보다 더 의미 있는, 다른 사건에 내재된 연관성에 대해 판별 가능하기도 한다. 그러나 결정을 내리는 최후의 순간에는 조사된 수치에서 배제되지 못한 불확실성 때문에 연구된 측정값보다 배짱을 따를 수밖에 없는 경우도 흔하다. 동전에 납이 있는지 없는지 판단할 때처럼 말이다.

건강 분야의 통계학자라고 할 수 있는 전염병 학자들 역시 펀드매니저들의 수익률을 측정하는 것처럼 일반적으로 운에 따른 확률이 5% 미만인 경우에만 그 결과를 '통계적으로 의미 있다' 고 규정한다.

따라서 과거에 직접흡연에 대해 실행된 많은 연구결과에 비해, 환경청에서 실시한 간접흡연에 대한 연구 결과는 설득력이 떨어졌다. 담배 연기에 노출되는 정도, 즉 남성 배우자가 피우는 담배의 양과 폐암에 걸릴 리스크가 서로 밀접하게 연관되어 보이지만, 정작 환경청의 연구 결과는 간접흡연에 노출된 여성의 발병률이 비흡연 남성과 살고 있는 여성의 발병률에 비해 단지 1.19배 정도 높은 것으로 나타났다.

게다가 수치가 미미해서 큰 의미를 부여할 수 없는 이 검사 통계값은 단지 30건의 연구 결과만을 토대로 만들어진 것이었다. 더욱이 그 중 6건의 연구에서는 간접흡연이 폐암과 전혀 관련 없다는 결론이 나오기까지 했다. 또한 대부분의 연구가 몇 안 되는 사례만을 기반으로 한 까닭에 30건의 연구 가운데 단지 9건만이 통계학적으로 의미가 있었을 뿐이다. 미국에서 실행된 11건의 연구 가운데 충분한 사례를 토대로 실시된 연구는 없었으며, 그 중 7건의 연구는 45개 이하의 사례만을 다룬 것이었다.

결국 환경청은 "간접흡연에 조금만 노출되어도 암에 걸릴 리스크가 대단히 크다고 주장한 적은 결코 없다"고 인정한 한편, "그러나 매년 미국인 3,000명가량이 담배를 피우지 않았음에도 불구하고 간접흡연의 결과로 폐암에 걸려 사망하고 있다"고 추정했다. 어쨌든 환경청의 이 같은 결론은 의원들의 많은 공감을 불러일으키는 데 성공했고, 마침내 공공시설에서의 흡연을 규제하는 '공공장소 흡연금지 법안'이 의회를 통과했다.

이제 우리는 불확실성이라는 주인공이 자신의 시녀인 운을 거느리고 무대의 중앙에 등장한 것을 확인했다. 그러므로 이야기는 여기서 새로운 국면으로 접어든다. 이러한 국면 전환의 계기는 주로 제1차 세계대전 이후로, 75년 남짓 구시대가 겪었던 거의 모든 리스크에 덧붙여 세계가 새로운 리스크에도 직면했다는 사실에 있다.

리스크의 증가와 더불어 리스크 관리에 대한 요구 역시 증가했다. 그리고 프랭크 나이트Frank Knight와 케인스만큼 그러한 추세에 민감하게 반응한 사람도 없었다. 다음 장에서는 이들의 선구적인 업적을 다룬다. 그들의 중요 저술 대부분이 케네스 애로의 저술보다 먼저 나왔다는 사실 또한 밝혀질 것이다 두 사람은 모두 현재 고인이 되었지만, 케네스 애로를 포함한 지금부터 나올 인물들은 현존 인물에 속한다. 그들은 리스크 관리라는 개념의 역사가 얼마나 짧은지를 말해주는 산증인들이다.

과거의 수학자들이나 철학자들은 확률법칙을 수립하는 데에만 몰두한 나머지 불확실성의 신비에 대해 파헤치지 못했다. 이제 우리는 다음 장에서 전혀 새로운 개념에 대해 접할 것이다.

13

불확실성이라는 축복

골턴은 1911년에 사망했고, 푸앵카레는 그 이듬해에 세상을 떠났다. 그들의 죽음으로 파치올리의 발라 게임 이래로 500년 간 계속되어온, 장구한 측정의 시대도 끝난 것이다.

그들이 세상을 떠나기 500년 전 파치올리가 발라 게임의 판돈 배분 문제로 고심하던 때부터 확률로써 미래를 밝히려는 탐구의 행진이 시작되었다. 지금까지 우리가 접한 위대한 수학자들과 철학자들은 미래 예측에 필요한 도구가 그들의 손에 이미 쥐어져 있다는 것을 믿어 의심치 않았다. 남은 것은 주의력이 필요한 사실 자체뿐이었다.

나는 여기서 골턴과 푸앵카레가 그 과업의 완성을 얘기하려는 것이 결코 아니다. 리스크 관리이론은 지금도 다듬어지는 상황이며 여전히 개발 중에 있다. 말하고자 하는 요지는 리스크에 대한 이해가 절정에 달했던 시점에 그들이 사망했으며, 바로 뒤이어 역사의 거대한 분수령, 따라서 리스크 관리 역사의 커다란 전환점이었던 제1차 세계대전이 발발했다는 것이다.

인간의 생명이 하찮게 파괴되는 전쟁을 겪으면서, 그리고 전후의 불안한 평화와 러시아 혁명으로 인한 정치적 혼란 속에서 빅토리아 시대의 낙관주의는 완전히 소멸될 수밖에 없었다. 사람들의 입에서 로버트 브라우닝Robert Browning의 시구는 사라져버렸다.

> 하나님은 하늘에 계시고
> 세상 모든 일은 그의 뜻을 따르누나.

그와 함께 굳고 조용한 확신도 무너져내렸다. 경제학자들은 경기 변동이 이론적으로 불가능하다는 주장을 다시는 할 수 없었고, 과학은 더 이상 호혜적이지도 자애롭지도 않아 보였다. 의심의 여지 없이 받아들였던 종교의 가르침에 비판이 가해졌고, 생각없이 따랐던 관습에 대해 저항이 일어났다.

제1차 세계대전은 이렇게 기존의 모든 것에 종말을 가했다. 그러나 인간의 삶 자체가 끝난 것은 아니었다. 여러 영역에서 급격한 변화가 생겨나기 시작했다. 미술 · 문학 · 음악 등의 예술 분야에서는 추상적이고 충격적인 작품이 다량으로 출현해 19세기의 안정된 양식과 강한 대조를 이루었다. 학문 영역에서는 아인슈타인이 유클리드 기하학의 이면에 숨어 있는 불완전성에 대해 논증했고, 지그문트 프로이트Sigmund Freud는 비합리성을 인간성의 자연적 상태라고 단언했다. 그리고 이들은 하룻밤 사이에 유명인이 되었다.

고전경제학자들은 경제학을 리스크가 전혀 없는 체계로 규정해놓았다. 경제학을 통해 항상 최상의 결과를 얻을 뿐만 아니라, 경제학의 안정성 또한 전혀 걱정할 게 없다고 주장했던 것이다. 이들은 가계의 저축이 늘고 지출이 줄어들어 이자율이 떨어지면 자연히 저축보다는 투자에 관심이 쏠리므로 다시 저축은 줄고 지출은 늘어 경제 균형이 회복된다고 주장했다. 반대로 가계의 저축률이 낮아 회사를 급격히 확장하려고 해도 그럴 만한 돈을 빌리기 힘든 경우에는 이자율이 자연스럽게 오르고 그에 따라 저축도 늘어나므로, 또다시 경제는 균형을 회복한다는 논리였다. 이런 논리에 따르면, 짧은 조정기간은 예외로 해야겠지만, 비자발적 실업이란 있을 수 없고 기대에 못 미치는 수익에 실망하는 일도 없을 것이다. 사업체와 투자가가 리스크를 감수하더라도, 전체 경제에는 리스크가 없다는 것이 그들의 확신이었다.

이러한 고전경제학자들의 확신은 전쟁의 후유증으로 인한 여러 경제 문제에 직면한 상태에서도 쉽게 사라지지 않았다. 그러나 더 이상 이전에 생각했던 세계가 아니라는 목소리가 거세지기 시작했다. 1921년 시카고 대학의 경제학 교수인 나이트는 경제학자로서는 특이한 발언을 했다.

"우리의 지성으로 세계에 대해 얼마나 파악할 수 있을지 의심스러울 뿐이다. 수학적 증명은 매우 특별하고 결정적인 사건에 한해서만 적용될 뿐이다."

경제공황의 수렁에서 케인스는 나이트의 비관론을 되풀이했다.

> 우리는 어느 곳에서나 유기적 조화의 문제, 그리고 이산성離散性과 불

연속성의 문제에 직면해 있다. 전체의 크기는 부분의 합계와 동일하지 않고, 양적 비교에 실망하고, 작은 변화가 예기치 못한 큰 결과를 낳기도 하며, 사물이 자기 동질성을 유지한다는 가정은 충족되지 않는다.

1936년 케인스는 자신의 대표작인 《고용, 이자 및 화폐의 일반이론 The General Theory of Employment, Interest and Money》에서 측정의 보편적 적용 가능성에 대한 제번스의 주장을 단호히 거부했다.

"어떤 일이 잘 되리라는 확신에 따라 그 일을 해보겠다는 결정을 내린다면, 대부분의 경우 그 결정은 동물적 본능에 따른 것이다. 계량화된 확률과 계량화된 이익을 곱한 가중평균의 결과에 따른 결정이 아닌 것이다."

전후의 긴장감이 돌자, 현실을 제대로 파악하지 못한 순진한 이론가들만이 미적분과 확률법칙을 합리적으로 적용하면 모든 문제를 해결할 수 있다고 주장했다. 반면에 현실을 직시하는 수학자들과 철학자들은 그 이전에는 결코 예상하지 못했던 상황의 발생을 인정해야만 했다. 순진한 이론가들의 주장과는 달리 확률에서는 더 이상 파스칼이 규정한 분포가 따라주지 않았다. 종형 곡선의 균형은 무너져갔으며, 평균으로의 회귀는 골턴이 구체화시킨 것보다 훨씬 더 불안정하게 돌아가고 있었다.

상황이 이러하자, 사람들은 불확실한 미래에 대한 체계적인 분석 방법을 찾고자 연구에 몰두했다. 제1차 세계대전이 일어나기 전에는 의사결정의 근거가 되는 자료에 모든 관심이 쏠려 있었다. 그러나 전후의 연구자들은, 의사결정은 단지 연구의 시작에 불과하다는 사실을 깨달았다. 문제는 결정을 내리는 것 자체가 아니라, 결정을 내린 이후의 과정

속에 인간으로서는 어쩔 수 없는 힘, 인간을 궁지로 몰아넣는 악마적 세력이 존재한다는 데 있었다. 호주의 경제학자 로버트 딕슨Robert Dixon은 이에 대해 다음과 같이 말한 바 있다.

"의사결정 과정에서 불확실성은 현재다. 불확실성은 미래가 존재하기 때문이라기보다는 과거가 존재하기 때문에, 또 앞으로도 존재할 것이기 때문에 생긴다. 이렇듯 우리는 과거의 함정에 빠져 있을 수밖에 없기 때문에 미래라는 감옥에 갇히는 것이다."

현실주의자였던 하이얌도 거의 1000년 전에 똑같은 생각을 했다.

> 움직이는 손가락이 쓰고 있으니, 그 옛날부터 지금까지 멈추지 않고 쓰고 있으니, 기도해보아도 반 줄인들 지울 수 있을까. 움직이는 이 손가락을 되돌려 단 한 글자도 씻어낼 수 없으리라. 네 눈의 모든 눈물로도…….

당신이 내린 결정으로 전혀 예상 못했던 결과가 생긴다면 어떻게 하겠는가? 예상 확률이 낮았던 결과가 생각보다 더 자주 생긴다면 어떻게 하겠는가? 과거의 패턴이 항상 미래를 밝혀주는 것은 아니라면 어떻게 하겠는가? 나이트와 케인스는 역사상 최초로 이 문제를 심각하게 검토한 후, 우리가 현재 이해하는 리스크 개념을 만들어냈다.

나이트는 1885년 일리노이 주에 있는 화이트오크 타운십의 한 농장

에서 11남매 가운데 맏이로 태어났다. 그는 비록 고등학교를 다 마치지는 못했지만 대학 두 곳에서 공부할 수 있었는데, 빈곤한 가정형편으로 미루어볼 때 대단한 학력이었다. 그가 다닌 첫 번째 대학은 아메리칸 대학(워싱턴 D. C.에 있는 동명의 대학과는 전혀 관계가 없음)이었다. 이 학교에서는 무엇보다도 '절제'가 강조되었고, 심지어 '알코올의 효용에 대한 정치경제학적 원칙'을 가르치기까지 했다. 또한 다음과 같은 대학 광고를 통해 학교의 지침을 알리기도 했다.

"말썽만 피우는 자식에게 엄한 교육을 시키고자 하는 부모님께서는 자식을 아메리칸 대학으로 보내주십시오."

두 번째로 다닌 대학은 밀리건 대학이었다. 나이트가 밀리건 대학을 졸업하던 날, 밀리건 대학 학장은 나이트에 대해 "기술적인 지식뿐만 아니라 실제적인 경영능력까지 갖춘, 대단히 박식한 학생이며, 지금까지 보아온 학생들 가운데 최고의 학생"이라고 격찬을 아끼지 않았다.

나이트는 자신이 경제학자가 된 이유를 '서서 쟁기질 하기가 너무 힘들었기 때문'이라고 말했지만, 경제학을 전공하기 전에는 코넬 대학 대학원에서 철학을 공부하기도 했다. 어쨌든 그는 철학과의 어느 교수가 다음과 같이 소리치는 것을 듣고 경제학으로 전공을 바꾸었다고 한다.

"말이 너무 많군. 더 떠들고 싶으면 철학을 떠나게!"

나이트가 교수들의 미움을 산 이유는 찢어지는 고음으로 지나치게 떠들어댔기 때문만은 아니었다. 또 다른 철학 교수가 그의 기질을 빗대어 다음과 같은 예견을 했으니 말이다.

"그는 자신이 관심을 쏟는 모든 주제마다 진정한 철학정신을 파괴할 것이다."

나이트는 인간성에 관한 한 냉소주의자였던 것 같다. 훗날 그에게 상당히 동정적이었던 어떤 교수는 그를 이렇게 위로하기도 했다.

"자넨 모든 이들이 지성을 뽐내면서 모든 것을 의심하는 환경, 인간미라고는 눈을 씻고 찾아봐도 찾을 수 없는 그런 환경에서 벗어난걸세." 1919년 나이트는 아이오와 대학에서 처음으로 경제학을 가르치기 시작했다. 그후 1928년 시카고 대학으로 옮겨갔고, 1972년 87세의 나이로 세상을 뜰 때까지 그곳에서 강의를 계속했다. 그는 자신의 직업에 대해 단지 먹고 살기 위해 하는 일이 아니라며 자부심을 강조한 적이 있지만, 실제로는 강의 준비를 게을리했고 수업에 임해서는 썰렁한 농담이나 섞어가며 두서없이 강의하는 스타일이었다고 한다.

또한 일찍부터 종교를 접했고 계속해서 종교를 연구했음에도 불구하고, 그는 종교의 형태를 지닌 어떤 것과도 융화하지 못했고, 결국 종교를 화해하지 못할 원수로 여겼다. 1950년 미국경제협회American Economic Association 의장 취임 연설에서, 그는 교황을 히틀러와 스탈린에 비유하기도 했다. 그리고 자신의 나쁜 잠버릇을 종교 탓으로 돌리기도 했다.

"모두 망할 놈의 종교 때문이야! 이 염병할 습관에서 벗어날 수가 없어."

성질 급하고 매사에 헌신적이었던 나이트는 거짓을 혐오하는 사람이었다. 그래서 그는, 스스로 굉장한 이야기를 한답시고 경제이론을 들먹이는 사람들을 탐탁지 않게 여겼다. 그는 경제이론이란 전혀 모호하거나 복잡한 것이 아니라고 주장했다. 게다가 경제의 난해성을 이용해 잘난 체하는 사람들에게는 모욕적이겠지만, 이해하기 쉬운 대상이라고 얘기했다. 그는 또한 시카고 대학의 사회과학관 건물 벽에 새겨져 있는 켈

빈 경Lord Kelvin의 경구 "네가 너의 지식으로 그것을 측정할 수 없다면, 너의 지식은 얄팍하고 불만족스런 것이다"를 바라보면서, 빈정대는 투로 이렇게 덧붙이곤 했다고 한다.

"오, 글쎄, 네가 측정할 수 없더라도 어쨌거나 측정해라."

도덕적 가치라는 것에 대해 우려와 냉소적 태도를 보였던 나이트는 자본주의 체제에서 나타나는 이기주의와 빈번한 폭력적 사태를 받아들이기가 어려웠다. 그는 이기주의만이 자본주의체제를 설명할 수 있다고 믿었지만, 구매자와 판매자 모두에게 사고 파는 동기를 부여하는 이기주의 그 자체는 경멸했다. 그러나 그는 자본주의에서 벗어나지 못했다. 그에 대한 대안으로서의 다른 경제체제를 용인할 수 없었기 때문이다.

나이트는 자신의 주장에 대한 경험적 증거의 필요성을 전혀 느끼지 못할 정도로 인간의 합리성과 일관성에 대해 의심을 품었다. 따라서 그는 인간의 행위에 대한 측정으로는 아무런 가치도 이끌어낼 수 없고 믿었다. 심지어 그는 당시의 경제학자들에 대해 다음과 같은 비판을 퍼부었다.

"나로서는 지지할 수도 없고 사실상 피상적이기만 한 견해, 즉 '자연과학적 개념과 성과에 대한 인간 과학으로의 전환'으로 경제학을 바라보는 사람들 때문에 경제학이 사물화私物化되었다."

나이트의 이런 생각은 1916년 코넬 대학에서 완성한 박사학위 논문에 잘 나타나 있다. 이 논문은 1921년 《리스크, 불확실성, 그리고 이윤Risk, Uncertainty and Profit》이라는 제목으로 출간되었다. 불확실한 상황에서의 의사결정문제를 명쾌하게 다루고 있는 그 책은 이 분야에 관한 최초의 중요 자료다. 이는 경제학 분야에만 국한되는 평가가 아니다.

나이트는 리스크와 불확실성의 차이에 대한 분석을 다음과 같이 정립했다.

> 불확실성은 리스크라는 잘 알려진 개념과는 완전히 다르다. 이 둘은 지금까지 정확히 구분된 적이 없었다. '측정 가능한 불확실성a measurable uncertainty' 이라는 표현 대신에 '리스크' 라는 표현이 적절하다. 측정 가능한 불확실성(표현의 적합성을 따지자면 리스크–옮긴이)은 '측정 불가능한 것an unmeasurable one' 과는 전혀 다르다. 측정 불가능한 것은 사실상 불확실성이 아니기 때문이다.

나이트가 불확실성을 강조했다는 사실은, 그의 주장이 당시의 지배적인 경제이론과는 궤를 달리했다는 뜻이다. 당시의 지배적인 경제이론은 오늘날 일부 경제이론에서도 여전히 강조되기는 하지만 완전한 확실성, 또는 정해진 확률법칙에 따른 의사결정을 강조하는 것이었다. 케네스 애로의 표현을 빌리자면 나이트는 결국 '미지의 상황에 직면한 인간의 시험적으로 창조적인 태도를 반영하는' 확률 계산방법의 실패에 대해 말했던 것이다. 나이트는 확실히 20세기가 만들어낸 인물이다.

나이트는 "미래에 대한 예측에 기반을 두고 수많은 결정이 내려지는

체계에서는 의외의 상황이 자주 벌어진다"고 주장했다. 그래서 그는 '경쟁체제의 구성원 모두가 경제활동에 필요한 모든 정보를 갖고 있다'는 단순한 가정에서 비롯된, 이른바 '완전 경쟁'을 강조하는 고전경제학에 대해 큰 불만을 표시했다. 고전경제학에서는 구매자와 판매자, 그리고 노동자와 자본가 모두 필요한 모든 정보를 항상 갖고 있다고 전제한다. 또한 미래가 알려지지 않은 상황에서는 확률법칙에 따라 그 결과가 결정된다고 주장한다. 고전경제학을 역동적으로 재구성한 저술을 남긴 카를 마르크스Karl Marx조차 예측에 관해서는 전혀 언급하지 않았다. 마르크스의 책에 등장하는 노동자와 자본가는 줄거리가 명확히 전개되어 이야기의 대단원을 아무도 바꿀 수 없는, 그런 드라마 속의 인물이다.

또한 나이트는, 미래 예측 과정의 어려움은 단순히 수학적 명제에 대한 미래 예측 적용의 불가능 차원을 넘어서는 것이라고 주장했다. 토머스 베이스를 언급하지는 않았지만, '과거의 반복적인 사건에 대한 경험적 평가로 미래의 많은 사실을 알 수 있다'는 게 의심스럽다는 얘기였다. 다시 말해 미래에 대한 사전추론a priori resoning도 미래의 불확실성을 없앨 수는 없다는 뜻이다. 따라서 과거에 일어난 사건의 발생 빈도에 의존하는 것은 대단히 위험스런 모험이라는 말이다.

어째서 그것이 위험스런 모험이란 말인가? 일반적으로 미지의 사실을 추정하려면 무엇보다도 먼저 과거의 발생 빈도를 조사해야 한다고 생각하는데 말이다. 또한 우리는 경험을 통해 미지의 사실에 대한 추정능력이야말로 어른과 아이를 구분하는 기준이 된다고 믿지 않은가. 실제로 우리는 경험을 통해 인플레이션과 높은 이자율이 어떤 방식으로든 연관되어 있다는 점을 파악하고, 포커 상대자나 배우자로는 도덕적인 사람이 바람직하다는 것을 안다. 또한 경험에 따라 하늘에 구름이 끼여 있으면 날씨가 나빠질 전조임을 알고, 시내에서의 과속이 얼마나 위험한지도 안다.

경영자들은 과거에 근거를 두고 미래 예측 작업을 정기적으로 실시하지만, 상황에 대한 호전 시점이나 악화 시점을 발견하지 못하는 경우가 많다. 그들은 일이 벌어지고 나서야 전환점의 존재를 확인한다. 만약 그들이 임박한 제반환경의 변화를 더 잘 감지해낸다면, 자주 발생하는 수익성의 방향 전환(흑자에서 적자로 급변하는 상황–옮긴이)은 훨씬 줄어들 것이다. 비즈니스 분야에서 의외의 사태가 자주 발생한다는 것, 바로 수학적 확률보다는 불확실성이 우세하게 작용한다는 증거다.

나이트는 그 이유에 대해 이렇게 설명하고 있다.

> 어떤 사례는 매우 독특해서 어떤 사건의 실제 확률과 추정된 확률값을 정확히 알고 싶어도 추론의 근거가 될 만큼 충분한 실례를 모을 수는 없다. 그렇다고 별개의 다른 사건들로 확률을 추정할 수는 없는 것 아닌가.

나이트의 말은 사업상의 결정뿐만 아니라, 대부분의 다른 결정에도 마찬가지로 적용된다.

수학적 확률값을 얻으려면 동일한 사건을 관측한 독립적인 기록이 대단히 많아야 한다. 동일한 사건의 예를 들면 주사위 굴리기와 같이 운에 맡기는 승부를 말한다. 나이트는 운에 맡기는 승부에서나 '명백한 확실성apodeictic certainty'을 찾을 수 있다고 강조했다.

그러나 어떤 사건도 그 이전의 사건이나 장차 일어날 사건과 동일하지는 않다. 더욱이 어떤 사건의 확률값을 얻는 데 필요한 충분한 실례를 모으기에는 우리의 인생이 너무나도 짧다. 아마도 우리는 '내년에는 수익이 증가할 것이라고 60% 확신한다' 또는 '내년 생산량이 60% 증가할 것이다' 라는 말은 할 수 있을 것이다. 그러나 나이트는, 그러한 예측에서의 오차는 확률이나 가능성과 철저하게 구별되어야 한다고 주장했다. 객관적으로 볼 때 어떤 판단이 정확할지 그 확률에 대한 언급은 의미 없을 뿐만 아니라, 치명적인 결과를 낳을 수도 있다는 것이다. 케네스 애로가 그랬듯이 나이트 역시 모호한 구름 속을 헤매고 싶지 않았던 것이다.

나이트의 생각은 특히 금융시장과 관련이 깊다. 미래에 대한 예측에 기반을 두고 모든 결정을 내리지만 의외의 상황 또한 주기적으로 발생하는 곳이기 때문이다. 바실리에는 오래전에 다음과 같이 지적한 바 있다.

"시장에서 형성된 가격이 진정한 의미에서의 현재 가격이다. 만일 시장의 판단이 이와 다르다면, 시장에서는 지금보다 더 높거나 낮은 가격이 형성될 것이다."

증권 가격은 판매자와 구매자가 합의한 시장 예측인 동시에, 예상대로 상황이 전개된다면 결정된 가격에 변동이 없을 것이라는 의미까지 내포하고 있다. 주식과 채권의 변동성은 예상대로 상황이 전개되지 않는 경우가 자주 있다는 것과 투자가들의 판단이 잘못된 경우가 많다는 증거다. 이 변동성은 시장의 불확실성을 대변해주는 대리인 격이므로, 투자 리스크를 측정할 때 반드시 이것을 계산에 넣어야 한다.

빅토리아 시대였다면, 아마도 골턴 같은 인물은 가격이 안정된 평균값 주변에서 변동할 것으로 기대했으리라. 그러나 나이트와 바실리에는 빅토리아인이 아니었다. 그들은 정확히 어떤 중심 경향이—만일 그런 것이 있다면—우세할 것인지에 대해 침묵을 지켰다. 가격의 변동성 문제는 여기서 일단락 짓고, 나중에 조금 더 이야기해보기로 하겠다.

나이트는 케인스를 극도로 싫어했다. 1940년 시카고 대학에서 케인스에 대한 명예 학위 수여를 결정했을 때 나이트는 케인스에 대한 반감을 숨길 수 없었다. 그는 시카고 대학 경제학부의 뛰어난 교수인 제이콥 바이너Jacob Viner에게 이의를 제기하는 편지를 보냈다. 이에 대한 나이트의 설명을 들어보자.

"당시 케인스의 명예 학위 수여에 대한 결정에 다른 어느 누구보다도 바이너의 영향력이 컸다는 보도를 접하고, 내가 받은 충격의 일부나마 표시하기에 가장 적합한 대상은 바로 그였다."

그 편지의 내용을 살펴보자. 나이트는 "케인스와 그의 저술에 대해 학계 인사나 정책 입안자들을 보고 정말 괴로웠다"고 투덜대고 있다. 그리고 케인스를 '현명하고 논증 능력이 대단한, 보기 드문 지성인'이라고 치켜세우고 나서 본격적인 불평을 해댔다.

하지만 그릇되고 파괴적인 결과를 초래한 그에게 명예 학위를 수여한다는 것은 잘못된 판단이라는 생각입니다. 케인스의 견해, 특히 화폐와 금융이론에 관한 케인스의 생각은 비유적으로 표현하자면, 성문을 부수려고 애쓰는 팔레스타인인들에게 창 밖으로 성의 열쇠를 던져주는 것과 같습니다.

케인스는 자본주의를 위해서는 정부의 잦은 간섭이 있어야 한다고 확신했다. 그러나 자유시장을 주장하는 시카고 대학의 많은 경제학자들은 케인스의 생각에 동의하지 않았다. 그렇다고 그들이 나이트와 마찬가지로 케인스를 경멸한 것도 아니었다. 오히려 그들은 경제이론의 뛰어난 혁신가인 케인스에게 명예 학위를 주는 것이 당연하다고 여겼다.

나이트는 어쩌면 케인스가 자신과 똑같은 철학적 접근방법을 사용한다는 이유로 단순히 질투심에 사로잡혀 있었을는지도 모른다. 예를 들면 두 사람 모두 수학적 확률법칙, 즉 확실성이라는 가정에 근거한 고전이론을 의사결정의 지침으로 받아들이지 않았다. 또한 두 사람은 '삶에 대한 하잘 것 없는 통계적 견해'를 경멸했다. 케인스는 1938년에 쓴 에세이 〈나의 초기 신념My Early Beliefs〉에서 인간을 이성적 존재로 본 고전경제학자들의 가정은 얄팍한 근거로 이루어진 가정이고 큰 재난을 불러일으킬 수 있다며 비난했다. 그는 인간의 내면 깊숙한 곳에 맹목적인 정열이 숨어 있다고 언급하며, 대부분의 사람들에게는 광기와 반이성적 사악함이 내재한다고 지적했다. 이런 견해의 소유자가 성문을 부수는 팔레스타인인들에게 성의 열쇠를 던져준다는 것은 거의 불가능한 일일 것이다.

나이트는 어쩌면 케인스가 리스크와 불확실성의 차이를 자신보다 훨씬 더 깊이 탐구했기에 속이 상했는지도 모른다. 또한 나이트는 케인스가 《고용, 이자 및 화폐의 일반이론》을 쓰면서 이자율에 관한 자신의 논문에 대해 '전통적이고 고전적인 견해'라고 무시하며 하나의 각주로만 다룬 데 화가 났던 게 틀림없다. 게다가 그것도 나이트에 대한 유일한 언급이었다. 이어지는 언급에서 나이트의 논문이 '자본의 본질에 대해 흥미롭고 심오한 고찰을 담고 있다'고 인정한 것은 전혀 위로가 되지 못했나 보다. 리스크와 불확실성에 관한 15년간의 선구적인 연구 끝에 나이트가 얻은 것은 고작 그뿐이었다.

케인스의 지적·사회적 배경은 나이트와 정반대였다. 그는 1883년 영국의 유명한 가문에서 태어나 유복한 환경에서 성장했다. 그의 선조는 11세기에 정복자 윌리엄과 함께 영국에 상륙한 것으로 알려져 있다. 케인스의 가장 최근 전기를 집필한 로버트 스키델스키Robert Skidelsky는 케인스를 다음과 같이 묘사한다.

"단지 어떤 조직의 일원이 아닌 자신이 속한 모든 조직에서 중추적 역할을 했던 사람이다. 또한 항상 높은 위치에서 영국과 세계의 상당 부분을 내려다본 인물이다."

케인스의 절친한 친구들은 총리나 재무관뿐만 아니라, 철학자인 버트런드 러셀Bertrand Russell과 루트비히 비트겐슈타인Ludwig Wittgenstein이 있었고, 리튼 스트레이치Lytton Strachey, 로저 프라이Roger Fry, 던컨 그랜트Duncan Grant, 버지니아 울프Virginia Woolf 등의 작가와 예술가도 있었다.

이튼 고교와 케임브리지 대학의 훌륭한 학자들의 지도를 받으며 경제학과 수학, 그리고 철학을 공부한 케인스는 자신의 생각과 제안을 세상에 내놓기 시작하면서 커다란 논쟁을 불러일으키는 동시에 뛰어난 평론가로 인정을 받는다.

경제이론가로서 그의 경력은 재무성의 국고 관리에 참여하면서 시작되었다. 그는 인도로 파견 근무를 나가기도 했고, 제1차 세계대전 중에는 재무 관련 업무에 집중적으로 매달리기도 했다. 전쟁이 끝난 후 케인스는 자신의 진가를 발휘할 기회를 맞이했다. 재무성 수석대표 자격으로 베르사유 평화협정에 참석하게 된 것이다. 그런데 그 평화협정에서 체결된 조양이 매우 악의적이라고 생각한 그는 그 조약으로 인해 경제 혼란과 정치 불안이 일어날 것이라고 확신, 재무성에 사표를 제출하고 《평화의 경제적 귀결The Economic Consequences of the Peace》이라는 책을 집필했다. 이 책은 곧 베스트셀러가 되었고 케인스에게 국제적 명성을 안겨주었다.

이후 케인스는 그가 사랑하는 케임브리지의 킹즈 칼리지로 되돌아갔다. 그곳에서 그는 학생들을 가르치며 책을 집필하는 한편, 대학의 회계 업무를 책임지고 대학 자산을 늘리기 위한 투자를 지휘하기도 했다. 대학에 몸 담고 있는 동안에도 그는 큰 보험회사의 사장 겸 투자 관리자로 일했다. 또한 그는 주식시장의 적극적인 참가자였으며 그에 따라 그의 재산은 격심한 증감을 반복했다(당시의 유명한 동료 경제학자들처럼 그 역시 1929년의 대공황을 예견하지는 못했다). 하지만 그는 거래소에서 리스크 감수를 적절히 해냄으로써 킹즈 칼리지의 자산을 늘릴 수 있었다. 1936년경에는 얼마 안 되던 자신의 상속재산을 오늘날 1,000만 파운드에 상당하는 금액으로 불리기도 했다. 그는 제2차 세계대전 동안에 영국의 전쟁자금조달을 입안했고 전쟁이 끝난 직후에는 미국에서 대규모 차관을 영국으로 끌어들이기 위한 협상을 전개했다. 뿐만 아니라 그는 전후 국제통화체계를 정착시킨 브레턴우즈 협정의 대부분을 기안했다.

케인스는 스스로도 감당하기 힘들 만큼 번뜩이는 아이디어가 많아 과거에 자신이 말했던 것과 모순되는 말을 하는 경우도 있었다. 그러나 그는 대수롭지 않게 여겼다.

"누군가가 내 생각이 잘못됐다는 것을 내게 납득시키면 나는 그의 지적대로 내 생각을 바꾼다. 당신이라면 어떻게 하겠는가?"

1921년 케인스는 《확률론A Treatise on Probability》이라는 책을 완성했다. 케임브리지 대학을 졸업한 직후부터 시작해 15년 동안 집필한 끝에 발표한 책이었다. 심지어 화가인 그랜트와 함께 그리스로 떠난 승마 여행에는 물론, 해외 여행 동안에도 원고를 갖고 다녔다. 그는 새로운 개념을 명확하게 전달하고자 애썼다. 그는 케임브리지 대학에서 받은 철학 교육의 영향에서 결코 벗어나지 않았다. 후에 그는 다음과 같이 회상했다.

"우리가 가장 자주 되뇌던 구절은 '그 말은 정확히 무슨 뜻인가?' 라는 것이었다. 논쟁에서 전하고자 하는 의미를 정확히 설명하지 못하면, 말하려는 요지가 무엇이든 결국 아무 의미도 없다는 강한 의혹을 받게 마련이다."

《확률론》은 확률의 의미와 적용에 관한 뛰어난 탐구였다. 《확률론》의 대부분은 앞서 이미 살펴본 초기 확률 이론가들의 이론에 대한 비판이다. 그러나 나이트와 달리, 그는 리스크와 불확실성의 차이를 명확하게 밝히지는 않았다. 단지 나이트보다 덜 까다로운 방식으로 미래를 예측할 때 명확히 예측할 수 없는 것과 분명히 예측할 수 있는 것을 대비시켰을 뿐이다. 그러나 케인스 역시 나이트와 마찬가지로, 과거에 일어난 사건의 빈도를 결정의 근거로 삼을 수는 없다고 생각했다. 그는 골턴의 '완두콩 유추'가 자연계에는 들어맞을지 몰라도 인간사에는 적용될 수 없다고 판단했다. 과거 사건의 빈도에 기반을 둔 미래 분석은 거부했지만 명제命題에 기반을 둔 예측은 받아들였던 것이다. 그가 선호한 표현은 '신뢰도', 즉 당시의 표현대로 하자면 '사전a priori 확률'이었다.

케인스는 확률의 전통적인 견해에 대한 공격으로 책의 첫머리를 전개했다. 가우스와 파스칼, 그리고 케틀레와 라플라스 등 본 책에 소개되었던 많은 사람들이 그의 공격 대상이었다. 확률이론은 실생활에서의 상황과 거의 관계 없다는 것이 그의 주장이었다. 특히 라플라스 학파처럼 무모한 방법으로 또는 지나친 기대로 확률이론을 적용할 때 그러하다고 단언했다.

미래의 어떤 사건에 대한 '객관적 확률'은 실제로 존재한다. 다시 말해 객관적 확률은 인간의 변덕에 구애받지 않는다는 것이다. 그러나 우리는 확률이 얼마인지 정확히 알 수 없다. 단지 그 확률을 추정해보는 정도로 만족할 수밖에 없다. 케인스의 얘기를 더 들어보자.

"직관이나 즉각적인 판단 없이 특정 사건의 확률에 대한 측정 방법의 발견 가망성은 거의 없다. 명제란 우리가 그렇다고 생각하기 때문에 그럴 듯한 것이 아니다."

케인스는 이론가들의 의견이 아닌 사람들의 실제적 경험으로 옮겨갈 것을 제안했다. 그러나 그는 대부분의 보험회사에서는 대략적으로 보험료를 산출한다고 지적했다. 예를 들어, 두 보험 중개인이 똑같이 영리하더라도 시종일관 일치하는 결과를 얻어낼 수는 없기 때문이다.

"보험 중개인이 책정한 보험료가 예상 리스크를 넘어서면 그것으로 충분하다고 받아들인다."

또한 그는 로이드 해상보험 조합의 1912년 8월 23일자 회보에 나온 미국 대통령선거 3자 경선 확률을 인용해, 보험업계의 확률 계산방법에 대한 허상을 조명했다. 세 명의 당선 확률을 더하면 110%라는 수치가 나타났던 것이다. 뿐만 아니라 남아프리카 바다에서 사라진 와라타Warata 호의 재보험률을 둘러싸고 당시 보험업계가 벌였던 일대 해프닝도 소개했다. 난파 흔적으로 보이는 선박의 잔해가 발견될 때마다 와라타 호의 재보험률은 시시각각 달라졌다. 그리고 와라타 호와 같은 상황에 처했던 어떤 선박이 그다지 파손되지도 않고 두 달 동안이나 해상에 떠다니다가 발견되었다는 소문이 퍼져나오면 또 그에 따라 재보험률이 달라졌다. 그럼에도 불구하고 와라타 호의 침몰 확률은 일정한 상태를 유지했고, 반면에 그 확률에 대한 보험업계의 평가는 오락가락했던 것이다.

케인스는 이른바 '대수의 법칙'에 대해서도 냉소적인 태도를 보였다. 과거에 유사한 사건이 반복적으로 관측되었다고 해서 미래에도 그러한 사건이 또 일어나리라고 믿는 것은 빈약한 추론이라는 것이다. 오히려 그는 '새로운 사건이 어떤 중요한 측면에서 다른 것과 구분되는 상황'을 발견할 때 강화되어야 한다고 주장했다.

그는 산술평균을 '매우 불충분한 원리'라며 다음과 같이 설명했다.

"관측 결과의 합을 전체 관측 횟수로 나누는 대신, 그 추정치를 더하지 않고 곱했더라면, 동일한 가설은 동일한 고려사항을 가질 것이다."

산술평균이 훨씬 사용하기 쉽다는 점을 인정하면서도 케인스는 다음과 같은 어느 프랑스 수학자의 지적을 인용해 자신의 관심을 밝혔다.

“자연은 분석의 어려움 따위에 구애받지 않는다. 마찬가지로 인간도 그래야 한다.”

케인스는 확률이론 영역에서 선배들이 사용한 ‘사건event’이라는 용어를 받아들이지 않았다. 그 용어가 ‘예측은 반드시 과거 사건의 수학적 빈도에 따라야만 한다’는 의미를 내포하고 있다는 이유에서였다. 대신에 그는 미래 사건이 일어날 확률에 대한 신뢰도를 반영하고 있는 ‘명제proposition’라는 용어를 선호했다. 그리넬 대학에서 교편을 잡고 있는 경제학자 브래들리 베이트먼Bradley Bateman은 “케인스에게 확률은 명제를 분석하고 평가하는 작업의 기반이 된다”고 말했다.

확률이 미래에 대한 신뢰도를 반영하고, 과거 사건은 크게 고려할 요소가 아니라고 믿은 케인스를 보면서, 우리는 그가 확률을 주관적 개념으로 간주했다고 결론지을 수도 있다. 그러나 그렇지는 않다. 비록 여러 면에서 현대적이기는 했지만, 케인스는 빅토리아 시대 사람다운 기질을 드러내기도 했다. 《확률론》 저술 당시, 그는 이성적인 사람들은 때가 되면 특정 결과에 대한 확률을 정확히 알 것이라고 믿었으며, 모든 이들이 동일한 신뢰도를 소유할 것이라고 내다보았다.

“일단 지식을 결정하는 사실이 주어지면, 이러한 상황에서 개연성 여부는 객관적으로 결정된다. 그리고 우리의 의견과는 상관없다.”

케인스는 이처럼 비현실적인 견해에 대한 비판을 수용했고, 이후에는 불확실성이 의사결정에 미치는 영향과 나아가 세계 경제에 미치는 영향에 점차 더 큰 관심을 쏟았다. 《확률론》에 나오는 그의 주장을 들어보자.

"확률, 비중, 그리고 리스크에 대한 지각은 모두 판단에 따른다. 그리고 '신뢰도'는 인간이 지닌 재능의 일부분에서 나온다."

통계학자이자 케인스의 오랜 친구인 찰스 레인지Charles Lange는 언젠가 이렇게 언급한 적이 있다.

"나는 케인스가 대수학보다 세상사를 더 좋아한다는 사실에 기뻤다."

케인스의 경제적 관점은 결국 불확실성 주위를 맴돌았다. 한 가정의 저축액과 소비 정도에 관한 불확실성, 그 가정의 저축액 가운데 미래에 소비 정도에 대한 불확실성, 그리고 가장 중요한 것으로 자본재에 투입한 비용에 대한 불확실성 등이다. 신축 건물과 새 기계, 최신 기술과 신제품 등에 투입비 정도에 대한 기업의 의사결정은 경제를 역동적으로 움직이게 하는 요소다. 그러나 계획한 대로 진행될 확률 산출에 대한 객관적인 지침이 없다는 점에서 그러한 의사결정을 철회할 수 없다는 사실은 기업에 엄청난 리스크가 된다.

케인스가 《고용, 이제 및 화폐의 일반이론》을 출간하기 15년 전에, 나이트는 다음과 같은 말을 한 적이 있다.

"경제학에서 불확실성 문제의 주원인은 경제 진행과정 자체의 미래지향적인 특성에 있다."

이 말은 경제 환경이 끊임없이 변화하기 때문에 모든 경제 자료는 각각의 고유 기간에만 유용하다는 의미다. 그렇다면 경제 자료라는 것은 경제 흐름을 일반화하기 위한 근거로 삼기에는 너무 취약하다는 얘기도 된다. 그러므로 관념 속의 시간보다는 현재를 문제 삼아야 한다. 과거에서 추출한 표본은 현재 사안과 거의 무관하다. 어제의 75% 확률은 내일의 확률과는 아무런 관련이 없다. 한 체계가 과거 사건의 빈도에 따를 수 없다면, 그 체계는 특히 예상 밖의 사건에 무방비 상태로 놓인 것이고, 본질적으로 가변성을 띠고 있는 셈이다.

케인스는 과거 · 현재 · 미래가 감정 없는 타임머신에 실린 채 하나의 단일시점으로 병합되는 가상경제는 아무 소용도 없다고 보았다. 고전경제학자들이 추정했던 대로 경제가 움직인다고 보기에는 비자발적 실업과 수익성 저하가 너무 자주 발생하기 때문이다.

"만약 사람들이 저축을 더 많이 하고 소비를 줄인다면, 소비자 지출과 투자 역시 줄어들 것이다. 그러나 저축 성향이 높아진 데 따른 반응으로 이자율의 하락은 어떤 경우에도 일어나지 않을 것이다."

케인스는 이 이유에 대해, 이제는 소비 억제에 대한 보상이 아니라 유동성 포기에 대한 보상이기 때문이라고 주장했다.

"이자율이 실제로 떨어진다고 해도 투자의 적기라는 직관적 판단이 서지 않거나 새로운 결정에 따르는 희생이 크리라는 예상의 경제적 상황에서는, 기업 경영자들의 추가 투자의욕을 고취시킬 만큼 이자율이 떨어지지 않을 수도 있다. 의사결정이란 일단 한 번 내려지면 과거 환경의 재연 기회가 전혀 없는 새로운 환경을 창출한다."

투자 지출이 감소하는 또 다른 이유는 기업체들이 이윤을 벌어들일 만한 투자 대상을 더 이상 발견하지 못하기 때문일 수도 있다. 케인스는 이렇게 말한 적이 있다.

“중세에는 성당을 짓고 죽은 자들을 위한 애도가를 불렀다. 성당을 많이 지어 망자를 위한 미사를 두 번 드린다면, 한 번 드리는 것보다는 두 배 좋았으리라. 그러나 런던에서 요크까지 기차 선로를 하나 더 깐다고 해서 당장 두 배로 좋아질 것은 없다.”

이러한 생각이 대공황 시기에 불리던 유행가에도 나타나 있다.

“이보게, 10센트만 빌려주게나. 한때 나는 건물을 지었고, 그 건물은 이제 완공되었지. 철로도 가설해 운영했지만…….”

케인스와 그의 추종자들은 수학적 확률보다 불확실성이 현실의 지배적인 패러다임이라는 것을 입증하고자 화폐와 계약에 초점을 맞추었다. 유동성에 대한 선호나 법적 구속력을 가진 계약을 체결해 확실한 미래를 준비하려는 충동은 의사결정이 불확실성의 지배를 받고 있음을 증명한다. 이렇듯 불확실성을 현실의 지배적인 패러다임으로 봄으로써, 우리는 더 이상 과거 사건에 대한 수학적 빈도를 지침으로 활용하는 데 꺼리는 것이다.

케인스는 불확실성을 무시하는 이론을 거부했다. 그의 주장은 다음과 같다.

“과학적 예측에 대한 고전 학설의 두드러진 실패는, 시간이 흐를수록 그 학설을 옹호하는 자들의 위신을 더욱 떨어뜨린다.”

또한 그는 고전경제학자들이 거의 캉디드Candide(볼테르가 쓴 철학 소설의 주인공-옮긴이) 수준에 머물러 있다고 비난했다.

“묵묵히 자신의 일에 힘쓰기 위해 속세를 떠나며 캉디드는 이런 가르침을 남긴다. ‘이 세계는 가능한 모든 세계 가운데서도 가장 좋은 세계다. 인간들이 부질없는 간섭만 하지 않는다면, 만물은 최선의 결과를 맺을 것이다."

케인스는 이러한 캉디드류의 이론을 배척하고 자유 방임주의laissez-faire를 정면으로 반박하는 정책인, 좀 더 적극적인 정부의 개입을 제안했다. 이로써 민간 수요의 쇠퇴를 정부 수요로 대체할 수 있을 뿐만 아니라, 경제 전반에 퍼져 있는 불확실성까지 줄일 수 있다는 주장이었다.

지금까지 케인스의 경제 인식과 경제 문제에 대한 처방을 살펴보면서, 우리는 케인스가 제시하는 치료방법이 때로는 문제가 되는 질병보다 더 병적인 경우를 보았고, 그의 분석은 작지만 다른 결점도 있음을 발견했다. 하지만 이 중 어떤 것도 그가 경제이론과 리스크에 대한 이해에서 이룩한 공헌의 격을 떨어뜨리지는 못할 것이다.

케인스의 《고용, 이자 및 화폐의 일반이론》의 첫 장 마지막 부분은 다음과 같다.

"고전이론에서의 경제 성격은, 실제 경제사회와 다르다는 것이 분명해졌다. 고전이론을 실제 경험에 적용한다면, 우리는 오도될 것이고 결국 비참한 결말에 이를 것이다."

1936년의 경제 상황을 고려해보건대, 케인스는 이와 같은 결론을 내릴 수밖에 없었을 것이다. 불확실성은 이후 모든 경제이론의 핵심이 될 것임에 틀림없었다.

1937년 《고용, 이자 및 화폐의 일반이론》에 대한 비판에 답하면서 케인스는 다음과 같이 견해를 밝혔다.

'불확실한' 지식이라는 용어를 놓고 볼 때, 나는 단지 개연성만 있는 것과 확실하다고 알려진 것을 구별하고자 했던 것만이 아니다. 이런 의미에서 보면, 룰렛 게임은 불확실성에 지배를 받지 않는다. 유럽 전쟁의 전망, 지금부터 20년 후의 동銅 가격과 이자율, 새 발명품의 용도폐기 등에 불확실이라는 용어를 쓰는 것이다. 이런 문제의 확률을 계산할 수 있는 과학적 근거가 전혀 없기 때문이다. 우리는 정말로 알 수 없다!

'우리는 정말로 알 수 없다!' 이 말에 겁먹을 필요는 전혀 없다. 반대로 우리는 대단히 반가운 소식을 들은 사람들로서 기뻐해야만 한다. 왜냐하면 그의 말은, 우리가 피할 수 없는 미래에 얽매인 죄수가 아니라 불확실성 덕분에 자유인임을 알려주는, 엄청난 의미의 복음인 까닭이다.

반대의 경우를 생각해보라. 파스칼에서부터 골턴에 이르기까지 모든 사상가들은 세상이 확률법칙에 따른다고 말했다. 다음에 던지는 주사위의 숫자를 통제할 수 없기 때문에, 다음 측정에서의 오차가 어디에서 발생할지 알 수 없기 때문에, 사물이 궁극적으로 회귀하는 정지된 정상正常의 영향을 통제할 수 없기 때문에 그렇다. 이런 정황에서는 삶의 모든 것이 야코프 베르누이의 단지 속에 있는 구슬과 같아진다. 비록 우리가 자유롭게 어떤 구슬이든지 꺼낼 수 있지만 구슬의 색을 선택할 수는 없다. 라플라스도 말하지 않았던가.

"대자연의 법칙을 따르는 듯하지 않은, 하찮은 사건이라 할지라도 태양이 뜨고 지는 데 적용된 바로 그 인과율을 적용받고 있는 것이다."

간단히 말해 이것은 필연에 관한 이야기다. 모든 것이 확률법칙에 따라 움직이는 구성 속에서는 신에게 기도하는 일 외에는 별다른 의지처가 없는 원시인이나 도박사와 다를 바 없어지는 것이다. 그렇다면 어떤 행위도, 어떤 판단도, 직관적 판단에 따른 어떤 결정도 최종적인 결과에 최소한의 영향조차 미치지 못할 것이다. 결국 확률이라는 수학적 분석을 따르는 질서 잡힌 세상이 펼쳐질지는 몰라도, 그런 세상에서 사는 우리는 창 없는 감옥에 갇힌 죄수와 다름없을 것이다. 어쩌면 이런 운명이 수십억 년 전에 한 마리 나비의 날갯짓에 따라 이미 정해진 것인지도 모른다.

얼마나 갑갑한 세상인가! 그러나 하늘에 감사드리자. 다행스럽게도 순수 확률의 세계는 자연에 대한 부분적인 탐구를 기술한 논문에나 존재할 뿐이니까 말이다. 확률은 무지에서 벗어나고자 애쓰는 살아 숨쉬는 인간, 땀흘려 일하며 기뻐하고 초조해하는 창조적인 인간과는 아무 연관도 없다.

이것은 우리에게 좋은 소식이다. 우리가 룰렛 판의 회전을 지켜보듯 인생을 살지 않아도 된다는 것, 카드패를 살피듯 세상을 살아가지 않아도 된다는 것을 이해한다면, 우리의 영혼은 자유로워지리라. 결국 우리의 결정만이 문제가 될 것이고, 우리는 세상을 바꿀 수 있을 것이다. 우리의 결정에 따라 세상이 바뀐다. 바로 이것이 케인스의 경제 처방이다.

다시 말하지만, 장차 일어날 변화가 유익할지 해로울지는 우리에게 달린 문제다. 룰렛 판의 회전과는 아무런 관련도 없는 것이다.

14

승리하려면 효용을 극대화하라

이제까지 우리는 리스크와 의사결정에서 불확실성을 중심 위치로 끌어올리고자 노력하는 나이트의 모습을 보았으며, 고전경제학자들의 가설에 대한 공격에서 케인스의 힘 있고 조리 있는 말솜씨를 확인했다. 그러나 합리적 행동의 현실성과 리스크 관리에서의 측정에 대한 믿음은 불황과 제2차 세계대전의 소용돌이 중에도 계속되었다.

이제 그러한 문제에 대한 이론은 두 갈래로 첨예하게 분열되기 시작했다. 그 중 하나는 케인스의 신봉자들이 걸어가는 길(우리는 정말로 알 수 없다)이었고, 다른 하나는 제번스의 신봉자들이 개척해놓은 길(쾌락 · 고통 · 노동 · 효용 · 가치 · 부 · 화폐 · 자본 등은 모두 수량數量을 인정하는 개념이다)이었다.

케인스가 《고용, 이자 및 화폐의 일반이론》을 내놓은 지 사반세기 후에 리스크와 불확실성을 더욱 효과적으로 설명할 수 있는, 이론적 방법에서 중요한 진보라 할 만한 '전략게임이론'이 등장했다. 이는 인간 행동의 해석에 대한 측정이 필수불가결한 것이라는 빅토리아 시대 사람들의 믿음에 뿌리를 둔 실용적인 패러다임이었다. 이 이론은 의사결정에 초점을 두고 있는데, 운에 맡기는 승부에 기초한 많은 이론들과 거의 관계가 없다.

게임 이론의 뿌리는 19세기에 있음에도 불구하고, 수학적 필연성을 의사결정에 합류시켰던 선조들의 경향에서 극적인 이탈을 보인 베르누이와 제번스의 효용 이론에서는, 어떤 누군가가 무엇을 할지 모르는 고립된 상태에서 선택하는 것이었다. 그러나 게임 이론에서는 두 명 이상이 등장해 다른 사람들이 무엇을 하는지 아는 상태에서 자신들의 효용을 극대화하려고 한다.

게임 이론은 불확실성에 새로운 의미를 던져주었다. 그 전의 이론가들은 불확실성을 인생의 한 부분이라고 인정하긴 했지만, 그 근원을 규명한 적은 없었다. 그러나 게임 이론에서는 불확실성의 진짜 근원은 다른 사람들의 의도에 달려 있음을 밝히고 있다.

게임 이론의 관점에서 보면, 우리가 내리는 거의 모든 결정은 자신이 원하는 것을 다른 사람이 원하는 것과 교환함으로써 불확실성을 줄여나가는 일련의 협상 결과다. 포커나 체스처럼 현실세계에서의 승부는 사기꾼에게서 자신을 보호하기 위해 계약과 악수 따위를 결합한 전략 게임이다.

그러나 포커나 체스와는 달리, 이러한 게임에서는 좀처럼 승자를 기대할 수 없다. 오히려 우리가 큰 이득을 보리라고 판단하고 내리는 선택이 가장 위험한 결정이 되어버리기 쉽다. 왜냐하면 우리가 이기려고 하면 할수록, 질 것을 우려하는 상대방은 매우 강력한 방어책을 쓸 것이기 때문이다. 따라서 우리는 주로 타협 가능한 대안을 선택하게 되는데, 이 경우에 어려운 상황을 참아내야만 한다.

게임 이론에서는 그러한 결정을 표현하기 위해 '맥시민maximin(최소의 득점을 최대로 하는 기법)'이나 '미니맥스minimax(추정되는 최대의 손실을 최소로 하는 기법)' 등의 용어를 사용한다. 판매자와 구매자, 지주와 소작인, 남편과 부인, 채무자와 채권자, GM사와 포드Ford사, 부모와 자식, 대통령과 의회, 운전자와 보행자, 사장과 피고용인, 투수와 타자, 독주자와 협연자의 관계에 대해 한 번 생각해보라.

게임 이론은 헝가리 출신의 미국 물리학자로 컴퓨터와 폭탄 제조기술에 뛰어났던 요한 루트비히 폰 노이만Johann Ludwig von Neumann(1903~1957)이 창안한 이론이다. 폰 노이만은 1920년대에 베를린에서 양자역학을 발견하는 데 큰 공헌을 했으며, 미국 최초의 원자폭탄(나중에는 수소 폭탄) 제조에 중심 역할을 수행했다. 그는 디지털 컴퓨터를 발명하기도 했으며, 성공한 기상학자이자 수학자이기도 했다. 또한 암산으로 여덟 자릿수 곱셈도 가능했고, 상스러운 농담을 하거나 야한 5행시 암송을 즐겼던 인물이다. 군대에서 복무할 당시 그는 육군 대장보다 해군 대장이 더 좋다는 말을 자주 했는데, 그 이유는 해군 대장들이 술고래이기 때문이라는 것이었다. 그의 전기 작가인 노먼 매크래이Norman Macrae는 다음과 같이 그를 설명한다.

"그는 누구에게나 대단히 예절 바른 사람이었다. 오랫동안 고통 받았던 두 아내에게만 제외하고 말이다."

두 부인 가운데 하나는 이렇게 얘기한 바 있다.

"그는 칼로리를 제외하고는 무엇이든지 셀 수 있는 사람이다."

한번은 확률분석에 관심이 있던 한 동료가 폰 노이만에게 '확실성' 이 무엇인지 정의해달라고 요청했다. 폰 노이만은 집을 한 채 짓는다고 가정할 때 거실 바닥이 무너지지 않을지 확인하는 방법을 생각해보자며 다음과 같은 제안을 했다.

"그랜드 피아노 한 대와 그 주변에 모여 북적대며 노래를 부르는 남자 여섯 명의 무게를 합산해보라. 그리고 그 무게에 3을 곱하라."

그 무게를 지탱하는 것이야말로 바로 거실 바닥의 '확실성' 을 보증해준다는 얘기다.

폰 노이만은 부다페스트의 부유하고 교양 있는 가정에서 태어났다. 그 당시 부다페스트는 유럽에서 여섯 번째로 크고 번성한 도시로 성장을 거듭하고 있었으며, 세계 최초로 지하철을 운영하기도 했다. 또한 문맹률이 10% 미만이었으며 인구의 25% 이상이 유대인이었다. 폰 노이만의 가족 역시 유대인이었지만, 그는 농담삼아 얘기할 때를 제외하고는 자신이 유대인이라는 것에 별로 관심을 갖지 않았다.

제1차 세계대전 이전의 부다페스트가 낳은 유명인사는 많다. 그와 동시대를 살았던 인물은 그와 같이 저명한 물리학자인 레오 실라르드Leo Szilard, 에드워드 텔러Edward Teller, 연예계의 유명인사로 게오르그 솔티George Solti, 폴 루카스Paul Lukas, 레슬리 하워드Leslie Howard, 아돌프 주커

Adolf Zukor, 알렉산더 코르다Alexander Korda 등이 있었다. 이들 가운데 아마 가장 유명한 인물이라고 할 수 있는 자 자 가보르Zsa Zsa Gabor도 있었다.

폰 노이만은 베를린의 한 일류 과학기관에서 연구생활을 시작했는데, 그 기관은 아인슈타인을 연구보조비 지급대상자로 부적합하다고 판단했던 곳이었다. 그후 그는 괴팅겐으로 옮겨가, 베르너 하이젠베르크Werner Heisenberg, 엔리코 페르미Enrico Fermi, 로버트 오펜하이머Robert Oppenheimer 등 저명한 과학자들을 만났다. 1929년 미국을 처음 방문한 그는 미국의 시골 풍경에 푹 빠져서, 그 뒤로 미국 정부를 위해 일한 오랜 기간을 제외하고는 연구 시간의 대부분을 프린스턴 대학의 발전진흥연구소Institute for Advanced Study에서 보냈다. 그 연구소에서 일을 시작한 1937년 그의 초봉은 1만 달러였는데, 오늘날 10만 달러에 해당하는 액수였다. 그에 비해 1933년 아인슈타인이 그 기관에 들어오며 요청한 급여는 3,000달러였으나 실제로는 1만 6,000달러를 받았다.

1926년 폰 노이만은 스물세 살에 괴팅겐 대학의 수학학회에 제출한 논문에서 전략 게임에 관한 이론을 처음으로 제시했으며, 그 논문은 2년 후에 발간되었다. 게임 이론의 일류 역사학자라고 할 수 있는 퀘벡 대학 교수 로버트 레오나르도Robert Leonardo는 폰 노이만의 논문을 가리켜, "한순간 영감의 산물이라기보다는 독일과 헝가리 수학자들의 관심 주제에 대해 한 젊은 학자(폰 노이만)의 끊임없는 탐구와 노력을 기울을 결과"라고 평했다. 분명히 그 일에 대한 자극제는 기본적으로 수학적인 것이었지만, 수학 자체만으로는 의사결정과 어떤 관련성을 가질 수 없었다.

폰 노이만의 논문 주제는 언뜻 보기에는 사소한 듯하다. 하지만 그 주제는 고도로 복잡하고 수학적인 것이었다. 그 논문에서 다룬 주제는 '동전 맞추기' 라는, 아이들 게임에서의 합리적 전략에 관한 것이었다. A, B 두 경기자는 각각 동시에 동전을 뒤집어 엎는다. 만약 동전이 둘 다 앞면이거나 둘 다 뒷면이면 A 경기자가 이긴다. 만약 서로 다른 면이 나오면 B 경기자가 이긴다. 어렸을 때 나도 친구들과 비슷한 게임을 한 적이 있다. 그 게임은 둘이 각자의 손가락을 하나 또는 두 개를 펴서 내밀며 '홀' 또는 '짝' 를 동시에 외치는 것이었다.

폰 노이만에 따르면 적어도 적절한 지적 수준의 소유자와 겨루는 동전 맞추기 게임에서는 상대방의 의도를 추측하려 하기보다는 자신의 의도를 드러내지 않는 쪽으로 전략을 세워야 한다고 한다. 게임에서 지는 경우를 보면, 종종 게임의 목적을 '지지 않는 것' 이 아니라 '이기는 것' 에만 두기 때문이라고 한다(여기서 최초로 패배 가능성을 리스크 관리의 필수 부분으로 다루는 것에 주목하라). 따라서 이 게임을 훌륭히 수행하려면, 당신은 50%의 확률로 동전의 앞 · 뒷면을 내는 기계처럼 무작위로 앞면이나 뒷면을 내야 한다. 이 전략을 사용하면 반드시 이기리라고 기대할 수 없지만, 그렇다고 질지도 모른다고 걱정할 필요도 없다.

만약 당시이 열 번마다 여섯 번은 앞면을 내겠다는 생각으로 게임에서 이기려고 한다면, 오히려 상대방이 당신의 게임 전략을 알아차리고 손쉽게 승리를 거둘 것이다. 즉, 동전의 앞 · 뒷면이 서로 맞지 않을 때 상대가 이긴다면, 상대는 열 번 가운데 여섯 번은 뒷면을 낼 것이다. 동전 앞 · 뒷면이 맞을 때 상대가 이긴다면, 상대는 열 번마다 여섯 번은 앞면을 낼 것이다.

따라서 '양쪽 경기자' 모두에게 합리적인 유일한 결정은 무작위적인 방법으로 앞면과 뒷면을 내는 것이다. 그렇게 하면 결국 게임 횟수의 반

정도는 앞뒤가 맞을 것이고, 반 정도는 서로 다를 것이기 때문이다. 그래서 이런 놀이는 처음 한동안은 재미있지만 곧 지루해진다.

이와 같은 증명을 통한 폰 노이만의 수학적 공헌은, '이것이 두 경기자들 간의 합리적 의사결정으로 이루어낼 수 있는 유일한 결과' 라는 것이다. 이 게임에서 50 대 50의 결말을 정하는 것은 확률법칙이 아니라 경기 당사자들이다. 폰 노이만은 논문에서 이 점을 분명히 지적하고 있다.

> 게임 규칙에 우연에 관한 요소가 포함되어 있지 않더라도, 통계적 요소는 게임의 본질적인 부분이므로 굳이 증명할 필요는 없다.

폰 노이만의 논문이 주목을 받았던 이유는, 수학적 의미가 있는 그 무엇인가를 전달하고자 했기 때문이다. 그러나 정작 그가 게임 이론에 수학적 의미 이상이 있음을 깨달은 것은 한참 후의 일이었다.

1938년 아인슈타인이나 기타 다른 사람들을 사귀었던 발전진흥연구소에서 일하면서, 그는 자신의 연구 발전에 결정적 공헌을 하는 중요한 인물, 독일 태생 경제학자 오스카 모르겐슈테른Oskar Morgenstern을 만난다. 모르겐슈테른은 게임 이론을 접하자마자 매료되어 폰 노이만의 조수역을 자청했을 뿐만 아니라, 자신이 이에 관한 논문을 쓰고 싶다고 말했다. 모르겐슈테른은 분명 그 일을 맡을 만큼 수학적 지식이 대단하지는 않았지만, 계속해서 폰 노이만에게 자신과 공동 논문을 작성하자고 설득했으며, 결국 그 공동 연구는 제2차 세계대전 중에 이루어졌다. 그리고 그들의 공동 노력의 결과로 게임 이론과 의사결정을 경제학과 경영학에 응용한 고전적인 작품 《게임 이론과 경제행동Theory of Games and Economic Behavior》이 나온 것이다. 그들은 1944년에 무려 650쪽에 달하는 그 책을 완성했지만, 전시 중의 종이 부족 때문에 프린스턴 대학 출판부에서는 간행을 주저했다. 그러다 마침내 1953년 록펠러 가문 한 사람의 재정적 지원으로 세상의 빛을 보게 되었다.

폰 노이만에게 경제 관련 주제는 그다지 새로운 것이 아니었다. 그는 그 전부터 경제학에 다소 관심이 있었고, 경제성장의 모델 개발을 위해 자신이 어느 정도까지 수학 이론을 이용할 수 있는지 시험해보기도 했다. 그러나 물리학자로서뿐만 아니라 수학자로서 언제나 그의 주된 관심사는 '균형'에 대한 개념이었다.

"경제학에서 전반적으로 양에 관해 다루는 것을 보면 알 수 있듯이, 경제학이라는 용어와는 달리 사실 수학적인 학문임에 틀림없다. 정역학靜力學의 과학과 매우 유사하다."

모르겐슈테른은 1902년 독일에서 태어났으나 빈에서 자라고 교육받았다. 그리고 1931년 무렵에 이르러, 그는 명망 높은 빈 경제사이클조사연구소의 소장인 프리드리히 폰 하이에크Friedrich von Hayek의 뒤를 이을 경제학자로서 명성을 날리게 되었다. 그는 비록 반유대주의적 성향을 띤 기독교인이긴 했지만, 독일의 오스트리아 침공에 뒤이은 1938년 미국으로 이주했으며, 곧 프린스턴 대학의 경제학부에서 교수 자리를 얻을 수 있었다.

모르겐슈테른은 기업 활동 예측에 경제학이 이용된다는 것을 믿지 않았다. 그는 소비자, 경영인, 정책 입안자 모두가 그러한 예측을 고려하고 그에 따라 결정과 행동을 수정한다고 주장했다. 이러한 반응에 따라 예측자들은 예측을 변경하고, 사람들은 다시 한 번 반응한다는 것이었다. 모르겐슈테른은 이러한 끊임없는 피드백 과정을 셜록 홈즈Sherlock Homes와 의사 모리어티Moriarty의 서로 더 나은 추측을 위한 경합에 비유했다. 그리고 이렇게 덧붙였다.

"따라서 경제학에서의 통계적 방법은 설명적인 목적을 제외하고는 별다른 쓸모가 없는 듯하지만, 완고한 보수주의자들은 이를 알지 못하고 있는 것 같다."

또한 모르겐슈테른은 19세기 경제이론을 지배했던 완벽한 선견지명의 가정이란 것에 반론을 제기했다. 그는 어느 누구도 어떤 순간에 다른 사람이 무엇을 할지 알 수 없다고 주장했다.

"따라서 무제한적인 선견지명과 경제적 균형은 양립할 수 없다."

이 결론은 나이트의 높은 지지를 받았으며, 논문을 영어로 번역하라는 제안도 받았다.

그러나 이러한 모르겐슈테른의 주장은 다소 매력이 부족했다. 노벨상 수상자이자 가장 오랫동안 베스트셀러를 기록한 경제학 교재의 저자인 폴 새뮤얼슨Paul Samuelson은 그를 다음과 같이 묘사한 바 있다.

"마치 나폴레옹처럼, 그는 항상 다른 물리학자나 그밖의 다른 사람들의 권위에 호소하기만 한다."

또 다른 동시대 학자는 프린스턴 경제학부 관계자들이 모르겐슈테른을 왠지 달갑게 여기지 않았다고 회상한다. 모르겐슈테른 자신도 본인의 사랑스러운 걸작품이 다른 사람들의 관심을 끌지 못하는 것에 대해 노골적인 불만을 표시했다. 그의 심기를 불편하게 만든 몇 가지 사례를 살펴보자.

1945년 하버드를 방문했을 때, 그곳의 학자들이 게임 이론에 무관심하다는 것을 알아차렸다. 또한 1947년 뢰프케Röpke라는 이름의 동료 경제학자는 게임 이론을 빈의 커피숍에서나 언급할 만한 가십거리라고 말했다.

1950년 로테르담의 저명한 경제학자들 모임에 방문자로 참가했을 때는, 그들이 게임 이론에 대해 전혀 알고 싶어하지 않는다는 것을 알았다. 그들은 게임 이론에 혼란스러워 할 것이기 때문이었다.

그는 수학적인 경제 분석에 대해 열정적 지지자였지만(그는 케인스가 기댓값을 진지하게 다루지 않았다고 비평했으며 그의 《고용, 이자 및 화폐의 일반이론》은 '그저 끔찍할 뿐'이라고 묘사한 바 있다), 폰 노이만의 수준 높은 과제에 대해 불평했다. 그러면서도 그는 공동작업 기간 내내 폰 노이만을 존경 어린 시선을 보냈다. 모르겐슈테른은 언젠가 이렇게 썼다.

"그는 정말로 신비로운 사람이다. 과학적인 것을 접하기만 하면 그는 완전히 열정적이고 명료하며 생기발랄한 사람이 된다. 그러고는 이윽고 가라앉아서 꿈을 꾸듯이 이상한 감정의 교착상태에서 천박하게 주절거린다. 정말 이해할 수 없는 사람이다."

게임 이론의 냉철한 수학과 경제학의 긴장을 결합시키는 것은 경제학에 열정을 가진 수학자에게나 수학에 열정을 가진 경제학자에게나 모두 자연스럽게 잘 들어맞는 것처럼 보였다. 그러나 모르겐슈테른의 말을

인용하자면 그 둘을 결합하게 된 자극은, 경제학에서의 수학적 적용이 매우 한탄할 만한 수준이라는 데 모두 공감했기 때문이다.

그럴 듯한 동기는 또 있었다. 그것은 자연과학적 분석에서뿐만 아니라 사회과학적 분석에서도 수학을 개선장군으로 만들고 싶은 열망이었다. 오늘날이라면 그러한 접근방법은 많은 사회과학자들에게 환영받을 수도 있었겠지만, 게임 이론이 처음으로 널리 소개되던 1940년대 후반에는 저항의 주요 원인이기도 했다. 케인스가 이끌던 당시의 학계는 인간 행동을 설명하는 데 어떠한 종류의 수학적 해석도 거부했던 것이다.

《게임 이론과 경제행동》은 수학을 경제적 의사결정에 이용해야만 하는 정당성 주장으로 가득 차 있다. 폰 노이만과 모르겐슈테른은 경제학의 인문적 · 심리학적 요소가 수학적 분석에 방해된다는 견해에 대해 '완전히 잘못된 것' 이라고 보았다. 그들은 16세기 이전의 물리학이나 18세기 이전의 화학 · 생물학에서 수학적 방법이 활용되지 못했던 점을 상기시키면서 다음과 같이 주장했다.

"당시 초기 단계에서 그러한 분야에 수학을 적용시키며 가졌던 전망도 현재 경제학에 수학을 적용시키며 갖는 전망보다 별로 나을 게 없었을 것이다."

또한 폰 노이만과 모르겐슈테른은 일반인들이 어설픈 상태에서 경제행동을 한다는 단순한 이유를 들며, 자신들의 엄격한 수학적 절차와 수량에 대한 강조를 비현실적이라고 매도하는 것은 어불성설이라고 주장했다. 어차피 사람들은 빛과 열에 대해서도 역시 어설프게 반응하지 않는가.

물리학이라는 과학을 일으키기 위해서는 빛이나 열 등의 현상을 측정해야 했다. 그렇기 때문에 오늘날 그러한 측정의 결과를 우리가 직 ·

간접적으로 일상생활에 이용할 수 있는 것이다. 같은 일이 미래에는 경제학에서도 벌어질 것이다. 일단 측정을 이용한 이론에 따라 인간 행동에 대한 완전한 이해가 이루어지면, 개인의 생활은 구체적인 영향을 받을 것이다. 따라서 이러한 문제에 대한 연구는 결코 불필요한 퇴보가 아니다.

《게임 이론과 경제행동》의 분석은 동전 맞추기에서 앞 · 뒷면을 선택해야 하는 것처럼 두 가지 선택 가능한 대안에 직면한 한 개인에 대한 간단한 경우로 시작한다. 그러나 여기서 폰 노이만과 모르겐슈테른은 의사결정의 본질에 대해 좀 더 깊숙이 파고들었다. 두 가지 개별적인 가능성 사이에서 이루어지는 의사결정에 관한 것이 아니라, 두 가지 복합된 사건 사이에서 내려지는 개인의 선택에 관해 연구한 것이다.

그들이 예로 든 피실험자는 커피를 차보다 더 좋아하고, 차를 우유보다 더 좋아하는 남성이다. 그들은 그에게 다음과 같은 질문을 던진다.

"당신은 차 또는 우유가 가득 차 있을 가능성이 50%인 유리잔과 커피가 확실히 들어 있는 컵 가운데 어느 것을 선택하시겠습니까?"

그는 커피를 택한다.

만약 선호도를 재조정해 똑같은 질문을 하면 어떻게 될까? 이번 피실험자는 우유를 커피나 차보다는 더 좋아하지만, 변함없이 차보다는 커피를 더 좋아한다. 이제 커피가 확실히 들어 있는 컵과 차 또는 우유가 들어 있을 가능성이 50%인 유리잔 사이에서의 결정은 처음 결정보다 훨씬 모호해진다. 왜냐하면 컵에 담겨 있을 것이 불확실한 결과를 지니기 때문이다. 즉, 없어도 잘 지낼 수 있는 것(차)이 들어 있을 수도 있고, 정말로 좋아하는 것(우유)이 들어 있을 수도 있는 경우인 것이다. 이런 방법으로 차나 우유가 들어 있을 확률의 변화, 그리고 어느 지점에서 그가 확실히 들어 있는 커피와 50 대 50의 도박 사이에서 무관심해지는지 질문해본다. 이제 우리는 그가 얼마나 커피보다 우유를 선호하고 또 차보다 커피를 선호하는지에 대한 양적 추정을 발전시킬 수 있다.

이러한 예를 더 현실적으로 만들어보자. 이를테면 2달러를 소유할 때의 효용(만족도)과 비교해 1달러를 소유할 때의 효용을 측정한다. 앞의 보기에 나오는 남성이 선호하는 결과는 2달러일 게 틀림없다. 즉, 앞의 예에 나오는 우유를 대신하는 것이다. 그러면 선호도가 가장 낮은 차를 대신하는 것은 0달러인 셈이 되고, 1달러는 중간 선택으로 커피를 대신하는 가치가 된다.

다시 한 번 피실험자에게 확실한 것과 도박 가운데 하나를 선택하라고 질문해본다. 이번 경우에는 확실한 1달러를 선택하거나 2달러 또는 아무것도 얻지 못할 도박 가운데 선택하는 것이다. 도박의 승산은 2달러를 딸 수 있는 50% 대 아무것도 얻지 못할 50%로 설정한다. 이 경우 수학적 기댓값은 1달러다. 만약 그가 확실한 1달러건 도박이건 아무래도 상관없다고 말한다면, 그는 이러한 낮은 수준의 도박에서는 리스크라는 문제에 중립적인 태도를 보이는 것이다. 폰 노이만과 모르겐슈테른이 제시한 공식에 따르면, 가장 선호하는 가능성(여기서는 2달러가 나오는 결과)에 대한 확률로 피실험자의 1달러(확실)에 대한 선호도와 2달러(또는 꽝)에 대한 선호도를 비교해볼 수 있다. 여기서 50%의 확률은 피실험자의 1달러에 대한 선호도가 2달러에 대한 선호도의 반이 된다는 것을 의미한다. 이러한 상황에서는 2달러의 효용이 1달러의 효용보다 두 배가 큰 것이다.

사람에 따라, 그리고 상황에 따라 반응은 각기 달라질 것이다. 돈의 액수 증가와 도박에서의 확률 변화를 주면 어떻게 되는지 살펴보자. 이번에는 피실험자가 확실히 100달러를 받는 것이나, 200달러를 받을 67%의 확률(아무것도 못 받을 33%의 확률)을 가진 도박이나 아무래도 상관없다고 답하는 경우를 가정해보자. 이 경우 도박에서의 수학적 기댓값은 134달러가 된다. 즉, 피실험자의 확실한 결과(100달러)에 대한 선호도가, 단지 몇 달러가 걸린 도박에서보다 더 커진다는 뜻이다. 또한 200달러(가장 선호하는 가능성)에 대한 67%의 확률은 피실험자의 100달러(확실)에 대한 선호도가 200달러(또는 꽝)에 대한 선호도의 2/3라는 것을 의미한다. 즉, 첫 번째 100달러의 효용이 두 번째 100달러의 효용보다 더 크다. 도박에 걸려 있는 액수가 한 자릿수에서 세 자릿수로 증가함에 따라 그만큼 더 큰 액수에 대한 효용이 감소해가는 것이다.

여기의 추론은 '등가 확신'에 대한 계산에서 행했던 추론과 정확히 일치한다. 베르누이가 내세운 원칙, 즉 부의 증가에서의 효용은 이미 소유한 부의 양에 반비례한다는 원칙에서 나온 '등가 확신'이다.

이것이 바로 리스크 혐오의 본질이다. 즉, 다른 사람들이 우리에게 불리한 결과를 가져다줄 의사결정을 내리도록 그들을 자극할 수도 있는 (우리의) 의사결정을 어느 정도까지 할 수 있느냐 하는 것이다. 이 방면의 분석에 따르면 폰 노이만과 모르겐슈테른의 이론은 합리성을 고전적 양식으로 이해하는 부류에 속한다. 왜냐하면 합리적인 사람들은 자신들의 선호를 분명히 이해하고 그것을 일관성 있게 적용하며 지금까지 기술한 방식으로 자신들의 선호를 펼쳐나가기 때문이다.

프린스턴 대학 경제학부의 교수이자 유명한 경제학 교재의 공동 저자이며, 1994~1996년까지 연방준비제도 이사회the Federal Reserve Board에서 부의장을 지낸 앨런 블라인더Alan Blinder는 게임 이론의 흥미로운 실례實例를 제시한 바 있다. 그 실례는 1982년 발행된 그의 논문에 나온다. 논문의 주제는 단기 이자율과 화폐 통화 공급을 다루는 통화정책과, 연방 정부의 지출과 세입을 다루는 재정정책 사이에 조정이 가능한지, 또는 그것이 바람직한지에 대한 것이었다.

이 게임에 나오는 경기자들은 연방준비제도 통화 당국자들과 정부 지출과 세입 사이의 균형을 결정하는 정치가들이다. 연방준비제도 당국자들은 인플레이션 조절을 그들의 가장 중요한 임무로 여긴다. 따라서 팽창경제보다는 긴축경제를 선호한다. 그들은 이사회의 임원 자격으로 14년, 그리고 은퇴할 때까지 연방준비은행장으로 일하기 때문에 어느 정도 정치적 압력에서 벗어나 독자적으로 행동할 수 있다. 반면에 정치가들은 정기적으로 선거를 치러야 하기 때문에 (자신들의 입지를 굳히기 위해) 긴축경제보다는 팽창경제를 선호한다.

이 게임의 목적은 한 경기자가 상대 경기자에게 불쾌한 결정을 내리도록 강요하는 것이다. 연방준비제도에서는 예산 부족에 따른 정부의 고통보다는 세입이 세출보다 초과되기를 바란다. 예산잉여금은 인플레이션을 방지해 연방준비제도는 비난을 받지 않을 수 있다. 그러나 재선을 염려하는 정치가들을 연방준비제도에서 낮은 이자율과 풍부한 통화 공급이 유지되기를 바란다. 그러한 정책이 기업활동과 고용을 촉진하고 예산 부족에 따른 의회와 대통령의 걱정을 덜어내기 때문이다. 어느 쪽도 다른 쪽이 원하는 바를 그대로 따를 수 없는 상황이다.

블라인더는 한쪽이 내릴 수 있는 세 가지 결정, 즉 긴축, 팽창 또는 아무것도 안 하는 것에 대한 다른 쪽의 선호도를 보여주는 행렬(매트릭스)을 만들었다(표 14-1). 각 사각형에서 대각선 위의 숫자는 연방준비제도 임원들의 선호 순서다. 대각선 아래의 숫자는 정치가들의 선호 순서를 나타낸다.

연방준비제도에서 가장 선호하는 것은 행렬의 왼쪽 윗부분(1, 2, 3순위)에서 볼 수 있는데, 이는 적어도 한쪽이 긴축 지향적일 때 다른 쪽은 지지적인 태도를 보이거나 적어도 혼란을 일으킬 그 어떤 일도 하지 않는 상황이다. 연방준비제도 임원들은, 정치가들이 자신들의 일을 대신 해주길 바란다. 정치가들이 가장 선호하는 세 가지는 오른쪽 아래에서 볼 수 있는데, 이 또한 적어도 한쪽은 팽창 지향적일 때 다른 쪽은 지지적인 태도를 보이거나 혼란을 일으킬 그 어떤 일도 하지 않는 상황이다. 정치가들 또한 연방준비제도 임원들이 팽창 정책의 채택을 바라고 정치가 자신들은 아무것도 하지 않기를 원한다. 정치가들이 가장 선호하지 않는 것은 왼쪽 윗부분에 나타나 있고, 연방준비제도 임원들이 가장 선호하지 않는 것은 오른쪽 아래에 나타나 있다. 이것은 조화가 가능한 상황이라고 볼 수 없다.

이 게임은 어떻게 끝날 것인가? 연방준비제도와 정치가들의 관계가 이처럼 조화가 불가능한 상황이라면, 게임은 왼쪽 아래의 결과 G로 끝날 가능성이 가장 높다. 통화정책은 긴축 지향적이고 재정정책은 팽창 지향적이 되는 것이다. 이는 바로 블라인더가 논문을 썼던 당시인 로널드 레이건Ronald Reagan 대통령 집권 초기에 실제로 있었던 결과다.

어째서 이러한 결과만 나오고 다른 결과는 나오지 않는가? 첫째로 이 게임에서는 양쪽 모두 각각의 성격을 적나라하게 드러내고 있다. 준엄한 연방준비제도와 관대한 정치가들의 성격 말이다. 연방준비제도에서는 정치가들에게 예산잉여금에 대한 유지를 설득하지 못하며, 정치가들은 연방준비제도에 이자율을 낮추도록 설득하지 못할 것이라는 가정에서는 그 어느 쪽도 자기의 선호를 바꿀 생각이 없으며 어느 쪽도 단순히 중립적일 수 없다.

결과 G, 즉 둘 다 7인 사각형에서 윗부분으로 올라가면, 결과 A, D,

〈표 14-1〉 블라인더의 지출 모형

정치가 \ 연방준비제도	긴축	아무것도 안 하기	팽창
긴축	A: 3 / 9	B: 1 / 6	C: 4 / 4
아무것도 안 하기	D: 2 / 8	E: 5 / 5	F: 6 / 1
팽창	G: 7 / 7	H: 8 / 3	I: 9 / 2

G에서 대각선 아래 숫자(정치가들의 선호 순서) 가운데 7보다 낮은 숫자가 하나도 없음을 알 것이다. 반대로 결과 G에서 오른쪽으로 나열된 결과 G, H, I에서는 대각선 위쪽에 놓인 숫자(연방준비제도의 선호 순서) 가운데 7보다 낮은 숫자가 하나도 없음을 알 수 있다. 연방준비제도가 긴축 지향적이고 정치가들이 팽창 지향적인 이상, 양쪽은 모두 어려운 상황을 감내하고 있는 셈이다.

그러나 오른쪽 위, 즉 결과 C에서의 상황은 그렇지 않다. 연방준비은행의 통화정책이 덜 긴축적이며 예산잉여금이 나타나는 것이다. 거기에서 수평으로 왼쪽(A, B)을 보면 대각선 위의 순위가 모두 4보다 높음을 알 수 있다. 연방준비제도는 인플레이션을 가져올지도 모르는 경기 팽창보다는 차라리 아무일도 안 하거나 긴축 지향적인 정책을 펴려는 것이다. 물론 정치가들 사이에서는 이와는 반대 견해가 우세할 것이다. 결과 C에서 수직(F, I)으로 아래를 따라가보면, 대각선 아래의 순위가 모두 4보다 높음을 발견할 것이다. 정치가들은 투표권자들의 실업 위기로 인해 자신들의 재선에 대한 위기 가능성이 있는 정책을 따르느니 차라리 아무것도 안 하거나 적자상태로 가는 게 더 낫다고 여긴다.

이 결과는 존 내쉬John Nash의 이름을 따서 '내쉬 균형'이라고 알려져 있다. 프린스턴 교수인 내쉬는 게임 이론에 대한 공헌을 인정받아 1994년에 노벨상을 수상한 인물이다.

내쉬 균형에서의 결과는 비록 안정적이기는 하지만 최상은 아니다. 양쪽 모두 분명히 이 결과보다는 다른 결과가 나오기를 바랄 것이다. 그러나 그들이 서로 적대적인 견해를 버리고 서로에게 도움이 되는 공동정책을 취하거나, 아니면 최소한 서로의 길을 방해하지는 않는 중립적인 정책을 취하지 않는 이상, 이보다 더 나은 협상에 도달한다는 것은 불가능하다.

그런데 이렇게 완전히 다른 상태를 보여준 사례가 실제로 1994년에 일어났다. 그때 연방준비제도의 정책은 긴축 지향적이었는데, 정치가들이 기꺼이 방관하는 자세를 취해주었던 것이다.

블라인더의 게임은 워싱턴에서의 힘겨루기가 어떤 식으로 서로 반응하는지 날카롭게 드러내고 있다. 그러나 이것은 경제정책에만 국한되는 것은 아니라 일반적인 상황에도 적용 가능하다. 폭탄을 투하하거나 아무것도 안 하거나 평화를 호소하는 상황, 가격을 인하하거나 아무것도 안 하거나 가격을 인상하는 상황, 포커판에서 확률에 따라 베팅하거나 카드를 접거나 허세를 부리는 상황 등 여러 가지를 가정해볼 수 있다.

블라인더의 예에 나오는 경기자들은 상대방의 의도를 알고 있지만, 사실 실생활에서는 그런 경우가 드물다. 또한 이 예에서는 구매자나 피고용인, 기업 경영인들의 선호가 포함되지 않았는데, 실제로는 이들 모두 그 결과에 매우 깊이 관여하고 있다. 하지만 여기서 경기자의 수를 늘리거나 경기자들에게 이용 가능한 정보를 제한함으로써 이 게임의 규칙을 변화시키면, 더욱더 고차원적인 수학에 의존할 수밖에 없다. 폰 노이만과 모르겐슈테른도 이에 대해 언급한 바 있다.

"사회이론에는 실로 복잡한 이론적 형태가 따를 수밖에 없을 것이다."

1993년 8월 연방통신위원회Federal Communications Commission에서는 무

선 통신권의 경매가 결정되었다. 전국 51개 권역 각각에 대해 두 개의 인가증을 발행하지만 어느 입찰자도 한 지역에서 두 개의 인가증 모두를 받을 수는 없는 경매였다. 이러한 경매에서의 통상적인 절차는 봉인 입찰을 실시해 가장 높은 가격을 적어내는 입찰자에게 계약권을 부여하는 것이다. 그런데 당시 연방통신위원회에서는 스탠퍼드 대학 교수인 폴 밀그롬Paul Milgrom의 충고를 받아들여 게임 이론에 따른 경매가 시행되었다. 이른바 '분광 경매Spectrum Auction'라는 것이다. 방법은 다음과 같다.

첫째, 모든 입찰은 공개입찰이다. 따라서 모든 입찰자들은 언제나 다른 사람들의 행동에 대해 알 수 있다. 둘째, 더 높은 가격을 부르는 입찰자가 나오지 않을 때까지 경매는 계속된다. 셋째, 각 라운드 사이에 입찰자들은 한 권역에서 다른 권역으로 그들의 입찰을 옮길 수 있고 인접 권역에 대한 인가증을 동시에 입찰할 수도 있다. 인접 권역에 대한 인가증을 갖게 되면 경제적인 이익을 얻을 수 있기 때문에, 어떤 지역의 인가증은 다른 사람에게보다는 인접 권역의 인가권자(또는 후보)에게 더 큰 가치가 있다. 간단히 말하면 모든 결정은 다른 경기자의 결정에 대한 지식을 바탕으로 이루어지는 것이다.

경쟁자들은 의사결정을 내리는 것이 결코 쉬운 문제가 아니라는 사실을 알게 되었다. 그들 각각은 다른 사람들의 의도를 추측해야 했고, 그러기 위해서는 경쟁자들의 적극성이나 재정 능력, 그들이 소유한 기존 인가증 등 여러 가지에 대해 연구해야 했다. 일부 경쟁자들은 합당한 입찰가를 노출시켜 자신들의 의도를 다른 사람들에게 분명하게 드러내 어떤 특정 지역의 인가증에 대한 경쟁적인 입찰의 악순환을 피하기도 했다. 퍼시픽 텔레시스Pacific Telesis사는 밀그럼 교수에게 그 경매에 대한 상담역으로 고용했다. 그 회사는 어떠한 경우에라도 끝까지 응찰해 통신권을 따내겠다는 자사의 결심을 천명하기 위해, 잠재적인 경쟁자들이 있는 도시의 주요 일간지에 전면 광고를 내기까지 했다. 그리고 어떤 경쟁자들은 같은 인가증에 대해 너무 값비싼 입찰로 경쟁하는 무모함을 막기 위해 서로 동맹하기도 했다.

경매는 석 달을 넘어 112라운드까지 계속되었으며, 정부에서는 77억 달러의 이익을 얻을 수 있었다. 어떤 사람들은 만약 연방통신위원회가 동맹관계를 금지했더라면 정부는 더 많은 이익을 얻을 수 있었을 것이라고 주장했다. 그러나 독점운영권에 대한 경제적 관점에서 볼 때, '분광 경매' 형식에 따른 인가증 배분은 결국 전통적인 절차에 따른 경매보다 더욱 효율적이었다.

물론 파괴적인 입찰경쟁을 피하고자 하는 움직임은 있다. 이러한 종류의 경매에서 최고가를 부르는 입찰자는 이른바 '승자의 재앙Winner's Curse'으로 고통을 겪는다. 즉, 경쟁에서 이기기 위해 초과 지출을 하기 때문이다. 승자의 재앙은 경매 경쟁에서만 일어나는 게 아니다.

새로운 정보를 접하자마자 서둘러 주식을 사려고 하는 투자가들 역시 이와 똑같은 재앙을 경험할 수 있다. 이러한 재앙을 피하기 위해 인터넷에서 분광 경매와 매우 흡사한 방식으로 주식거래가 행해지기도 한다. 이 경우의 참가자들은 주로 연금기관이나 투자신탁처럼 규모가 큰 금융기관이다. 그들은 비록 익명으로 참가하지만, 그들의 모든 매수호가와 매도호가는 지정가(투자가들이 그 가격 이상으로 사려 하지 않고 판매자 역시 그 가격 아래로는 팔지 않으려는 가격)와 함께 인터넷에 공개된다.

1995년 1월 정기간행물 〈연금과 투자Pensions and Investments〉에는 투자에서의 게임 이론에 대한 또 다른 적용사례가 소개되었다. 시카고에 있는 ANB 투자관리신탁회사ANB Investment Management & Trust는 승자의 재앙을 피하기 위해 디자인한 전략을 소개했다. ANB 투자관리신탁회사의 수석투자역인 닐 라이트Neil Wright는 자신의 전략이 내시 균형에 바탕을 두었다고 설명하면서 승자의 재앙은 주로 가격의 등락폭이 비정상적으로 큰 주식, 즉 그 회사의 미래가 매우 불확실한 주식과 관련이 깊다고 주장했다. 가격의 등락폭이 크다는 의미는 유동성이 제한되어 있다는 뜻이다. 상대적으로 적은 거래량의 매입과 매도로 주식가격에 큰 영향을 미치게 될 것이라는 의미다. 따라서 라이트는 비교적 좁은 범위에서 움직이는 주식에서 포트폴리오를 선택하기로 했다. 주식가격이 비교적 좁은 범위에서 움직인다는 것trading range은 매입측과 매도측이 얼마간 팽팽하게 맞서는, 즉 의견일치된 전망 주위에서 가격이 설정된다는 의미다. 즉, 그러한 주식은 참가자들의 의견일치된 가치보다 약간 높은 가격에서 거래될 수 있다고 가정하는 것이다.

폰 노이만과 모르겐슈테른은 《게임 이론과 경제행동》의 논거를 행동의 본질적인 요소에 두었다. 자신의 효용을 극대화시키는 개인에게 따라붙게 마련인 '승리'는 전적으로 그가 얼마나 합리적으로 행동하느냐에 달려 있다는 것이다.

다시 말해 게임 이론에 따라 설정되는 제약조건에서 얼마나 취사선택을 잘하느냐에 좌우된다는 얘기다. 여기서 그가 바라고 또 얻을 수 있는 승리는 물론 최소한으로 가정되는 것이다. 물론 이런 가정에서 만약 다른 사람들이 실수라도 한다면(비합리적으로 행동한다면) 그는 더 많은 것을 얻을 수도 있다.

게임 이론의 여러 조항들은, 저명한 행동 심리학자 다니엘 엘스버그Daniel Ellsberg나 리처드 탈러를 비롯해 많은 비평가들의 주요한 비판 대상이 되었다. 그 중에서 1991년에 간행된 대단히 비판적인 논문에서 역사가인 필립 미로스키Philip Mirowski가 주장한 내용부터 살펴보자.

"게임 이론이라는 집에서는 모두 건강 상태가 좋은 것은 아니다. 모든 꿈의 집에는 상심이 존재하므로 병리학적 증상이 더 이상 무시되어서는 안 된다."

그는 헨리 사이먼Henry Simon과 케네스 애로, 새뮤얼슨 등의 노벨상 수상자들의 비평을 인용해 자신의 주장을 폈다.

"여러 이론가들은 만일 폰 노이만이 그것을 군대에 팔아먹지 않았더라면, 게임 이론은 알려지지 못했으리라는 의견에 동의한다."

심지어는 이런 추측까지 덧붙였다.

"세계 열강들이 핵무기 경쟁을 벌이는 원인이 바로 게임 이론이었다고 생각하는 사람들도 있을 것이다."

미로스키는 모르겐슈테른이야말로 신이 폰 노이만에게 내린 선물이라고 주장하기까지 했다. 아무도 게임 이론에 관심을 갖지 않을 때, 모르겐슈테른이 나서서 경제학자들을 게임 이론에 대한 청중으로 만들었기 때문이라는 것이다. 미로스키는 또한 합리성이라는 '남용되는 단어'에 대한 그들의 정의가 지나치게 단순하고 조악하다고 혹평했다. 미로스키 본인은 '합리성'을 '야릇한 포타지(potage : 진한 스프의 일종-옮긴이)'로 묘사한 바 있다.

그러나 합리적 행동에 대한 게임 이론의 가정과 그러한 행동이 수치로 측정되고 표현될 수 있다는 폰 노이만과 모르겐슈테른의 꿈은 이후의 흥미로운 이론과 실용적 적용성에 대한 포구를 열어놓은 것이나 마찬가지였다. 내가 제시한 여러 예에서 알 수 있듯이, 게임 이론의 영향력은 결코 군사 영역에만 한정되지 않았다.

1950년대와 1960년대에는 합리성에 대한 연구를 확대시키고자 하는 새로운 노력이 대두되었다. 특히 경제학과 금융 분야에서 매우 두드러졌다. 그러나 당시 제시된 개념을 보면 오늘날에 비해 실질적인 면에서 부족한 점이 많다. 제16장과 제17장에서는 그러한 개념을 비판적으로 분석해볼 것이다. 그러나 먼저 합리성이나 측정 또는 예측에서의 수학적 이용이 대부분 1970년까지는 제2차 세계대전의 대승리에 따라 형성된 낙관주의에서 비롯된 것임을 이해해야 한다.

다시 도래한 평화의 시기는, 오랜 기간의 침체와 전쟁을 통해 고통스럽게 배워야 했던 교훈을 적용해보는 기회였다. 마침내 계몽주의 시대와 빅토리아 시대의 꿈이 인류에게 실현된 것인지도 몰랐다. 케인스식 경제학은 경제주기를 조절하고 완전고용을 촉진하는 수단이 되었다. 브레턴우즈 협정의 목적은 19세기 금본위제의 안정성을 되찾자는 것이었다. 그 협정을 통해 국제통화기금International Monetary Fund : IMF과 세계은행World Bank이 설립되어 전세계 후진국들의 경제발전을 도울 수 있었다. 한편, 유엔에서는 국가 간의 평화 유지에 애썼다.

이러한 환경에서 합리적 행동에 관한 빅토리아식 개념은 그 이전의 인기를 일부 회복했다. 측정은 언제나 직관을 지배한다. 합리적인 사람은 변덕이나 감정, 습관이 아니라 정보에 따른 선택을 한다. 그들은 일단 이용 가능한 모든 정보를 분석한 후 잘 정의된 선호에 따라 결정을 내린다. 그들은 재산이 적은 것보다는 많은 것을 선호하며 효용을 극대화시키기 위해 노력한다. 또한 그들에게는 부가적인 부의 효용이 이미 소유한 부의 양에 반비례한다는 베르누이적 시각으로 리스크를 기피하는 성향이 있다.

합리성에 대한 개념이 학계에서 잘 정의되고 널리 받아들여진 덕분에, 리스크 관리와 효용의 극대화를 위한 규칙으로 전환시키는 일은 투자와 부의 관리 분야에 큰 영향을 끼쳤다. 실로 완벽한 배경이다.

뒤이은 성과로 재능 있는 학자들은 노벨상을 받았고, 그러한 성취에서 생겨난 리스크의 정의와 실용적인 응용은 투자 관리, 시장구조, 투자가들이 이용하는 금융상품, 나아가 그 체제를 운영하는 수백만 명의 행동에 혁명을 일으켰다.

15

달걀을 한 바구니에 담지 말라

본 장에서는 유가증권에 투자할 경우의 리스크 측정 방법에 대한 내용이 구체적으로 나온다. 불가능한 얘기처럼 들릴지 모르지만, 오늘날 글로벌화된 투자의 세계에서 투자 리스크를 정량화하는 일은 전문가들이 주기적으로 실시하는 과정이다. GM의 연금신탁자금 500억 달러의 관리이사인 찰스 챔피온Charles Tschampion은 최근에 이런 말을 했다.

"투자 관리는 예술도 과학도 아니다. 그것은 공학이다. 우리는 금융 투자 리스크를 관리하고 공학적으로 처리하는 업무를 맡고 있다."

챔피온은 GM의 당면 과제에 대해 다음과 같이 언급했다.

"무엇보다도 우선 수익 발생을 위해 필요한 것 이상의 리스크는 취하지 말아야 한다."

고도의 철학적이고 수학적인 고찰이 아닐 수 없다.

미국에서는 약 200년, 그리고 유럽 지역에서는 그보다 더 오래된 주식시장의 역사에서는 어느 누구도 리스크를 수치로 정의하려고 시도하지 않았다. 주식은 리스크가 높은 것이고 어떤 주식은 다른 주식보다 더 리스크가 많고…… 사람들은 그저 그런 식으로 내버려두었다. 리스크는 배짱과 관련된 것이고 숫자와는 아무 관련이 없다고 여겼다. 적극적인 투자가들의 목표는 수익의 극대화뿐이었다. 심장이 약한 사람들은 그저 예금구좌나 높은 신용평가 등급의 장기채권에만 만족해야 했다.

리스크를 주제로 다룬 가장 권위 있는 최초의 진술은 1830년에 나왔다. 다분히 의도적으로 모호하게 써내려간 그 진술은 다름 아닌 법정 판결문의 일부였다.

보스턴에 사는 존 맥린John McLean이라는 사람의 재산관리를 둘러싼 법정 판결문이 등장한 것이다. 맥린은 1823년 10월 23일 죽었는데, 그의 아내에게 5만 달러를 신탁으로 남겼다. 거기에서 나오는 이윤과 수입으로 아내가 남은 생애를 편히 보낼 수 있도록 하기 위한 의도였다. 그리고 그녀가 사망한 후에는 수탁자들이 남아 있는 돈의 절반을 하버드 대학에, 나머지 절반은 매사추세츠 종합병원에 기부하기로 되어 있었다. 맥린 부인은 1828년에 사망했다. 그런데 그 신탁재산은 2만 9,450달러로 줄어 있었다. 하버드 대학과 병원에서는 신속히 연합해 수탁자를 상대로 소송을 제기했다.

판결문에서 새뮤얼 퍼트넘Samiel Putnam 판사는, 수탁자들이 신탁 처리에서 주어진 환경에 따라 정직하고 신중하며 분별 있게 행동했다고 결론을 내렸다. 그는 수탁자들의 고의적인 잘못으로 재산이 줄어든 것이 아니므로 책임을 지지 않아도 된다고 선고했다. 만약 그렇지 않다면 그러한 운에 달린 책임을 누가 지려고 하겠느냐는 요지였다. 그의 판결문은 훗날 '신중한 사람의 규칙Prudent Man Rule'으로 알려지며 불후의 명성을 얻게 되었다.

> 당신이 무엇을 하든지 자본은 운에 좌우된다. 수탁자가 투자관리를 하는 데 갖추어야 할 요건은 단지 정직하고 신중하게 행동하는 것뿐이다. 수탁자는, 신중하고 분별 있고 지적인 사람들이 투자 자본의 안정성뿐만 아니라, 수익 가능성을 고려하면서 자신의 업무를 어떻게 꾸려나가는지 자세히 살펴보아야 한다. 물론 투기의 관점에서가 아니라, 기금에 대한 영속적인 처분의 관점에서…….

그리고 리스크 문제는 122년 동안의 안식에 들어갔다.

1952년 6월, 금융 분야의 주요 학술잡지인 〈금융 저널Journal of Finance〉은 논문 〈포트폴리오 선택Portfolio Selection〉을 14쪽에 걸쳐 실었다. 필자는 시카고 대학에 재학 중이던 25세 대학원생 해리 마코위츠였다. 그 논문은 여러 면에서 매우 혁신적이었고, 궁극적으로 주식투자의 이론과 실용 면에서 매우 큰 영향력을 발휘했다. 그 논문으로 마코위츠는 1990년 노벨상 경제학 부분 수상자로 선정되었다.

그가 선택한 '주식 투자equity investment' 라는 주제는 당시의 순수 학술지에서 다뤄지는 무난한 학술적 분석이라고 하기에는 너무 위험하고 추론적인 주제였다. 그러나 그는 대담하게도 투자가의 총재산이라고 할 수 있는 포트폴리오 관리까지 다루었던 것이다.

그의 중심 주제는 '증권의 포트폴리오는 개별적으로 평가되는 주식들과는 완전히 다르다' 는 것이었다.

그는 가령 어떻게 하면 힘들이지 않고 백만장자가 될 수 있는지에 대한 발레 무용수(무용수이자 주식투자로 큰 돈을 벌었다는 니콜라스 데이비스를 칭함-옮긴이)의 교훈, 또는 어떻게 하면 시장예측가들 사이에서 도사로 인정받을 수 있는지에 관한 것 등의 주식시장과 관련된 책자에 나오는 하찮은 내용에는 관심이 없었다. 더욱이 주식시장에 관한 대부분의 기사에서 볼 수 있는 전형적이고 통속적인 언어로 자신의 의견을 제시하려 하지도 않았다. 경제학, 특히 금융 분야에서 어떠한 종류의 수학적인 접근도 드물었던 시기에(그러고 보면 제번스와 폰 노이만은 그들이 희망했던 것보다 훨씬 더 넓은 지점까지 개척해놓은 셈이다) 마코위츠는 14쪽짜리 논문에 방정식이나 복잡한 그래프 등을 10쪽에 달하는 분량을 할애해 담았던 것이다.

그러나 마코위츠는 주석이나 참고문헌을 다는 데 매우 인색했다. 당시에는 다른 사람의 저서를 인용하는 주석의 수를 논문 수준의 기준으로 삼았다. 그럼에도 불구하고 그는 다른 작가에 대해 단지 참조 세 개만을 달았을 뿐이다. 이와 같이 선배 연구자들에게 공을 돌리지 않은 점은 매우 의아하다. 왜냐하면 마코위츠의 방법론은 파스칼, 드 무아브르, 베이스, 라플라스, 가우스, 골턴, 베르누이, 제번스, 폰 노이만, 모르겐슈테른의 생각을 종합한 것이기 때문이다. 그의 논문에 등장하는 확률 이론, 표본 추출, 종형 곡선, 분산, 평균으로의 회귀, 효용 이론 등이 다 어디에서 왔단 말인가. 최근 마코위츠는 그러한 개념에 대해서는 잘 알고 있었지만, 그 사람들에 대해서는 별로 아는 바가 없었다고 그 이유를 내게 털어놓았다. 그렇게 많은 시간을 투자해 폰 노이만과 모르겐슈테른의 경제행동과 효용에 관한 저서를 연구했음에도 불구하고 말이다.

마코위츠는 인간을 합리적인 의사결정을 내리는 존재로 인식하는 사람들과 뜻을 같이했다. 그의 접근방식은 제2차 세계대전 직후 형성된 초기 몇 년간의 시대정신을 반영하고 있다. 당시의 많은 사회과학자들은 측정에 대한 빅토리아식 믿음에 빠져 있었으며, 세계의 모든 문제는 해결될 수 있다는 신념에 사로잡혀 있었다.

이상하게 들릴지 모르겠지만, 마코위츠가 '포트폴리오 선택'에서 다른 개념에 처음으로 관심을 가졌을 때, 사실 그는 주식 투자에 아무런 관심도 없었다. 주식시장에 대해 아는 게 전혀 없었던 것이다. 자칭 '얼간이' 학생으로서 그는 당시에 상대적으로 초기 개척 분야에 속했던 '선형線型 계획법linear programming'에 대한 연구 중이었다.

선형 계획법은 폰 노이만의 공헌이 대단히 큰 당대의 혁신 기법으로서, 산출을 일정하게 유지하며 비용은 최소화하거나 또는 비용을 일정하게 유지하며 산출을 극대화시키는 방법에 대한 수학적 모델의 개발 수단이다. 예를 들면 제한된 수의 비행기를 최대한 가동시켜 가능한 한 많은 지역을 비행해야 하는 항공사에게 직면하는 문제 등을 다루는 데 필수적인 기법이었다.

다시 본론으로 돌아가, 그런 마코위츠가 어떻게 주식에 관심을 갖게 되었는지 알아보자.

대학원생 시절의 어느 날, 마코위츠는 박사학위 논문의 주제를 의논하기 위해 교수를 기다리다가 대기실에서 어느 주식 중개인과 대화를 나누게 되었다. 그 중개인은 마코위츠의 연구 분야에 대한 얘기를 듣고, 주식시장에서 투자가들이 직면하는 문제에 선형 계획법을 적용해보는 것이 어떻겠느냐고 제안했다. 마코위츠의 논문 지도교수는 비록 주식시장에 대해 아는 바가 별로 없어서 그 주제를 어디서부터 어떻게 시작해야 하는지 조언해주지 못했지만 주식 중개인의 제안에 적극 찬성을 표했다. 그는 그 주제에 대해 어느 정도 전문적 식견이 있는 경영대학원 학장에게 마코위츠를 보냈다.

경영대학원 학장은 마코위츠에게 당시 경제학과 경영학 분야에서 매우 영향력 있고 권위 있는 책으로 알려져 있던 존 버 윌리엄스John Burr Williams의 《투자가치에 관한 이론The Theory of Investment Value》을 읽어보라고 권했다.

윌리엄스는 1920년대에는 주식 중개인으로 성공했고, 1932년 서른 살의 나이에 경제공황의 원인을 밝혀보겠다는 결심으로 하버드 대학원에 입학한 인물이었다. 결국 그 원인을 밝혀내지는 못했지만, 그는 1938년에 《투자가치에 관한 이론》으로 박사 학위를 받았다.

마코위츠는 학장의 권유에 따라 그 책을 읽기 시작했다. 그리고 그 책의 바로 첫 문장에서 그는 무릎을 쳤다.

"어떤 매수자도 현재 시세에서 모든 증권을 똑같이 매력적인 것으로 여기지 않는다. 오히려 '최대가치'를 찾으려 한다."

몇 년 후, 마코위츠는 그때 받은 느낌에 대해 이렇게 회상한 적이 있다.

"나는 수익은 물론이고 리스크에 관해서도 관심을 가져야 한다는 개념에 충격을 받았다."

오늘날에는 새삼 언급할 필요도 없는 개념이지만, 마코위츠의 논문이 발간된 1952년과 그후 20년 동안에는 거의 관심조차 끌지 못했던 개념이다. 그 시절에는 어떤 증권의 실적에 관한 판단은 투자가의 이익과 손실 정도로 내려졌다. 리스크는 그것과 아무런 상관이 없었다.

1960년대 후반에 접어들자 성과(여기서 성과란 상당히 오랜 기간 꾸준히 평균 이상의 수익률을 얻으려고 애쓰는 것을 의미한다) 지향적인 뮤추얼 펀드 포트폴리오 매니저가 대중의 영웅으로 떠오르기 시작했다. 그들 가운데 맨해튼 펀드의 게리 차이Gerry Tsai라는 중국계 미국인이 있었다. 그에게 쏠렸던 관심이 얼마나 컸던지, 한때 월 스트리트에서 가장 인기 있는 질문이 "그 중국인은 지금 뭘하고 있지?" 할 정도였다. 또 다른 유명인은 하트웰 앤드 캠벨 성장 펀드의 존 하트웰John Hartwell이었다.

1973~1974년에 걸쳐 주가 폭락이 있고 나서야 비로소 투자가들은 이러한 기적을 만드는 매니저들이 단지 강세시장을 탄 큰 손에 불과했다는 것과, 수익뿐만 아니라 리스크에도 관심을 가져야 한다는 것을 깨달았다. S&P 500이 1972년 12월에서부터 1974년 9월까지 43% 떨어지는 동안 맨해튼 펀드는 60%가 떨어졌고 하트웰 펀드는 55%가 떨어졌던 것이다.

당시는 암울한 시기였다. 워터게이트 사건과 천정부지로 상승하던 기름값, 만성적 인플레이션, 브레턴우즈 협정 와해 등의 악재가 겹쳤을 뿐만 아니라 달러에 대한 공격이 치열해 달러의 환율이 50%나 떨어졌다.

1973~1974년에 걸쳐 일어난 약세시장에서의 부의 붕괴는 매우 보수적인 투자를 했던 사람들에게도 끔찍한 것이었다. 인플레이션 수치 조정 후, 주식 가격의 손실은 최고 정점에서 바닥까지 50%에 육박했다. 그것은 1929~1931년까지의 하락과 다른, 역사상 최악의 성과였다. 설상가상으로 1930년대의 채권 소유자들은 실질적으로 재산을 늘린 반면, 장기 재무성 채권은 한 해에 11%씩 치솟는 인플레이션 속에서 1972년에서 1974년 저점까지 28%나 떨어졌다.

투자가들은 이러한 대폭락에서 '실적'이라는 게 어처구니없는 망상임을 알았다. 단순한 진리가 제대로 인식되기 시작한 것이다. 자본시장은 모든 사람들이 요구하는 대로 부를 찍어내는 기계가 아니다. 무이자 할인채나 고정금리 예금증서의 보유 등 극히 예외적인 경우를 제외하고는, 주식과 채권 투자가들은 향후 수익에 대해 어떠한 영향력도 발휘할 수 없다. 예금 구좌의 이자율조차 은행의 변덕에 좌우되어 정해진다. 시장 자체의 이자율 변화에 영향을 받기 때문이다. 각 투자가의 수익은, 불확실한 미래의 어느 시점에서 다른 투자가들이 그 자산에 대해 돈을 어떻게 치르느냐에 달려 있다. 그리고 수없이 많은 다른 투자가들의 행동은 어느 누구도 통제할 수 없을 뿐만 아니라, 신뢰할 만한 예측도 불가능하다.

이와는 반대로 투자가들은 자신의 리스크 관리는 할 수 있다. 큰 리스크는 조만간 많은 부를 제공해준다. 그러나 흥분을 참을 수 있는 투자가들에게나 가능한 얘기다.

‘포트폴리오 선택’ 에서 마코위츠의 목적은, 기대 수익은 바람직하지만 수익의 분산은 바람직하지 않다고 여기는 투자가들을 위한 포트폴리오 구축에 리스크 개념을 사용하는 것이었다. 수익과 분산이 결국 마코위츠 논리의 지렛대인 셈이다.

마코위츠는 자신의 투자 전력을 설명하는 데 ‘리스크’ 라는 용어를 거론하지는 않았다. 그는 단지 수익의 분산을 투자가들이 최소화하려고 애쓰는, ‘바람직하지 않은 것’ 으로 간주했을 뿐이다. 하지만 이것은 전혀 문제가 되지 않는다. 리스크와 분산은 이미 같은 것을 의미하는 표현으로 사용되어왔기 때문이다. 폰 노이만과 모르겐슈테른은 효용을 수치화했지만, 마코위츠는 투자 리스크를 수치화했던 것이다.

분산은 자산에 대한 수익이 평균값에서 얼마나 넓게 퍼져 움직이는가를 측정하기 위한 통계적 수단이다. 분산의 개념은 표준편차와 수학적으로 연결되어 있으며, 사실상 이 둘은 본질적으로 서로 변환 가능하다. 평균에 대한 분산이나 표준편차가 커질수록 가능성 있는 결과에 대한 평균 수익의 중요성은 떨어지게 마련이다. 높은 분산을 지닌 상황에서는 ‘머리는 오븐에 넣고 발은 냉장고에 넣은 경우’ 의 신드롬에 빠지게 마련이다.

마코위츠는, “투자는 투자가가 최대 가치로 보이는 것에 돈을 건다는 단지 한 가지 목적에만 전념하는 과정”이라는 윌리엄스의 가정을 거부한다. 투자가들은 투자 대상을 분산diversification시킨다. 투자 대상의 다각화야말로 수익의 분산variance에 대항하는 최고의 무기가 되기 때문이다. 그의 얘기를 직접 들어보자.

"투자 대상에 대한 분산은 지금도 지켜질 뿐만 아니라 눈에 띄게 두드러지는 현상이다. 분산투자의 탁월성을 내포하지 않는 행동규칙은 가설이나 좌우명에서도 거부되어야 마땅하다."

분산투자의 전략적인 역할이야말로 마코위츠의 핵심 의견이다. 푸앵카레가 지적했듯이 일부분이 강하게 상호작용하는 구조로 이루어진 체계의 행동은 예측 불가능하다. 그러나 체계에서는 한 번의 내기로 한몫 크게 잡거나 전부 상실하는 일밖에 없다. 하지만 그와 반대로 분산된 포트폴리오라면 일부 자산의 가격 하락 중에도 일부 자산의 가격은 상승할 것이다. 적어도 자산 사이의 수익률은 달라질 것이다. 변동성 감소를 위한 투자분산전략에 대한 사용은 불확실한 결과보다는 확실한 결과를 선호하는 본능적인 리스크 기피 성향에 따르는 것이다. 따라서 대부분의 투자가들은 더 높은 리스크가 더 큰 수익을 안겨줄지 모르는 상황이라도, 하나에 전부 다 거는 것보다는 수익이 낮아도 안정적인 분산된 포트폴리오를 선택한다.

비록 마코위츠가 게임 이론에 대해 거론한 적은 없지만, 그의 분산투자와 폰 노이만의 전략 게임 간에는 비슷한 점이 많다. 마코위츠의 분산투자를 폰 노이만의 게임 이론식으로 풀이하면, 한 경기자는 투자가이고 상대 경기자는 강력한 경쟁자이자 그 의도를 전혀 알 수 없는 주식시장이 된다. 알다시피 그러한 상대를 이길 마음으로 경기에 임한다면 백전백패일 수밖에 없다. 어려운 상황에 현명하게 대처함으로써, 즉 결정타를 날리려고 애쓰지 않고 투자를 분산시킴으로써, 투자가는 적어도 생존 가능성만큼은 극대화시켜야 하는 것이다.

분산투자에 대한 수학적 증명은 한층 더 매력적이다. 분산된 포트폴리오 수익은 개별 주식의 평균 수익률과 같아지지만, 그 변동성은 개별 주식의 평균 변동성보다 적어진다. 개별 주식들의 수익률 사이의 공분산共分散이나 상관관계를 최소화시키기만 하면 분산투자야말로 높은 기대수익과 동시에 큰 리스크를 지닌 주식군群을 비교적 낮은 리스크의 포트폴리오에 결합시킬 수 있는, 일종의 공짜 점심free lunch(노력 없는 투자 수익은 없다는 월 스트리트의 재담에서 나온 용어-옮긴이)이라는 것을 의미한다.

예를 들어, 1990년대 초까지도 대부분의 미국인들은 외국의 증권이 적절한 투자관리에 너무나 투기적이고 다루기 어렵다고 여겼다. 그래서 그들은 거의 모든 돈을 국내에만 투자했다. 이처럼 편협한 견해는 다음에 나오는 계산이 증명해주듯이 그 대가를 치렀다.

1970~1993년까지 S&P 500의 주식은 투자가들에게 연평균 11.7%의 수익률(배당과 자본이득)을 안겨주었다. 그런데 표준편차에 따라 측정한 S&P 500의 수익률 변동성은 연평균 15.6%였다. 이것은 곧 연간 수익률 가운데 3분의 2가 높게는 11.7%+15.6%(즉 27.3%), 낮게는 11.7%-15.6%(즉 -3.9%) 사이에 있다는 것을 의미했다.

미국 이외의 주요 시장에 대해서는 주로 유럽과 호주, 극동 지역을 포괄하는 모건 스탠리사의 주가지수를 통해 파악한다. 이 지수는 줄여서 EAFEEurope, Australia, and the Far East로 알려져 있는데, 이 시장의 단골고객들은 EAFE를 주로 '이-퍼Eee-fuh'로 발음한다.

1970~1993년까지 달러 기준 투자가들에 대한 EAFE의 연평균 수익은 S&P의 11.7%보다 높은 14.3%가 되었다. 그러나 그만큼 EAFE는 변

동성도 심했다.

이런 현상에는 두 가지 원인이 있다. 그 하나는 일본 시장 때문이고, 다른 하나는 해외시장의 수익이 외환시장에서 들쑥날쑥하는 달러화로 다시 환산되기 때문이다. EAFE의 표준편차는 17.5%였으며 S&P 500 변동성은 2% 이상이나 상회했다.

대체로 EAFE와 미국 시장은 동시에 오르고 내리지는 않는다. 국제적인 분산투자가 일리 있는 것도 바로 그 때문이다. 만약 어떤 투자가의 포트폴리오가 1970년 이후 자산의 25%를 EAFE로, 75%를 S&P로 소유했다면, S&P 500만 소유했을 때보다 더 나은 평균수익률—연평균 0.6%—을 기록하는 한편, 표준편차는 14.3%로 S&P나 EAFE보다 더 낮았을 것이다.

분산투자의 파워에 대한 더 극적인 사례가 〈그림 15-1〉에 등장한다. 1992년 1월에서 1994년 6월까지 유럽, 라틴 아메리카, 아시아에서의 13개 신흥 주식시장의 실제 기록이다. 각 시장의 월간 평균 수익률은 수직 축으로 표시되어 있고, 각 시장의 월간 수익률에 대한 표준편차는 수평 축으로 표시되어 있다. 이 그림은 또한 같은 시기에 대한 S&P 500의 성과는 물론이고 동일한 비중을 갖는 13개 시장 전체의 평균지수도 보여준다.

비록 많은 투자가들이 13개 신흥 주식시장을 하나의 동일한 집단으로 여기지만, 이 그래프는 13개 시장 대부분이 서로 독립적임을 보여준다. 말레이시아, 태국와 필리핀에서는 매달 3% 또는 그 이상의 수익을 벌어들였지만, 포르투갈과 아르헨티나, 그리스는 간신히 흑자를 유지했을 뿐이다. 변동성은 매달 대략 6%에서부터 20%까지 이르렀다.

〈그림 15-1〉 분산투자의 축복

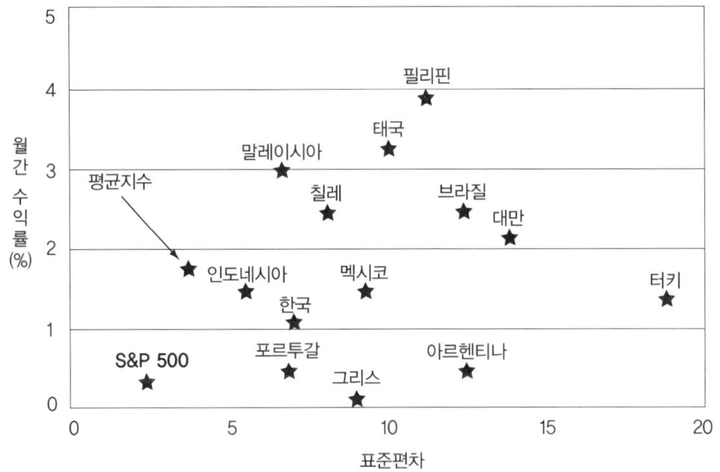

※ 1992년 1월부터 1994년 6월까지의 13개 신흥 주식시장과 평균지수, S&P 500에 대한 월간 백분율 비교 그래프.

시장 간의 상관관계 결여, 즉 낮은 공분산 때문에 13개 요소 모두 최저의 표준편차를 작는 평균지수가 나왔다. 13개 시장에 대한 월 표준편차의 단순 평균은 10.0%였고, 분산 포트폴리오에 대한 실제 표준편차는 단지 4.7%였다. 이것은 분산투자 전략이 성공적임을 보여주는 것이다.

여기에 조사된 기간 동안, 신흥 주식시장이 미국 주식시장보다 훨씬 더 리스크가 컸다는 사실에 주목할 필요가 있다. 리스크가 컸던 만큼 수익률 또한 높았기 때문에 투자가들이 당시 신흥시장에 그렇게 열정적으로 달려들었던 것이다.

이들 시장의 위험성은 조사기간이 지난 후 고작 8개월 지나서 드러났다. 만일 1995년 2월까지 분석을 확대했더라면 아마 1994년 말의 멕시코 대폭락도 포함되었을 것이다. 멕시코 시장은 1994년 6월에서부터 1995

년 2월 사이에 60%나 떨어졌다. 1992년 1월부터 1995년 2월까지를 살펴보면, 13개 시장의 평균 수익률(평균지수)은 단지 월간 1%를 조금 넘었고, 표준편차는 월간 5% 이하에서 6%로 뛰어올랐다. 표에 나타난 기간 동안에는 거의 2%에 달하던 평균 수익률이었는데 말이다. 결국 멕시코나 아르헨티나에 투자한 투자가들은 돈을 잃고 말았을 것이다.

가장 높은 성과를 보이던 필리핀 시장도 월간 4%에서 3%로 떨어졌다. 그러나 그러는 동안 S&P 500의 성과는 사실상 거의 변화가 없었던 것이다.

마코위츠는 불확실성에 대한 미숙한 직관을 통계라는 대역으로 대체시킴으로써, 전통적인 주식 선별방법을 '효율적인 포트폴리오' 라고 명명한 선택 절차로 전환시켰다. 경제학자와 통계학자가 사용하던 효율성이라는 용어는 투입에 대한 산출을 최대화하거나, 산출에 대한 투입을 최소화하는 것을 의미한다. 효율적인 포트폴리오란 부의 증식을 의미하는 '바람직한 것' 을 극대화하는 동시에, 분산이라 불리는 '바람직하지 않은 것' 을 최소화하는 것이다. 마코위츠가 제시한 이 과정을 보고, 30년 후 GM사의 연금펀드 관리이사인 챔피온이 동사의 펀드매니저들을 '공학자' 로 묘사한 것이다.

투자가들은 언제나 최대 가치를 가진 유가증권을 소유하려고 한다. 그러한 증권으로 구성된 포트폴리오의 기대 수익률은 개별 주식에 대한 기댓값의 평균이 될 것이다. 그러나 어떤 주식은 투자가들의 희망을 뛰어넘기도 하지만, 최상의 수익률이 예상되었던 주식은 실망을 안겨주기도 한다. 그래서 마코위츠는 실제 포트폴리오 수익률에 대한 확률이 평균 기댓값을 넘거나 못 미치면서 멋지게 대칭을 이루는 가우스의 정규분포 곡선을 만들어낼 것이라고 가정했다.

손실에서 이득으로 넘어가는 평균 주위의 분포 상황은 포트폴리오의 분산을 반영한다. 있음직한 결과의 범위에서, 포트폴리오의 실제 수익률에서 기대 수익률과 차이가 날 확률이 반영되는 것이다. 이는 마코위츠가 리스크 또는 수익의 불확실성을 측정하기 위해 분산 개념을 도입했을 때 의미했던 것이다. 교수나 학자들은 이처럼 리스크와 수익에 대한 복합적인 접근방법을 '평균/분산 최적화'라고 부른다. 보통주는 지급만기 90일인 미국 재무성 채권보다 가능한 수익률의 폭이 훨씬 더 크다. 재무성 채권에 대한 수익은 거의 불확실성을 갖지 않는다. 매입자들이 그들의 돈을 곧 다시 볼 수 있기 때문이다.

마코위츠는 '효율성'이라는 용어를, 분산이 가장 적은 최대 가치의 주식을 결합시킨 포트폴리오를 가리킬 때 사용했다. '최적화'라는 표현은 이에 대한 기술적 용어다. 이러한 접근방법에는 투자가들이 게임에서 배우는 두 가지 진부한 교훈이 결합된다. 하나는 '모험 없이는 얻는 것도 없다'이고, 다른 하나는 '달걀을 한 바구니에 담지 말라'는 것이다.

결국 중요한 것은 다른 모든 것을 능가하는 가장 효율적인 포트폴리오란 존재하지 않는다는 사실이다. 마코위츠의 방법론은 선형 계획법 덕분에 그나마 효율적인 포트폴리오 메뉴를 창출할 수 있다. 여느 메뉴처럼 여기에도 두 가지 측면이 존재하는데, 당신이 원하는 것이 그 한 면이고, 당신이 원하는 것을 얻기 위해 치러야 하는 비용이 또 다른 면이다. 기대 수익이 크면 클수록 관련된 리스크도 커질 수밖에 없다. 그러나 메뉴상의 효율적인 포트폴리오에는 어떤 정해진 리스크 수준에 대한 최고의 기대수익 또는 어떤 정해진 기대수익에 대한 최저 리스크 수준이 있을 것이다.

합리적인 투자가들은 공격적인 목적 또는 방어적인 목적에서든 자신들의 취향에 가장 잘 들어맞는 포트폴리오를 선택할 것이다. 그 시스템은 모르겐슈테른과 폰 노이만의 전통적인 방법에서도 투자가들의 효용을 극대화시키는 방법을 제공해준다. 이것이 마코위츠 시스템에서도 배짱이 문제가 되는 유일한 부분이다. 그밖의 모든 곳에서는 측정이 문제인 것이다.

〈포트폴리오 선택〉은 리스크를 기대 수익과 동등한 위치로 격상시킴으로써 투자 관리라는 직업에 혁명을 일으켰다. 마코위츠가 1959년 집필한 동명의 저서와 더불어, 이 논문은 금융 분야의 계속된 이론연구의 근간이 되었다. 이는 또한 주식선택 기법, 주식과 채권 사이의 포트폴리오 배분에서부터 옵션과 좀 더 복잡한 파생 유가증권의 가치 평가 valuation와 관리에 이르기까지 다양한 응용분야의 기초가 되었다.

그러나 중요성에도 불구하고 〈포트폴리오 선택〉을 비판하는 사람들은 마코위츠의 저서를 샌드백 정도로 취급하며 일련의 기본 전제에 대해 요모조모로 공격했다. 그들이 제기한 문제 가운데 일부는 실질적이라기보다는 기계적이고 기술적이었으며, 시간의 흐름과 더불어 극복되었다. 그러나 몇몇 문제는 여전히 논란거리로 남아 있다.

비판가들이 지적한 첫 번째 문제는, 투자가들이 과연 마코위츠의 처방에 따라 의사결정을 내릴 만큼 충분히 합리적이냐는 점이다. 만약 투자에서 직관이 측정을 지배한다면 모든 실험은 시간 낭비에 불과할 것이며, 시장의 행태에 대한 설명에도 불충분하리라는 주장이다.

또 하나의 비판거리는, 분산이 리스크의 적절한 대용물이 될 수 있느냐는 점이다. 이 문제의 결과는 명료하지 못하다. 만약 투자가들이 리스크와 분산을 서로 다른 것으로 이해한다면, 어떤 다른 측정값이 동등한 역할을 수행할지도 모르는 일이고 그러면서도 리스크와 수익에 대한 마코위츠의 최적화 접근방법은 여전히 유지할지도 모른다.

마지막으로, 만약 리스크와 수익은 정비례에 있다는 마코위츠의 가정이 경험적 실험을 통해 증명되지 못하면 무슨 일이 벌어지겠는가? 고수익이 저 리스크 증권에서 체계적으로 가능할지, 또는 저 리스크라고 예상했던 증권으로 곤혹을 치를지, 다시 처음부터 시작할 필요가 있다.

여기서는 먼저 간략하게 앞의 문제에 대한 기술적인 부분을 다룰 것이다. 그리고 분산이 리스크의 대용물로서 얼마나 제대로 작용할 것인지 더욱 자세히 살펴볼 예정이다. 투자가의 합리성은 매우 중요한 문제이기에 16, 17장 대부분에서는 이 문제를 다룰 것이다.

어쨌든 투자가들이란 어떤 특별한 활동에 빠져 있는 단순한 인간에 불과하다. 따라서 우리의 질문도 인간의 합리성에 관한 내용이 주를 이룰 것이다.

기술적인 문제는 투자가들이 자신의 모델(모든 개별 주식에서 발생하는 기대 수익, 분산, 공분산 등)에 대한 투입자료를 평가하는 데 아무런 어려움도 겪지 않을 것이라는 마코위츠의 전제에서 발생한다. 케인스가 《확률론》이나 그후 여러 논문에서도 강조했듯이, 과거 자료에 대한 사용은 상당한 리스크를 감수해야 하기 때문이다. 그리고 신뢰도가 항상 정확한 측정, 특히 마코위츠의 접근방법에서 요구되는 정확성을 제공하는 것도 아니다. 실제로 그러한 접근방법에 대한 응용의 대부분은 과거 경험과 예측을 결합시킨 것에 불과하다. 비록 투자가들이 그러한 계산 결과의 오류 발생 가능성이 매우 높다는 점을 인식하더라도 말이다. 게다가 투입자료 산정에서의 작은 차이에도 민감한 과정으로 인해 그 결과가 훨씬 더 불확실해질 수도 있다.

가장 어려운 단계는 서로 다른 포트폴리오의 비교 변화를 측정하기 위한 계산 자료의 축적에 있다. 생산성에서의 장기 추세가 평균으로 회귀하는 과정을 논문에서 밝힌 바 있는 보몰은 '포트폴리오 선택'이 나오고 14년이나 흐른 1966년 다음과 같은 계산을 발표했다.

"효율적인 포트폴리오를 선택하기 위해 컴퓨터로 한 번 작업하려면 현재 150달러에서 350달러 정도의 경비가 소요된다. 필요한 투입자료에 대한 추정이 정확하다고 가정한다면 말이다. 좀 더 정교한 탐색이라면 아마 수천 달러까지 들 것이다."

마코위츠도 아이디어를 실용화하는 과정에서 발생할 장애에 대해 걱정했다. 그러나 같은 대학원생이면서 나중에 노벨상을 공동 수상한 윌리엄 샤프William Sharpe와 공동 작업을 하면서, 마코위츠는 개별 증권 간에 존재하는 공분산 계산에 따르는 모든 문제를 해결할 수 있었다. 바로 각 증권이 전체적인 시장과 관련해 총괄적으로 어떻게 변화하는지를 산정하는 것으로, 전보다 훨씬 단순한 접근방법이었다.

이 기술은 '자본자산 가격산정 모델Capital Asset Pricing Model' 이라고 알려진 샤프의 이론적 체계를 전반적으로 설명해준다. 이 이론은 모든 투자가들이 포트폴리오 구성에서 마코위츠의 조언을 맹목적으로 따른다면, 금융자산의 가격이 어떻게 매겨질지에 대한 분석이었다. 자본자산 가격산정 모델은 어떤 특정한 기간의 시장에 대해 개별 주식이나 다른 자산들의 평균 변동성을 묘사하기 위해 '베타beta' 라는 용어를 사용한다.

예를 들어, 우리가 제12장에서 살펴본 AIM 콘스텔레이션 펀드가 1983~1995년 동안 1.35의 베타가 있었다면, 그것은 곧 S&P 500이 1% 오르고 내릴 때마다 AIM은 1.36%씩 오르내리는 경향이 있었다는 것을 뜻한다. 또한 시장이 10% 떨어질 때마다 13.6%씩 떨어진다는 의미다. 좀 더 답답한 아메리칸 뮤추얼 펀드는 단지 0.80%에 불과한 베타를 갖고 있었는데, 이는 곧 S&P 500보다 훨씬 변동성이 낮았음을 나타낸다.

포트폴리오 또는 증권시장 그 자체가 기대 수익과 분산이라는 두 가지 수치로만 설명될 수 있다는 생각은 또 다른 수학적 문제를 야기시킨다. 만약 증권 수익률이 가우스의 종형 곡선에서처럼 언제나 정규분포를 나타낸다면 두 수치에 따르는 것은 합당하다. 어떠한 이탈의 허용 없이 평균 양쪽 결과의 분포가 대칭적이기만 한다면 말이다.

하지만 자료가 정상적으로 분포되지 않으면, 분산은 포트폴리오에서의 불확실성을 100% 반영할 수 없다. 현실세계에서는 완벽한 것이 없다는 사실은 문제가 아닐 수 없다. 그러나 이러한 문제는 어떤 투자가들에게는 상당한 의미를 지닌다. 많은 사람들에게는, 이들 자료가 포트폴리오 결정과 리스크 계산에 유용한 지침이 될 정도로 충분히 정규분포와 근접해 보인다. 하지만 또 다른 사람들에게는 그러한 불완전성이 뒤에서 설명할 또 다른 전략을 발전시키는 원천이 되기도 한다.

리스크를 수치로 정의하는 문제는 매우 중요하다. 만일 투자가들이 직면하는 리스크의 크기에 대해 순서를 매길 수 없다면, 리스크 감수에 대한 결정을 어떻게 내릴 수 있겠는가?

BZW 글로벌 인베스터BZW Global Investor(옛 웰스 파고-니코 투자자문회사)사의 포트폴리오 매니저들이 이러한 딜레마에 대해 재미있게 구성한 이야기가 있다.

> 걸어서 황무지를 헤쳐나가던 여행객들이 구경을 끝내고 돌아가는 길에 우연히 지름길이 되는 다리를 발견한다. 그러나 폭이 좁고 높은 다리가 흔들거리기까지 하자, 그들은 건너가기 전에 밧줄과 가죽끈, 기타 안전장치 등으로 무장을 한다. 그런데 그렇게 해서 다리 건너편에 도착하자마자, 그들의 도착을 참을성 있게 기다리던 배고픈 사자를 발견한다.

변동성에 초점을 맞추는 마코위츠라면 아마도 사자에게 기습당했을 것이다. 리스크에 대해 다차원적으로 생각하며 정량화할 수 있는 것과 혼란스러운 것의 차이를 이해하는 케네스 애로라면, 애초에 다리 저쪽에 사자 또는 다른 위험이 기다릴지도 모른다고 걱정했을 것이다.

그럼에도 불구하고 변동성 또는 분산은 리스크의 대용물로서 직관적인 매력을 지니고 있다. 그리고 통계분석은 그러한 직감이 제시하는 바를 증명해준다. 대부분의 기간에서 변동성의 증가는 자산 가격의 감소와 밀접한 관계가 있다. 가격이 급격히 상승하는 대부분의 자산은 역시 그만큼 급격히 무너지는 경향도 있다.

만약 브라질 펀드의 주식, GE의 주식, 30년 만기 미국 재무성 채권, 그리고 90일 만기 미국 재무성 증권의 리스크 순위를 매긴다면, 그 순위는 보나마나 뻔할 것이다. 또한 상대 변동성 순위도 마찬가지이리라. 변동성에 대한 압도적인 중요성은 '파생상품(특정 투자가의 요구에 따라 디자인된 옵션, 스왑 또는 기타 금융상품)'으로 알려져 있는 위험헤지도구의 역할에서도 분명히 드러난다.

시카고를 근거지로 뮤추얼 펀드의 성과를 분석하는 〈모닝스타〉지에는 변동성이 얼마나 리스크의 대용물 역할을 하는지에 대해 흥미로운 사례가 실렸다. 1995년 5월 〈모닝스타〉는 판촉비를 충당하기 위해 수수료(12b-1 수수료로 알려져 있으며, 이러한 비용은 결국 각 주주의 주머니에서 나온다)를 부과하는 채권투자형 뮤추얼 펀드가 수수료 없는 채권형 뮤추얼 펀드보다 평균 10% 더 높은 표준편차를 나타냈음을 보고했다. 〈모닝스타〉에서는 다음과 같은 결론을 내렸다.

"그렇다면 12b-1 수수료의 진가는 약간 더 낮은 수익을 의미하는 것이 아니라, 리스크가 더 큰 투자를 의미하는 셈이다. 적어도 채권형 펀드에 대해서만큼은 그렇다. 이것은 마케팅 비용을 투자 방정식에 대입해 얻은 논리적 결과다."

그러나 변동성을 동요시키는 원인이 무엇인지, 또는 그것을 발생시키는 원인이 무엇인지에 대해 일치된 의견은 아직 없다. 우리는 단지 예기치 못한 일이 생기고 나면, 변동성이 생겼다고 말할 수 있을 뿐이다. 그것은 아무런 도움이 안 된다. 예기치 못한 것에 대한 예측 방법은 아무도 모르기 때문이다.

반면에 모든 사람들이 변동성을 걱정하는 것은 아니다. 비록 리스크가 필연성의 측면에서 '일어날 것' 보다는 가능성의 측면에서 '일어날 수도 있는 것' 을 의미한다고 해도—변동성의 개념을 이해하는 정의이기도 하다—구체적인 시간대까지 밝히는 것은 아니다. 일단 시간 요소를 도입하면 리스크와 변동성의 관련성은 줄어들기 시작한다. 시간이 여러 면에서 리스크를 변화시키기는 하지만 변동성과 관계해서 변화시키는 것은 아니다.

만약 당신이 주식을 팔 생각이 없다면 주식의 가격 변화는 관심 밖의 문제일 것이다. 실제로 장기 투자가들, 예컨대 단기간의 동요에는 아예 눈을 감아버리고 내리막이 있으면 오르막도 있으리라고 믿어 의심치 않는, 워렌 버핏과 같은 소수의 사람들은 변동성을 리스크라기보다는 기회로 본다. 적어도 변동이 심한 증권이 변동이 없는 증권보다 수익률이 더 높은 경향이 있다는 정도까지는 말이다.

현재 상당한 가계신탁을 관리하고 있으며, 전에는 제조업체 간부였던 로버트 제프리Robert Jeffrey는 좀 더 공식적인 방법으로 같은 의견을 피력한 바 있다.

"변동성은 리스크의 대용물이 되지 못한다. 아무리 변동성이 기후, 포트폴리오 수익 또는 아침신문 배달시간과 관련이 있더라도, 변동성 그 자체는 결과가 나오기 전까지는 리스크에 대해 아무것도 제공할 수 없는, 그저 단순한 통계적 확률요소에 불과하기 때문이다."

변동성의 결과는 당장 내일 자본을 획득해야 하는 투자가에게나 중요하다. 제프리는 그 문제를 다음과 같은 말로 정리했다.

"포트폴리오 소유에 따르는 현실적인 리스크는 계약 기간 중이나 계약 만료일에, 아니면 두 가지 경우 모두에, 소유자에게 당장 필요하더라도 그만한 '현금'이 조달되지 못할 수도 있다는 점이다."

또한 제프리는 서로 다른 자산에 내재하는 리스크는 오직 투자가의 부채와 관련될 때만 의미가 있음을 인식했다. 리스크에 대한 이러한 정의는 다른 모습으로 재등장하며 모두 유용한 것이다. 그러한 것의 중심 개념이 바로 다양성으로, 투자가들이 초과해야 하는 어떤 최저 수익률 또는 어떤 '기준점benchmark'과 관련해 연구가 이루어져야 할 것이다.

이러한 접근의 가장 단순한 형태에서 리스크는 단지 돈을 잃을 가능성을 의미할 뿐이다. 그러한 시각에서는, 투자가들에게 '명목항 제로 수익zero nominal return'이 기준점이 된다.

다음 사례에서 보겠지만, 그러한 견해는 마코위츠의 견해와는 다소 거리가 있다. 두 투자가가 있다고 생각해보자. 한 사람은 1955년 초 S&P 500에 100% 투자를 했고 그것을 40년간 보유해왔다. 다른 사람은 30년 만기 재무성 채권에 투자했다. 30년 만기 상태를 유지하기 위해 이 투자가는 매년 말에 가지고 있던 채권(해가 바뀌면 29년 기한이 되는 채권)을 팔고 새로운 30년 만기의 채권을 사들인다.

마코위츠의 리스크 측정방법에 따르면, 두 번째 투자가의 채권은 연간 10.4%의 표준편차를 가졌기 때문에 표준편차가 15.3%였던 첫 번째 투자가의 주식 포트폴리오보다 훨씬 리스크가 낮다. 그러나 주식 포트폴리오에 대한 총수익(배당 포함 자본이득)은 채권의 총수익보다 훨씬 더 높았다. 연평균 6.1%의 채권 수익에 비해 연평균 12.2%나 되었던 것이다. 주식 포트폴리오의 고수익은 높은 변동성을 메꾸고도 남았다. 주식 포트폴리오의 수익률이 제로인 해가 나올 확률은 22%였는 데 반해, 채권 소유자들은 수익률이 하락할 해가 나올 확률 28%에 직면해야 했던 것이다. 정해진 40년 기간 가운데 3분의 2 기간 동안 주식 포트폴리오는 채권의 평균 수익보다 더 많은 수익을 안겨주었다. 과연 어떤 투자가가 더 큰 리스크를 감수한 것인가?

아니면, 앞서 언급했던 13개 신흥 주식시장에 대해 생각해보자. 1989년 말에서 1994년 2월까지 그들은 S&P 500보다 세 배나 더 변동적이었지만, 신흥 주식시장에 일괄투자한 투자가들은 돈을 잃는 달이 거의 없이 계속적으로 부를 늘려나갔다. 심지어 1994년의 급락 후에도 S&P 500에 투자한 사람들보다 세 배나 높은 수익을 올리며 끝낼 수 있었다. S&P 500 지수와 신흥 주식시장 지수 가운데 어느 쪽의 리스크가 더 컸는가?

즉, 변동이 심한 포트폴리오의 리스크 수준은 비교대상에 달려 있다. 어떤 투자가들은, 그리고 포트폴리오 관리자들은 변동이 심한 포트폴리오라 하더라도 그 수익이 특정한 기준점 아래로 내려갈 확률만 거의 없다면 리스크가 크다고 여기지 않는다.

그리고 그 기준점이 제로일 필요도 없다. 움직이는 타깃이 기준점이 될 수도 있는 것이다. 이를테면 어떤 회사에서 자사의 연금 펀드를 지불 가능한 상태로 유지하기 위해 최소한으로 요구하는 수익, S&P 500 등의 어떤 지수, 모델 포트폴리오에 대한 수익률 또는 자선단체에서 매년 쓰도록 법으로 정해진 자산의 5% 등이 움직이는 기준점이다. 〈모닝스타〉는 수익률 90일물 재무성 증권의 수익률 이하로 떨어지는 빈도를 기준으로 뮤추얼 펀드의 리스크 순위를 정한다.

그러나 기준점에 미달할 확률을 통한 리스크의 측정이, 포트폴리오 관리에 대한 마코위츠의 처방을 결코 무효화시키는 것은 아니다. 수익은 여전히 바람직한 것이며, 리스크는 여전히 바람직하지 않은 것이다. 리스크는 최소화하는 동시에, 기대 수익은 최대화해야 한다. 변동성은 여전히 수익률의 미달 가능성을 암시한다. 이러한 조건에서의 최적화는 마코위츠가 염두에 두었던 것과 그리 다르지 않다. 최적화 과정은 시장의 동요에 대한 리스크의 민감성뿐만 아니라 기업 활동과 인플레이션, 이자율 등의 주요 경제변수의 예기치 못한 변화에 대한 자산의 민감성까지 통합하는 다차원적인 개념으로 받아들일 경우에도 유효하다.

리스크는 측정 가능하다. 그러나 아직은 또 다른 확률에 따른 방식을 통해서만 가능하다. 게다가 과거 경험을 통해서만 가능하다. 어떤 투자가가 가격이 오르기 전에 사려 하고 가격이 떨어지기 전에 팔려고 애쓰는 '마켓타이머market-timer(나름대로의 모든 예측기법으로 단기적인 지점에서 사고, 고점에서 팔아 수익률을 극대화하고자 하는 금융시장의 투기적 참가자-옮긴이)' 로 행동한다고 가정해보자. 그는 과연 어느 정도까지 오류 한도를 견디면서 '단순히 사서 보유하는 전략' 을 앞서 나갈 수 있을까?

마켓타이밍의 리스크 가운데 하나는, 시장에서 큰 상승세를 보일 경우 거래를 하지 않고 시장에서 벗어나야 한다는 점이다. 1980년 5월 26일부터 1994년 4월 29일까지의 기간을 생각해보자. 앞서 나왔던 그 마켓타이머가 14년 동안 아니 더 정확하게, 2,500의 거래일 가운데 단지 다섯 차례 최고 상승률을 기록한 날에 주식 대신 현금이 있었다고 가정해보자.

그는 초기 투자액의 두 배에 달하는 세전 수익을 올렸다는 사실에 대해 그런대로 유쾌해했을지도 모른다. 그러나 만약 아무 일도 하지 않고 출발시점에 사서 그냥 계속 보유했더라면 어떻게 되었을까 생각했을 것이다. 사서 계속 보유했더라면 투자의 세 배로 불려놓았을 텐데, 마켓타이밍이 이렇게 리스크가 큰 전략인 줄이야!

리스크 관리는 매개변수가 정적인 상황에서보다는 동적일 때 더 복잡해진다. 변동성 그 자체는 내내 정지 상태가 아닌 것이다. S&P 500의 매달 수익률의 연간 표준편차는 1984년 말에서 1990년 말까지 17.7%에 이르렀다. 그런데 그후 4년간의 표준편차는 단지 연간 10.6%에 불과했다.

이와 유사한 갑작스러운 변화가 채권시장 변동성에서도 일어난 적이 있다. 만약 그러한 변화가 넓게 분산된 지수에서 전개될 수 있다면, 그것이 개별 주식과 채권에서 나타날 가능성은 더 커진다.

문제는 거기에서 그치지 않는다. 실생활에서 리스크에 대해 똑같은 느낌을 갖는 사람은 거의 없다. 우리가 나이를 먹어가고 현명해짐에 따라, 또는 부자가 되거나, 아니면 가난뱅이가 됨에 따라 리스크에 대한 인식이나 리스크 감수에 대한 기피감 등은 그때그때마다 달라지며 움직인다. 하나의 집단으로서의 투자가들 또한 간혹 리스크에 대한 견해를 달리함으로써 주식과 장기채권에 기대하는 미래 수익의 흐름 평가에 현저한 변화를 야기시킨다.

이러한 가능성에 대한 독창적인 접근방법은 마코위츠의 동료이자 노벨상 공동 수상자인 샤프가 발전시켰다. 1990년 샤프는 투자가들의 재무 변화와 리스크 함유 자산을 소유하려는 심리에 대한 상관관계를 분석해 논문으로 발표했다. 베르누이와 제번스의 견해에 따르면, 부자들은 부자가 아닌 사람들보다 훨씬 더 리스크를 기피하는 성향이 있다. 샤프는 이를 인정하면서, 부의 '변화' 또한 투자가의 리스크 기피 성향에 영향을 준다는 가설을 세웠다. 재산의 증가는 손실을 흡수하는 더 푹신한 쿠션과 같다. 물론 손실은 쿠션을 얇게 만드는 요소다. 결론은 다음과 같다.

"손실이 리스크 감수에 대한 욕구를 약화시키는 반면에, 부의 증가는 리스크 감수에 대한 욕구를 강화시키는 경향을 지닌다."

샤프는 리스크 기피 성향에서의 이와 같은 변화로, 상승장이나 약세장이 극단으로 치닫다가도 궁극적으로는 평균으로의 회귀가 일어나는 이유가 된다고 말했다. 반대 의견을 가진 투자가들이 그동안 발생된 과잉 반응을 인식하고 축적된 평가상의 오류를 바로잡기 때문이다.

마코위츠의 포트폴리오 선택이론에 대해 쏟아지는 무수한 비판에도 불구하고, 마코위츠의 공헌은 지대하다. 그의 이론은 1952년 이래로 여러 주요 이론 작업에 기틀이 되었으며, 투자 분야를 지배하는 실용적 응용방법을 태동시켰다. 분산투자는 투자가들의 실제적인 종교가 된 셈이었다. 심지어 마코위츠에 대한 공격조차도 그의 혁신적인 공헌이 없었다면 생겨나지 못했을 새로운 개념과 응용방안으로 연결되었다.

그러나 마코위츠의 업적이나 그가 초석으로 삼은 구조의 대부분은, 투자가의 합리성이라는 문제에 대해 사람들이 어떻게 느끼느냐에 좌우되는 것이었다. 이와 같은 특성 때문에 월 스트리트에서 새로운 투자이론을 적용하기 시작하자, 때를 맞춰 제각기 다른 이론가들의 주장 또한 분분해지기 시작했다.

합리적 행동에 대한 그러한 비판적인 연구의 대부분은 1970년대 초의 소란 속에서 생겨났다. 그리고 1950년대와 1960년대 혁신의 특징이었던 합리성에 대한 낙관적인 견해에서 극적으로 이탈되었다. 전통적인 경제이론의 중심적인 가정은 말할 것도 없고, 다니엘 베르누이와 제번스, 폰 노이만의 모델들을 강력히 반격하기 위한 무대가 마련되었던 것이다.

그동안 마치 신성시되던 행동원칙에 대해 거친 공격이 개시되자 처음에는 대부분 주저하는 반응을 보였다. 이는 언제나 명료한 의사 표명을 주저하는 학계의 특성 때문이었고, 다른 한편으로는 이미 수립된 의사결정이론과 선택이론 주변에 축적된 엄청난 기득권 때문이었다.

그러나 1970년대의 암울한 시대적 배경으로 인해 새로운 아이디어가 탄생되었으며, 궁극적으로 그 아이디어는 학술 연구의 최집중 대상이 되었고 실행가들에게 힘과 재능과 상식을 쏟아내도록 하는 자극제가 되었다. 결국 오늘날 합리적 행동과 리스크 기피 개념에 대한 공격이 전문지마다 실리게 된 것이다.

다니엘 베르누이는 논문에서, 자신의 가정에 '매우 드문 예외' 에 대한 가능성을 인정한 바 있다. 그러나 그는 인간이란 존재가 얼마나 빈번하게 길을 헤매는지에 대해 과소평가했다. 자신이 인간들을 위해 설정해놓은 갑갑하고 좁은 길에서 말이다. 최근 연구에 따르면 합리적 행동에 대해 설정된 표준에서 일어나는 이탈의 대부분은 구조적이라고 한다.

또 다른 가능성도 있다. 어쩌면 사람들은 비합리적이지 않을지도 모른다. 합리성에 대한 전통적 모델은, 합리적인 사람이 자신의 결정 방법을 단지 부분적으로만 포착해 행동양식을 구체화시킨 것일지도 모른다.

만일 이것이 사실이라면 모든 사람들에게 문제가 있다기보다는 합리성에 대한 전통적 모델 자체에 문제가 있는 것이다.

모든 사람들의 선택이 논리적이며 예측 가능하다면, 일정함보다 변화성이 있을지라도, 또한 합리성에 대한 어긋난 선호성이 있을지라도 그들의 행동은 여전히 수학적 기법에 따라 모델로 만들어질 수 있다. 논리성은 전통적인 모델에서 지정된 길뿐만 아니라, 더욱 다양한 길도 따를 수 있는 것이다.

최근에 쏟아지고 있는 연구를 살펴보면, 사람들이 의사결정 과정에서 모순이나 근시안적인 안목, 여타 형태의 왜곡 등에 쉽게 넘어가고 있음을 알 수 있다. 이것이 슬롯 머신으로 횡재하는 행운 또는 꿈을 실현시켜줄 복권에 당첨되는 운 등에 관계된 문제라면 별로 중요하지 않을지도 모른다. 그러나 증거를 통해 알 수 있듯이, 사람들의 이러한 결함은 심각한 사안의 경우 더욱 분명하게 드러난다.

'비합리적인' 이라는 말은 그러한 행동에 적용하기에는 너무 강렬한 표현일지도 모른다. 왜냐하면 '비합리성' 이라는 말에는 '정신 이상' 이라는 의미도 있는데, 대부분의 사람들은 (아마도 용어의 정의상으로는?) 미친 게 아니기 때문이다.

시카고 대학의 경제학자 탈러는 "인간은 허튼 소리나 지껄여대는 멍청이도 아니고, 지나치게 이성적인 로봇도 아니다"라고 말한 바 있다. 그럼에도 불구하고 실생활에서의 선택결정 방법에 대한 탈러의 연구는, 베르누이나 마코위츠의 신뢰성에서 의미 있는 일탈을 보여주는 선구적인 업적인 것이다. 자세한 내용은 다음 장에서 살펴보자.

인간의 합리성에 대한 연구는 매력적인 분야이자 자기 발견의 과정이다. 그것에 대해 배우면 배울수록, 이전에 결코 생각해본 적이 없는 방식으로 합리성에 대한 전통적인 시험에서 탈락한다는 것을 더욱 명료하게 깨닫게 된다. 폰 노이만은 뛰어난 통찰력에도 불구하고 이야기의 중요한 부분을 빠뜨렸던 것이다.

5부

리스크의 이익과 위협에 대한 판단

1960년 이후

16

손실은 이득보다 더 크게 보인다

모든 사람들은 위기 순간에도 자신만의 냉정하고 계산된 방식으로 확률법칙을 적용해 선택의 문제에 대해 스스로 잘 처리해나가는 합리적인 존재라고 생각한다. 또한 기술이나 지능 · 통찰력 · 경험 · 교양 · 통솔력 등에서 다른 사람들보다 우월하다고 믿는다. 스스로 무능한 운전자, 무기력한 토론자, 멍청한 투자가 또는 패션 감각이 떨어지는 사람이라고 인정하고 싶은 사람이 누가 있겠는가?

그러나 이러한 생각이 과연 얼마나 현실적일까? 모든 사람들이 다 비범할 수는 없다. 더욱이 가장 중요한 결정을 내려야 하는 순간은 복잡하고 혼란스러우며 불분명하고 긴장된 상황에서 발생한다. 확률법칙에는 대체로 자문을 구할 시간이 전혀 없다. 인생은 발라 게임이 아니다. 인생은 케네스 애로의 표현대로 길게 뻗은 모호한 구름이 되어 나타나기 때문이다.

그렇다고 대부분의 사람들이 사전 예측도 없이 리스크를 받아들이거나 걱정이 생기면 벽장으로 숨어버리는 비합리적인 존재라는 얘기는 아니다. 앞으로 살펴보겠지만 대부분의 사람들은 어떤 기반을 토대로 결정을 내린다. 이에 대한 분명한 증거가 있다. 예측을 가능하게 해주고, 대부분의 경우 체계적인 행동을 가능하게 만들어주는 기반 말이다. 오히려 문제는 결정을 내릴 때의 현실적인 상황이 베르누이나 제번스, 폰 노이만이 제시한 합리적 결정 모델에서 어느 정도 벗어나 있느냐 하는 점이다. 심리학자들은 이러한 일탈의 원인과 성질을 규명하기 위해 꾸준한 연구를 계속해왔다.

게임 이론과 마코위츠 이론에 영향을 끼친 합리성에 대한 고전적 모델에는, 사람들이 리스크에 직면하면 어떻게 결정을 내려야 하고, 또한 지정에 따라 그대로 행동하면 세상은 어떻게 달라질 것인가 등에 대한 설명이 자세하게 담겼다. 그러나 더욱 심화된 연구와 실험을 통해 그러한 모델이 생각보다 훨씬 빈번하게 실상에서 벗어난다는 사실을 알고 있다. 다음에 나오는 여러 가지 예는 어쩌면 당신의 경우인지도 모른다.

이스라엘 심리학자인 다니엘 캐네먼Daniel Kahneman과 애모스 트베르스키Amos Tversky는 리스크나 불확실성의 관리 방식에 관해 가장 영향력 있는 연구를 해왔다. 그들은 미국에 거주하지만(한 사람은 프린스턴 대학 교수, 또 한 사람은 스탠퍼드 대학 교수), 1950년대에는 이스라엘에서 군복

무를 마쳤다.

캐네먼은 군복무 경험을 바탕으로 이스라엘 신병들의 평가를 위한 심리학 감별 시스템을 개발했는데, 이는 현재에도 이스라엘 군대에서 사용되고 있다. 트베르스키는 낙하산부대 장교로 복무했으며 무공훈장을 받기도 했다. 두 사람은 거의 30년 동안 공동작업을 해왔다. 그리고 현재는 금융과 투자 분야의 학자와 실무자들의 열정적인 추종을 받고 있다.

캐네먼과 트베르스키는 자신들의 개념을 '기대이론Prospect Theory'이라 불렀다. 기대이론에 대한 그들의 책을 읽고 개인적으로 만나 토론한 후, 나는 이론의 명칭이 주제와 아무런 관계가 없는 이유가 궁금해 캐네먼에게 그 이유에 대해 물었다. 다음은 그의 대답이다.

"우리는 단지 사람들이 관심을 갖고 기억할 만한 이름을 원했던 것뿐이오."

그들의 교분이 시작된 것은 둘 다 예루살렘의 헤브루 대학에서 조교수로 있었던 1960년대 중반이었다. 어느 날, 캐네먼은 트베르스키에게 비행 교관들에게 훈련 심리학을 가르치다가 겪은 일을 얘기해주었다. 그가 비둘기 행동에 대한 연구를 언급하면서 보상이야말로 처벌보다 훨씬 효과적인 교수법이라는 점을 강조하고 있었는데, 갑자기 어떤 비행 교관이 큰소리로 이렇게 말했다는 것이다.

"존경하는 선생님, 선생님이 하신 말씀은 말 그대로 새에게나 통하는 것입니다. 실제로는 그렇지 않다는 것을 경험으로 알고 있습니다."

그 비행 교관의 설명에 따르면, 아주 잘했다고 칭찬받은 연습생들은 하나같이 다음 번 비행에서 저조한 성과를 올리는 반면, 잘못했다고 힐난 받은 연습생들은 다음 비행연습 시간에는 거의 대부분 향상된다는 것이었다.

캐네먼은 이러한 유형이 골턴이 예측했던 것과 같다는 사실에 주목했다. 큰 완두콩이 자신보다 작은 완두콩 자손을 만드는 반면, 작은 완두콩에서는 좀더 큰 완두콩이 생겨나듯이 모든 분야에서 일의 성과는 무한정 향상되거나 나빠지지는 않는다는 것이었다.

수행하는 모든 일마다 발전과 퇴보가 있더라도 결국은 평균성과로 밝혀질 어떤 수준을 향해 계속적으로 회귀한다는 얘기다. 결국 연습생의 다음번 착륙 여부에 대해서는 누군가가 지난번에 '잘했다' 또는 '못했다' 고 말해주는 것과는 아무런 관계가 없을 가능성이 크다.

"일단 그러한 것에 민감해지면 당신은 어디에서나 회귀를 발견할 수 있다오."

이것이 캐네먼이 트베르스키에게 지적한 내용이었다. 예를 들어, 당신의 아이가 지시대로 하든 안 하든, 어떤 농구선수가 경기에서 환상적인 플레이를 하든 못하든, 또는 펀드매니저의 실적이 이번 분기 동안 좋든 나쁘든, 그들의 미래 성과는 평균으로의 회귀를 반영하게 마련이라는 것이다. 과거의 성과에 대해 벌을 받건 상을 받건 관계없이 말이다.

그러나 그들은, 사람들이 과거 사실을 토대로 한 미래의 성과 예측에 실수하는 이유가 단순히 평균으로의 회귀를 무시하기 때문만은 아닐 수도 있다고 여겼다. 즉, 사람들이 불확실한 결과에 직면할 때 어떻게 선택하는지에 대한 일련의 기발한 실험을 계속 수행해나갔고 결국 그들의 공동작업은 발전을 거듭할 수 있었던 것이다.

캐네먼과 트베르스키는 기대이론을 통해 합리적 의사결정과정에서의 지지자들의 무의식적인 행동유형을 발견했으며, 그러한 행동유형의 원인을 인간의 두 가지 약점 탓으로 돌렸다. 첫째, 감정에 따라 합리적 의사결정에 필수적인 자아통제력이 파괴된다는 것이다. 둘째, 사람들이 자신들의 문제를 제대로 이해하지 못한다는 점이다. 사람들은 심리학 용어로 '인지장애cognitive difficulties' 라는 것을 경험한다.

가장 어려운 점은 표본 추출에 있다. 라이프니츠가 베르누이에게 상기시켰듯이, 자연은 너무나도 변화무쌍하고 복잡해 관찰을 통해 보편타당한 일반론을 이끌어내기가 매우 어렵다. 따라서 우리는 잘못된 판단으로 이끄는 지름길을 이용하거나 일부 표본을 대표성을 띤 표본으로 해석해버린다.

결과적으로 우리는 좀더 주관적인 측정에 따르는 경향이 있다. 케인스의 '신뢰도' 는 파스칼의 삼각형보다 우리의 의사결정에 더 많이 드러난다. 심지어 측정을 사용해 객관적으로 일을 진행한다고 여겨도 충동을 누르기 쉽지 않다. 700만의 사람들과 코끼리 한 마리를 돌이켜보라!

우리는 어떤 상황에서는 선택을 내릴 때 리스크를 기피하는가 하면, 또 다른 상황에서는 전과 동일한 선택에 대해 리스크를 추구하기도 한다. 어떤 문제에 대한 공통 성분을 무시하고 각 부분에 대해 독립적으로 집중하는 경향이 있다. 이 때문에 마코위츠의 포트폴리오 구성을 위한 처방도 나중에야 인정받았던 것이다.

우리는 어느 정도의 정보가 충분하며, 얼마나 많으면 과도한 것이 되는지 인식하지 못한다. 또한 일어날 가능성은 적지만 극적인 사건에 대해서는 지나치게 관심을 가지는 반면에, 일상적으로 일어나는 사건은 경시하는 경향이 있다. 결국 재산에 미치는 영향은 동일한데도, '비용' 과 '보상받지 못한 손실' 을 다르게 취급하는 것이다. 우리는 어떻게 리스크 관리에 대해 매우 합리적인 의사결정으로 출발해서는, 단지 행운의 연속에 불과한 것에 따라 어떤 사실을 추정하는 데에 그치고 만다. 결과적으로 평균으로의 회귀를 잊고 자신의 처지에 너무 오래 머무른 채 곤경에 빠지고 마는 것이다.

여기서 '직관적인 지각으로 인해 어떻게 길을 잘못 들어서는가'를 보여주기 위해 캐너먼과 트베르스키가 사용한 질문을 살펴보겠다. 여러분들도 한번 답을 생각해보라. 알파벳 K가 영어 단어에서 첫 번째 철자로 쓰이는 경우가 많아 보이는가, 아니면 세 번째 철자로 쓰이는 경우가 많아 보이는가? 아마도 대부분의 사람들은 "첫 번째 철자로 쓰이는 경우가 더 많아 보인다"고 답할 것이다. 그러나 실제로는 K자가 세 번째 철자로 들어가는 단어가 첫 번째 철자로 들어가는 단어보다 두 배나 더 많다. 왜 이런 착오가 생길까? 첫 번째 철자로 어떤 단어를 떠올리는 것이 다른 위치에 있는 단어를 떠올리는 것보다 더 쉽기 때문이다.

기대이론으로 발견된 사실 가운데 가장 놀랍고 유용한 것은 이득에 관한 의사결정방식과 손실에 관한 의사결정방식 간의 부조화다.

대부분의 사람들은 고액이 걸려 있는 경우 확실한 이득을 선호한다. 훨씬 더 많은 이득을 얻을 수 있는 공정한 도박 따위는 거절한다. 다시 말해 확실한 10만 달러라는 선택이냐, 아니면 20만 달러를 벌거나 아무것도 얻지 못할 50 대 50 가능성이라는 선택이냐는 질문에서 후자를 선택할 사람은 거의 없다는 얘기다. 말하자면 우리 대부분은 바로 '리스크를 기피하는 사람들' 인 것이다.

그러나 손실에 대해서는 어떠한가? 1979년 발표된 캐너먼과 트베르스키의 기대이론에 관한 최초의 논문은 나쁜 결과 사이에서의 선택이 좋은 결과 사이에서의 선택과는 정반대라는 것을 잘 설명하고 있다.

그들은 피실험자들에게 4,000달러를 벌 수 있는 80%의 가능성과 아무것도 얻지 못할 20%의 가능성을 지닌 선택, 그리고 3,000달러를 벌 수 있는 100%의 가능성을 지닌 선택 가운데 어느 쪽을 택하겠느냐고 물었다. 리스크가 큰 전자의 선택이 더 높은 수학적 기댓값(3,200달러)을 지님에도 불구하고 피실험자의 80%가 확실한 3,000달러 쪽을 선택했다. 이 사람들은 베르누이가 예측했던 바와 같은 '리스크를 기피하는 사람들' 인 것이다.

그 다음에 캐너먼과 트베르스키는 4,000달러를 잃을 80%의 가능성과 아무것도 잃지 않을 20%의 가능성을 지닌 선택, 그리고 3,000달러를 잃을 100%의 가능성을 지닌 선택 중에서 어느 쪽을 택할지를 물었다. 여기서도 역시 3,000달러의 확실한 손실보다 전자가 3,200달러 손실이라는 훨씬 더 큰 수학적 기댓값을 가짐에도 불구하고, 92%의 피실험자들이 앞의 경우와는 반대로 도박 쪽을 선택했다. 손실이 관련된 선택에서 우리 대부분은 리스크를 기피하는 쪽이 아니라 '리스크를 추구하는 사람' 이 되는 것이다.

캐너먼과 트베르스키, 그리고 그들의 동료들은 매우 다양한 실험을 통해 이러한 비대칭적인 양상이 일관되게 나타난다는 사실을 발견했다. 그 후에 캐너먼과 트베르스키가 제시한 다음 문제를 보자.

어느 지역에서 희귀한 질병이 발병해 600명이 사망할 것으로 예상된다고 가정하자. 그러한 위협에 대처할 수 있는 방안으로 두 가지 계획이 있는데, A계획은 200명을 구할 수 있고, B계획은 모든 사람들을 구할 수 있는 33%의 가능성과 아무도 구할 수 없는 67%의 가능성을 갖고 있다.

당신이라면 어떤 계획을 선택하겠는가? 대부분의 사람들이 리스크를 기피한다면, 합리적인 그들은 도박 성향이 있는 B계획보다는 200명이라도 확실히 구할 수 있는 A계획을 선호할 것이다. 두 가지 계획은 모두 같은 수학적 기댓값을 갖지만, B계획에서는 모두가 사망할 67%의 가능성이 포함되어 있다. 이 실험에서는 72%에 해당하는 피실험자들이 A계획이 의미하는 리스크 기피를 선택했다.

그렇다면 동일한 문제를 다른 테두리에서 생각해보자. 이번에는 C를 채택하면 600명 가운데 400명이 사망하고, D계획을 채택하면 600명이 모두 사망할 67%의 가능성과 아무도 사망하지 않을 33%의 가능성이 있다고 제시하자. C계획은 200명의 생존자보다는 400명의 사망자 관점에서 표현되고, 반면에 D계획은 아무도 사망하지 않을 33%의 가능성을 제시하고 있다는 점에 주의하자. 캐네먼과 트베르스키는, 이번에는 피실험자의 78%가 리스크를 추구하는 도박(D계획)을 선택했다고 보고했다. 그들은 400명의 확실한 사망자들이 생긴다는 전망을 받아들일 수 없었던 것이다.

이러한 행동은 비록 이해할 만한 것이기는 해도 합리적 행동에 대한 가정과 모순된다. 어떤 질문에 대한 대답은 상황이 어떻게 제시되더라도 항상 일치해야 한다. 캐네먼과 트베르스키는 이러한 실험에서 얻은 증거가, 결국 사람들이 리스크 기피자는 아니라는 것을 보여준다고 해석했다. 즉, 사람들은 모험이 적합한 상황이라고 판단되면 기꺼이 도박을 선택한다는 것이다. 그렇지만 사람들이 리스크 기피자가 아니라면 과연 무엇이란 말인가?

트베르스키의 얘기를 들어보자.

"주요한 원동력은 바로 '손실 기피loss aversion' 이다. 사람들은 불확실성을 싫어한다기보다는 손실을 싫어하는 것이다."

손실은 언제나 이득보다 더 크게 보인다. 미해결된 상태로 지속되는 손실, 이를테면 자식을 잃는(미아 발생의) 경우나 해결 기미가 보이지 않는 거액의 보험금 청구 등의 미해결 손실은 실로 강력하고 비이성적이며 지속적인 리스크 기피를 유발한다.

트베르스키는 이처럼 묘한 행동에 대해 흥미로운 고찰을 제공했다.

인간의 쾌락 기능 장치에서 가장 중요하고 지배적인 특성은, 아마도 긍정적인 자극보다는 부정적인 자극에 훨씬 더 민감하다는 점일 것이다. 당신의 기분은 오늘 어떠한가 생각해보라. 그리고 얼마나 기분이 나아질 수 있을지 상상해보라. 당신의 기분이 더 호전될 수 있는 몇 가지가 떠오를 것이다. 그러나 당신의 기분이 더 악화될 수 있는 가짓수는 무한하다.

이러한 연구를 통해 '크건 작건 간에 부의 증가에서 비롯되는 효용은 이전에 소유하던 재화의 양에 반비례한다' 는 베르누이의 가정이 잘못됐다는 사실을 알 수 있다. 베르누이는, 더 부자가 될 리스크를 수반한 기회에 대한 가치 결정은 이전에 소유하던 부의 정도라고 믿었다.

그러나 캐네먼과 트베르스키는 리스크를 수반한 기회의 가치는 결과적 자산의 최종 가치보다 가능한 이득이나 손실의 출발점이 되는 '준거 포인트reference point'에 훨씬 더 많이 따르는 것처럼 보인다는 점을 발견했다. 결정에 동기를 부여하는 것은 결국 현재 소유한 재산이 아니라, 그 결정으로 더 부자가 되느냐 더 가난해지느냐의 여부라는 얘기다. 결과적으로 트베르스키는 다음과 같이 경고했다.

"우리의 선호도는 준거 포인트에서의 변화로 인해 조작될 수도 있다."

그는 이에 대한 보충설명으로 하나의 조사결과를 예로 들었다. '높은 고용+높은 인플레이션' 정책과 '낮은 고용+낮은 인플레이션' 정책 가운데 어느 쪽을 선택하겠느냐는 조사였다. 먼저 그 문제를 10% 또는 5%라는 실업률의 관점에서 질문을 던지자, 실업률을 낮추기 위해 높은 인플레이션을 묵인하는 쪽으로 표가 기울었다. 그러나 질문을 바꿔 90%의 고용률을 갖는 노동인구와 95%의 고용률을 갖는 노동인구 사이에서 어느 쪽을 선택할 것인가를 묻자, 고용률을 5% 높이기보다는 인플레이션을 낮추는 문제가 더 중요하다고 인식하는 것으로 나타났다.

탈러는 이것을 좀더 쉽게 설명하기 위해 '출발 재산starting wealth'을 이용한 실험을 예로 들었다. 그는 한 학급의 학생들에게 그들 각자가 막 30달러를 벌었다고 치고, 다음과 같은 선택이 주어질 때 어느 것을 택하겠느냐고 물었다. '동전 던지기에 응하지 않는 것'과 '동전 던지기에 응해 앞면이 나오면 9달러를 벌고 뒷면이 나오면 9달러를 잃는 도박' 가운데 선택하는 것이었다. 학생들 가운데 70%가 동전 던지기에 응하는 쪽을 택했다. 탈러는 그 다음 학급에서 다음과 같은 선택을 제안했다. 돈이 전혀 없는 상태에서, 앞면이 나오면 39달러를 벌고 뒷면이 나오면 21달러를 버는 도박과 확실히 보장된 30달러를 손에 넣는 것 가운데 어느 쪽을 택하겠느냐고 물어보았다. 학생들 가운데 단지 43%만이 동전을 던져보겠다고 대답했다.

탈러는 이러한 결과를 '주머니 돈house money 효과' 라고 설명했다. 비록 각 집단에 제시되는 선택의 지불 액수가 동일하더라도('출발 재산' 에 상관없이 어느 집단이나 확실한 30달러 대 39달러 또는 21달러를 버는 것에 대한 선택이다), 돈을 갖고 시작하는 사람은 도박을 선택하는 반면에, 빈 주머니로 시작하는 사람은 도박을 거절하는 것이다.

베르누이라면 그 결정이 39달러, 30달러 또는 21달러라는 돈의 양에 따라 정해지리라고 예측했을 것이다. 그러나 학생들은 결정의 근거를 준거 포인트에 두었다. 첫 번째 집단은 30달러라는 준거 포인트, 두 번째 집단은 0달러라는 준거 포인트 말이다.

행동 문제에 관심을 갖고 있는 경제학 교수 에드워드 밀러Edward Miller는 이러한 주제에 대한 변형을 소개했다. 베르누이는 비록 '부에서의 그 어떤 작은 증가' 라고 표현했지만, 사실 그의 이론은 그 증가의 크기와는 관계없음을 시사한다. 그러나 밀러는 이득이 큰가 작은가에 따라 좌우되는 반응상의 중요한 차이를 보여주는 다양한 심리학적 연구를 예로 들었다. 그 중 하나가, 횡재수는 지속적인 작은 소득보다 더 오랜 기간 투자가들과 도박꾼들의 흥미를 자극하는 듯하다는 것이다. 이것은 투자를 일종의 게임으로 보는 투자가들과 분산투자에 실패하는 투자가들에게 나타나는 전형적인 반응이다. 그들에게는 분산투자가 지루해 보인다. 그러나 전문지식을 지닌 투자가들은 투자를 분산시킨다. 그들은 투자를 오락의 한 형태로 생각하지 않기 때문이다.

캐네먼과 트베르스키는—앞의 경우처럼 동일한 문제가 단지 배경을 달리하는 경우에 나타나는—(반드시 잘못된 것은 아니지만) 일관성 없는 선택을 설명하기 위해 '불변성의 실패failure of invariance' 라는 표현을 사용한다.

불변성이란 만약 A가 B보다 선호되고 B가 C보다 선호된다고 할 때, 합리적인 사람이라면 C보다는 A를 선택할 것이라는 의미다. 불변성의 이러한 특징이 바로 폰 노이만과 모르겐슈테른이 말하는 효용의 핵심을 이룬다. 이를테면 앞의 경우로 다시 돌아가 첫 번째 설정에서 만약 200명의 확실한 생존 가능성에 대한 것이 합리적인 선택이었다면, 두 번째 설정에서도 그것이 합리적인 선택이 되어야 한다.

그러나 이미 확인했듯이 연구결과는 다른 양상을 보여주고 있다.

불변성의 실패는 널리 퍼져 있을 뿐만 아니라 건재하다. 이는 순진한 응답자들에게서는 물론이고 신중한 응답자들에게서도 일상적으로 보인다. 자신의 상반된 대답을 확인하면 대부분의 응답자들은 으레 당황한다. 그러나 문제를 다시 반복해서 읽고 나서도 그들은 여전히 '인명 구조' 설정에서는 리스크 기피를, '인명 손실' 설정에서는 리스크 추구를 희망한다. 그러면서도 그들은 두 경우에 모두 일관된 답을 하는, 즉 불변성을 지키는 사람이기를 바란다.

이러한 결과가 의미하는 바는 혼란스럽다. 불변성은 가치규범으로 보면 본질적이고, 직관으로 보면 강요적이며, 심리학적으로 보면 거부할 수 없는 것이기 때문이다.

불변성의 실패는 우리가 지각하는 것보다 훨씬 더 넓게 퍼져 있다. 예를 들어, 상품광고에서 제시되는 질문 방식은 사람들에게 구매를 유도하는 형태를 보인다. 즉, 다른 형태로 질문하면 오히려 구매 억제를 설득하는 부정적인 결과가 나온다는 얘기다. 여론조사에서도 똑같은 질문이 어떻게 주어지는가에 따라 모순되는 결과가 나오기도 한다.

캐네먼과 트베르스키가 제시한 상황을 더 살펴보자. 이번 상황은 치료방법에 따라 생사生死의 리스크를 감수해야 하는 환자들에게 영향을 줄까봐 걱정하는 의사들의 경우다. 여기서의 선택은 폐암에 대해 방사선 치료를 받느냐, 아니면 수술을 받느냐이다. 이 병원 자료에 따르면, 방사선 치료를 받는 도중에 죽는 환자는 없지만, 이 방법을 택할 경우 수술의 리스크를 극복하고 살아남는 환자에 비해 상대적으로 더 짧은 평균 생존율을 보인다고 한다. 평균 생존율에서 전반적인 차이는 두 가지 치료 사이에 확실한 선택을 내릴 수 있을 만큼 큰 것은 아니다.

이런 상황에서 의사들은 환자의 선택을 묻는 질문을 어떤 식으로 던져야 할까? 먼저 캐네먼과 트베르스키는 치료 도중 사망할 리스크에 대한 관점으로 질문을 던졌다. 그러자 40% 이상의 환자들이 방사선 치료를 택했다. 그리고 이어서 평균 생존율과 관련해 질문을 던졌을 때는 단지 20%만이 방사선 치료를 택했다.

불변성의 실패가 명백히 드러나는, 가장 익숙한 사례 가운데 하나는 '이익금을 챙기면 절대 가난해지지 않는다' 라는 월 스트리트의 오래된 속담에서 찾아볼 수 있다. 이는 곧 손실 제거라는 것이 좋은 생각임을 의미한다. 그러나 투자가들은 손실을 입는다는 것 자체를 싫어한다. 세금 문제는 접어놓고라도 그것은 실수를 인정하는 행위나 마찬가지이기 때문이다. 이렇게 자만심은 손실 기피감과 결합되어 투자가들은 언젠가 시장이 자신들의 옳은 판단을 증명해주고 잃은 것을 만회시켜 주리라는 어리석인 희망 속에서 계속 실수에 집착하는 도박을 하도록 만든다. 폰 노이만이라면 결코 이런 행위를 지지하지 않았을 것이다.

불변성의 실패는 '정신적 회계mental accounting' 라고 알려진 형태를 취한다. 이는, 우리가 전체적인 그림의 구성요소들을 각각 분리하는 과정이다. 그러는 중에 각 요소에 영향을 미치는 결정이 전체 형태에도 영향을 미친다는 것을 미처 인식하지 못한다. 정신적 회계는 도넛 대신 도넛에 뚫려 있는 구멍에만 초점을 맞추는 것과 같다. 똑같은 질문에 대해 상충되는 대답을 하도록 이끄는 것이다.

이를 정확히 이해하기 위해 캐너먼과 트베르스키가 시키는 대로 미리 사놓은 40달러짜리 브로드웨이 연극공연 티켓을 가지고 지금 극장에 가는 중이라고 상상해보자. 그런데 극장에 도착해 당신은 티켓을 분실했음을 알았다. 당신은 다시 40달러를 내고 그 티켓을 사겠는가?

이제 상황을 조금 바꿔 당신이 극장에 도착해 티켓을 살 계획이었다고 가정해보자. 매표소에 다가가면서 당신은 집을 나설 때 챙겼다고 생각했던 액수보다 40달러가 모자람을 알았다. 잃어버린 것이다. 그래도 당신은 티켓을 사겠는가?

양쪽 모두의 경우 당신이 티켓을 잃어버렸건 40달러를 잃어버렸건 당신이 그 공연을 보기로 마음먹었다면 총 80달러가 나가는 셈이다. 물론 당신이 공연 구경을 포기하고 집으로 돌아간다면 40달러만 잃는 셈이다. 캐네먼과 트베르스키는 티켓분실의 경우에는 많은 사람들이 잃어버린 티켓 대신 새 티켓을 사고 싶어하지는 않는다는 것과, 갖고 있던 40달러를 잃어버린 경우에는 거의 대부분이 40달러를 더 투자해 티켓을 사겠다고 하는 것을 발견했다.

이는 불변성의 실패에 대한 분명한 사례다. 만약 80달러가 당신이 연극 관람에 기꺼이 쓰고자 한 액수보다 더 많다면, 첫 번째 경우에서건 두 번째 경우에서건 표를 사지 말아야 한다. 반면에, 만약 당신이 연극 관람에 80달러를 기꺼이 쓰고자 한다면, 40달러 분실에도 불구하고 티켓을 구입하려 하는 것과 마찬가지로 티켓 분실의 경우에도 재구입하려고 해야 마땅할 것이다. 이 경우 비용과 손실 사이에는 회계적 관례말고는 아무런 차이가 없다.

기대이론에 따르면 이러한 선택에 대한 모순된 반응은 두 가지의 분리된 정신적 회계에서 비롯된다고 한다. 하나는 마음 속에 있는 연극관람료 계정이고, 다른 하나는 다른 용도, 이를테면 다음달 점심비용 계정이다. 첫 번째 경우 연극 관람료 계정은 티켓을 구입할 때 이미 40달러만큼 처리 완료되었다. 그러니까 그에 대한 추가 지출을 꺼릴 수밖에 없다. 하지만 두 번째 경우의 잃어버린 40달러는 다음달 점심비용 계정이므로 연극 관람료 계정과는 아무런 관련이 없으며, 어쨌거나 앞으로 지출해야 할 돈이다. 결과적으로 연극 관람료로 계정된 40달러는 여전히 집행대기중이다. 그래서 티켓을 사는 것이다.

탈러는 정신적 회계에 대해 재미있는 실례를 소개한다. 그가 아는 어느 재정학 교수는 '사소한 불운 부담 없이 처리하기'라는 현명한 전략을 세우고 실행에 옮기고 있다. 매년 초 그 교수는 자신이 좋아하는 자선기관에 적잖은 기부 계획을 세운다. 그러나 실제 기부금은 연말에 전달할 계획이다. 그해를 살아가면서 운 나쁜 어떤 일, 예컨대 속도 위반으로 범칙금을 물거나 물건 분실 또는 무일푼의 친척을 우연히 만나는 일 등이 닥치면 자선기관에 기부하기 위해 따로 책정해놓은 돈에서 빼내어 쓴다. 이러한 전략은 손실에 대한 고통을 거의 제로에 가깝게 만들어준다. 어차피 남에게 줄 돈으로 처리하기 때문이다. 그 자선기관은 교수의 예금 구좌에서 남는 액수를 받을 뿐이다. 탈러는 그 친구를 세계 최초의 '정신적 공인회계사' 라고 이름붙였다.

어느 잡지기자와의 인터뷰에서 캐네먼도 스스로 정신적 회계에 굴복한 경험을 고백한 적이 있다. 그는 트베르스키와 연구를 진행하다가, 손실 자체보다 더 큰 손실에 부가될 때 덜 고통스럽다는 것을 발견했다. 말하자면 이미 100달러를 잃어버린 후에 다시 100달러를 잃어버리는 것이 완전히 분리되어 있는 시기에 각각 100달러씩 잃어버렸을 때보다 덜 고통스럽다는 것이다. 갑자기 새 집으로 이사할 때, 캐네먼은 바로 그 개념을 염두에 두고 부인과 의논해 새 집을 산 지 1주일 만에 모든 가구를 새로 장만했다. 그들이 만약 가구에 들어가는 비용을 독립된 계정으로 생각했더라면 그들은 그 비용을 부담스러워할 테고, 결국 필요로 하는 것보다 적은 가구만을 구입했으리라.

우리는 정보가 합리적 의사결정에 필요한 요소이며, 정보를 많이 가질수록 직면하는 리스크를 더 잘 관리할 수 있다고 믿는 경향이 있다. 그

러나 심리학자들은 부가적인 정보가 결정을 왜곡하고 방해하며, 더 나아가서는 불변성의 실패를 이끌어낼 뿐만 아니라, 권위자들에게 사람들이 감수하려는 리스크의 종류에 대한 조작 기회를 갖도록 할 수도 있다고 주장한다.

의학자 데이비드 레델마이어David Redelmeier와 엘다 샤퍼Eldar Shafir는 〈미국 의학협회 저널〉지에 '치료방법에 대한 선택의 수가 증가함에 따라 의사들은 어떻게 반응하는가'에 대한 연구결과를 발표했다. 의학적 결정이란 본래 리스크가 클 뿐만 아니라, 아무도 그 결과에 대해 확실히 알 수는 없다. 레델마이어와 샤퍼가 실시한 각 실험에서도 선택 기회에 대한 증가는 그저 의사들이 기존 방법을 실시하거나 아무것도 하지 않을 가능성만 높였을 뿐이다. 그 중 하나를 살펴보자.

실험에서 몇백 명의 내과의사들에게 오른쪽 엉덩이에 만성적인 고통을 호소하는 67세 노인에 대한 치료처방을 내리도록 요청했다. 의사들에게 두 가지 선택 항목이 주어졌다. '지정된 약물치료를 처방하는 것'과 '정형외과에 위탁하고 어떠한 새로운 약물치료도 시행하지 않는 것'이다. 응답자의 절반가량이 어떠한 약물치료도 시행하지 않는 쪽에 투표했다. 그리고 약물치료에 대한 선택 항목을 하나 더 추가해 선택할 수 있는 수를 둘에서 셋으로 증가시켰을 때, 의사들 가운데 4분의 3이 치료 실시에 반대하고 정형외과에 의뢰하는 쪽으로 표를 던졌다.

트베르스키는 확률판단이 사건 자체와 결부되지 않고 사건에 대한 묘사와 결부된다고 믿고 있다. 어떤 사건에 대한 확률판단이 그 묘사의 명확성에 달려 있다는 뜻이다. 이에 대한 적절한 예로서, 그는 120명의 스탠퍼드 대학원생들을 대상으로 실시한 실험을 설명했다. 대학원생들에게 다양한 사망 가능 원인에 대한 확률을 추정하도록 요청한 실험이다. 학생들은 사망 가능 원인에 대해 서로 다른 두 가지 목록 가운데 하나를 검토했다. 첫 번째 목록에는 구체적인 사망 원인을 명시했고, 두 번째 목록에는 원인을 집단화해 '자연사', '비자연사' 등의 포괄적인 표제로 묶었다.

〈표 16-1〉은 이 실험으로 나타난, 사망 가능 원인에 대한 추정 확률이다. 단위는 백분율(%)이다.

〈표 16-1〉 사망 가능 원인에 대한 추정 확률

구분	1집단	2집단	실제
심장병	22		34
암	18		23
기타 자연사	33		35
전체 자연사	73	58	92
사고	32		5
살인	10		1
기타 비자연사	11		2
전체 비자연사	53	32	8

(단위%)

학생들은 사고사나 변사에 대한 확률은 과대평가했고, 자연사에 대한 확률은 과소평가했다. 그러나 이 표에서 무엇보다도 현저하게 드러난 사실은, 환경이 분명하게 밝혀진 쪽에 대한 추정 확률이 단순히 자연사나 비자연사의 총합에 대한 추정 확률에 비해 더 높았다는 것이다.

레델마이어와 트베르스키가 제시한 또 다른 의학연구는 스탠퍼드 대학에 재직 중인 내과의사들을 두 집단으로 나누어 복부에 심한 통증이 있는 여성 환자를 진단하도록 요청한 실험이다. 증상을 자세히 설명한 후, 첫 번째 집단에게는 이 여성이 자궁외 임신으로 고통받고 있는지, 위장염인지, 아니면 어느 것에도 해당되지 않는지 가운데 선택하도록 했다. 그리고 두 번째 집단에게는 첫 번째 집단에게 제시한 세 가지 선택 외에 진단 가능한 세 가지 선택사항을 추가로 제공했다.

이 실험으로 나타난 재미있는 특징은 두 번째 집단의 의사들이 '해당 사항 없음' 이라는 선택 항목을 다룬 방법이었다. 만일 각 집단 의사들의 평균적인 능력이 본질적으로 동일하다고 가정한다면, 첫 번째 집단에 제시된 '해당 사항 없음' 선택 항목은 두 번째 집단에게 제시된 부가적인 세 가지 진단에 대한 선택 항목까지 포함한다고 생각할 수 있다. 그렇다면 첫 번째 집단이 '해당 사항 없음' 에 할당하는 확률은 두 번째 집단이 '해당 사항 없음' 과 세 가지 추가 진단 사항에 할당하는 확률의 합계와 비슷하게 나와야 마땅한 것이다.

그러나 결과는 전혀 그렇지 않았다. 첫 번째 집단은 '해당 사항 없음' 에 50%의 확률을 할당했는데, 두 번째 집단은 합계 69%의 확률을 '해당 사항 없음' 과 세 가지 추가 진단에 할당하고, 단지 31%의 확률만을 임신이나 위장염의 가능성에 할당했던 것이다. 가능성의 수가 많아질수록 특정 선택에 할당되는 확률의 수치도 더 높아진다는 사실이 명백히 드러난 경우다.

다니엘 엘스버그Daniel Ellsberg(미국 국방부 기관지의 엘스버그와 동일 인물)는 1961년 염가 문고판 책을 발행해, 이른바 '모호성 기피' 라는 현상

에 대해 정의를 내렸다. '모호성 기피ambiguity aversion'란 엘스버그가 만든 표현으로, 사람들은 알려지지 않은 확률을 기반으로 하는 리스크보다는 알려진 확률을 기반으로 하는 리스크를 감수하는 쪽을 택한다는 뜻이다. 말하자면 정보가 중요하다는 의미다.

엘스버그가 제시한 예를 살펴보자. 그는 몇몇 집단의 사람들에게 각각 100개씩 공이 들어 있는 단지에서 두 개 적색 공이나 흑색 공을 꺼내는 데 돈을 거는 내기를 제안했다. 단지 A에는 색깔별로 공이 50개씩 들어 있었다. 하지만 단지 B에는 무엇이 얼마나 들어 있는지 알려져 있지 않았다. 확률이론으로 보면 단지 B에도 50대 50의 비율로 공이 들어 있다고 할 수 있다. 그밖에 다른 분포를 보인다고 할 만한 근거가 따로 없기 때문이다. 그러나 응답자들 가운데 압도적인 수가 단지 A에서 꺼내는 내기를 선택했다.

트베르스키와 그의 또 다른 동료인 크레이그 폭스Craig Fox는 후에 이 모호성 기피 현상을 더 심도 있게 탐구했고, 엘스버그가 제시했던 것보다 문제가 더 복잡하다는 사실을 발견했다. 그들은 사람들이 불분명한 확률보다 분명한 확률을 선호하는 것이 모든 경우에 그러한지, 아니면 운에 맡기는 승부의 경우에만 그러한지를 밝히기 위해 일련의 실험을 고안했다.

그에 대한 답은 분명하고 강했다. 사람들은 특별히 자신이 있거나 식견이 있는 상황에서는 모호한 믿음에 돈을 걸지만, 그렇지 않은 상황에서는 운에 걸기를 좋아하는 것이다. 트베르스키와 폭스는, 모호성 기피는 무능력감으로 인해 생긴다고 결론지었다.

"그래서 모호성 기피 현상은 피실험자들이 분명하고 불분명한 기대를 한꺼번에 평가할 때 나타나지만, 그들이 각각의 기대를 따로따로 평가할 때는 크게 격감되거나 사라져버린다."

예를 들어, 다트 게임을 잘 하는 사람들은, 다트 게임의 성공 확률은 모호하고 운에 맡기는 승부에 대한 성공 확률은 수학적으로 미리 정해져 있더라도, 운에 맡기는 승부보다는 다트 게임을 택한다는 것이다. 정치학에 식견이 있고 축구에 대해서는 무지한 사람들이라면 같은 가능성이라도 운에 맡기는 승부에 내기를 걸기보다는 정치적 사건에 내기 걸기를 선호하는 것과 마찬가지다. 그러나 이 사람들에게 같은 조건에서 축구와 운에 맡기는 승부 가운데 택일해 내기에 응하라고 하면 분명 그들은 운에 맡기는 승부를 택할 것이다.

기대이론의 진보를 요약한 1992년 발표 논문에서 캐너먼과 트베르스키는 다음의 관찰을 보고한 바 있다.

"선택이론은 잘 해봤자 대략적이며 불충분할 뿐이다. 선택은 구조적이고 불확실한 과정이다. 복잡한 문제에 직면하면, 사람들은 수치적 지름길을 이용하고 교정작업을 한다."

사실 본 장에 나온 증거들은 관련된 조사연구서의 큰 본체에서 단지 작은 표본만을 요약한 것에 불과하다. 그러나 작은 표본만으로도 사람들이 불확실성에 직면해 결정과 선택을 해야 할 때 그 방법에서 비합리성, 비일관성, 그리고 불완전성의 유형을 반복적으로 나타내고 있음을 여실히 알 수 있었다.

그렇다면 우리는 베르누이, 벤담, 제번스, 폰 노이만 등의 이론을 폐기해야 하는가? 그렇지 않다. '신이 애초에 정의한 대로' 나타나는 빈번한 합리성의 결여 때문에 '인생은 멍청이가 말하는 이야기' 라는 맥베스Macbeth의 지적에 굴복할 필요는 없는 것이다.

또한 기대이론에 명시된, 인간성에 대한 판단이 반드시 비관적인 것만은 아니다. 캐네먼과 트베르스키는 '오직 합리적인 행동만이 경쟁적인 환경에서 살아남을 수 있다' 는 가정과 '합리성을 포기하는 모든 조치는 혼란과 곤란만을 초래할 것이다' 라는 걱정에 이의를 제기했다. 대신에 그들은 "사람들 대부분은 베르누이의 기준보다는 비교적 덜 합리적인 행동을 하게 만드는 변덕에 굴복하는 동안에도 경쟁적인 환경에서 살아남을 수 있다"고 보고한다.

이어서 그들은 다음과 같이 결론을 내린다.

"우리의 연구 결과에서 더 중요한 것은, 대부분의 사람들이 내리는 선택이 비록 전통적인 의미로 볼 때는 항상 합리적이지 않더라도 질서가 잡혀 있는 증거가 나왔다는 사실일 것이다."

탈러는 그에 덧붙여 다음과 같이 말한다.

"유사 합리성은 치명적이지도 않고, 즉각적인 자멸을 의미하지도 않는다."

질서 잡힌 결정은 예측 가능하므로, 단지 그것이 엄밀한 이론적 전제와 완벽하게 들어맞지 않는다고 해서 무작위적 행동이나 엉뚱한 행동을 유발하리라는 주장은 옳지 않다.

탈러는 또 다른 정황에서 같은 요점을 지적한다.

우리가 언제나 합리적인 결정을 내린다면, 다이어트에 의존하는 일에서부터 소득세의 원천징수를 비롯해 경마에 단돈 몇 달러를 거는 일에 이르기까지, 자기 통제를 강화하기 위해 정교한 메커니즘을 택할 필요는 없을 것이다. 물론 제2저당권을 설정하는 정도의 상황에서는 정교한 메커니즘이 필요하겠지만 말이다. 어쨌든 우리는 보험에 가입할 때 스스로 초래한 일정한 손실을 받아들인다. 이는 불확실성에 대한 우리의 분명한 인식이다. 말하자면 우리는 그러한 메커니즘을 받아들이고 있으며, 그 메커니즘의 효과를 알고 있다는 것이다. 스스로의 의사결정에 따라 구빈원이나 정신병원에 들어가는 것으로 생을 마감하는 사람은 거의 없지 않은가.

그럼에도 불구하고 합리적 행동에 집착하는 사람들은 또 다른 문제를 제기한다. 심리학 실험실에서 산출된, 그것도 젊은 학생들과의 실험이고 과실로 인한 불이익이 극도로 미미한 가설적인 상황에서 나온 불리한 증거를 갖고, 어떻게 그러한 연구결과가 현실적이라거나 믿을 만하다거나 의사결정시의 행동방식과 관계가 있다는 확신을 가질 수 있겠냐는 것이다.

이것은 매우 중요한 문제다. 이론에 근거한 일반화와 실험에 근거한 일반화 사이에는 극명한 대조가 있다. 드 무아브르는 처음에 종이에 방정식을 끄적이다가 종형 곡선에 대한 착상을 얻었다. 병사들의 신체 치수를 측정한 케틀레와는 달랐던 것이다. 골턴은 어떠한가? 그는 완두콩과 인류의 발생학적 진화과정을 연구하다가 평균으로의 회귀(많은 사례에서 종형 곡선을 실제로 작용하게 하는 강력한 개념)를 발견했다. 그는 사실을 관찰한 후에 이론을 제시했던 것이다.

실험경제학의 대가인 앨빈 로스Alvin Roth는, 니콜라우스 베르누이가 지금부터 250년도 훨씬 이전에 최초의 심리학 실험을 했다고 진술한 바 있다. 니콜라우스가 제안했던 피터와 폴의 동전 던지기 게임을 두고 하는 말이다. 자신의 삼촌 다니엘 베르누이가 효용을 발견하게 만드는 계기를 마련해주었던 동전 던지기 게임 말이다. 또한 폰 노이만과 모르겐슈테른이 수행한 실험은 그 결과가 그들의 기대만큼 흡족하지는 않지만, 전반적인 방향은 옳다는 결론을 내리게 만들었다. 실험에서부터 이론으로의 진보는 눈에 띄는 역사이며 훌륭한 역사인 것이다.

실험실에서 부자연스러움과 응답자들의 거짓말 또는 파괴적인 선입견을 감추려는 성향(특히 자신이 직접적으로 관련되어 있지 않은 상황에서 나오는 거짓말이나 은닉)을 극복할 수 있는 실험을 고안해내는 것은 쉽지 않다. 하지만 실험적인 연구가 고도의 기술로 발전했다는 것 또한 인정해야 한다. 합리적 선택이라는 가설을 검증하기 위한 갖가지 다양한 실험에서 나타난, 주목할 만한 일관성에 깊은 감명을 받지 않을 수 없는 것도 그 때문이다.

자본시장에서의 투자가 행위에 대한 연구는 캐네먼과 트베르스키, 그리고 그들의 동료들이 실험실에서 가정한 내용의 대부분이 활용되고 있음을 보여준다. 일간 신문의 경제란을 채우는 숫자들을 양산해내는 투자가들의 행위에서 말이다. 실험실에서 멀리 벗어난 이러한 경험적 연구가, 의사결정에 대해 실험적 방법이 제시한 대부분을 확인해주고 있는 셈이다.

17

'사자는 가격' 과 '팔자는 가격'

투자가들은 자신들이 감수하는 리스크에 대해 손실 가능성도 생각해야만 한다. 그럴 리 없다는 생각은 어리석은 것이다. 기술적인 용어를 사용하자면, 합리적인 투자가들은 기대를 할 때 어느 한쪽으로 치우치지 않는 경향이 있다. 합리적인 투자가는 실제보다 과대평가하고 때때로 과소평가하기도 하지만, 대부분의 경우 과대 · 과소평가하는 것은 아니라는 얘기다. 합리적인 투자가들이란 항상 컵에 물이 반쯤 비었다든가 반쯤 찼다고 보는 사람들과는 다르다.

리스크와 수익을 언제나 합리적으로 취사선택하는 투자가들에 대한 정형화된 묘사가 현실적으로 들어맞는다고 믿는 사람은 아무도 없다. 불확실성은 두려운 것이다. 비록 우리는 합리적으로 행동하려고 노력하지만, 불쾌한 돌발사건을 피할 수 있는 대안을 모색하기도 한다. 결국 합리적 처방을 위반하도록 유혹하는 온갖 잔재주와 묘안에 넘어가고 만다. 케네먼도 지적하지 않았던가.

"합리성 모델의 실패는 그 자체의 논리 때문이 아니라, 그 모델이 요구하는 인간의 두뇌 때문이다. 그 모델이 상정한 대로 행동할 수 있는 두뇌를 지닌 인간이 어디에 있단 말인가? 그 모델대로라면 모든 사람들은 모든 것에 대해 완전히, 그리고 즉각적으로 파악하고 이해해야만 한다."

캐네먼은 합리적 모델의 경직적인 강제성을 최초로 인식한 사람은 아니었지만, 그러한 경직성의 결과와 평범한 사람들이 그것을 정기적으로 위반하는 방식에 대해 설명하려 한 최초의 인물이었다.

만약 투자가들에게 합리성 모델을 위반하는 경향이 있다면, 그 모델은 자본시장의 행태를 설명하는 데 그다지 신뢰할 만한 것이 아닐지도 모른다. 그렇다면 투자 리스크에 대한 새로운 측정방법이 필요할 것이다.

이런 경우를 한번 생각해보자. 당신은 몇 주나 망설인 끝에, 오랫동안 소유해왔던 IBM 주식을 지난주에 주당 80달러에 매각했다. 그런데 오늘 아침 신문을 보다가 IBM 주식이 90달러에 거래되고 있으며, IBM 대신 자신이 사들인 주식은 약간 하락했다는 것을 알게 되었다. 맥빠지는 이 소식을 듣고 당신은 어떠한 반응을 보일 것인가?

먼저 배우자에게 이 사실을 알려야 할지 말아야 할지를 놓고 고민할지도 모른다. 또는 "왜 그렇게 성급했을까" 하고 한탄할 수도 있다. 또는 장기투자한 주식을 팔 때는 조금 더 신중히 움직여야겠다는 다짐 정도는 분명히 할 것이다. 심지어 당신이 IBM 주식을 파는 그 순간에 차라리 IBM이라는 주식이 시장에서 사라져버려 그 시세가 어떻게 변할지 아무도 모르게 되기를 바랄지도 모른다.

심리학자인 데이비드 벨David Bell은 '결정에 대한 후회decision regret가 생기는 이유는, 옳은 결정을 내렸더라면 보유하고 있었을 자산에 관심을 집중하기 때문이라고 주장한다. 벨은 다음과 같은 질문을 제시한다. 당첨되면 1만 달러를 받을 수 있지만 당첨되지 못하면 한 푼도 못 받는 복권과 확실한 4,000달러 가운데 당신은 어느 쪽을 택하겠는가? 만약 복권을 선택했는데 당첨되지 않았다면, 당신은 자신의 탐욕에 대해 하늘이 벌을 내렸다고 말할 것이다. 그러고 나서는 하던 일이나 계속해나갈 것이다. 그러나 당신이 고루한 선택인 확실한 4,000달러 쪽을 택하고 난 뒤, 그 복권이 1만 달러에 당첨되었다는 사실을 알게 되었다고 가정해보자. 그러한 결과를 아예 모를 수만 있다면 당신은 얼마를 지불하겠는가?

결정에 대한 후회는 주식을 팔고 난 후 그 주식값이 급상승하는 광경을 지켜봐야 하는 상황에만 국한되지 않는다. 당신이 산 주식은 죽을 쑤고 있는데 당신이 사지 않은 주식들이 연일 치솟고 있는 경우에는 어떠한가?

물론 최고의 수익을 낸 주식들만을 고르는 일이 불가능하다는 것은 누구나 알고 있다. 하지만 많은 투자가들은 매입을 포기한 주식들을 떠나버린 배 쳐다보듯 망연히 바라보며 결정에 대한 후회로 고통받고 있다. 결국 "더 많은 종류의 주식을 소유하면 할수록 큰 건을 올릴 가능성이 높다"라는 마코위츠의 훌륭하고 지적인 열변보다는 이러한 심리적 불안감이 분산투자 결정과 더 밀접한 관계에 있는 것이 아닐까.

이와 유사한 동기로, 투자가들은 자신의 거래를 활동적인 포트폴리오 매니저에게 맡기려고 한다. 이들 대부분이 장기간에 걸쳐 주요 시장지

수를 능가하는 데 실패했다는 증거에도 불구하고 말이다. 간혹 가다 성과를 올리는 소수의 매니저들조차 매년 꾸준히 성공하는 일관성은 보이지 못한다. 우리는 이미 아메리칸 뮤추얼 펀드사와 AIM콘스텔레이션사의 경우를 통해, 운과 기술에 대한 구별이 얼마나 어려운지를 살펴보았다.

그러나 어쨌든 평균법칙에 따르면, 활동적인 매니저들의 절반가량이 올해 시장수익률을 능가할 것이라는 예측이 가능하다. 당신의 매니저가 그들 가운데 있어야 하지 않겠는가? 어쨌거나 누군가는 성공할 테니 말이다.

놓쳐버린 자산에 대한 집착에서 비롯되는 유혹은, 어떤 이들에게는 저항하기 힘든 것일 수도 있다. 1995년 5월 프루덴셜 투자자문사 Prudential Investment Advisors에서 6억 달러 상당의 채권 포트폴리오를 관리했던 바바라 켄워디Barbara Kenworthy의 경우를 보자. 〈월 스트리트 저널〉에 다음과 같은 그녀의 말이 실렸다.

"우리는 최근에 가혹한 타격을 가한 사태의 노예다."

그녀의 말이 뜻하는 바를 설명하기 위해 〈월 스트리트 저널〉에서는 다음과 같은 논평이 실렸다.

"켄워디 여사는 그만큼의 가치가 없다고 생각하면서도 또다시 장기채권에 뛰어들고 있다. 투자를 하지 않으면 곧 무리에서 뒤떨어지게 마련이라고 생각하기 때문일 것이다."

기자는 빈정대는 투로 다음과 같이 결론을 내렸다.

"30년 만기 장기채권에 투자하는 사람치고는 참으로 생각하는 시간 범위가 흥미롭다(단기적인 등락에 일희일비하는 것을 풍자-옮긴이)."

당신이 투자고문이고, 지금 당신의 고객에게 존슨 앤드 존슨Johnson &

Johnson사와 창업한 지 얼마 안 되는 생화학 회사 가운데 어느 쪽을 추천해야 할지 고민한다고 상상해보라. 일이 잘 풀려나가는 경우에만 해당되는 얘기지만, 신생회사에 대한 전망은 그야말로 눈부실 정도다. 하지만 존슨 앤드 존슨은 비록 그런 흥분은 덜 하지만, 현재가 대비 실질가치가 좋으며 널리 인정받는 경영팀을 보유한 '좋은' 회사다. 만약 당신이 선택을 잘못한다면? 당신이 신생회사를 추천한 이튿날, 그 회사의 가장 전도유망했던 새 약품이 실패작으로 판명된다면? 또는 존슨 앤드 존슨을 추천하자마자 다른 제약회사가 존슨 앤드 존슨의 가장 잘 팔리는 제품과 경쟁할 만한 신제품을 발표했다면? 과연 이 중 어떤 결과가 결정에 대한 후회를 줄이고 실망스러워하는 고객과 계속해서 수월하게 일해나갈 수 있게 하겠는가?

케인스는 일반이론에서 이미 이러한 문제를 예견한 바 있다. 평범한 시각으로 볼 때, 관습을 좇지 않고 유별나며 성급한 대담성을 지닌 어떤 투자가에 대한 묘사가 그것이다. 케인스의 얘기를 들어보자.

"그의 성공은 단지 그의 성급함에 대한 일반적인 믿음을 확신시켜줄 뿐이며, 그의 선택이 성공하지 못한다면 그는 별로 동정을 얻지 못할 것이다. 관습을 따르지 않은 성공보다는 관습을 따른 실패가 평판에는 더 이롭다는 처세술을 가르쳐주는 예가 아닐 수 없다."

기대이론은 이 문제에 대해 당신이 어떤 결정을 내릴지 예측함으로써 케인스의 결론을 확인시켜주고 있다. 기대이론에 따르면 우선 당신이 선택하는 주식의 절대적 성과는 그다지 중요하지 않다. 바로 준거 포인트로 채택된 존슨 앤드 존슨의 성과와 비교해 신생기업에서 어떤 성과를 거두느냐가 문제인 것이다. 다음으로 손실 기피감과 불안 때문에 신생기업에 대한 투자의 성공으로 얻는 기쁨보다는 실패로 인한 고통이 더 크다. 그렇기 때문에 가끔 저조한 성과를 보이더라도 존슨 앤드 존슨의 주식이 장기간 소유할 만한 것으로 여겨지는 것이다.

물론 좋은 회사의 주식이 반드시 좋은 주식이란 법은 없다. 그러나 당신은 좋은 회사의 주식이 좋은 주식이라는 데 고객과 함께 동의함으로써 조금 더 수월한 인생을 살아갈 수 있다. 따라서 고객에게 존슨 앤드 존슨의 주식을 사라고 권유하게 된다.

나는 지금 완전히 꾸며낸 이야기를 하는 것이 아니다. 1995년 8월 24일자 〈월 스트리트 저널〉에는, 전문 투자 관리자들이 프록터 앤드 갬블Procter & Gamble사와 캘리포니아 오렌지 카운티에서 발생해 널리 알려진 참사의 결과, 어떻게 파생상품derivatives(바로 다음 장의 주제다)이라는 금융상품에 투자를 경계하게 되었나를 설명하는 장문의 기사가 실렸다. 그 기사에는 GTE의 120억 달러 연금펀드 관리이사인 존 캐롤John Carroll의 말이 인용되었다.

"당신이 제대로 짚어서 파생상품을 이용한다면 약간의 부가적인 수익을 얻을 수도 있다. 그러나 만약 잘못 짚으면, 당신은 투자가로서의 명성에 커다란 손상을 입고 실업자로 전락해버릴지도 모른다."

기관투자가들을 위한 이류 컨설팅 회사의 연구담당 이사인 앤드류 터너Andrew Turner는 다음과 같이 덧붙인다.

"설사 일은 계속할 수 있더라도, '모 투자은행이 기피하는 자' 로 낙인 찍히고 싶지는 않을 것이다."

보스턴의 한 금융 관리인도 이에 동의한다.

"당신이 만약 코카콜라와 같은 마음 편한 주식을 산다면, 경력에서는 그다지 큰 리스크를 감수하지 않는 셈이 된다. 설사 일이 잘못되더라도 고객들은 바보 같은 시장만을 탓할 것이기 때문이다."

탈러를 선두로 한 일단의 경제학자들은 '행동 금융론behavioral finance'이라고 명명한 새로운 연구영역을 개척함으로써 합리성 모델에 대한 결점에 대응해왔다. 행동 금융론이란 투자가들이 때로는 냉철한 계산을 하고 때로는 감정적 충동에 굴복하면서 리스크와 수익 사이를 타협해 나가는 방법을 분석하는 학문이다. 합리성과 비합리성의 이러한 혼합의 결과는, 바로 이론적인 모델이 예측한 성과를 지속적으로 이끌어내지 못하는 자본시장 그 자체다.

40대 후반의 산타클라라 대학 교수 메이어 스태트먼Meir Statman은 행동 금융론에 대해 다음과 같이 묘사한다.

"표준 금융론의 한 분야는 아니지만, 인간성이라는 한층 나은 모델로 그것을 대체한 것이다."

이 모임의 구성원들을 '이론 보안대Theory Police'라 칭해도 좋을 것이다. 왜냐하면 그들이 베르누이, 제번스, 폰 노이만, 모르겐슈테른, 마코위츠 등이 규정한 합리적 행동법칙을 투자가들이 잘 따르고 있는지를 끊임없이 점검하기 때문이다.

탈러가 이 문제에 관심을 갖기 시작한 것은 합리성 이론을 중요시 여기기로 이름난 로체스터 대학에서 1970년대 초 박사학위 논문을 쓰던 중이었다. 그의 논문 주제는 인간 생명의 값어치였다. 그는 사람들이 목

숨을 구하기 위해 기꺼이 치르고자 하는 금액이 그 가치에 대한 정확한 측정값이라는 것을 입증하려고 했다. 채광이나 벌목처럼 리스크가 큰 직업에 관해 연구한 후에, 그는 그때까지 진행하던 어려운 통계유형화 작업의 중단을 결정하고, 사람들이 자신의 생명에 과연 얼마만큼의 가치를 부여할 것인가에 대해 조사하기 시작했다.

그는 다음 두 가지 질문으로 조사를 시작했다. 1000분의 1이라는 돌연사 가능성을 제거하기 위해 당신은 얼마나 지불할 용의가 있는가? 그리고 얼마를 받는다면 이러한 가능성을 수용하겠는가? 두 질문에 대한 응답 간의 격차는 매우 놀라운 것이었다. 일반적인 응답은 다음과 같았다.

"나는 돌연사 가능성을 제거하기 위해 200달러 이상 지불할 용의가 없다. 하지만 5만 달러를 준다고 해도 그러한 리스크를 일부러 감수할 생각은 없다."

탈러는 '사자는 가격'과 '팔자는 가격' 간에 발생하는 이러한 불균형이 매우 흥미롭다고 결론지었다.

그러고 나서 그는 이른바 '이례적인 행동', 즉 표준적인 합리성 이론의 예측을 저버리는 행동에 대한 목록을 만들기로 결정했다. 이는 같은 물건을 사고 팔 때 사람들이 부르는 값이 얼마나 달라지는가에 대한 사례를 포함하는 목록이다. 또한 앞 장에서 다루었던 40달러 연극 티켓과 같이 절대 되찾을 수 없는 돈, 즉 소멸비용을 인정하지 않는 사례도 포함시켰다. 응답자들 대부분은 '후회하지 않을 선택'을 선택하려 했다. 1976년 그는 그 목록을 가까운 친구들과 '약올리고 싶은 동료들'에게만 유포했던 비공식적인 보고서의 기초자료로 사용했다.

그 직후 탈러는 리스크에 관한 회의에 참가해 젊은 연구자 두 명을 만나게 되었다. 그들은 이른바 이례적 행동이 때로는 진정으로 정상적인 행동이며, 합리적인 행동규칙에 대한 집착이 오히려 예외적이라는 캐너먼과 트베르스키의 사상에 동조하는 사람들이었다. 그들 가운데 한 명은 나중에 캐너먼과 트베르스키가 쓴 〈불확실성에서의 판단Judgement Under Uncertainty〉이라는 논문을 탈러에게 보내주었다. 그것을 읽고 나서 탈러는 이렇게 회상한다.

"난 정말 감격을 억누르기가 힘들었다오."

1년 후 그는 캐너먼과 트베르스키를 만났고, 그 뒤로 더욱 분발하게 되었다.

스태트먼이 비합리적 행동에 관심을 갖기 시작한 계기는 경제학과 학부생 시절에 사람들이 문제를 총체적으로 보기보다는 부분으로 나누어 보는 경향이 있다는 것을 알게 되면서부터였다. 심지어 수준 높은 잡지에 나오는 유능한 학자들조차 전체란 단순히 분리되어 있는 조각들의 모임이 아니라, 각 부분 또는 마코위치가 공분산이라고 부른 것 간의 상호작용으로 만들어진 산물이라는 사실을 깨닫지 못해 잘못된 결론을 내리곤 했다. 스태트먼은 정신적 회계로 비롯되는 왜곡이 일반적인 대중에게만 국한된 것이 아님을 파악했다.

스태트먼은 잡지에서 찾아낸, '주택 소유자는 고정금리 저당권과 변동금리 저당권 가운데 어느 것을 선호하는가'라는 기사를 사례로 인용하고 있다. 그 잡지에서는 저당권 불입금(주택담보 대출이자-옮긴이)과 채무자 수입 사이의 공분산을 다루면서, 변동금리는 수입이 인플레이션을 따라잡을 수 있는 사람에게, 고정금리는 상대적으로 수입이 일정한 사람에게 적합하다는고 결론을 내렸다. 그러나 스태트먼은 그 기사의 필자가 주택 자체의 가격과 앞서 언급한 두 가지 변수 사이의 공분산을 무시했다고 지적했다. 예를 들어, 주택의 가치에서 인플레 상승은 주택 소유자의 수입 변화에 관계없이 변동금리 저당권을 쉽게 유지하도록 만든다는 것이다.

1981년 스태트먼의 산타클라라 대학 동료인 허시 세프린Hersh Shefrin은 탈러와 공저한 논문인 〈자기 통제의 경제이론An Economic Theory of Self-Control〉을 스태트먼에게 보여주었다. 그 논문의 논지는, 자기 통제에 어려움을 겪는 사람은 고의적으로 자신의 선택권을 제한한다는 것이었다.

예를 들어, 몸무게로 고민하는 사람은 케이크를 손에 넣는 기회 자체를 기피한다는 것이다. 그 논문은 또한 사람들이 차용 담보로서의 자신의 주택에 대한 가치와 저당권 불입금 사이의 정비례적인 공분산을 무시하는 쪽을 선택한다는 것에도 주목했다. 다시 말해 그들은 언제나 집을 담보로 삼아 더 많은 것을 차용할 선택권을 갖고 있고, 또 주택 순수가격 대출(기존의 담보금액이나 세금 등을 공제한 주택의 실제가치를 담보로 한 대출-옮긴이) 덕분에 그렇게 하더라도, 마치 집을 건드려서는 안 되는 '돼지 저금통'과 같은 것으로 생각한다는 것이다.

이 논문을 읽고 난 후 스태트먼 역시 분발하기 시작했다.

1년 후 세프린과 스태트먼은 행동 금융론에 관한 계몽적인 논문 〈현금 배당금에 대한 투자가들의 선호도 연구Explaining Investor Preference for

Cash Dividends〉를 공동 집필하여, 1984년 〈금융 경제학 저널Journal of Financial Economics〉에 발표했다.

주식회사가 배당금을 지불하는 이유는 오랫동안 경제학자들을 괴롭혔던 문제였다. 어째서 주식회사들은 돈을 빌리면서까지 주식 소유자들에게 그들의 자산을 나눠주는가? 1959~1994년에 이르기까지 미국의 비금융회사들은 1조 8,000억 달러를 배당금으로 지불하는 한편, 2조 달러 이상의 돈을 차용했던 것이다.

만약 그들이 전혀 배당금을 지불하지 않았더라면 거의 90%에 달하는 채무 증가는 피할 수 있었을 것이다.

1959~1994년까지 금융과 비금융 가릴 것 없이 미국의 모든 주식회사가 주주들에게 지불한 배당금은 2조 2,000억 달러에 달했다. 그리고 주주들은 그 돈에 대해 철저히 소득세를 납부했다. 만약 회사가 배당금을 지급하는 대신에 그 돈을 공개시장에서 자사주를 재구입하는 데 썼더라면, 주당 순이익은 더 커졌을 것이고 자사주의 수는 그만큼 줄어들었을 것이며 주가는 더욱 높아졌을 것이다. 이 과정에서 현재 주주들은 소비를 충당하기 위해 시세가 오른 주식을 팔아 '손수 만든 배당금'을 즐길 수 있었을 것이고, 그 대부분의 기간 동안 축적되었던 자본 이득에 대해서는 낮은 세율로 소득세를 지불했을 것이다. 그리고 어느 모로 보나, 주주들은 그 이전보다 훨씬 더 부유해졌을 것이다.

이러한 의문을 설명하기 위해 세프린과 스태트먼은 정신적 회계, 자기 통제, 결정에 대한 후회, 손실 기피증 등의 개념을 끌어들인다. 애덤 스미스의 '공정한 관찰자'나 프로이트의 '초자아' 정신 속에서, 투자가들은 합리적인 의사결정에서 벗어난 이러한 일탈에 따른다. 배당금 형식으로 받는 수입금액에 따라 소비 지출을 제한하는 것이 옳으며, 주식을 매각해 소비를 충당해서는 안 된다고 믿기 때문이다.

세프린과 스태트먼은 인간의 심리에 분열의 간극이 존재한다고 가정한다. 우리 인성의 어느 한쪽은 장기적인 안목을 가진 내부 기획자이며, 현재보다는 미래에 주안점을 두고 결정할 것을 주장하는 권위자다. 반면에 다른 한쪽은 즉각적인 만족을 추구한다. 그래서 이 양쪽은 서로 끊임없이 갈등을 겪는다.

내부 기획자는 스스로를 자제하기만 하면 보상 받을 것이라는 점을 강조함으로써 승리를 거두기도 한다. 그러나 필요에 따라 기획자는 언제나 배당금에 대해 이야기할 수 있다. 마치 술꾼이 전기설비 안에 술병을 숨겨놓고 있듯이, 우리는 자본의 웅덩이를 배당금 안에 '숨겨놓고 있는' 셈이다. 배당금을 쓰는 것은 받아들을 수 있지만 원금 손실은 나쁜 일이라는 교훈을 반복적으로 되뇌임으로써 기획자는 소비로 나가는 돈에 제한을 가하는 것이다.

그러나 일단 그러한 교훈을 납득하게 되면, 투자가들은 자신이 소유한 주식이 안심할 만큼의 배당금을 제공해야 하며 정기적인 상승을 약속해주어야 한다고 주장한다. 배당금이 없으면 쓸 돈도 없으며 선택의 여지도 없다는 얘기다. 이론적으로 보면 약간의 주식 처분과 배당금 영수증 수령이 소비재원 충당에 대한 완벽한 대체물이다. 게다가 주식 처분할 경우 세금 부담도 덜하다. 그러나 자기통제체계에서 보면 그것들은 실질적으로 완벽한 대체물과는 거리가 멀다.

세프린과 스태트먼은 다음의 두 가지 경우를 생각해보라고 말한다. 첫 번째 경우는 600달러의 배당금을 받아 텔레비전을 사는 것이다. 그리고 두 번째 경우는 600달러의 주식을 팔고 그 수입으로 텔레비전을 사는 것이다. 그런데 그 다음주에 보니 해당 회사가 어떤 경영인수의 대상이 되어, 주가가 급상승했다. 어느 쪽을 택했을 때 후회가 더 클 것이라고 생각하는가? 이론적으로는 어느 방법을 택했든 그 결과에 무관심해야 한다. 왜냐하면 600달러의 배당금 수입으로 텔레비전을 사는 대신에 그 주식을 그만큼 더 사는 데 이용할 수도 있었기 때문이다. 따라서 그것은 주식을 팔고 텔레비전을 사기로 한 결정과 마찬가지로 비용이 드는 결정이었던 셈이다. 어느 쪽이건 당신은 600달러 상당의 주식에 대한 주가 상승에서 벗어나 있는 것이다.

그렇지만 한번 생각해보라. 배당금이 끊긴다면 그 얼마나 끔찍한 일인가. 1974년 원유가가 네 배나 상승하자 에디슨 합작회사Consolidated Edison는 89년 동안이나 계속된 배당금 지불을 중지해야만 했다. 그러자 주주총회에서 대소동이 일어났다. 회장에게는 다음과 같은 전형적인 질문이 던져졌다.

"우리는 이제 어떻게 해야 합니까? 배당금이 언제 다시 지급되는지 말해주십시오. 누가 제 집세를 내죠? 남편이 없는 제게는 에디슨 합작회사가 남편이란 말입니다."

이 주주는 손실에도 불구하고 배당금을 계속 지급하면 회사는 점점 악화될 뿐이고, 결국 파산될 수도 있다는 점에 대해서는 조금도 생각하지 않았다. 주식을 팔아 집세를 내는 것은 그녀가 고려하고자 하는 선택사항은 아니었다. 그녀는 배당금 수입과 자본을 각각 다른 주머니에 차고 있었다. 행복한 결혼이란 이혼을 용납하지 못하는 것처럼 말이다.

세프린과 스태트먼의 연구에 관한 논의에서, 노벨상 수상자이자 합리성 이론의 강력한 옹호자인 시카고 대학의 머튼 밀러는 전문적인 조언자를 믿지 않는 투자가들에 대해 다음과 같은 관찰을 보고한 바 있다.

> 이러한 투자가들에게 주식이란 것은 경제적 모델에서 나온 단순히 추상적인 '수익 뭉치' 이상의 의미가 있다. 개인의 주식 소유 이면에는 포트폴리오 선택이론과는 완전히 무관해 보이는 가족 사업, 가족 간의 분쟁, 상속 받은 유산, 이혼 위자료 등의 사연이 있다. 우리가 모델을 구축하는 데 이러한 이야기를 제외하는 이유는 그 이야기에 흥미가 없기 때문이 아니라, 이야기가 너무나 흥미롭다 못해 우리의 주된 관심사가 되어야 할 지배적인 시장의 힘에 대한 논점이 흐려질 수 있기 때문이다.

제10장에서 탈러와 그의 대학원 학생이었던 드본트가 1985년 12월 미국 금융협회의 연례 모임에서 발표한 〈주식시장은 과잉 반응하고 있는가?〉라는 논문에 대해 언급한 바 있다. 이 논문에는 평균으로의 회귀에 대한 예가 제시되었다. 여기서는 합리적 행동이론의 실패에 대한 예가 제시될 것이다.

나는 탈러와 드본트가 연구 결과를 발표하는 모임에 토론자 자격으로 참가해 다음과 같은 화두를 제시한 바 있다.

"마침내 학계는, 투자가들이 이미 오래전부터 알고 있었던 것을 따라잡게 되었습니다."

논문 제목에서 던져진 질문에 대한 참석자들의 답변은 전적으로 '예스'였다.

탈러와 드본트는 기대이론에 대한 예증으로서, 새로운 정보가 입수되면 투자가들은 베이스가 제시한 객관적 방법에 따르지 않고 이전 정보와 장기적 정보는 과소평가하고 새로운 정보는 과대평가함으로써 종래의 믿음을 수정해 나간다는 것을 보여주었다. 즉, 그들은 과거의 확률분포에 근거한 객관적인 수치보다는 '느낌의 분포'에 근거한 결과의 확률을 더 중시한다는 얘기다. 결과적으로 주가는 상승이든 하락이든 구조적으로 지나치게 멀리 움직이기 때문에 수익이나 배당금, 또는 그밖의 다른 객관적 요인의 변화와는 관계없이 주가의 반전reversal을 예측할 수 있다는 것이다.

참석자들은 비합리적인 가격 산정에 대해 이러한 증거를 제시한 데 충격을 받았고 이에 논문에 대한 비판을 해댔다. 논쟁은 수년 간 계속되었고, 논쟁의 주된 초점은 주로 탈러와 드본트가 자료를 수집하고 실험한 방식에 집중되었다. 그 중 특히 문제가 되었던 부분은 시간 계산과 관련된 것이었다. 오른 주식을 매도하고 내린 주식을 매입함으로써 생긴 이익 가운데 1월 한 달 동안의 수치는 과다한 비중을 차지했고, 그해의 나머지 기간 동안에는 거의 이익도 손해도 없는 것으로 나타났다. 그러나 다른 사람들이 행한 다른 실험에서는 그와 상충되는 결과가 나타났다.

1993년 5월 국가경제연구원National Bureau of Economic Research의 후원을 받아 탈러와 드본트의 논문과 관계 있는 〈소수파 투자, 가격추정 및 리스크Contrarian Investment, Extrapolation, and Risk〉라는 논문이 발표되었다. 조세프 래코니쇼크Josef Lakonishok, 앙드레 슐라이퍼André Shleifer, 로버트 비쉬니Robert Vishny 세 학자의 공동 작품이었다. 그들은 이른바 '저평가 주식value stocks(회사의 수익이나 배당금, 자산에 비해 비교적 낮은 가격으로 거래되는 주식)' 이 리스크에 대한 여타 용인된 추정값과 변동성을 수정한 이후에도, 고평가된 주식의 수익률을 능가하는 경향이 있다는 것을 보여주는 정교한 통계분석을 제시했다.

이 논문은 결코 독창적이지도 통계적 제시에서도 철저하고 세련된 것과는 거리가 멀었지만, 결론 이상으로 주목할 만한 내용이 있었다. 즉, 다음과 같은 결과에 대한 탈러와 드본트의 행동주의적 해석을 확인시켜 주었다는 데 그 중요성이 있었다.

"한편으로는 결정에 대한 후회가 두려워, 또 한편으로는 근시안적인 안목 때문에 투자가들은 단기적으로 어려운 상태에 있는 회사의 주식 가격을 과소평가한다. 장기적으로는 평균으로의 회귀에 따라 다시 양호한 상태로 회복될 수 있는데도 말이다. 같은 이유로 사정이 무한정 좋아질 수만은 없다는 것을 인식하지 못하는 투자가들은 급격한 실적 개선을 시사하는 새로운 정보를 지닌 회사에 대해 과대평가하기도 한다."

라코니쇼크, 슐레이퍼, 비슈니 이들 세 사람은 분명한 확신을 가졌나 보다. 이들은 1995년에 자신들과 소수파 모델에 맞추어 펀드를 관리하는 회사를 직접 세웠던 것이다.

탈러는 '사람들이 동일한 품목에 대해 사고자 하는 가격과 팔고자 하는 가격을 다르게 부른다' 는 자신의 초기 관심사에서 결코 눈을 돌릴 수 없었다. 그는, 사람들은 어떤 물건이 없어서 사고자 할 때보다, 이미 소

유하고 있는 (또는 부여받은) 동일품을 팔고자 할 때 매도 호가呼價를 더 높게 잡는 경향이 있다는 것을 설명하기 위해 '소유 효과endowment effect' 라는 표현을 만들어냈다.

1990년 캐너먼과 잭 네치Jack Knetsch의 공동 논문에서 탈러는 소유 효과가 얼마나 강력한지 알아보기 위해 교실에서의 실험 기록을 보고했다. 실험에서 그는 몇몇 학생들에게 학교 휘장이 그려진 머그컵을 준 후 집으로 가져가도 좋다고 말했다. 그러고 나서 그들에게 가격 범위를 제시하고는 머그컵을 가장 싸게 팔면 얼마나 팔겠느냐고 질문했다. 그리고 다른 학생들에게는 머그컵 하나를 사는 데 지불할 수 있는 가장 높은 가격이 얼마냐고 물었다. 머그컵을 소유한 학생들은 평균적으로 5.25달러 이하로는 팔지 않겠다고 했고, 반면에 컵을 사려는 학생들은 2.25달러 이상은 지불하지 않겠다고 응답했다. 일련의 추가된 실험에서도 결과는 마찬가지였다.

소유 효과는 투자 의사결정에도 막대한 영향을 끼친다. 기존의 표준 이론에 따르면 합리적인 투자가들은 대개 투자가치라는 것에 대해 일치된 의견을 가지기 때문에, 주식 등의 리스크성 자산에 대해서는 모두 동일한 포트폴리오를 소유하려 한다. 만약 그 포트폴리오가 어떤 투자가에게 너무 리스크가 크다고 판명되면, 그는 현금 비중을 높일 것이다. 반면에 더 큰 리스크를 찾는 투자가라면 같은 주식을 더 많이 사들이기 위해 그 포트폴리오를 현금 차입의 담보로 이용할 수 있을 것이다.

그러나 현실은 전혀 그렇지 않다. 실제로 주식시장을 이끌고 있는 기관투자가들이 많은 주식을 공유하고 있다는 것은 사실이다. 이는 정해진 투자자금으로 인해 GE나 엑슨Exxon사 주식 등의 초고가 주식으로 투자대상을 제한할 수밖에 없기 때문이다. 그러나 소규모 투자가는 훨씬 더 넓은 선택범위를 갖는다. 이들 양쪽이 동일한 포트폴리오를 소유하거나, 심지어 어떤 의미를 찾을 수 있을 정도로 소유 주식이 중복되는 경우를 발견하기란 정말 어렵다. 일단 무엇인가를 소유하면 소유자는 객관적인 가치가 어떻게 드러나든 그것을 쉽게 내놓으려고 하지 않는다.

예를 들어, 주식 발행회사의 국적을 따지는 데서 비롯되는 소유 효과는 가치 평가에 큰 영향을 준다. 최근 들어 투자 포트폴리오의 국제적 분산 현상이 증가하긴 했지만, 미국인들은 여전히 대개 미국회사 주식을 보유하고 있고 일본 투자가들은 대부분 일본회사 주식을 보유하고 있다. 그러나 이 글을 쓰는 시점에서 볼 때, 미국 주식시장은 세계 주식시장의 단지 35%를, 일본 주식시장은 30%만을 점유하고 있을 뿐이다.

이러한 경향은, 국내 시장에 비해 외국 시장의 증권 정보를 얻는 데 더 많은 비용이 들기 때문이다. 그러나 이는 보유 주식의 큰 차이에 대한 설명으로는 불충분하다. 세계 주식시장의 65~70%를 차지하는 시장에 상장된 증권의 보유를 꺼리는 데는 뭔가 다른 강력한 이유가 있을 것이다.

1989년에는 시카고 대학의 교수였으며, 현재는 예일 대학의 교수인 케네스 프렌치Kenneth French 교수와 MIT의 제임스 포터바James Poterba 교수는 국제 투자에 미치는 소유 효과의 영향에 관한 연구 논문을 발표했다. 그들의 연구 대상은 일본 투자가들과 미국 투자가들 간의 타국 주식 보유현황(과소보유의 관점에서)이었다. 당시 일본 투자가들은 미국 주식시장의 겨우 1%가 넘는 수준만을 소유하고 있었으며, 미국 투자가들 또한 도쿄 주식시장의 1%도 안 되는 주식을 소유하고 있었다. 물론 실질적으로는 상당량의 미국 주식이 일본에서 매매되고, 미국에서도 같은 상황이 벌어지는 등 국경을 초월하여 활발한 거래가 이루어지고 있었다. 그러나 양쪽의 순純매입량은 미미했다.

그러한 결과는 상대 시장에 대한 가치평가의 현저한 왜곡 때문이었다. 프렌치와 포터바의 계산에 따르면, 미국 투자가들이 보유하는 소량의 일본 주식은 미국인들이 자국에서는 8.5%(인플레 조정 후 수치), 일본에서는 5.1%의 연간 실제수익률을 기대하는 경우에만 정당화될 수 있다는 것이었다. 그리고 일본 투자가들이 보유하는 소량의 미국 주식 또한 일본인들이 자국에서는 8.2%, 미국에서는 3.9%의 연간 실제수익률을 기대하는 경우에만 정당화될 수 있다는 것이었다. 나라마다 다른 세제나 제도적 장벽만으로는, 무덤 속에 있는 폰 노이만을 어지럽게 만드는 이러한 불균형에 대해 충분히 설명할 수 없을 것이다.

물론 합리적인 투자가의 의사결정이론으로도 설명할 수 없을 것이다. 그렇다면 이러한 불균형의 진정한 원인은 무엇이란 말인가?

오직 소유 효과만이 그 답이 될 수 있다.

본 장에서는 이론 보안대들이 합리적 행동개념을 위반하는 사람들에 대해 이해하기 위해 얼마나 많은 노력을 기울이는가에 대한 내용을 소개한다. 그러한 행위에 관한 저술은 현재도 많이 나와 있고, 계속 쏟아지고 있으며 그 종류도 매우 다양하다.

이제 우리는 모든 것 가운데 가장 변칙적인 부분을 살펴볼 것이다. 비록 수백만의 투자가들이 합리성을 무시한 행동에 대해 인정하더라도,

시장—합리성이 실제로 중요한 장소—은 합리성이 우세한 것처럼 움직이고 있다.

그렇다면 '합리성이 실제로 중요한 장소'란 무슨 의미인가? 그리고 실제로 그러하다면, 리스크 관리의 중요성은 무엇이란 말인가?

케인스는 '합리성이 실제로 중요한 장소'라고 일컫는 것의 정확한 의미를 밝혔다. 《고용, 이자 및 화폐에 관한 일반이론》에는 주식시장을 이른바 '스냅 게임Snap(카드 놀이의 일종-옮긴이)', '올드 메이드 게임Old Maid(왕 잡기 카드 놀이-옮긴이)', '의자 차지하기 놀이Musical Chairs'가 혼합된 놀이판이라고 묘사한 구절이 나온다. 이 놀이판의 승자는 너무 빠르지도 늦지도 않게 '스냅'을 외치고, 게임이 끝나기 전에 '여왕 카드'를 옆 사람에게 넘기고 음악이 멈추는 동시에 자기가 앉을 의자를 확보하는 사람이다.

케인스의 비유는, 주식시장이 과연 합리성이 우세하는 것처럼 움직이는지 이에 대한 검증을 암시한 것이라 할 수 있다. 만일 비합리적 행동이 우세하다면, 시장은 합리적 투자가들에게 '스냅'이라고 외치고, '여왕 카드'를 넘기고, 이론 보안대에게서 도망치고 있는 비합리적인 투자가들보다 앞서서 의자를 차지할 기회를 끊임없이 제공해야 한다. 그러나 만약 그러한 기회가 드러나지 않거나 그런 기회가 너무 짧아서 어떤 이점을 제공하지 못한다면, 비록 많은 비합리적인 세력이 시장에서 활보하는 것이 관찰되더라도 우리는 주식시장을 합리적인 곳이라고 가정하는 편이 나은 것이다. '합리성이 중요한 장소'란 비합리적인 투자가들과 반대로 베팅으로 이익을 볼 기회가 거의 없다는 것을 의미하기도 한다. 실제로 시장에는 그런 기회가 많다는 것이 입증되더라도 말이다. 합리성이 중요한 곳에서, 시장 행동이 합리적 모델 말고 무엇에 순응하겠는가.

모든 투자가들이 동일한 합리적 사고 과정을 거친다면, 같은 시간에 같은 정보를 가진 사람들에게는 기대 수익과 리스크 조절이 모두 똑같아 보일 것이다. 이런 상황에서 몇몇 투자가들이 비합리적인 행동에 굴복한다면, 정보에 더 밝은 투자가들은 합리적 가치평가로 가격을 되돌려놓는다. 따라서 비싸게 사고 싸게 파는 셈이 되고 말 것이다. 그렇지 않으면 가격은 새로운 정보가 이용 가능해지는 경우에만 변화할 것이고, 새로운 정보는 무작위적인 방식으로 나타날 것이다.

이것이야말로 합리적인 시장이 완벽하게 돌아가는 모습이다. 아무도 총체적인 시장을 능가할 수는 없다. 모든 기회는 이용될 것이며, 리스크의 크기에 상관없이 모든 투자가들은 동일한 비율의 수익을 벌어들일 것이다.

그러나 현실 세계에서는 투자가들이 어떤 확실하고 일관된 방식으로 서로를 능가하는 데 매우 어려움을 겪는 듯하다. 따라서 오늘의 영웅이 때로는 내일의 패자가 되기도 한다. 장기간에 걸쳐 보면, 자칭 '주식 족집게stock-pickers' 라고 주장하며 총체적인 시장과 다른 방식으로 포트폴리오를 구성하는 적극적인 투자관리자들은 S&P 500이나 또는 좀더 광범위한 지수인 윌셔Wilshire 5000, 러셀Russell 3000 등의 시장지수를 따라잡지 못하는 것 같다. 가령 지난 10년 동안 매우 활발하게 운용된(매매가 잦았던) 주식형 펀드의 78%는, 시장 그대로인 S&P 500 지수의 궤적을 따르는 뱅가드 500 지수 뮤추얼 펀드의 수익률을 밑돌았던 것이다. 초기의 자료가 그렇게 명확히 남아 있지는 않지만, S&P는 오랜 기간 동안 꾸준하게 승자 자리를 지켜온 것이다.

이러한 유형은 전혀 새로운 것이 아니다. 1933년 부유한 투자가이자 학자인 알프레드 코울스Alfred Cowles는 대형 화재보험회사 스무 곳에서 4년 여에 걸쳐 행한 모든 매입과 매각, 그리고 기타 여러 투자정보 서비스를 망라해 조사한 연구보고서를 발표했다. 코울스의 결론은 다음과 같다.

"알맞은 카드 패에서 뽑은 카드로써 만들어진 일련의 무작위적 예측의 최고값이 일련의 실제적 예측의 최고값과 마찬가지였다. 다시 말해 보험회사에서의 결과는 완전히 무작위적인 주식 선택을 통해 얻어질 수도 있는 것이었다."

오늘날에는 규모 있고 세련되며 정보에 능한 기관투자가들이 선두에서서 시장활동을 지배하기가 과거보다 훨씬 더 어려워진 것이다.

투자가들이 어떤 신뢰도를 갖고 서로의 의도를 예측할 수 없다면, 아마도 컴퓨터로 시장의 비합리적 행동을 이용하는 방법에 대해 생각해볼 수 있을 것이다. 기계는 소유 효과, 근시안적인 안목, 결정에 대한 후회 등 인간적 결함에서 벗어나 있다. 그러나 투자가들은 지금까지 컴퓨터 모델을 통해 다른 사람들이 움츠리고 있을 때 매입하고 다른 사람들이 과신하고 있을 때 매각했기 때문에 불규칙한 결과만 만들어냈다. 투자가들은 컴퓨터 모델이 예측하는 것보다 더 움츠러들고 더 과신하는 것이다. 또는 투자가들의 행동이, 컴퓨터가 인식할 수 있는 패턴의 범위를 벗어나 있다고 할 수도 있겠다. 앞으로 간략하게 살펴보겠지만, 몇 가지 단점에도 불구하고 컴퓨터를 이용하는 거래는 한층 심도 있는 연구에 도움이 되는 분야다.

투자가들은 두드러지는 실적을 기록하기도 한다. 그러나 그러한 성과를 운이 아니라 투자가들의 능숙한 기술 덕택으로 돌린다고 해도 여전히 두 가지 문제가 남는다.

첫째, 과거의 성과로 미래에 대한 예측은 불가능하다는 것이다. 승자들은 언제나 잘 드러나게 마련이다. 하지만 그렇다고 해서 앞으로 승리할 능력을 가진 투자가들을 미리 알아볼 수 있는, 신뢰할 만한 방법이 있는 것은 아니다. 타이밍 또한 문제가 된다. 벤저민 그레이엄이나 워렌 버핏처럼 대성공을 거둔 투자가들에게도, 오랜 동안 저조한 실적이 있었다. 어떤 사람들은 한두 차례 기막히게 뛰어난 시장 예측으로 명성을 얻으면서 급부상하기도 하지만, 그들에 대한 일반인들의 동조가 늘어나면 그들은 다시 평범한 수준으로 전락하고 만다. 아무도 그들의 다음번 도약이 언제 올지 알지 못한다.

시장을 그대로 따르는 지수형 펀드index fund의 성공적인 성과에 대한 기록도 이러한 비판에서 벗어날 수 없다. 왜냐하면 여기서 과거의 성과에 따른 지침을 신뢰할 수 없는 것은 활발한 운용에서도 마찬가지이기 때문이다. 실제로 지수는 다른 어떠한 포트폴리오보다도 더욱 극적으로, 시장에서 진행되는 모든 일시적 유행과 비합리적인 행동을 반영한다. 그러나 S&P 500 등의 주요 지수 가운데 하나의 궤적처럼 움직이도록 고안된 포트폴리오에는 여전히 활발히 운용되는 포트폴리오를 능가하는 명료한 장점이 있다. 이 경우에는 지수에 변동이 있을 때만 포트폴리오의 재편성이 발생하기 때문에, 거래비용과 자본 이득세가 최소한으로 유지될 수 있다. 더욱이 인덱스 펀드 매니저가 청구하는 비용은 대략 자산의 0.01%에 불과하다. 활발한 매니저는 그보다 몇 배로 청구해, 그 비용이 자산의 1%를 넘어서기도 한다. 이러한 구조적 장점은 운 때문도, 또는 특정한 시기에 인덱스 펀드가 예민해서도 아니다. 인덱스 펀드는 투자가들을 위해 언제나 쉬지 않고 시장을 따르기 때문이다.

둘째, 우수한 운용기법이라는 증거에 따를 경우 어떤 성공전략이건 짧은 반감기半減期가 있다는 사실이다. 매우 활발하고 유동성이 풍부하며 경쟁 또한 매우 치열한 자본시장에서는 과거의 자료를 근거로 한 아이디어 실험 결과를 실시간real time으로 복제하거나 유지하기가 어렵다. 영리한 사람이더라도 부자가 되지 못하는 이유가 바로 여기에 있다. 그다지 영리하지 못한 많은 사람들이 금방 그들의 방법을 모방해, 정작 그들의 전략상의 이점을 무산시켜버리기 때문이다.

이렇듯 성공적인 전략에 무임 승차자들이 뛰어들 위험 때문에, 운의 확률을 넘어 계속적으로 시장을 앞서가면서도 고집스럽게 자신들의 익명성을 지켜나가는 투자가들이 있을 수도 있다. 노벨상 수상자이자, '시장은 마치 합리적인 것처럼 움직인다' 는 가설에 대한 열렬한 옹호자인 새뮤얼슨도 그러한 가능성을 인정한 바 있다.

"사람들은 저마다 키나 용모, 성격이 다르다. 하물며 실행지수Performance Quotient : PQ는 어떻겠는가?"

그는 높은 PQ를 가진 사람들이 포드 재단Ford Foundation이나 지방 은행의 신탁 부서에 조언해주지는 않을 것이라고 지적했다. 그러기에는 그들의 IQ 또한 높기 때문이라는 것이다. 따라서 그들은 〈월 스트리트 위크〉나 〈타임〉지의 표지 또는 포트폴리오 이론에 관한 학술잡지의 기고 논문 따위에 등장하지 않는 것이다.

그 대신에 그들은 그들이 받아들일 수 있는 투자가들의 수를 제한하고 최소한 일곱 자릿수의 금액(100만 달러 이상)을 위임받는 사설 펀드를 운영하고 있다. 그들은 보수를 받을 뿐만 아니라 자본의 증식에도 참여하므로, 그들의 돈에 '다른 사람들의 돈'을 더한다는 것은 그들의 PQ 활용 기회가 되는 셈이다. 어쩌면 그들 가운데 몇몇은 케인스가 묘사한 '혼합' 놀이판에서 굳건히 승자의 자리를 차지할 자질이 충분할지도 모른다.

제19장에서는 이러한 투자가들이 시도하려는 일을 살펴볼 것이다. 이들의 전략은 확률의 기원과 슈발리에 드 메레 시대까지 거슬러 올라가는, 이론적이고 경험적인 개념에 따른다. 그러나 그러한 전략은 주식시장의 합리성에 대해 이미 설명했던 내용보다 훨씬 복잡한 견해를 병합한 것이다. 만약 리스크와 기회가 동등하다는 개념이 타당하다면, 이 소수의 사람들이야말로 그 방법을 보여주고 있는 것이다.

그럼에도 불구하고 사설 펀드는 시장의 주류가 아니다. 대부분의 투자가들은 그런 펀드에 참가하기에는 가진 돈이 너무 적다. 반대로 거대 연금기금 등의 기관투자가들은 돈이 엄청나게 많아 자산의 상당 부분을 그런 펀드에 할당할 수 없다. 더욱이 거대 기금들은 이러한 자유로운 투자가 잘못될 경우 그 여파가 매우 크기 때문에, 결정에 대한 후회가 두려워 주저하고 있는 것인지도 모른다. 어느 경우건, 대형 투자가들의 독특한 양적 개념이 실험되기 시작할 때는 서로 각자에게 방해가 되지 않도록 조심해야 한다.

리스크 관리를 위한, 이런 모든 것의 결과는 무엇인가? 비합리적 행

동은 투자를 더 큰 리스크 행위로 작용하는가? 이런 질문에 답하기 위해서는 역사적 배경에 대해 살펴볼 필요가 있다.

자본시장은 언제나 불안정했고 지금도 그러하다. 왜냐하면 자본시장은 급작스러운 일로 가득 찬 미래에 대한 베팅으로 거래가 이루어지는 곳이기 때문이다. 만기일도 없는 주식을 사는 것이 어찌 리스크가 큰 사업이 아니겠는가. 투자가들이 주식 포지션을 청산할 수 있는 유일한 방법은 그들의 주식을 다른 사람에게 파는 것이다. 결국 투자가들은 다른 투자가들의 기댓값과 구매력의 눈치를 봐야 한다. 채권도 비슷하다. 채권은 원래 가치를 소유주에게 현금으로 돌려주지만, 단지 미래의 어느 날 그렇게 할 뿐이다.

이러한 환경은 비합리적 행동의 원인이 된다. 모두 불확실성을 두려워하는 것이다. 그리고 만약 그 무대에서 비합리적인 행위자가 합리적인 행위자를 수적으로, 그리고 부의 크기로도 압도한다면 금융자산의 가격은 균형 수준에서 멀리 벗어난 상당 기간 그 자리에 머물러 있을 것이다. 그러한 기간은 대부분의 합리적인 투자가들의 인내심을 시험할 만큼 길다. 그러므로 만약 모든 이들이 합리적으로 행동하고 캐너먼과 트베르스키에게는 다른 일이나 알아보도록 할 수 있는 상황이 아니라면, 대부분의 경우 시장은 불안정해질 수밖에 없다.

그럼에도 불구하고 리스크와 수익에 대한 저울질과 투자 리스크에 대한 뚜렷한 관심은 어쨌든 비교적 최근에 생긴 개념이다. 1952년에야 비로소 마코위츠가 처음으로 그것에 대한 기본적인 생각을 했던 것이다. 마치 오래된 일 같지만 시장의 역사에 비하면 매우 뒤늦은 시도였던 셈이다. 더욱이 1950년대 초는 주식시장이 전반적으로 강세 시장이었던 탓에 포트폴리오 선택의 리스크에 초점을 맞춘 마코위츠의 견해는 그나마 세간의 주목도 끌지 못했다. 그리고 1960년대에 접어들며 학문적인 관심이 증가하기는 했지만, 실제 종사자들이 쭈그리고 앉아 관심을 기울이기 시작한 것은 1974년 이후였다.

이렇듯 뒤늦은 반응은 시장의 불안정성의 변화와 관계가 깊다. 1926~1945년까지, 그러니까 대폭락, 대공황, 제2차 세계대전이 일어났던 시기에는 소득에 자본가치의 변동을 포함한 연간 총수익률의 표준편차가 37%였는 데 반해, 수익률 평균은 1년에 7% 정도였다. 이 시기의 주식투자야말로 리스크 자체였던 것이다.

투자가들은 이러한 기억을 1940년대 말과 1950년대의 자본시장에까지 지속시켰다. 한 번 데었던지라 두 번씩 뒷걸음질쳤던 것이다. 투기열기와 고삐 풀린 낙관주의에 대한 부활은 매우 더디게 진행되었다. 강세 시장이 다우존스 공업평균지수를 1945년 200미만에서 1966년 1,000으로 끌어올렸음에도 불구하고 말이다. 1946~1969년까지를 보면 비록 연간 12%를 상회하는 준수한 수익률과 1961년에 잠시 있었던 투기 붐에도 불구하고, 총 수익률의 표준편차는 1926~1945년 기간의 고작 3분의 1 수준이었다.

이것이 바로 1970년대까지 투자가들이 이끌고 간 기억이었다. 누가 이와 같은 시장에서 리스크를 걱정해야 한단 말인가? 그러나 사실은 모든 이들이 걱정해야 했다. 1969년 말부터 1975년 말까지 S&P 500에 대한 수익률은 1946~1969년 기간의 절반이었고, 연간 표준편차는 거의 두 배로 늘어 22%에 이르렀다. 이 기간의 24분기 가운데 12분기 동안 주식투자가들에게는 차라리 재무성 단기채권의 소유가 더 나을 뻔했다.

결국 1969년까지 고객 포트폴리오를 주식으로 70%만큼 높게 밀어 올려놓은 전문 관리인들은 바보가 되었고, 그들의 고객은 더욱 가혹한 견해를 갖게 되었다. 1974년 가을 〈포트폴리오 관리 저널The Journal of Portfolio Management〉은 머릿기사로, 그와 같이 비통한 사실을 인정하는 웰스 파고 은행Wells Fargo Bank 고위 관계자의 글을 실었다.

> 전문 투자관리와 그에 종사하는 사람들은 일관성이 없고, 예측불가능하며, 곤경에 처해 있다. 고객들은 우리를 기피하고 있으며, 그들이 두려워하는 것은 주식이라기보다 더 많은 손실을 낼지도 모르는 우리의 운용방법이다. 이제 투자 관리업은 초보적 수준의 운영방법에 대한 개선이 절실한 시점에 이른 것이다.

마침내 리스크 관리가 시장에서 가장 중요한 게임이 된 것이다. 먼저 주식 보유에서뿐만 아니라 주식과 채권, 현금 자산에 이르는 모든 포트폴리오에 걸쳐 분산투자가 강조되기 시작했다. 또한 이렇게 강조된 분산투자로 인해 투자가들은 새로운 영역을 찾고 적절한 관리기법을 개발하기에 이른다. 예를 들어, 장기채권을 구입해 만기까지 보유하는 전통적인 전략은 더욱 적극적으로 컴퓨터에 기반을 둔 고정금리부 자산관리로 대체되었다. 또한 분산투자에 대한 압력으로 투자가들은 미국 외의 다른 지역으로도 눈을 돌렸다. 그곳에서 그들은 국제투자에 대한 다변화된 혜택은 별도로 하고, 고수익의 기회까지 포착할 수 있었다.

그러나 리스트 관리기법에 대한 탐색이 한창 인기를 더해갔음에도 불구하고, 1970년대와 1980년대에는 전후 시대의 온화한 경험으로 형성된 세계관을 가졌던 사람들에게 전혀 접해보지 못했던 새로운 불확실성이 생겨났다. 유가 폭등, 워터게이트와 닉슨 사임에 따른 헌정 위기, 테헤란 인질 사건, 체르노빌 참사 등의 재난이 발생한 것이다. 이러한 충격으로 인해 발생된 인식의 부조화는 빅토리아 시대 사람들이 제1차 세계대전 동안 겪었던 것과 유사했다.

금융규제 완화, 그리고 거센 인플레이션 시대와 더불어 그러한 환경은 이전 30년 동안에는 생각할 수도 없었던 금리, 환율, 상품 가격에서의 변동성을 만들어냈다. 전통적인 리스크 관리형태로는 이렇듯 새롭고 불안정하며 위협적인 세계를 다룰 수 없는 상황이 닥친 것이다.

이러한 조건은 엘스버그의 '모호성 기피'의 완벽한 예가 되었다. 우리는 오직 유사한 경험이 운에 맡기는 승부의 패턴과 닮을 정도로 충분히 빈번하게 나타날 때만 실생활의 상황에서 확률을 계산해낼 수 있다. 흐린 날에 우산 없이 외출하는 것은 리스크가 큰 일이다. 그러나 우리는 그동안 흐린 날들을 많이 보아왔고 일기예보를 충분히 들어왔기 때문에 나름대로 어느 정도 비가 올 가능성을 정확하게 추정할 수 있다. 그러나 유일무이한 어떤 사건의 경우에는, 즉 구름의 모양과 색이 이전에 보지 못했던 것이라면, 모호성이 팽배해지고 그에 따라 리스크에 대한 프리미엄도 급등한다. 당신은 집에 있든가, 아니면 아무리 불편하더라도 외출할 때마다 우산을 갖고 나가야 하는 것이다. 이것이 바로 1970년대에 발생했던 상황이었다. 주식과 채권 모두에 대한 가치평가는 1960년대에 비해 극도로 저조하게 전개되었다.

이에 대한 대안은 예기치 않은 충격을 약화시키고 알려지지 않은 리스크를 관리하는 방법을 찾아내는 것이었다. 비록 분산투자가 그 중요성을 상실한 적은 없었지만, 전문 투자가들은 그 얼마 전부터 분산투자가 리스크 관리기법으로는 부적합할뿐더러 변동성과 불확실성이라는 새로운 환경을 다루기에는 너무 원시적이라는 점을 인식하기 시작했다.

리스크에 대한 걱정이 증가하고 있을 무렵, 우연히도 컴퓨터가 투자관리 분야에 도입된 것이다. 신기하고 비상한 컴퓨터의 능력은 인간의 소외감을 증가시키긴 했지만, 그와 동시에 데이터 처리와 복잡한 전략 수행 능력을 엄청나게 신장시켜주었다.

기대이론에서 시사했듯이 투자가들이 적을 만났고 그 적이 컴퓨터라 해도, 이제는 결정에 대한 후회나 근시안, 소유 효과를 초월하는, 좀더 합리적인 보호수단을 찾는 탐색이 진행되고 있다. 새로운 리스크 관리의 시대가 금융시스템을 활용하는 개념 · 기법 · 방법론 등과 함께 막 열리려는 참이었다. 그리고 새로운 리스크 관리의 고객들은 자본시장이라는 편협한 경계를 넘어 널리 퍼져 있었다.

미신적 습관에서 벗어나 슈퍼컴퓨터로 향하는 결정적인 발걸음이 이제 막 시작되려는 것이다.

18

환상적인 파생상품의 세계

파생상품derivatives은 금융상품 가운데 가장 복잡하고, 가장 어려우며, 가장 리스크가 크다. 그래서인지 1990년대에 와서도 많은 사람들은 그 용어를 어렵게만 생각하고 있다.

1994년 4월 〈타임〉지에 커버스토리로 실린 이야기를 살펴보자.

> 파생상품이라는 환상적인 사이드 베트Side bet(사전적인 의미로는 주요한 내기의 부차적인 개인 간의 내기 또는 남이 거는 돈에 따라가는 내기를 의미한다. 여기서는 기초상품에서 파생된 상품이라는 것을 나타내기 위해 사용되고 있다-옮긴이) 시스템은 육감에 따르는 기존의 단순한 방식이 아닌 컴퓨터 귀재들이 복잡한 수학공식을 이용해 디자인되고 그 성과가 추적되는 계산방법에 근거한 것이다. 이것은 정량 분석가quantitative analyst,

즉 퀀트quant들이 발전시켰다.

우리는 지금까지 육감에 따르는 기존방식의 환상적인 사이드 베트 시스템을 보아왔다. 이제는 정량 분석가들이 만드는 사이드 베트의 환상적인 시스템을 볼 차례다.

최근 들어 이러한 금융상품에 대한 궁금증이 많이 증폭되고 있지만, 사실 특별히 새로울 것은 없다. 파생상품은 누가 만들어냈는지 확실히 밝혀지지 않은 상태로 오랜 세월 동안 사용되어왔다. 그 창시자가 카르다노도, 베르누이도, 그랜트도, 가우스도 아니라는 것이다. 단지 불확실성을 줄여야 할 필요성 때문에 사용되기 시작했고, 지금도 같은 이유로 쓰이는 것이다.

파생상품은 그 자체만으로는 아무런 가치도 없는 금융상품이다. 이상하게 들릴지 모르지만, 그것이 바로 파생상품의 비밀이다. 파생상품이라고 불리는 이유가 바로 그 자체의 가치를 다른 자산의 가치에서 끌어오는to derive 것이기 때문이다. 때문에 파생상품은 원상품의 예기치 않은 가격변동의 리스크를 헤지hedge 하는 역할을 훌륭히 수행해낸다. 즉, 밀이나 프랑스 프랑francs, 국채, 보통주 등, 가격이 불안정한 자산을 소유하는 데 따르는 리스크를 헤지 해주는 것이다.

나이트는 "모든 생산활동은 화폐와 상품 간의 상대가치를 놓고 벌이는 일종의 투기다"라고 말한 바 있다. 파생상품은 불안정한 자산을 소유하는 데 수반되는 리스크를 줄여주지는 않지만, 투기를 하는 자와 투기를 피하는 자를 결정해줄 수는 있다.

오늘날의 파생상품은, 어떤 면에서는 이전의 것과 다르다. 오늘날의 것은 예감이나 경험에 기초한 방법이 아니라 수학적인 계산에 기초해 그 가치가 정해지며, 대응해야 할 리스크 또한 더 복잡하다. 그리고 컴퓨터로 기획 · 관리될 뿐만 아니라, 한층 새로운 목적에까지 이용되고 있다. 그러나 이러한 특징은 파생상품 사용의 급격한 증가가 원인도 아니며, 그것이 오늘날 화젯거리로 부상한 근본적인 원인도 아니다.

파생상품은 오로지 변동성이라는 환경조건에서만 그 가치를 갖는다. 따라서 오늘날 붐을 이루고 있는 파생상품은 바로 불안정한 시대상황을 잘 설명해주고 있는 셈이다. 지난 20여 년 간 변동성과 불확실성은 오랫동안 안정적인 분야로 인정되어온 영역까지 파고들었다. 1970년대 초반까지만 해도 환율은 법적으로 고정되어 있었으며, 유가 변동의 범위는 소폭에 지나지 않았고, 전체적인 물가상승 수준도 1년에 3~4% 정도밖에 이르지 않았다. 그런데 1970년대 중반에 접어들면서 그때까지 안정적인 것으로 여겨져왔던 분야에서 갑자기 리스크가 출현하기 시작했다. 그리고 그에 따라 더 새롭고 효율적인 리스크 관리도구를 찾고자 하는 시도가 이루어졌다. 그러나 여기서 한 가지 분명히 할 것은 파생상품은 경제와 금융 시장의 상태를 나타내는 것이지, 그토록 큰 관심이 쏠리는 변동성의 원인은 아니라는 점이다.

파생상품에는 두 가지 종류가 있다. 하나는 장래의 일정 시기에 현품 인수를 조건으로 특정 가격에 매매약정을 하는 선물거래futures이고, 다른 하나는 미리 협의된 가격으로 사거나 팔 기회를 갖는 옵션거래options다.

오늘날 이들 파생상품은 세련되고 현란한 치장을 하고 있지만, 리스크 관리에서의 역할은 아마도 몇 세기 전 어느 시골 농장에서 시작되었을 것이다. 구체적인 세부사항은 세월에 따라 변했겠지만, 리스크를 통제하고자 하는 '농부들의 기본적인 욕구'는 예나 지금이나 마찬가지다.

농부들은 변동성을 참을 수가 없다. 연중 내내 빚에 시달리기 때문이다. 토지며, 시설이며, 씨앗과 비료 등에 막대한 투자를 해야 하기 때문에 불가피하게 은행에서 융자를 받아야만 한다. 그리고 돈이 들어오기가 무섭게 다시 생산에 투입해야 하고, 작물을 다 심고 나서는 추수 전까지 홍수나 가뭄, 해충에 대해 끊임없이 걱정해야만 한다. 그 중에서도 가장 문제가 되는 불확실성은 작물을 시장에 내다팔 때의 가격이 어떻게 변할 것이냐 하는 점이다. 만약 판매할 때 받을 금액이 투자한 금액보다 밑돈다면, 농부는 빚도 갚지 못하고 모든 것을 잃을지도 모르는 것이다.

기후와 해충이라는 리스크 앞에서는 적당한 대처방법이 없지만, 이제 농부들은 적어도 판매가격의 불확실성만은 피할 수 있었다. 작물을 심을 때 구매자와 미리 가격을 협의해 선물 인도를 약속하면 되는 것이다. 이러한 선물거래를 이용하면 혹시 가격이 오르는 경우에는 다소의 이득을 놓치는 셈이 되겠지만, 어쨌든 가격이 떨어질 때의 재난은 피할 수 있는 것이다. 다시 말해 기대 이익을 낮추는 대신, 리스크를 다른 사람에게 떠넘기는 방법이다.

다른 사람이란 농부와는 정반대의 리스크에 직면하는 식품 가공업자들을 일컫는다. 이들은 만약 작물이 밭에서 자라는 동안에 생산 투입가가 떨어지면 이익을 보지만, 농산물의 가격이 올라 제품의 원가상승을 부추기면 곤란한 상황에 빠진다. 그렇기 때문에 가공업자는 농부의 계약 요청을 받아들여 농산물 가격이 오르는 데 따르는 리스크를 농부에게 넘기는 것이다. 당사자 간의 리스크 이전 계약과 관련된 이런 종류의 거래는 사실상 경제 전체의 총 리스크를 감소시키는 역할을 하는 셈이다.

때로 이러한 거래의 어느 한쪽은 투자가가 되기도 한다. 그들은 앞으로의 일이 어떻게 될 것인지에 대한 확신을 갖고 다른 사람들에게서 기꺼이 불확실성을 인계받고자 하는 사람들이다. 적어도 이론상으로 보면 상품에 투자하는 사람은 장기적으로 이득을 본다. 왜냐하면 변동성의 리스크에 대해 재정적으로 취약한 사람들이 매우 많기 때문이다. 그래서 결과적으로 변동성은 특히 상품시장에서 낮게 평가되는 경향이 있고, 생산자의 손실 기피성이 투자자에게 고정적인 이점을 제공하는 것이다. 이러한 현상을 '백워데이션backwardation' 이라고 한다.

12세기 중세 매매시장의 상인들은 '레트르 드 페르lettres de faire(판매상품의 선물 인도를 약속하는 계약)' 라는 선물거래 계약을 했다. 또한 1600년대 일본에서는 봉건영주들이 나쁜 날씨나 전쟁의 위험으로부터 자신들을 보호하려는 취지에서 '쵸아이마이ちょうあいまい' 라는 선물거래를 통해 쌀을 매매했다. 그 외에도 오랫동안 금속 · 외환 · 농산물 등이 선물거래를 통해 매매되어왔고, 최근에 와서는 주식이나 채권시장에서 선물인도 계약의 이용이 가격 변동성에 대한 일반적인 보호수단이 되었다. 미국에서의 선물거래 역사는 밀 · 돼지고기 · 구리 등의 상품에 대한 선물계약이 1865년 이래 시카고 상품거래소Chicago Board of Trade에서 이루어지고 있다.

옵션거래 역시 장구한 역사를 지니고 있다. 아리스토텔레스는 그의 저서 《정치학Politics》 제1권에서 옵션거래를 '총체적으로 적용되는 원리를 지닌 금융수단'이라고 묘사했다. 그 유명한 17세기 네덜란드의 튤립 거품도 튤립 자체가 아닌, 튤립에 대한 옵션거래로 인해 일어난 것이었으며, 당시의 옵션거래는 오늘날만큼이나 복잡한 방법을 통해 이루어졌었다. 튤립 상인들은 튤립 가격이 오를 때 재고량을 늘릴 수 있다는 보증은 원하면 '콜call'이라고 알려진 옵션을 구입했다. 즉, 상인들은 그 옵션으로 미리 협의된 가격에 상대방에게서 튤립을 인도받을 권리를 지니는 것이다(의무는 아니다). 마찬가지로 재배자들은 가격 하락에 대한 보호수단으로 '풋put'이라고 알려진 옵션을 살 수 있었다. 이것은 미리 협의된 가격으로 상대방에게 튤립을 팔 수 있는 권리다. 이러한 옵션 계약에서 상대방인 (옵션) 판매자는, 옵션 구매자들이 지불하는 프리미엄에 대한 교환 조건으로 리스크를 떠맡았다. 생각건대, 프리미엄은 콜 옵션을 판 사람에게는 가격이 오를 경우에 떠안게 되는 리스크에 대한 대가를 보상해주었을 것이고, 풋 옵션을 판 사람에게는 가격이 떨어질 경우에 떠안게 되는 리스크에 대한 대가를 보상해주었을 것이다.

덧붙여 말하자면 최근의 연구를 통해 그 악명 높은 17세기 네덜란드의 튤립열풍 이야기에 숨겨져 있던 허구성이 드러나고 있다. 그 열풍의 원인이 옵션 사용에 있을 것이라는 허구성 말이다. 사실 옵션거래는, 이전에는 배제되었던 시장에 대한 참여 기회를 더 많은 사람들에게 부여했던 것으로 보인다. 그런 의미로 볼 때, 이른바 튤립 거품이 일어난 시기에 옵션거래에 따라다니던 갖가지 비난은 자신들의 구역을 불법으로 침입한 자들의 침해를 기분 나쁘게 생각했던 기득권층에서 나왔던 것이었다.

미국에서는 옵션거래가 아주 일찍부터 생겨났다. 주식중개인들이 이미 1790년대 초 주식의 풋옵션과 콜옵션을 다루기 시작했고, 얼마 지나지 않아 버튼우드 협정으로 오늘날의 뉴욕 증권거래소의 전신이 설립되었다.

1863년 6월 1일 정교한 리스크 관리 계약증서가 발행되었다. 신용대부는 어렵고 자금난에 다급했던 미국 남부연방이 '7% 면화 공채7% Cotton Loan' 를 발행했던 것이다. 그 공채에는 여느 공채와는 달리 파생금융상품을 연상시키는 조항이 포함되어 있었다.

우선 원금 총액은 남부연방 달러로 환불할 수 없었으며, 버지니아 리치먼드에 있는 남부연방 의회에서 환불해주지도 않았다. 그 대신에 '영국 화폐로 300만 파운드 또는 프랑스 화폐로 7,500만 프랑' 으로 값이 책정되어 파리와 런던, 암스테르담 또는 프랑크푸르트에서 채권 소유자들의 옵션에 따라 연 2회씩, 40회 할부로 환불할 수 있었다. 그리고 채권 소유자들에게는 '교전 당사자 간의 평화협정이 비준된 후 6개월 내에 아무 때나' 돈 대신에 파운드(무게 단위)당 영국 화폐 6펜스에 해당하는 면화로 받을 수 있는 추가적인 옵션이 주어졌다.

당시 전쟁준비 중이었던 남부연방 정부는 외국에서 군수물자 구입에 절박한 외환을 충당할 목적으로 영국과 프랑스의 투자가들을 끌어들이기 위해 정교한 리스크 관리 형태를 사용했던 것이다. 동시에 그것은 남부연방의 생존에 기득권을 지니는 외국 후원층을 구축해놓고자 하는 의도이기도 했다. 남부연방 달러에 대한 가치 하락의 리스크는 영국이나 프랑스 화폐로 변제해준다는 옵션으로 만회되었다.

공채대금을 면화로 회수하는 옵션은 인플레이션에 대한 헤지였으며, 유럽에서 면화의 일반가가 파운드당 24펜스였음에도 불구하고 6펜스로 제공하겠다는 조건은 유혹의 의도가 다분한 것이었다. 더욱이 그 증서는 '언제라도' 면화로 교환할 수 있다고 보증했으므로, 발빠른 채권자들은 전쟁 상황이 바뀌어 남부연방이 몰락할 듯 싶으면 그 이전에 재빨리 면화로 바꿔갈 수도 있었다. 말하자면 옵션이 전쟁상황에 대비한 보호막 역할을 훌륭히 해내고 있었던 것이다.

남부연방은 이러한 옵션의 '판매자'였다. 우선 그들은 달리 방법이 없었기 때문에 불확실한 부채를 떠맡을 수밖에 없었다. 빌린 돈을 남부연방 달러로 되갚아주겠다고 약속했다면 금융시장의 비웃음이나 샀을 것이다. 아니면 이자율을 두 자릿수 정도는 제시했어야 먹혀들었을지도 모른다. 남부연방에서 이러한 옵션을 사들인 채권자에게 반대급부로 얻은 프리미엄은 대출이자의 감소였다. 7%라는 비율은 당시 미국 정부가 장기 차입 이자로 지불하던 것보다 단지 1% 더 높은 것에 불과했다. 옵션의 도입으로 불확실성 자체가 구성요소가 되는 이러한 거래가 가능했던 것이다.

채권의 역사 또한 매우 흥미롭다. 1863년 3월 신청자 명부가 공개되었으나, 당시의 관습에 따라 9월까지는 수익금을 받을 수 없었다. 그리고 3월 매출 이후 잠깐 동안 당초 매출가보다 높은 가격으로도 팔렸으나, 미시시피의 제퍼슨 데이비스Jefferson Davis란 사람이 일부 채권에 대한 지불을 거부당했다는 풍문이 돌기 시작하면서 채권 가격은 곤두박질쳤다. 남부연방 재무부는 신청자들이 9월에 도래되는 지급금(채권 매입대금)을 내지 않을까 걱정한 나머지, 시장에 개입해 이미 발행된 300만 파운드 가운데 140만 파운드어치를 사들임으로써 가격을 유지하고자 했다. 결국 남부연방은 1863년 9월 도래의 지급금과 1864년에 두 번의 만기지급금을 거두어들일 수 있었으나 그것이 마지막이었다. 그후 단지 액면가 37만 파운드만이 면화로 상환되었다.

많은 사람들이 옵션 구매에 관해 의향은 있으나 제대로 이해하지는 못한다. 조기 상환 특약조건부의 주택담보대출mortgage(미국에서 일반적으로 이루어지고 있는 주택담보대출의 형태-옮긴이)을 받는 사람은 누구나 옵션을 소유하게 된다. 그리고 이 경우에 상환 조건을 결정할 옵션 소유자는 채권자가 아니라 채무자, 예컨대 주택을 저당잡힌 주택 소유자다. 이러한 옵션의 가격은 얼마일까? 옵션을 소유한 채무자가 은행에 지불해야 하는 이자율은 조기 상환 특약조건이 없을 경우보다 더 높다. 그 이유는 무엇일까? 예를 들어, 만약 대출 이율이 떨어지면 주택 소유자는 이전의 대출을 상환해버리고 더 낮은 이자율에 새로운 대출을 받으려 할 것이고, 그렇게 되면 은행은 높은 이율로 빌려주던 것을 낮은 이율로 빌려주어 그만큼 손해를 입기 때문이다. 이 옵션은 오늘날 주택담보대출에 통상적으로 부여 또는 위임되는 특징으로, 대부분의 주택 소유자들은 그러한 특권에 대해 할증금이 지불된다는 것을 모른다. 그리고 대부분의 은행가들 또한 그것을 모른다!

면화 채권, 농부의 선물거래 계약, 튤립 옵션 거래, 주택담보대출의 조기 상환 특약조건의 형태에는 눈에 보이는 이상의 것이 존재한다. 대부분의 사업이나 금융 거래는 되도록 싸게 사고자 하는 구매자와 되도록 비싸게 팔고자 하는 판매자 사이에서 이루어지는 일종의 내기다. 언제나 어느 한쪽이 실망하게 마련이다. 그러나 리스크 관리 상품은 다르다. 리스크 관리 상품은 누군가가 이득을 찾기 때문에 존재한다기보다는, 리스크를 기피하는 집단에서 기꺼이 리스크를 떠안고자 하는 집단으로 떠넘기기 위한 도구가 필요하기 때문에 존재한다. 면화 채권의 경우, 남부연방에서는 옵션이 없었을 경우 요구되었을 이율과 7%의 차이를 줄이기 위해 외환 리스크뿐만 아니라 승리 자체의 리스크까지도 떠맡았던 것이다. 결국 그러한 리스크 감수를 통해 다른 조건으로는 끌어들일 수 없었던 돈을 차입했는지도 모른다. 다시 말해 채권자, 즉 남부연방의 채권을 구입한 사람들은 낮은 이율이나 남부연방이 전쟁에서 패할 가능성까지 충분히 보상해주는, 즉 그들의 리스크를 줄여주는 옵션을 확보했던 것이다. 이렇게 불확실성을 거래함으로써 양쪽 모두 승자가 될 수 있었다.

옵션은 얼마만큼의 가치가 있는 것인가? 튤립 옵션 거래자들은 풋옵션이나 콜옵션에 대한 지불액수를 어떻게 결정했을까? 그리고 시간이 흐름에 따라 그러한 옵션의 가치를 변화시킨 요인은 무엇이었을까? 남부연방에 돈을 차용해준 사람들은 파운드나 프랑 또는 면화로 상환받는 옵션이 대여금의 리스크를 충분히 헤지 해주리라는 것을 어떻게 판단할 수 있었을까? 조기 상환 특약조건을 가진 주택 소유자는 얼마나 많은 할증금을 저당권자인 은행에 지불하고 있는가?

이러한 질문에 대한 대답은 활발히 거래되고 있는 개별주식 옵션의 예를 살펴보면 더 분명해진다.

1995년 6월 6일 AT&T 주식이 50에 거래되고 있을 때, 옵션 소유자에게 1995년 10월 15일까지 한 주당 50.25로 살 수 있는 권리를 부여하는

AT&T 주식 옵션이 있었다. 그러나 당시 그 주식은 50.25라는 '행사가격strike price' 이하로 거래되고 있었다. 만약 옵션의 잔존殘存 기간 동안 주식이 계속 행사가격 이하로 유지되면 그 옵션은 가치를 잃게 되고, 그 소유자도 그것에 지불한 모든 프리미엄을 잃는다. 하지만 그 프리미엄은 옵션 구입자가 감수해야 하는 리스크의 전부다. 또한 옵션 매도자가 갖기를 희망했던 전부이기도 하다. 만약 10월 15일 이전에 AT&T 주식이 옵션 프리미엄을 능가하는 정도로 행사가격을 넘어서면, 그 옵션은 이익을 내주는 것이다. 사실 그 옵션에 대한 잠재적인 이익은 무한하다.

AT&T 주식에 대한 옵션은 1995년 6월 6일 2.50달러에 거래되었다. 왜 하필 2.50달러였을까?

이 질문에 비하면, 아직 끝나지 않은 파치올리의 발라 게임 해법은 어린애 장난에 지나지 않을 것이다. 다만, 우리는 파스칼이나 페르마 등의 정량 분석가들이 그 정답을 풀 수 있었을까 없었을까, 또는 왜 그들은 시도조차 해보지 않았을까 정도가 궁금할 따름이다. '구식의 육감' 이 기준이 될 때 발생하는 사건의 좋은 사례인 네덜란드의 튤립열풍 이야기는, 파스칼과 페르마가 처음으로 확률이론의 원리를 제시하기 겨우 20년 전에 있었던 일이다. 그리고 그 사건에 대한 기억은 그들이 역사적인 고착을 시작했을 무렵에도 생생하게 남아 있었을 것이다. 그러나 아마도 그들은 옵션가치 산정에 대한 도전 자체를 무시했을 것이다. 왜냐하면 그 수수께끼의 해답이 불확실성의 가격에 있기 때문이다. 불확실성이라는 개념 자체가 오늘날의 우리 시대에나 어울리는 것임을 생각하면 쉽게 이해할 수 있으리라.

옵션가치 산정에 직관보다는 수학을 사용하고자 했던 최초의 노력은

1900년 바실리에에게서 시작되었다. 그리고 1950년대와 1960년대에는 새뮤얼슨을 비롯한 몇몇 사람들이 이러한 시도에 가세했다.

그 수수께끼는 마침내 1960년대 말 뜻밖의 세 인물들이 풀어냈다. 그 세 명은 공동연구를 시작할 당시 모두 20대 젊은이들이었다. 첫 번째 인물인 피셔 블랙은 하버드 대학에서 박사학위를 받은 물리학자이자 수학자로, 경제학이나 금융론이라고는 수강해본 적이 없었다. 그러나 그는 곧 순수과학의 연구가 너무나 추상적이어서 자신의 취향에는 맞지 않음을 깨닫고, 보스턴에 근거지를 둔 경영컨설팅회사인 아서 D. 리틀Arthur D. Little로 옮겨 일을 시작했다. 두 번째 인물은 마이런 숄스Myron Scholes로 그 역시 가업인 출판업에서 도망쳐 나와 시카고 대학의 경영대학원에서 금융경제학 박사학위를 받고, 바로 MIT 교수진에 합류한 사람이었다. 세 번째 인물인 로버트 C. 머튼Robert C. Merton은 논문 〈스위프트의 날아가는 섬의 움직이지 않는 운동The 'Motionless' Motion of Swift's Flying Island〉으로 컬럼비아 대학 수학공학부에서 학사학위를 받았으며, MIT에서 새뮤얼슨의 조교로서 경제학을 가르치고 있었으나 아직 박사학위는 없는 상태였다.

1995년 57세의 나이로 세상을 떠난 블랙은 말수가 적고 침착한 사람이었다. 1985년 그가 미국 경제학회 회장 취임연설을 할 때, 그 연설의 제목은 한 음절 단어인 '소음Noise'이었으며, 연설시간도 15분밖에 걸리지 않았다. 반면 숄스는 어두운 면을 가졌으나, 열정적이며 언어를 유창하게 구사할 줄 아는 사람이었고, 머튼은 친절하면서도 충동적이었다. 이들 세 사람은 옵션 이론에 기여한 것 이상으로 금융경제학 분야에서도 많은 혁신을 일으켰다.

그들의 이야기는 블랙이 잭 트레이너Jack Treynor라는 동료를 사귀게 된 1965년부터 시작된다. 당시 트레이너는 금융경제학 분야에서 활동적인 이론가로서의 길에 막 접어들던 참이었다. 당시 그는 후에 노벨 경제학상을 수상하게 되는 MIT 프랑코 모딜리아니Franco Modigliani의 지도 아래 경제학을 공부하고 있었다. 트레이너가 블랙에게 시장이 어떻게 리스크와 수익을 취사선택하는지를 설명하기 위한 자신의 초기 작업모델을 보여주었을 때, 블랙은 그 자리에서 당장 매료되고 말았다. 자유시장 경제의 열렬한 신봉자였던 블랙은 트레이너의 아이디어를 옵션가치 산정에 적용해보기로 결심했고, 트레이너의 조언에 따라 MIT에서 매주 목요일 저녁에 열리는 재정경제학 워크숍에 합류했다.

3년 후 블랙은 여전히 답이 나오지 않는 방정식만 노려보고 있었다. 시장의 변동이 개별 증권의 가치에 미치는 영향에 대한 트레이너의 분석만으로는 계산이 맞아떨어지지 않았던 것이다. 블랙은 그때부터 숄스와 함께 일하기 시작했다고 회상한다. 그들은 목요일 저녁 워크숍에서 이미 만난 바 있었고, 숄스도 같은 문제로 고심하고 있다는 것을 알았다. 그들이 방정식을 붙들고 같이 일을 하면 할수록 그 해답이 리스크와 보상에 대한 트레이너의 모델과는 별 관계가 없다는 것이 점점 분명하게 드러났다.

1970년 봄, 숄스는 머튼에게 자신과 블랙이 고심하는 문제에 대해 털어놓았으며, 그 문제는 즉시 머튼의 흥미를 끌었다. 그리고 머튼은 숄스와 블랙이 깨닫지 못하고 있었지만 사실 그들이 올바른 추론의 길을 걷고 있다는 점을 지적해줌으로써 그들의 고민을 해소시켜주었다. 얼마 후 그 모델은 완성되었다.

이제 그들이 완성한 모델을 살펴보자. 겉보기에는 복잡한 대수학으로 가득 찬 듯하지만, 그 모델 속에 숨겨져 있는 기본 아이디어는 이해하기 쉬운 것이다. 옵션의 가치는 네 가지 요소, 즉 시간, 가격, 이자율, 그리고 변동성에 따라 좌우된다. 이러한 요소는 콜옵션뿐만 아니라 풋옵션에도 적용된다.

다음은 그러한 요소가 옵션의 소유자에게 어떤 특정가로 주식을 살 권리를 부여해주는 콜옵션의 경우에 어떻게 작용하는지에 대한 설명이다.

첫 번째 요소는 옵션이 만료될 때까지의 기간이다. 만기까지의 기간이 긴 옵션이 짧은 옵션보다 더 가치가 크다. 두 번째 요소는 현 주식 시세와 소유자가 주식을 사거나 팔 수 있는 옵션 계약에서의 특정가격(즉 행사가격) 간의 차이다. 옵션은 현 시세가 행사가격보다 낮을 때보다는 높을 때 더 가치를 발한다. 세 번째로, 옵션 행사를 기다리는 동안 매입자가 옵션을 사지 않았다면 불어났을 이자뿐만 아니라, 같은 기간 동안 기초자산underlying asset(여기서는 주식을 의미한다-옮긴이)에서 매도자가 거둬들일 수 있는 수입 또한 옵션의 가치를 결정하는 요소가 된다. 그러나 무엇보다 중요한 것은 네 번째 요소로, 기초자산에 대한 기대 변동성이다.

다시 앞서 예로 든 AT&T 주식을 상기해보자. AT&T 주식은 50에 거래되고 있었고, 옵션 소유자들은 그것을 1995년 6월 6일에서 10월 15일 사이 어느 때라도 50.25로 살 권리를 갖고 있었다(옵션거래에서는 만기일에만 권리를 행사할 수 있는 유러피안 옵션과 옵션 매입 직후부터 만기일까지 언제라도 권리를 행사할 수 있는 아메리카 옵션이 있다. 여기서는 아메리카 옵션을 설명하고 있다-옮긴이).

AT&T 주가가 올라가거나 내려갈 확률은 중요하지 않다. 중요한 것은 주식가격이 오르내리는 방향이 아니라 그것이 변화하는 범위다. 가격 변화의 방향이 옵션가격 산정과 무관하다는 개념이 일반적인 생각과는 매우 어긋나는 것이었기 때문에, 블랙과 숄스는 해답이 바로 코앞에 있었음에도 불구하고 그 답을 찾는 데 그렇게 오랜 시간이 걸렸던 것이다. 한편 그 수수께끼를 풀 수 있었던 것은 옵션 자체의 비대칭성 때문이기도 하다. 다시 말해 옵션 투자가의 잠재적 손실은 프리미엄에 한정되는 반면, 그들의 잠재적 이득은 무한하다는 얘기다.

설사 AT&T 주식이 옵션 존속 기간 동안 45가 되거나 50, 심지어는 20까지 떨어진다 해도, 그 옵션 소유자는 기껏해야 옵션 가격인 2.50달러만 잃는 셈이다. 그리고 50.25~52.75 사이의 주가에서는, 소유자의 이득은 많아봤자 2.50달러 이하가 된다(실제로는 손해다. 왜냐하면 시세차익이 옵션 프리미엄을 밑돌기 때문이다-옮긴이). 그러나 52.75이상만 되면, 잠재적 이득은 무한해진다. 적어도 이론적으로는 말이다. 모든 변수를 고려해보면 블랙과 숄스의 모델은 1995년 6월 AT&T 옵션 가격이 2.50달러의 가치를 지녔던 이유가 투자가들이 넉 달이라는 옵션 행사 기간 동안 AT&T 주식이 각 방향으로 10%, 즉 5포인트 정도 범위로 변동할 것으로 기대했기 때문임을 보여주고 있다.

변동성은 언제나 핵심적인 결정인자다. AT&T의 경우와 대조하기 위해 소프트웨어 업계의 선두주자인 마이크로소프트Microsoft사의 사례를 살펴보기로 하겠다. AT&T 주식가격이 50이고 그 옵션은 2.50달러에 거래되고 있던 같은 날, 마이크로소프트의 주식은 83.125에, 한 주를 4개월의 행사기간 동안 90에 살 수 있는 옵션은 4.50달러에 팔렸다. 주가로는 마이크로소프트가 AT&T보다 단지 60%만큼 높았음에도 불구하고,

옵션 가격은 AT&T보다 80%나 높았다. AT&T의 경우 주가와 행사가격과의 차이가 단지 0.25포인트였던 데 비해, 마이크로소프트의 행사가격은 주가와 거의 7포인트나 차이가 났다. 시장에서는 명백히 마이크로소프트의 변동성이 AT&T보다 훨씬 크다고 기대한 것이다. 블랙과 숄스의 모델에 따르면 변동성의 차이는 다음 4개월 동안 정확히 두 배였다.

마이크로소프트의 주식은 AT&T의 주식보다 훨씬 더 리스크가 크다. 1995년 AT&T는 거의 90억 달러에 이르는 총수입과 230만 주주를 보유하고 있었으며, 미국 내의 거의 모든 가계와 기업이 그 고객이었다. 또한 예전에 비해서는 많이 약화된 편이었지만, 그래도 여전히 자기 분야에서는 강력한 독점적 위치를 점유하고 있었으며, 오랫동안 중단되지 않은 배당금 지급 역사를 자랑하고 있었다. 반면에 마이크로소프트의 주식은 1982년부터 대중에게 공개되었고, 당시 총수입액은 60억 달러에 불과했다. 고객 기반도 AT&T에 비하면 훨씬 소규모였고, 마이크로소프트의 위력을 무너뜨리려고 하는 업계의 쟁쟁한 도전자들의 공격에 시달리고 있었다. 뿐만 아니라 그들은 한 번도 배당금을 지불한 적이 없었다.

옵션거래자들은 그러한 차이를 알고 있었다. 그러나 주식을 움직이게 하는 것이 있다면 그것은 종류를 막론하고 중요한 의미를 지닌다. 왜냐하면 빠르게 하락하는 주식은 동시에 빠르게 상승하는 경우가 많기 때문이다. 옵션구매자들은 뭔가가 벌어지기를 기대한다. 옵션을 파는 투자가들은 움직임이 없는 주식을 좋아한다. 만약 마이크로소프트가 100으로 상승하고 그 옵션소유자가 옵션 매도자에게서 90에 주식을 살 수 있는 권리를 행사하면, 옵션 매도자는 10포인트 손실을 보게 된다. 그러나 마이크로소프트가 거래 성립 당시와 비슷한 83 근처에서 머물고 있으면, 옵션매도자는 4.50달러의 프리미엄을 모두 챙길 수 있게 된다. 같은 이유로 주택 대출금에 대한 조기 상환특약 또한 이자율이 안정적인 때보다는 뛰고 있을 때 훨씬 더 큰 가치를 지닌다.

옵션은 보험증권과 비슷한 점이 매우 많다. 그리고 때로 같은 이치로 사고 팔린다. 만일 보험증권이 매매 가능한 증권으로 전환된다면, 그것들은 시장에서 옵션에 매겨지는 것과 똑같은 방식으로 가격이 매겨질 것이다. 프리미엄 지급에 따라 보장되는 기간 동안, 보험증권 구입자는 미리 협정된 가격으로 그의 불타버린 집, 망가진 차, 의료비, 심지어는 사망할 경우엔 시신에 대해서도 보험회사를 상대로 보상 요구 권리를 가지며, 보험회사는 그가 입은 손해에 대해 협의된 금액을 지불할 의무가 있다. 만약 집이 불타지 않거나, 차 사고가 한 번도 일어나지 않았다거나, 또는 보험 증권의 소유자가 건강해서 평균 여명 이상으로 살게 되면 그는 자신이 지불한 프리미엄을 잃는 것이며 아무것도 거두지 못하게 된다. 프리미엄 자체는 각각의 결과를 둘러싼 불확실성의 정도, 이를테면 집의 구조, 차와 운전자의 수명, 보험증권 소유자의 병력病歷, 그리고 그가 석탄 광부인지 컴퓨터 기술자인지 등에 달려 있다. 우리가 옵션이라고 부르는 파생상품은 보험에 들 수 있는 리스크의 영역을 넓혀감으로써 모든 리스크를 보험에 드는, 케네스 애로가 말하는 이상적인 세상을 창조하는 데 기여하고 있다.

파생상품은 주식이나 이자율, 인간의 생명이나 주택, 또는 주택 저당권의 거래가 아니다. 파생상품 거래에서 상품은 불확실성 그 자체다. 이것이 바로 마이크로소프트의 옵션이 AT&T의 옵션보다 더 비싸고, 메인 주에서보다는 캘리포니아 주에서의 지진 보험금이 더 비싸며, 남부연방에 대한 채권자들이 그렇게 부담이 큰 조건을 끌어낼 수 있었고, 은행가들이 주택담보 대출금리의 하락을 걱정하는 이유다.

블랙과 숄스는 1970년 10월 시카고 대학이 발행하는 저명한 전문지 〈정치경제학 저널The Journal of Political Economy〉에 보낸 기고논문에서, 옵션의 가치 산정에 대한 자신들의 견해를 밝혔다. 그러나 그 전문지의 편집자는 그들이 경제학적인 요소는 너무 작게 다루었고, 금융론적인 요소는 지나치게 많이 다루었다고 주장하면서 즉각 그 원고를 돌려보냈다.

하버드 대학의 〈경제학 · 통계학 평론Review of Economics and Statistics〉 또한 같은 반응을 보였다. 둘 중 어느 전문지도 그들의 논문을 재심의조차 하지 않으려 했다. 그러다가 마침내 1973년 〈정치경제학 저널〉 5 · 6월호에 실리면서 그 논문은 빛을 보게 되었다. 그것도 영향력 있는 시카고 대학 교수 두 명의 중재로 가능했던 것이다. 그후 그 논문은 일찍이 경제학 분야나 금융경제학 분야에서 발표된 연구 보고서 가운데 가장 영향력 있는 것으로 판명되었다.

우연의 일치로 사건이 한꺼번에 일어나는 경우가 있다. 이것도 그러한 경우의 하나인데, 블랙과 숄스의 논문이 출간되기 바로 한 달 전인 1973년 4월 시카고 옵션거래소Chicago Board Options Exchange가 개장한 것이다. CBOE로 더 잘 알려진 이 옵션거래소는 시카고 상공회의소의 흡연 휴게실에서 영업을 시작했다. CBOE는 최초로 주식 옵션거래자들에게 표준화된 계약을 제공했고, 동시에 옵션거래자들의 수요에 부응하여 옵션을 팔거나 살 준비를 갖춤으로써 옵션거래의 유동성을 부여하는 마켓메이커들도 수용했다. CBOE는 또한 모든 거래 내용의 신속한 공표公表와 더불어 엄격한 거래시행규정을 약속했다.

거래 첫날 16개의 개별주식에 대한 911 계약이 체결되었다. 1978년까지 하루 거래량은 평균 10만 계약으로 상승했으며, 1995년 중반 무렵에는 무려 100만 계약 이상의 주식 옵션이 매일 거래되었다. 그리고 또 다른 30만 계약의 옵션이 전국에 산재된 네 개의 다른 옵션거래소에서 거래되고 있었다. 주식 옵션에서는 옵션 한 계약이 100주에 해당하므로, 옵션 시장의 거래량은 증권거래소의 전체주식 거래량과 비교할 때 현저히 많은 것이다.

CBOE는 현재 세계에서 가장 과학적이고 정교한 거래센터임을 자랑하고 있다. 넓은 거래 공간, 컴퓨터로 가득한 1에이커에 달하는 지하실, 적도를 두 번 감을 만큼 긴 배선과 5만 개의 도시를 연결할 수 있는 통신 시스템을 갖추고 있다.

또 다른 우연의 일치는, CBOE가 개장을 하고 블랙과 숄스의 논문이 〈정치경제학 저널〉에 실릴 바로 그 무렵에, 휴대용 전자계산기가 등장했다는 것이다. 블랙-숄스 모델 발표 후 6개월도 안 되었을 때, 텍사스 인스트루먼트Texas Instruments : TI사는 〈월 스트리트 저널〉에 반쪽짜리 광고를 실었다.

"이제 당신은 블랙-숄스 모델이 제시하는 가치를 계산기를 사용해 계산할 수 있습니다."

얼마 안 가 옵션거래자들은 헤지비율hedge rations, 델타deltas, 추론적

미분 방정식stochastic differential equations 등 블랙-숄스 논문에서 인용한 기술적인 용어를 사용하게 되었다. 리스크 관리의 세계가 새로운 장으로 접어든 것이다.

1976년 9월 버클리 대학의 금융경제학 교수인 35세의 헤인 릴랜드Hayne Leland는 가계 재정에 대한 걱정으로 밤잠을 자지 못했다. 릴랜드의 말대로 '생활방식이 위태로운 지경에 빠져 무엇인가 획기적인 발명이 필요한' 때였던 것이다.

필요는 발명의 어머니라 하지 않았던가. 릴랜드는 머리를 쥐어짰다. 1973년과 1974년의 채권시장과 주식시장 동시 대폭락이라는 재난에 따라 자본시장에 팽배한 리스크에 대한 심한 두려움을 혼자 힘으로 극복해보려 한 것이다. 그는 보험회사가 돌발사고 발생시 보험증권 소유자들을 손실로부터 보호하는 것과 같은 방식으로, 투자 포트폴리오를 손실로부터 보장하는 시스템 개발에 착수했다. 그렇게 되면 보험에 든 것과 같은 효과를 보는 투자가들은 주식에 투자하고 있는 재산의 상당량(심지어는 전부 다)에 수반되는 리스크도 처리할 수 있는 것이다. 옵션 소유자들처럼 그들도 무한한 상승과, 보험료 프리미엄이라는 혜택만큼만의 제한된 하락이라는 혜택을 누릴 수 있게 된 것이다.

동틀 무렵 그는 문제를 해결했다는 확신이 들기 시작했고, 급기야는 깨달음의 소리를 내질렀다.

"유레카Eureka(알았다)! 이젠 어떻게 해야 할지 알겠다!"

그러나 자리에서 일어나 하루를 시작하자마자, 그는 이론적 · 기술적 문제 때문에 골치가 아팠다. 그는 당장 비밀을 털어놓을 수 있을 만큼 신뢰하는 버클리 대학 동료인 마크 루빈스타인Mark Rubinstein의 사무실로 뛰어들었다. 루빈스타인은 신랄한 이론가일 뿐만 아니라 진지한 학자였으며, 퍼시픽 주식거래소Pacific Stock Exchange에서 옵션거래를 해본 경험이 있는 인물이었다.

클랜드는 피곤에 지쳐 휘청거리면서도 열정적으로 자신의 계획을 펼쳐보였다. 그의 계획을 들은 루빈스타인이 처음으로 보인 반응은 다음과 같다.

"내가 그런 걸 생각해본 적이 없다니 이거 참 놀랍군."

그는 그 자리에서 당장 클랜드의 열렬한 협력자가 되어 포트폴리오 보험Portfolio Insurance : PI으로 불릴 자신들의 상품을 시장에 내놓을 회사를 차리는 데 동의했다.

클랜드가 설명한 대로 포트폴리오 보험은 풋옵션을 소유하는 포트폴리오의 수익률을 흉내내려는 것이었다. 어느 투자가가 AT&T 100주를 50에 구입하고, 동시에 45의 행사가격에 풋옵션을 구입한다고 가정해보자. 아무리 AT&T 주가가 떨어지더라도, 투자가는 5포인트 이상 잃을 가능성은 없다. 만약 옵션 만기 전에 AT&가 42로 떨어진다면, 투자가는 옵션매도자에게 주식을 매각해 4,500달러를 받고, 시장에 가서 4,200달러의 가격에 주식을 되살 수 있다. 이러한 상황이 되면 풋옵션은 300달러의 가치를 지니게 되며, 투자가가 잃게되는 총액은 500달러를 넘지 않게 되는 것이다(여기서 옵션 매입에 드는 프리미엄은 계산에서 제외되었으므로 실제 손실은 그만큼 늘어난다-옮긴이).

플랜드의 생각은 주가가 떨어지면 주식을 팔고 현금 보유를 늘리라고 고객에게 지시하는, 이른바 '역동적으로 계획된 시스템dynamically programmed system'을 통해 풋옵션의 성과를 흉내내자는 것이었다. 주식이, 고객이 지정한 가격의 최저한도에 이르면 (AT&T의 예에서는 45와 같이) 그 포트폴리오는 100% 현금화가 될 것이며, 따라서 더 이상은 손실을 입지 않는다. 그리고 만약 주가가 다시 상승한다면, 그 현금은 유사한 스케줄에 따라 재투자되는 것이다. 만약 주식이 결코 처음 가격 이하로 떨어지지 않는다면 그 포트폴리오는 가치상승을 모두 누리게 된다. 평범함 바닐라(가장 흔한 아이스크림-옮긴이) 풋옵션과 마찬가지로, 역동적 프로그램의 세부사항도 시작 포인트와 정해진 최저가격 간의 차이, 기간, 그리고 포트폴리오의 기대 변동성에 좌우되는 것이었다.

'시작 포인트와 정해진 최저가격 간의 차이'라는 부분은 보험증권의 공제조항에 비견될 만했다. 보험증권 소유자는 공제조항만큼의 손실을 떠맡아야 한다. 포트폴리오 보험의 비용은 각 단계별 특성에 포함되는 것이었다. 시장이 하락하기 시작하면, 그 포트폴리오는 점차 현금화되겠지만 여전히 약간의 주식은 소유하게 될 것이다. 시장이 상승하기 시작하면, 그 포트폴리오는 주식을 매입하기 시작하겠지만 여전히 약간의 현금은 소유하게 될 것이다. 결과적으로 그 포트폴리오는 양방향에서 약간씩 시장수익률을 따라잡지 못하게 된다. 이러한 불완전 수익률underperformance이 바로 보험료가 되는 것이다. 시장이 변동적일수록 불완전 수익률의 보험료는 커진다. 마치 일반적인 보험증권의 보험료(프리미엄)가, 보장하는 상황의 불확실성에 따라 좌우되는 것과 같다 할 수 있다.

운명적인 만남이 있은 지 2년 후 릴랜드와 루빈스타인은 모든 장애를 극복하고 출발할 준비가 되었다고 확신했다. 그런 준비과정 중에 그들은 많은 어려움을 겪었는데, 심지어는 컴퓨터 프로그래밍에서 치명적인 오류를 발견하고 한동안 모든 것이 다 불가능하다고까지 여긴 일도 있었다. 루빈스타인은 자비로 시스템을 운영하기 시작했는데, 매우 큰 성공을 거두어 〈포천Fortune〉지에 실리기도 했다. 그들의 본격적인 마케팅은 1979년에 시작되었다. 그러나 두 학자에게는 아이디어를 판다는 것이 쉬운 일이 아니었다. 그래서 그들은 마케팅 전문가이자 포트폴리오 이론 전문가인 존 오브라이언John O' Brien을 끌어들였다. 1980년 가을 드디어 오브라이언은 첫 고객을 맡게 되었다. 그리고 얼마 지나지 않아 포트폴리오 보험에 대한 수요가 폭발하면서 다수의 경쟁자들이 생겨나기 시작했다. 그 중에서도 샌프란시스코에 있는 웰스 파고 은행의 포트폴리오 매니지먼트그룹이 선두주자였다. 1987년까지 시가총액으로 약 600억 달러 상당이 포트폴리오 보험으로 관리되었으며, 그중 대부분은 대규모 연금펀드를 위한 것이었다.

그렇다고 처음부터 일이 순탄했던 것은 아니다. 수백 종류의 주식을 사고 파는 주문을 동시에 다루는 일은 복잡할 뿐만 아니라 비용도 많이 드는 업무였다. 더욱이 연금펀드의 역량 있는 포트폴리오 매니저들은 사전 예고도 없이 포트폴리오 일부를 사거나 팔라는 외부인들의 지시에 분개하기까지 했다.

이러한 문제는 1984년 S&P 500에 대한 선물거래 계약시장이 문을 열면서 해결되었다. 이들 계약은 특정 날짜에 사전 협의된 가격으로 물품을 인도하기로 약속한다는 점에서, 이미 언급했던 농부들의 선물거래 계약과 닮았다. 그러나 두 가지 중요한 차이점이 있다. 우선 S&P 500 선물거래 계약에서의 상대방은 개인이나 일반회사가 아니라 조직적으로 운영되는 공인된 거래소다. 사실 이 점은 오래전부터 존재해온 상품 선물거래 계약의 경우에도 마찬가지다. 그러나 유형상품과는 달리, S&P 지수에 속해 있는 500종의 주식은 계약 만기에 문자 그대로 수도受渡할 수 있는 성질의 것이 아니다. 그 대신 계약 소유자는 계약체결 당시와 계약 만료일의 지수 간의 상위相違에 기준하여 현금결제를 하는 것이다. 투자가들은 이러한 상위를 책임지기 위해 매일 거래소에 현금을 예탁해야 하며, 따라서 모든 계약은 항시 담보부 이행 보증 성격을 지닌다. 이것이 바로 투자가가 지수에 대한 선물계약을 사거나 팔고 싶을 때 거래소가 상대방 역할을 수행하는 방식이다.

S&P 선물거래에는 또 다른 매력이 있다. 선물거래는 투자가들에게 전체시장의 대용물을 사거나 파는 데 더 효율적이고 저렴한 수단을 제공한다. 그럼으로써 투자가들은 한정된 짧은 기간에 대량의 증권을 매입하거나 처분하는 부담을 덜 수 있다. 그렇기 때문에 투자가들의 포트폴리오와 그 포트폴리오의 매니저가 방해받는 일이 없다. 이렇게 주가지수 선물거래는 포트폴리오 보험 프로그램의 실행 구조를 매우 단순화시켰다.

포트폴리오 보험에 가입한 고객들에게는 이러한 시스템이 모든 투자가들이 꿈꾸는 기회, 즉 손실에 대한 리스크 없이 부자가 될 수 있는 기회를 부여하는 이상적인 리스크 관리형태로 보였다. 운영에서도 단지 한 가지 측면에서만 실제 풋옵션과 달랐고, 단지 한 가지 측면에서만 실제 보험증권과 다를 뿐이었다.

그러나 그러한 차이는 엄청난 것이었으며, 궁극적으로 치명적인 것임이 드러났다. 풋옵션은 일종의 계약이다. 예를 들어, AT&T의 풋옵션 매도자는 만약 그 옵션소유자가 주식을 매도하려 하면 법적으로 반드시 그것을 매입해야만 한다. CBOE의 풋옵션은 잠재적인 매입자가 보호된다는 점을 확실히 하기 위해 옵션매도자에게 현금 담보를 요구한다. 보험회사도 손해보상을 요구받을 때 기꺼이 응하겠다는 약정 계약서에 서명하고, 그러한 사태에 대비한 준비금을 쌓아두지 않는가.

그렇다면 주가가 떨어질 때 보험에 가입된 포트폴리오를 다시 현금화하는 데 필요한 돈은 어디에서 나오는 것일까? 바로 주식시장 자체에서 나온다. 다시 말해 보험에 든 투자가들이 팔고 싶어할 때, 그 주식을 매입하는 다른 투자가들에게서 나오는 것이다. 따라서 필요할 때 현금화할 수 있는 준비금이나 담보물은 따로 존재하지 않는다.

시장에는 릴랜드와 루빈스타인의 고객들이나 기타 유사한 보험에 가입한 포트폴리오를 손실에서 구원해야 할 법적인 책무가 없었다. 포트폴리오 보험과는 관련 없는 다른 투자가들은 심지어 자신들에게 기대되는 역할이 무엇인지도 모르고 있었다. 릴랜드의 기발한 가정은 그저 시장에는 항상 매입자가 존재하리라는 것이었다. 하지만 그들이 임무 수행을 요청받을 때 과연 실제로 나타나줄지 보장할 길은 전혀 없었다.

릴랜드와 루빈스타인이 연구실에서 부화시킨 병아리들은 1987년 10월 19일 월요일에 다시 둥지로 돌아왔다. 그 전 주에 크나큰 재앙이 벌어진 것이다. 다우존스 주가지수가 250포인트, 즉 10%나 떨어졌고, 그 하락의 절반이 금요일 하루 동안에 일어났다. 그러고는 월요일 개장만을 기다리며 주말 동안 엄청나게 많은 '팔자' 주문이 쇄도했다. 시장 주가는 월요일 정오까지 100포인트 떨어졌고, 다음 2시간 동안 또 200포인트가 하락했으며, 마감 시간 1시간 15분 동안에는 거의 300포인트 가까이 떨어졌다. 한편 보험 포트폴리오 매니저들은 '계획한 대로의 매도(프로그램 매매의 매도 쪽-옮긴이)'를 실행하려고 고군분투했고, 결과적으로 시장을 뒤덮고 있는 매도 물결에 기여하고 있었다.

혼란이 그런대로 가라앉았을 때, 보험 포트폴리오 소유주들은 다른 수많은 투자가들보다는 그래도 형편이 나은 편이었다. 그들은 10월 19일이 되기 전의 좋지 않은 한 주 동안 그래도 얼마간을 매각할 수 있었고, 그때 매각한 가격은 대체로 미리 정해놓은 '최저 가격'이나 또는 약간 밑도는 수준이었다. 그러나 폭락시의 매도가격은 예상보다 훨씬 낮게 형성되었다. 포트폴리오 보험을 조종하는 역동적 프로그램은 시장의 변동성을 과소평가하고 포트폴리오의 유동성, 즉 현금화 가능성은 과대평가한 셈이었다. 이러한 일련의 사건은 마치 고정 보험료 대신에 변동 보험료를 채택한 생명보험증권의 경우와 흡사하다 하겠다. 보험료를 변동률로 책정한다는 것은 피보험자의 건강상태가 악화되어 조기 사망의 확률이 증가하면, 보험회사가 단계별로 점차 보험료를 올릴 수 있는 권리를 갖는다는 의미다. 결국 이렇듯 들끓는 시장에서 포트폴리오 보험의 비용은 이론적 계산으로 예측한 비용을 훨씬 상회하는 것으로 드러난 것이다.

포트폴리오 보험으로 인한 불쾌한 경험도 리스크 관리 상품에 대한

치솟는 욕구를 가라앉히지는 못했다. 포트폴리오 보험 자체는 사실상 무대에서 사라져버렸음에도 불구하고 말이다. 1970년대와 1980년대를 거치면서 변동성은 여기저기서, 심지어 예전에는 없거나 잠잠했던 곳에서조차 터져나오는 듯했다. 1981년 달러가 금본위로부터 풀려나고 그 등락이 자유로워지자 외환시장에서의 변동성도 폭발하기 시작했다. 그리고 1979~1980년대 중반까지의 금리 대변동 기간 중에는 평온했던 채권시장마저 변동성에 휩쓸렸다. 게다가 1973년과 1978년의 유가 폭등에 따라 상품시장까지 술렁이기 시작했다.

이러한 예상 밖의 변동성 발생은 곧 경영진에게 경제상황이 근본적으로 변하고 있다는 암울한 경고를 던지며, 기업 전망에 재를 뿌렸다. 예를 들어, 대서양을 횡단하는 항공 분야에서 멋지게 성공을 거두며 등장한 레이커 항공사Laker Airlines는 수요 폭등에 대응하기 위해 맥도널 더글러스McDonnell Douglas사의 새 비행기를 주문했다가 부도로 문닫게 되었다. 레이커 항공은 대부분 파운드화로 수입을 올렸는데, 점점 상승하는 달러의 외환가치로 인해, 주문한 DC-10 항공기에 대한 달러 채무 상환이 불가능해졌다. 평판 높은 S&L 연합회는 고정금리 주택대출의 이자수입은 꿈적도 하지 않는데, 예금주에게 지급해야 할 금리는 계속 치솟아 결국 도산하고 말았다. 콘티넨털 항공사Continental Airlines도 변동성에 휘말려 파산했다. 걸프전 동안 원유가가 천정부지로 치솟자 감당해내지 못했던 것이다.

결과적으로 금융시장에는 새로운 종류의 고객이 출현했다. 바로 환율, 이자율, 상품가격 등에서 발생하는 새로운 리스크를 좀더 능동적으로 대처할 능력이 있는 쪽으로 넘기고 싶어하는 기업들이었다. 당시 기업들은 캐네먼과 트베르스키가 예측했던 대로 리스크에 대응했으나 도가 지나쳤다. 이미 살펴보았듯이 잠재적 손실에 대한 고통은 잠재적 이득에서 얻을 수 있는 만족보다 더 크게 느껴지는 법이다. 잠재적 손실에 대한 두려움에서 비롯된 리스크 거부감은 그들의 전략적 결정에까지 영향을 끼쳤다. 그다지 문제되지 않았던 분야에서까지 변동성이 증대되자, 회사 경영진은 그들과 주주들이 원하는 것보다 다소 불규칙적인 매년도의 수익에 대해서뿐만 아니라, 예전의 농부들이 그랬듯이 회사의 생존 자체에 대해 걱정하기 시작했다.

물론 기업은 활발하고 유동적인 시장에서 옵션과 선물거래(이제는 상품과 주가지수를 비롯해 이자율과 외환거래 계약까지 포함하는 선물거래)로 헤지거래를 할 수도 있다. 하지만 실제로는, 그러한 계약은 가능한 한 많은 투자가들을 끌어들이도록 특별히 고안된 것이다. 이에 반해 대부분의 기업이 갖는 리스크 관리의 필요성은 보상범위와 시간범위의 관점에서 너무 특수하기 때문에 공개시장에서 그만큼 준비를 갖춘 일반고객을 발견할 수 없다.

월 스트리트는 언제나 금융 혁신의 온상이었다. 때문에 중개회사들은 그들의 재능을 발휘할 만한 새로운 요구가 생겨나면 때를 놓치지 않고 바로 그 틈새를 파고든다. 전세계적인 비즈니스망을 구축하고 있는 주요 은행, 보험회사, 투자금융회사들은 기업 고객들의 새로운 수요에 부응하기 위해 지체 없이 전문 트레이더trader들과 금융 공학자들로 구성된 새로운 팀을 구성했다. 그들의 임무는 금리, 통화, 또는 원자재에 각각 관련이 되는 기업 고객들을 위한 리스크 관리 상품의 디자인이었다. 그리고 얼마 지나지 않아 이러한 계약에 관련된 기초자산의 가치는 '관념 가치notional value'라 불리며 수조 달러에 달했다. 이런 계약이 실제로 어떻게 돌아가는지 모르는 사람들에게는 기절할 만큼 놀라운 액수인 것이다.

오늘날 약 200개 사에서 이와 같은 사업을 벌이지만, 그 사업의 대부분은 대규모 금융기관들을 중심으로 집중되어 있다. 1995년의 현황을 살펴보면 일반 상업은행들만도 18조 달러라는 '관념 가치'의 파생상품을 소유하고 있는데, 그 중 14조 달러가 케미컬Chemical, 시티뱅크Citibank, 모건Morgan, 뱅커스 트러스트Bankers Trust, 뱅크 오브 아메리카Bank of America, 체이스Chase의 6개 기관에 집중되어 있다.

이미 언급했듯이 이러한 계약의 대부분은 선물거래 계약의 현금 결제조건과 같은 기능을 한다. 각 당사자는 상대방에게 단지 기초자산가치의 변동분(차액)만을 지불할 의무를 지닌다. 훨씬 규모가 큰 '관념적' 액수가 직접 왔다갔다 하는 것은 아니라는 의미다. 동일한 기관이나 동일한 기업이 한 상대방과 여러 종류의 계약을 맺을 때는, 각 계약을 분리된 것으로 나누어 다루기보다는 주로 전체적인 계약에 대한 영향을 총괄하는 식으로 지급액이 정산되는 경우가 많다. 결과적으로 기능적인 부담은 '관념 가치'의 압도적인 규모보다 훨씬 작아지는 것이다. 1995년 국제결제은행Bank for International Settlements에서 조사한 바에 따르면, 전세계적으로 나타나는 모든 파생상품의 '관념 가치'는 정규 거래소에서 거래되는 것을 제외하더라도 41조 달러에 달했다. 그러나 지불 의무가 있는 모든 당사자들이 지불을 거절하더라도 채권자의 손실은 단지 1조 7,000억 달러, 즉 '관념 가치'의 4.3%에 불과하리라는 결론이었다.

이러한 새로운 상품은 본질적으로 종래의 옵션이나 선물 매매계약을 결합시킨 것이다. 그러나 이들 상품 가운데 가장 복잡한 것은, 파스칼의 삼각형에서 가우스의 정상 분포까지, 골턴의 평균으로의 회귀에서 마코위츠의 공분산에 대한 강조까지, 베르누이의 표본 조사에 관한 아이디어에서 케네스 애로의 만능 보험을 위한 연구에 이르기까지 이제껏 언급한 모든 리스크 관리방안을 다 결합시킨 것도 있다. 이처럼 복잡한 계약의 가치를 산정해야 하는 책임은 블랙과 숄스, 머튼이 그렇게 고통스럽게 연구해낸 것을 훨씬 능가한다. 세 사람은 새로운 리스크 관리 상품을 고안하고 평가하기 위해 월 스트리트에 등장했다고 해도 과언이 아니다.

그러나 개별기업들의 요구는 공개시장에서 거래하기에는 보상범위가 너무 특수하다. 그러니 기업의 요구에 딱 맞아떨어지는 계약의 상대방 역할은 누가 맡아줄 것인가? 누가 투기자의 역할을 맡아 기업이 그렇게도 급히 벗어버리려고 하는 변동성을 떠맡는 입장이 되려고 하겠는가? 이와 같이 고객의 필요에 따라 맞추어진 기업상대거래corporate deal에서 상대방 역할을 수행하는 자 가운데 투기자는 거의 없다.

몇몇 경우에 그 상대방은 또 다른 정반대의 요구사항을 갖고 있는 기업이 된다. 예를 들어, 유가 하락에 대한 보호수단을 찾아 헤매는 정유회사는 유가 상승에 대한 보호수단을 찾는 항공회사와 짝이 될 수 있다. 미국 내의 자회사를 위해 달러가 필요한 프랑스 기업은 프랑스 내에 자회사를 둔 미국 회사의 프랑 채무를 떠맡을 수 있으며, 반대로 미국 회사는 미국 내 프랑스 자회사의 달러 조건의 채무를 처리할 수 있는 것이다.

그러나 완벽한 조화를 찾기란 어려운 일이다. 따라서 대부분의 경우에는 거래를 제시한 은행이나 딜러들이 계약을 이행하기 위한 수수료나 스프레드spread(거래상의 이문, 매매시의 호가 차이-옮긴이)를 바라보고 상대방의 역할을 떠맡는다. 이러한 은행과 딜러들은 보험회사의 대리인이나 마찬가지다. 그들은 기업이 피하려고 열심히 노력하는 변동성을 수용할 능력이 있다. 그들의 고객과는 달리, 서로 다른 요구를 가진 많은 고객들에게 편익을 제공함으로써 그 리스크를 분산시킬 수 있기 때문이다. 만약 그들의 회계장부가 균형이 맞지 않게 되면(리스크에 노출되는 포지션의 발생-옮긴이), 그들은 공개시장으로 들어가 거기에서 거래되는 옵션과 선물거래를 이용해 자신들의 포지션을 헤지할 수도 있다. 적어도 부분적으로는 말이다. 분산화라는 리스크 완화 특성과 결합한 금융시장의 정교함으로 현대의 불안정성 패턴은 그 어떤 상황에서보다 기업들을 위해 관리 가능한 리스크로 전환된 것이다.

그러나 1994년 어느 날, 이렇게 외관상으로는 안정적이고 건실하며 합리적이고 효율적으로 보이던 리스크 관리 계약 가운데 일부가 갑자기 무너져버려, 리스크 관리 딜러들이 재난에 대해 자신들을 보호해주고 있다고 믿고 있던 일부 고객들에게 엄청난 손실을 입히는 사건이 발생했다. 그런데 놀랄 일은 사건 자체만이 아니었다. 정말 놀랄 일은 그 희생자 가운데에는 명성 있고 평판 좋은 대기업들이 포함되어 있다는 사실이었다. 프록터 앤드 갬블을 비롯해 깁슨 그리팅Gibson Greetings, 독일의 메탈게셀샤프트Metallgesellschaft 등이 포함된 것이다.

하지만 보호수단이 갑자기 소유주에게 재난을 안겨준 앞의 경우에 수단 자체가 책임져야 하는 근본 원인은 없다. 오히려 어떤 보호수단으로 인해 상당한 손실을 입게 된다는 것은, 동시에 현재 그 회사의 주요 거래가 커다란 이익을 제공하고 있음을 의미한다고 해석해야 한다. 만약 어떤 원유회사가 유가 하락에 대비한 헤지로 인해 손실을 입었다면, 헤지 계약에서 그 손실의 원인이 되었던, 높은 가격으로 현재 틀림없이 큰 이득을 얻고 있다는 얘기가 된다. 마찬가지로 어떤 항공회사가 유가 상승에 대비한 헤지로 인해 손실을 본다면, 유가가 떨어져 그 항공사의 운영 비용을 낮춰놓았을 것임에 틀림없다.

앞의 유명 회사들이 파생상품 거래로 맞이한 재난은, 회사 경영진들이 변동성을 제한하기보다는 오히려 변동성에 대한 노출을 확대시켰다는 단순한 이유에서 비롯된 것이다. 그들은 회사 재무관리부서를 이익 창출의 중심으로 전환시켰다. 그리고 발생 확률이 적은 사건을 발생 불가능한 사건으로 취급했다. 뿐만 아니라 일정한 손실과 도박 사이에서 선택해야 할 상황이 닥치면 그들은 도박을 선택했다. 그들은 투자 이론의 가장 기본적인 원칙을 무시한 것이다.

"큰 손실이라는 리스크를 감수하지 않고는 큰 이득을 기대할 수 없다."

뱅커스 트러스트와의 파생상품 거래에서 큰 어려움에 빠지게 된 깁슨 그리팅의 이야기는, 기대이론이 실제로 완벽하게 적용된 사례다. 1994년 어느 날, 뱅커스 트러스트는 깁슨 그리팅의 재무 담당자에게 깁슨 그리팅의 손실 규모가 1,750만 달러 선에 머물러 있다고 전했다. 그러나 그 재무 담당자의 말에 따르면, 뱅커스 트러스트 또한 그 손실 규모가 무한이 커질 잠재성도 있음을 언급했다고 한다. 깁슨 그리팅은 즉각적으로 손실 규모의 상한선을 2,750만 달러로 정하는 대신, 만일 모든 일이 제대로 진행되기만 하면 손실을 300만 달러로 줄일 수도 있는 새로운 계약을 체결했다. 기대이론에서 예측한 일이 벌어진 것이다. 이미 손실을 입은 사람은 확실한 손실을 받아들이기보다는 도박을 선택하려 한다는 사실을 기억하는가? 깁슨 그리팅은 확실한 1,750만 달러 선에서 손실을 청산할 수도 있었으나, 그 대신 도박을 해보기로 선택한 것이다. 이와 비슷한 경험을 한 바 있는 어느 회사의 간부는 그러한 상황에서 벌어지는 일을 이렇게 묘사하고 있다.

"실로 그것은 도박과 매우 비슷하다. 당신은 점점 더 깊게 빠져들지만, 늘 '이 한 번만 하고 그만둬야지' 라고 생각하게 된다."

깁슨 그리팅은 끝내지 않았다. 그러다가 손실 규모가 2,070만 달러에 달해서야 그만두었다. 그리고 뱅커스 트러스트를 '신뢰관계' 를 깼다는 이유로 고소했다.

다음은 〈포천〉지의 기자인 캐럴 루미스Carol Loomis가 보도한 프록터 앤드 갬블의 경우를 살펴보자.

"프록터 앤드 갬블은 1994년 한 해 동안 놀라운 레버리지 효과leverage effect(지렛대 효과, 작은 힘으로 큰 돌을 들어올리듯 적은 돈으로 큰 이익의 창출과 정반대의 효과가 가능한 파생상품의 특징-옮긴이)와 혼란스러운 복잡성을 통합해놓은 파생상품 때문에 매우 큰 곤란을 겪어야 했다."

이러한 파생상품 또한 신문의 기업 · 금융란에 다음과 같은 전면광고를 냈던 뱅커스 트러스트로 인해 만들어진 것이었다.

"리스크는 많은 가면을 쓰고 있습니다. 그 가면 속을 볼 수 있도록 돕는 것이 뱅커스 트러스트의 힘입니다."

프록터 앤드 갬블은 깁슨 그리팅의 경우와 마찬가지로 기대이론을 충실히 따랐다. 그 회사 재무 담당자인 레이먼드 메인스Raymond Mains는 회사의 차입금 금리의 절대수준에 따라 평가되지 않는 '훌륭한 직무'를 수행하고 있었다. 즉, 이 회사는 '최근 회사를 위해 수행한 일'을 기준으로 그의 성과를 판단했다는 것이다. 다시 말하면 1년 전에 회사가 지불한 비용과 비교해서 메인스가 그 비용을 얼마나 절감했는가만을 고려한 것이었다. 이른바 오븐의 열기가 달아오를 대로 달아올랐던 것이다. 그 회사의 재난에 대한 풍자적인 논평 가운데 노벨상 수상자인 밀러가 한 농담이 있다.

"프록터 앤드 갬블을 아십니까? 프록터는 과부이고, 갬블은 애비 없는 자식이랍니다(회사를 이끌어가는 경영진의 무능을 남편이 죽은 가정에 비유-옮긴이)."

이 모든 문제를 야기시킨 거래를 자세히 살펴보면 엄청나게 복잡하지만, 그 협상과정에는 재미있는 부분도 있다. 마치 하버드 경영대학원에서 어떤 사례를 분석할 때 느끼는 것처럼 말이다. 이 거래는 4년간 단기 이자율이 10%에서 3% 이하로 계속 하락하던 무렵인 1993년 가을 체결되었다. 이는 계속적인 하락 후에는 이자율의 큰 폭 상승이 불가능한 것이라는 프록터 앤드 갬블의 믿음을 반영한 거래였다. 분명히 그 회사 중역들 가운데 아무도 골턴의 저서를 읽어본 적이 없었나 보다. 그 누구도 평균으로의 회귀를 알지 못하고 있었던 것 같으니까 말이다.

그들은 만일 이자율이 안정적으로 머물거나 더 떨어지더라도 그저 평범한 저축에 불과한 것에 자신들의 자산을 모두 걸었다. 뱅커스 트러스트로부터 5년 대부 형식으로 2억 달러라는 '관념적 액수'를 대출받는 거래를 체결한 것이다. 그러나 순수상업어음 차용에 따른 이자지급액과 비교했을 때, 회사가 최대한 절감할 수 있는 이자금액은 대출기간 동안 750만 달러에 달하는 거래였다. 다시 〈포천〉지의 기사를 보자.

"만약 일이 잘못되면, 즉 이자율이 계속 떨어지지 않고 오르면, 그 계약에 따른 포지션은 회사를 '금리 지각변동이라는 리스크를 감당해야 하는' 결과를 초래할 것이다."

계약이 체결되고 겨우 4개월이 지난 1994년 2월 4일, 연방준비은행은 단기 이자율을 올림으로써 시장을 깜짝 놀라게 했다. 루미스가 보도했듯이, 곧바로 엄청난 분노와 함께 대변동이 일어났다. 프록터 앤드 갬블의 경영진은 캐너먼이나 트베르스키에 대해서도 들어본 적이 없었나 보다. 그들은 이미 손실을 입기 시작했으면서도 2월 14일에 또 다른 계약을 체결했다. 이번 계약은 4년 3개월 동안 9,400만 달러에 달하는 것으로, 다시 한 번 이자율이 떨어지는 쪽으로 도박을 했다.

그러나 이자율은 떨어지지 않았다. 상업어음에 대한 이자율은 2월의 3.25%에서 12월에는 6.5%까지 올랐고, 우대금리prime rate는 같은 기간 동안 6%에서 8.5%로 올랐다. 프록터 앤드 갬블로서는 비극이 아닐 수 없었다. 처음 계약에 따라 그들은 1998년까지 뱅커스 트러스트에 14.5% 포인트로 이자를 지불해야 했고, 두 번째 계약 조건에 따라 같은 기간 동안 16.4% 포인트로 이자를 지불해야 했다.

이 부분에 대해서도 뱅커스 트러스트는 소송을 제기당했으며, 이 글이 쓰여지는 시점까지 프록터 앤드 갬블로부터 아무런 지불도 받지 못하고 있다. 그리고 메인스는 더 이상 프록터 앤드 갬블에서 일하고 있지 않다.

이 모든 사례에서 우리가 얻을 수 있는 것은 과연 무엇인가? 파생상품은 자살로 몰고 가는 악마의 발명품인가, 아니면 리스크 관리의 결정판인가?

프록터 앤드 갬블이나 깁슨 그리팅 등의 훌륭한 기업들까지도 문제에 휘말리게 만들 정도로 그렇게 나쁜 것인가? 아니면 너무 많은 사람들이 리스크를 피하고 다른 이에게 전가시키려 애쓰기 때문에 전체 금융시스템이 위험에 처하는 것인가? 다른 이들은 그러한 책임을 얼마나 잘 관리할 수 있을까? 조금 더 근본적인 의미에서, 20세기 후반에 불었던 파생상품의 엄청난 인기는 리스크와 불확실한 미래에 대한 사회적 시각에 대해 무엇을 말해주고 있는가? 마지막 질문에 대한 답은 마지막 장으로 미루겠다.

〈파이낸셜 타임스Financial Times〉의 칼럼니스트인 제임스 모건James Morgan은 다음과 같은 말을 한 적이 있다.

"파생상품은 면도날과 같다. 당신은 면도를 위해 사용할 수도 있고, 자살을 위해 사용할 수도 있다."

파생상품을 사용하는 사람은 누구나 이러한 두 가지 선택의 여지를 갖는다. 물론 그것을 자살 수단으로 이용할 필요는 없는 것이다.

프록터 앤드 갬블이나 그밖의 다른 회사의 경우에 정확히 누가 누구에게 무슨 일을 하게 했는지는 아직도 분명하지 않다. 그러나 그러한 재난이 일어난 원인은 매우 뚜렷하다고 할 수 있다. 그들은 변동성을 헤지하는 대신, 그것을 감수하려 한 것이다. 그들은 현금 흐름cash flow의 안정성뿐 아니라 나아가 장기적 미래까지 금리 예측의 정확성에 대한 볼모로 삼았다. 뱅커스 트러스트와 기타 파생상품 딜러들이 파스칼의 삼각형, 가우스의 종형 곡선, 마코위츠의 공분산에 입각해 장부 관리를 하는 동안 기업의 리스크 감수자들은 케인스식 신뢰도에 따르고 있었다. 자산 전체를 투기하거나 불변성의 실패를 실천에 옮길 무대가 아니었던 것이다.

미래가 어떻게 될지 알고 있다고 생각하는 투기자들은 언제나 잘못되거나 재산을 잃을 리스크를 안고 있는 셈이다. 금융시장의 장구한 역사 구석구석에는 거액을 걸었다가 재산을 탕진한 이야기가 산재해 있다. 서둘러 파산하기 위해 파생상품을 이용한 사람은 아무도 없다. 또한 단지 파생상품이 오늘날 널리 이용되는 금융도구라는 이유 때문에 더 빨리 파산할 필요가 있는 사람도 없다. 도구는 메시지를 전달하는 사자使者에 불과하다. 투자가야말로 메시지인 것이다.

1994년 몇몇 기업에서 입은 손실은 신문 헤드라인을 장식하며 대대적으로 보도되었지만 누구에게도 위협을 가하지는 못했다. 그렇지만 만약 다른 방향으로 실수를 했더라면, 말하자면 손실이 아닌 엄청난 이익을 얻었다면 어떻게 되었을까? 이러한 거래의 상대방은 과연 그 이익을 지불할 능력이 있었을까? 대부분의 대형 '맞춤형' 파생상품 계약에서 상대방은 주요 금융센터의 은행들, 최상위 투자은행들, 그리고 보험회사들이다. 그들은 모두 충격의 해였던 1994년에 전년도보다는 훨씬 적은 돈을 벌었지만, 이들 중 아무도 1년 내내 어려움을 겪지는 않았다. 예를 들어, 뱅커스 트러스트는 "우리의 손실은 모두 자기 자본 한도 내에 있었으며, 우리는 언제나 우리의 노출 exposure(리스크에 영향을 받는 포지션과 같은 의미–옮긴이) 범위를 알고 있었다. 따라서 리스크 컨트롤 과정은 성공적이었다"고 보고했다.

이러한 기관의 금융지급 능력은 세계 경제체계 자체의 금융지급 능력을 뒷받침하고 있다. 매일 그들은 복잡한 수백만 건의 거래를 성사시키고 있다. 이들 거래 규모는 수조 달러에 이른다. 이러한 계약들의 처리가 순조롭게 이루어져야 하는 것은 말할 필요도 없다. 실수가 허용될 여지 또한 거의 없다. 파생상품의 기초적 변동성이 매우 높을 때, 그리고 어느 한 기관의 자산 규모를 넘어서는 거액이 걸려 있을 때, 노출(포지션)의 규모와 다변화를 제대로 컨트롤하지 못하는 것은 비극적인 일이다.

각 기관의 경영간부들에서부터 금융시스템을 감독하는 정부관리기관에 이르기까지, 누구나 이러한 상황에 내재되어 있는 위험성에 대해 인식하고 있다. 이른바 '체계적 리스크systemic risk'라는 용어는 이제 그러한 집단에서 흔히 쓰이는 말이 되었으며, 또한 전세계의 중앙 은행들과 재무부(또는 재무성)가 관심을 쏟는 대상이 되었다. 아울러 그 체계에서 총괄적인 리스크 노출을 측정하는 일 또한 포괄성과 정교성의 측면에서 발전을 거듭하는 중이다.

그러나 절대적인 안전을 보장하는 것과 제대로만 다루면 기업의 현금 흐름의 변동성을 줄일 수 있는 금융 혁신의 발달을 억압하는 것 사이에는 단지 미세한 선이 그어져 있을 뿐이다. 변동성으로부터 현금 흐름을 보호하는 기업은 고단계 투자나 연구개발비R&D의 형태로 더 큰 내부적인 리스크를 감당할 수 있다. 금융기관 자체는 금리와 환율의 변동성에 취약하다. 그러나 이들은 그러한 변동성을 헤지 할 수 있는 정도까지는 자격을 갖춘 광범위한 차용자들에게 신용공여credit(대출 · 보증을 포함하는 각종 여신행위)의 범위를 확대시킬 수 있다.

사회는 그러한 환경에서 오는 혜택을 지켜나가야 한다. 1994년 11월, 연방준비제도 이사장인 그린스펀은 다음과 같이 선언했다.

> 은행 감독관의 역할이 은행의 파산을 최소화하거나 제거하는 것이라고 주장하는 사람들이 있다. 그러나 내 판단으로는, 그것은 잘못된 견해다. 리스크를 감수하려는 의지는 자유시장 경제의 성장에 필수적인 것이다. 만약 모든 예금주와 그들의 금융 중개인들이 리스크 없는 자산에만 투자한다면, 기업성장을 위한 잠재력은 결코 현실화되지 않을 것이다.

19

컴퓨터의 한계를 기억하라

위대한 통계학자인 켄들은 다음과 같은 말을 한 적이 있다.

"인간은 사회통제 능력을 신의 영역에서 빼앗아오는 데 실패했다. 사회는 운의 법칙에 따를 뿐이다."

많은 리스크를 컨트롤하고 동시에 번영을 이루어가는 과업을 완수할 수 있는 전망은 어느 정도나 될까?

이와 같은 질문에 대한 해답을 얻기 위해서는 라이프니츠가 야코프 베르누이에게 보낸 충고의 글을 상기해볼 필요가 있다. 왜냐하면 그것은 1703년 당시의 상황뿐만 아니라, 오늘날의 상황에도 잘 들어맞기 때문이다.

"자연은 사건의 반복에서 생겨나는 패턴을 확립해왔다(자연은 되풀이

되면서 일정한 패턴을 드러낸다). 그러나 그것은 단지 대개의 경우 그렇다."

책의 서문에서 지적했듯이 '단지 대체로 볼 때 그러하다' 라는 제한이 이 책 전체 내용의 핵심이다. 만일 그러한 제한이 없다면, 모든 사건은 과거의 사건과 동일해져 변화 또한 있을 수 없을 것이다. 이러한 환경에서 인생은 또 무슨 재미로 살겠는가.

비록 불완전하게 반복되기는 하지만, 자연계의 사건이 되풀이되는 의미를 이해하고자 하는 노력이 이 책에 소개된 영웅들을 움직인 동기였다. 하지만 그들이 수수께끼를 풀기 위해 수많은 정교한 장치를 만들었음에도 불구하고, 여전히 많은 수수께끼가 미해결된 상태로 남아 있다. 게다가 불연속성, 불규칙성, 변동성의 문제는 줄어들기는커녕 점점 늘어나기만 하는 듯하다.

금융분야에서는 더욱 그러하다. 새로운 상품이 빠른 속도로 생겨나고 있으며, 신시장은 구시장보다 더욱 빠르게 성장하고 있으며, 국제적 상호의존성의 증대는 리스크 관리를 더 복잡하게 만들고 있다. 고용시장을 비롯해 경제계 전 분야에서 한마디로 '경제적 불안정성economic insecurity' 에 대한 문제가 심각하게 대두되고 있으며, 그것이 일간 신문의 헤드라인을 장식하는 세상이다. 그뿐이 아니다. 환경, 건강, 개인 안전, 심지어는 지구라는 행성 자체도 전에 없던 새로운 적들의 공격을 받고 있는 듯하다.

그런데 운의 법칙에서 벗어나 사회를 통제하려는 목표는 아직도 이루어지지 않고 있다. 대체 무엇이 문제일까?

라이프니츠는 정보의 표본에서 일반화를 이끌어내는 데 있어서 자연의 변덕성이 아니라 복잡성으로 인해 어려움을 겪었다. 그는 제한된 실험만으로는 알기가 어려운 것들이 너무도 많다고 믿었지만, 당대의 여느 연구자들과 마찬가지로, 전지전능한 신이 정해놓은 기본 질서가 자연계의 전 과정을 관통하고 있다는 확신 또한 가졌다. 그가 기본질서에서 어긋난 부분을 일부에 불과하다고 했지만, 사실 드문 일은 아니다. 단지 눈에 띄지 않을 뿐이다.

300년 후 아인슈타인 역시 같은 생각을 품었다. 그가 동료 물리학자인 막스 보른Max Born에게 보낸 편지에는 다음과 같은 유명한 글귀가 쓰여져 있다.

“자네는 주사위를 갖고 노는 신을 믿지만, 나는 객관적으로 존재하는 세상과 그 속에 존재하는 완전한 법칙과 질서를 믿는다네.”

신이 주사위나 갖고 놀지는 않으리라는 베르누이와 아인슈타인의 생각이 어쩌면 맞는지도 모른다. 그렇지만 개선이든 개악이든 그토록 노력했음에도 불구하고, 인간은 ‘객관적으로 존재하는 세계의 질서를 규정하는 법칙’을 아직 완전히 이해하지 못하고 있다.

베르누이와 아인슈타인은 자연세계의 행태에 관심을 가졌던 학자들이다. 그러나 인간은 자연의 패턴을 넘어서는 어떤 것의 행태와 투쟁을 벌여야만 한다. 그것은 바로 인간 자신들이다. 실제로 문명이 진보함에 따라 자연의 변화무쌍함보다는 사람들이 내리는 의사결정이 점점 더 큰 문제로 대두되었다.

하지만 나이트나 케인스 등 20세기 학자들이 등장하기 이전까지, 인류의 상호의존성 증대라는 문제는 이 책에 등장하는 그 어느 혁신가의 관심도 끌지 못했다. 이들 대부분은 후기 르네상스나 계몽주의 시대 또는 빅토리아 시대를 살았던 인물들이다. 따라서 이들은 자연의 관점에서 확률문제를 생각했고, 인간들의 행동 또한 자연계에서 발견되는 것과 같은 정도의 규칙성과 예측 가능성을 띤다고 생각했다.

사실 '행태' 라는 것 자체는 결코 그들의 숙고대상이 될 수 없었다. 그들이 중요하게 생각했던 것은 운에 맡기는 승부나 질병, 평균 여명 등 인간의 결정이 아닌 자연이 정하는 결과에 대한 것이었다. 다니엘 베르누이가 합리성을 '인간의 본성' 이라고 설명했듯이, 그들은 인간을 언제가 합리적인 존재로 가정했다. 그리고 그것은 결국 인간의 행동을 자연과 마찬가지로, 또는 그보다 더 예측 가능한 것으로 전제함으로써 문제를 단순화시키는 결과를 초래했다. 또한 그러한 견해를 토대로 학자들은 경제적 · 사회적 현상을 설명하는 데 자연과학 용어를 빌려다 사용했고, 동시에 리스크 기피나 선호 등 주관적인 문제의 정량화를 당연하게 여겼다. 그들이 제시한 많은 사례에서는, 한 개인의 의사결정이 다른 사람의 복리에는 조금도 영향을 미치지 않았다.

그러한 생각은 제1차 세계대전의 영향에 관한 책을 집필한 나이트와 케인스에 이르러 깨지기 시작했다. 그들이 말하는 불확실성이라는, '완전히 다른 개념' 은 자연이나 아인슈타인과 보른 사이의 논쟁과는 그 어떤 관련도 없었다.

불확실성은 나이트와 케인스가 인간의 본성에서 감지한 비합리성의 결과였고, 이는 곧 의사결정과 선택에 대한 분석이 더 이상 로빈슨 크루

소의 경우와 같이 고립된 환경에 놓여 있는 인간들에 한정되어서는 안 된다는 것을 의미했다. 열렬한 합리성 신봉자였던 폰 노이만조차 개인의 결정은 다른 사람에게 영향을 미치고, 따라서 각 개인은 자신의 결정에 대한 다른 사람의 반응을 고려해야 한다고 생각했다. 그리고 그런 세상에서 리스크를 수반한 의사 결정을 내릴 때 어떻게 해야 하는지에 대해 연구한 것이다. 거기에서부터 캐네먼과 트베르스키의 불변성의 실패에 대한 탐구, 그리고 이론 보안대의 행동 조사는 그리 멀지 않았다.

라이프니츠가 자연에서 감지한 수수께끼의 상당 부분이 비록 20세기에 들어서면서 해결되었지만, 여전히 우리는 인간이 선택해나가는 과정이라든가 리스크에 반응하는 방법에 대한 의혹을 밝히기 위해 노력하고 있다. 소설가이자 평론가인 길버트 키스 체스터턴Gilbert Keith Chesterton은 이 문제에 대한 현대적 시각을 다음과 같이 표현했다.

> 이 세상의 진짜 문제는 비합리적이지도, 그렇다고 해서 합리적이지도 않다는 점이다. 더 정확하게 말하자면, 이 세상은 거의 합리적이긴 해도 완전히 그렇지는 않은 곳이다. 인생이 불합리하다고는 할 수 없지만, 언제나 모든 곳에서 논리를 찾으려 한다면 덫에 걸려들고 마는 것이다. 세상은 우리가 생각하는 것보다 약간은 덜 수학적이고, 덜 정확하다고 보면 된다. 정확성은 겉으로 드러나 있지만 부정확성은 숨겨져 있다. 자연의 야성이 어딘가에 도사리고 있는 것이다.

세상이 그러하다면 확률이나 평균으로의 회귀, 분산투자 등은 쓸모없는 개념인가? 자연의 변화를 해석하는 강력한 도구를 부정확성의 원인

탐구에 적용하는 것이 과연 가능한 일인가? 자연의 야성은 언제나 잠복해 기다리고 있는 것인가?

파스칼이나 다른 사람들의 아이디어에 대해 비교적 새로운 대안으로서 '혼돈이론chaos theory'이라는 것이 있다. 혼돈이론의 지지자들은 숨어 있던 부정확성의 원천을 밝혀냈다고 주장한다. 혼돈 이론가들에 따르면 부정확성은 '비선형nonlinearity'이라고 불리는 현상에서 비롯된다고 한다. 비선형이란 결과가 원인에 비례하지 않는 현상을 의미한다. 그러나 이와 더불어 혼돈 이론가들은 '매우 미세한 진동'에 균형 잡힌 원추가 쓰러지듯이 모든 결과에는 원인이 있다고 주장하는 점에서는 라플라스나 푸앵카레, 아인슈타인과 견해를 같이하고 있다.

혼돈 이론가들은 종형 곡선의 균형을 실상에 대한 묘사로 받아들이기를 거부한다. 그리고 선형 통계체계를 무시한다. 예컨대, 기대되는 보상의 규모는 그것을 달성하기 위해 감수해야 하는 리스크의 규모와 일치한다는 가정이나, 투입된 노력과 결과는 일정한 관계를 갖는다는 생각을 무시한다. 결과적으로 그들은 확률, 금융, 경제에 대한 전통적인 이론을 거부하는 셈이다. 그들에게는 파스칼의 삼각형이 아이들 장난감에 지나지 않으며, 골턴은 바보이고, 케틀레가 애지중지하는 종형 곡선은 현실을 서투르게 모방한 것으로 보일 뿐이다.

논리정연한 혼돈 이론가로 유명한 디미트리스 코라파스Dimitris Chorafas는, 혼돈이란 "초기 상태에 민감하게 따르는 시간의 전개다"라고 정의한다. 이 개념에 부합되는 가장 유명한 예는 다음과 같다.

"하와이에 있는 나비 한 마리의 날갯짓이 카리브 해에서 허리케인을 발생시킨다."

코라파스에 따르면 혼돈 이론가들은 이 세상이 동요와 변동성을 특징으로 하는 활력의 상태에 있다고 본다. 그렇다면 이 세상은 가우스가 정규분포를 통해 예측했듯이, 정상으로부터의 편차가 양 방향으로 균형을 이루며 밀집되어 있는 세계가 아니다. 뿐만 아니라 평균으로의 회귀라는 골턴의 개념 또한 적용될 수 없는 세계다. 평균이 항상 변화하는 유동성 상태에 있기 때문이다. 더 정확히 표현하자면, 혼돈이론에는 표준이라는 개념 자체가 존재하지 않는다.

혼돈이론은 불연속성 개념을 거부함으로써 모든 결과에는 원인이 있다는 푸엥카레의 생각을 극단적인 논리로 끌고 간다. 즉, 불연속적으로 보이는 것조차도 과거에서 갑작스럽게 단절된 것이 아니라, 선행 사건들의 논리적인 귀결이라는 얘기다. 혼돈의 세계에서는 언제나 야성이 잠재해 있으며 나타날 때만을 기다린다.

혼돈이론을 이용 가능하도록 만드는 것은 다시 별개의 문제다. 코라파스의 얘기를 들어보자.

"혼돈 속의 시간계열chaotic time series의 특징은 시간이 흐를수록 예측의 정확도가 떨어진다는 것이다."

이러한 생각으로 인해 혼돈이론의 실천가들은 모든 신호가 미세하기만 한 사소한 일들에 온 정신을 팔 수밖에 없고, 그밖의 다른 모든 것은 단순한 소음에 불과하다고 여긴다.

변동성에 초점을 맞추는 금융시장 예측가로서, 혼돈이론의 실천가들은 방대한 양의 거래자료를 축적했고, 그 결과 가까운 장래의 리스크 변화뿐만 아니라 증권가격이나 환율의 변화를 예측하는 데도 어느 정도 성공할 수 있었다. 그들은 심지어 룰렛 바퀴가 완전히 무작위적인 결과만을 제시하지는 않는다는 사실도 알게 되었다. 다만, 이 발견으로 얻을 수 있는 장점이 너무 작아 어떤 도박꾼도 부자로 만들어줄 수는 없었지만 말이다.

아직까지는 혼돈이론이 주장하는 내용에 비해 주장을 받쳐줄 이론 자체의 완성도는 신통치 않은 듯하다. 혼돈이론의 실천가들은 간신히 나비를 붙잡기는 했지만, 아직은 날개의 푸드덕거림에 따라 진동하는 모든 공기의 흐름까지는 다 뒤쫓지 못하는 것이다. 그러나 그에 대한 노력은 계속되고 있다.

최근 몇 년 사이에는 유전학적 알고리듬이나 신경망 등 생소한 이름을 가진, 미래 예측을 위한 또 다른 정교한 움직임이 나타나고 있다. 이러한 방법은 주로 변동성의 본질에 초점을 맞추는 것으로서, 고성능 컴퓨터까지 그 방법 연구에 동원되고 있다.

유전학적 알고리듬의 목적인 유전자가 한 세대에서 다음 세대로 전해지는 방식을 흉내내는 것이다. 생존하는 유전자가 가장 생명력 강하고 가장 유능한 자손을 형성하는 모델을 창조해낸다는 논리다.

신경망은 인간 두뇌의 활동을 그대로 재현하도록 고안된 것이다. 즉, 이미 뇌에 입력되어 있는 경험을 정선하여 신경망에 전달함으로써 다음 번 경험을 다루는 데 가장 유용한 추정을 끌어내는 것이다. 이러한 연구 과정의 전문가들은 하나의 체계에서 발견된 행동 패턴으로 전혀 다른 체계의 결과까지 예측할 수 있는 방법을 찾기 위해 노력하고 있다. 말하자면 민주주의, 기술발달 과정, 주식시장 등 모든 복잡한 체계가 동일한 패턴과 반응을 공유한다는 이론이다.

이러한 모델은 복잡한 현실을 들여다보는 중요한 통찰력을 제공한다. 하지만 금융시장이나 룰렛 판의 회전에 나타나는 패턴을 인식함에 있어서 그러한 패턴의 원인을 증명해내지는 못하고 있다. 그러므로 소크라테스와 아리스토텔레스가 살아 있다면, 혼돈이론이나 신경망에 대해 회의적인 반응을 보일 것은 명약관화한 일이다. 그러한 접근방식의 지지자들이 전통적인 연구 방식에 회의를 품고 있는 만큼이나 말이다.

진리와 유사한 것은 진리가 아니다. 이전의 패턴이 반복되는 이유를 이론적으로 설명할 수 없다면, 어떤 체계의 패턴이 다른 체계에서도 나타나는 이유를 이론적으로 밝힐 수 없다면, 아무리 혁신적인 이론이라 해도 현재의 어떤 조짐이 내일의 어떤 사건을 유발시키리라는 확신까지 줄 수는 없을 것이다.

현재 우리에게는 엄청난 처리능력을 가진 초대형 컴퓨터로나 발견해낼 수 있을지 모르는 난해한 자료만이 있을 뿐이다. 하지만 이러한 이론의 기초자료 역시 어차피 과거의 정보이므로 기존 확률이론의 발전을 가로막았던 장애가 먼저 해결되어야만, 컴퓨터에 기반을 둔 예측도구건 비선형 모델에 근거를 둔 예측도구건 어떤 의미를 가질 것이다.

우리는 전쟁이나 경제 불황, 주식의 폭등과 폭락, 인종 학살 등의 사건이 터질 때마다 돌발적인 사태로 인식한다. 그러나 우리가 지난 역사

를 연구할 때쯤이면, 예측 불허라고 느껴졌던 그 야성에 모두가 알아챌 수 있는 분명한 전조가 있었던 것처럼 보인다. 따라서 우리는 그 일을 겪은 사람들이 눈앞에 놓인 일조차 감지하지 못했다는 사실에 의아해하는 것이다.

다른 어떤 분야보다도 금융 분야에서는 특히 예측불허의 일들이 다반사로 일어난다. 1950년대 후반에는 80년 이상의 경험을 토대로 거의 보편적 원리로까지 받아들여졌던 어떤 믿음이 갑자기 산산히 깨져버린 일도 있었다. 투자가들은 리스크가 작아도 신용도가 우수한 채권에 대한 1,000달러의 투자가, 리스크가 큰 주식에 대한 투자보다 더 많은 수입을 올릴 수 있다는 전대미문의 사실을 발견한 것이다.

또한 1970년대 초반에는 장기 금리가 남북전쟁 이후 최초로 5% 이상으로 올라갔으며, 그후 지금까지도 5% 이상의 수준을 유지하고 있다.

채권과 주식의 수익률 차이가 두드러지게 안정되어 있었기 때문에, 또 오랜 기간 동안 장기 금리에 아무런 변화가 없었던 까닭에 누구도 어떤 변화가 있을 것이라고는 생각조차 해보지 않았다. 사실 당시 사람들이 그런 생각을 하지 못했던 이유는 경기조정 통화정책이나 재정정책이 발달하기 전이었고, 또한 어떤 경우에는 오르고 어떤 경우에는 내리는 현상 대신에 항상 오르기만 하는 물가를 경험하기 전이었기 때문으로 판단된다. 달리 말해 이러한 패러다임 변화를 예측하는 것이 불가능하지는 않았더라도, 당시로서는 그러한 변화가 있으리라고 생각조차 할 수 없었던 것이다.

만일 이러한 사건이 예측 불가능한 것이었다면, 우리는 어떻게 리스크 관리의 정교한 정량도구가 그 사건을 예측해주기를 기대할 수 있겠는가? 어떻게 우리는, 우리 자신이 받아들일 수 없을뿐더러 상상조차 할 수 없는 개념을 컴퓨터에 입력할 생각을 할 수 있겠느냐는 말이다.

우리는 미래에 대한 자료를 컴퓨터에 입력할 수 없다. 그러한 자료를 얻기 힘들기 때문이다. 따라서 우리는 과거에서 얻은 자료를 이용해, 선형이든 비선형이든 간에, 우리의 모델로 만들어낸 의사결정 메커니즘을 가동시키기 위해 많은 노력을 기울인다. 그러나 거기에는 논리를 따지기 때문에 함정이 도사리고 있다. 즉, 현실에서 얻는 과거자료는 일련의 독립된 관측이라기보다는 오히려 사건의 '인과적 연쇄'로 구성되어 있는데, 전통적 확률이론이 요구하는 것은 '인과적 연쇄' 자료가 아닌, 독립된 관측자료이다. 우리는 과거에서 무작위적으로 분포된 수천 개의 표본이 아니라, 단지 경제와 자본시장에 대한 하나의 표본을 얻을 수 있을 뿐이다. 많은 경제와 금융 변수를 얻을 수 있고, 이들 변수가 종형 곡선에 대체적으로 들어맞는 분포를 보인다 해도 완벽한 그림이 나오는 것은 결코 아니다. 다시 말하지만, 진리와 유사한 것은 진리가 아니다. 바로 그러한 불완전성이라는 외곽지대에 야성이 잠복해 있는 것이다.

이제 정리를 해보자. 리스크 관리기술은 기존의 리스크를 통제하는 동시에 새로운 리스크를 만들어내기도 한다. 하지만 그래도 우리는 리스크 관리를 신뢰하고 있으며, 그러한 믿음 덕택에 회피했을지도 모르는 리스크일지라도 감수할 수 있는 용기를 갖게 되었다. 대부분의 경우에 그러한 용기는 유익하다. 하지만 우리는 리스크 관리 시스템에서 리스크의 양을 증가시킬 수도 있음에 특히 유의하지 않으면 안 된다. 어떤 연구보고에 따르면, 안전 벨트를 착용함으로써 운전자들은 평소보다 더 과격하게 차를 몬다고 한다. 결과적으로 안전 벨트 착용으로 인해 심각한 부상을 입는 경우는 줄어드는 반면, 사고발생 건수는 증가하는 것이다.

헤지 수단으로 고안된 파생금융상품은 투자자들을 유혹해서 리스크를 수반한 큰 이득의 기회를 제공하는 투기수단으로 변질되기도 한다. 일반기업의 리스크 관리자라면 절대로 피해서는 안 되는 측면이다. 1970년대 후반 포트폴리오 보험의 도입은 그전에 행해졌던 것보다 훨씬 더 높은 주식투자비중(리스크의 노출)을 초래했다. 같은 방식으로, 보수적인 기관투자가들은 검증되지 않은 분야에서 큰 리스크의 노출을 정당화하기 위해 광범위한 분산투자를 사용하곤 했다. 그러나 분산투자는 손실에 대한 보장수단이 아니다. 단지 한 번에 모든 것을 잃을 리스크에 대한 보장수단일 뿐이다.

멋지게 정렬된 숫자, 선명한 색상, 우아하게 그려진 그래프……. 컴퓨터 화면보다 더 매끈하고 설득적인 대상은 아무것도 없을 것이다. 흐르는 화면에 정신을 뺏기고 있노라면, 우리는 컴퓨터가 단지 묻는 말에나 대답할 뿐, 스스로 질문하지는 않는다는 사실을 잊어버린다. 게다가 컴퓨터로 야기된 이러한 인식의 혼란은 다시 컴퓨터로 인해 더욱 부추겨진다. 단지 컴퓨터 화면에 뜨는 숫자에 따라 살아가는 사람들은 리스크 관리와 의사결정을 위해 고대인들이 의지했던 신탁oracle을 컴퓨터가 대신하는 것으로 생각할 수도 있다.

컴퓨터의 한계를 잊어서는 안 되겠지만, 또한 무조건적으로 숫자를 거부해서도 안 된다. 숫자가 직관이나 육감보다 더 정확하고 더 미더운 것이라면 말이다. 캐네먼과 트베르스키가 이미 예증했듯이, 직관이나 육감에서는 종종 모순과 근시안이 우세하다. 대단히 명석한 수학자로 영국 왕립관측소의 소장을 역임한 바 있는 G. B. 에어리G. B. Airy는 1849년에 다음과 같은 말을 남겼다.

"나는 이론이나 가설 · 공식 등 순수한 지적 소산물에 대해서는 헌신적인 찬미를 바친다. 그것이 장애를 헤쳐 나가다가 길을 잃은 사람들에게 올바른 길을 찾아주고, 사실을 관측하다가 한계에 처한 사람들에게는 더 넓은 지평을 열어주기 때문이다."

이 책의 중심 주제는, 지난 450년 동안 우리가 만나본 영웅들이 이루어낸 정량에 대한 업적이다. 오늘날 공학 · 의학 · 과학 · 금융 · 기업경영 · 정부행동 등 수많은 분야에 걸쳐서 매일같이 여러 가지 의사결정이 내려지고 있다. 그러한 의사결정은 과거의 경험적 · 육감적 방법을 훨씬 능가하는, 엄격한 절차를 거쳐 내려지고 있다. 그리하여 판단에 따르는 치명적인 실수를 피할 수 있고, 그것이 불가능할 때는 그 결과를 완화시키기라도 하는 것이다.

르네상스 시대의 도박사 카르다노, 그의 뒤를 이은 기하학자 파스칼과 변호사 페르마, 포트로열 사원의 신부들과 뉴잉턴의 성직자들, 잡화점 주인과 접질린 뇌의 소유자 골턴, 다니엘 베르누이와 그의 삼촌 야코프, 비밀스런 가우스와 입심 좋은 케틀레, 쾌활한 폰 노이만과 무게 있는 모르겐슈테른, 신앙심 깊은 드 무아브르와 불가지론자 나이트, 박력 있는 블랙과 수다스런 숄스, 애로와 마코위츠, 이 모든 영웅들이 리스크의 개념을 바꾸어놓았다. 이들 영웅은 손실에 대한 가능성을 이득에 대한 기회로, 운명이나 창조 계획을 정교하고 세론된 확률에 근거한 미래 예측으로, 무기력을 선택으로 변형시켜놓은 것이다.

비록 확률법칙과 불확실성에 대한 정량화를 기계적으로 적용하는 데는 반대 견해를 취했지만, 케인스는 이러한 사고思考의 본체가 인류를 위한 길과 깊은 관련이 있다는 것을 인정했다.

확률은, 확률에 따라 행동하는 것이 '합리적' 이라는 판단이 나올 때만 중요성을 가질 수 있다. 그리고 확률에 대한 의존은 확률을 어느 정도 고려해서 '행동해야 한다' 는 판단이 설 때만 정당화될 수 있다.

확률이 '인생의 지표' 가 되는 것은 바로 그런 이유 때문이다.

| 참고문헌 |

Adams, John, 1995. *Risk*. London : UCL Press.

Alderfer, C. P., and H. Bierman, Jr., 1970. "Choices with Risk : Beyond the Mean and Variance." *Journal of Business*, Vol. 43, No. 3, pp. 341–353.

American Academy of Actuaries, 1994. *Fact Book*.

American Demographics, 1995. February.

Ansell, Jack, and Frank Wharton, eds., 1992. *Risk Analysis, Assessment and Management*. Chichester, England : John Wiley & Sons.

Arrow, Kenneth J., 1951. "Alternative Approaches to the Theory of Choice in Risk–taking Situations." In Arrow, 1971, pp. 1–21.

Arrow, Kenneth J., 1971. *Essays in the Theory of Risk–Bearing*. Chicago : Markham Publishing Company.

Arrow, Kenneth J., 1992. "I know a Hawk from a Handsaw." In M. Szenberg, ed., *Eminent Economists : Their Life and Philosophies*. Cambridge and New York : Cambridge University Press, pp. 42–50.

Arrow, Kenneth, and Frank Hahn, 1971. *General Competitive Analysis*. San Francisco : Holden–Day.

Baker, H. K., and J. A. Haslem, 1974. "The Impact of Investor Socio–Economic Characteristics on Risk and Return Preferences." *Journal of Business Research*, pp. 469–476.

Ball, Douglas B., 1991. *Financial Failure and Confederate Defeat*. Urbana : University of Illinois Press.

Bank Credit Analyst, 1995. Special Supplement, December. Montreal, Canada.

Barnett, A., and A. J. Lofasco, 1983. "After the Crash : The Passenger Response to the DC-10 Disaster." *Management Science*, Vol. 29, No. 11, pp. 1225-1236.

Bassett, Gilbert W., Jr., 1987 "The St. Petersburg Paradox and Bounded Utility." *History of Political Economy*, Vol. 19, No. 4, pp. 517-522.

Bateman, W. Bradley, 1987. "Keynes's Changing Conception of Probability." *Economics and Philosophy*, pp. 97-119. *

Bateman, W. Bradley, 1991. "Das Maynard Keynes Problem." *Cambridge Journal of Economics*, Vol. 15, pp. 101-111.

Baumol, William J., 1966. "Mathematical Analysis of Portfolio Selection." *Financial Analysts Journal*, Vol. 22, No. 5 (September-October), pp. 95-99.

Baumol, William J., 1986. "Productivity Growth, Convergence, and Welfare : What the Long-Run Data Show." *American Economic Review*, Vol. 76, No. 5 (December), pp. 1072-1086.

Baumol, William J., and Hilda Baumol, 1994. "On the Economics of Musical Composition in Mozart's Vienna." *Journal of Cultural Economics*, Vol. 18, No. 3, pp. 171-198.

Baumol, William J., and J. Benhabib, 1989. "Chaos : Significance, Machanism, and Economic Applications." *Journal of Economic Perspectives*, Vol. 3, No. 1, pp. 77-106.

Baumol, William J., Richard R. Nelson, and Edward N. Wolff, 1994. *Convergence of Productivity : Cross-national Studies and Historical Evidence*. Oxford and New York : Oxford University Press.

Bayes, Thomas, 1763. "An Essay Toward Solving a Problem in the Doctrine of Chances." *Philosophical Transactions*, Essay LII, pp. 370-418. The text also appears in Kendall and Plackett, 1977, with Price's Transmission letter, pp. 134-150.

Bell, David E., 1983. "Risk Premiums for Decision Regret." *Management Science*, Vol. 29, No. 10 (October), pp. 1156-1166.

Bell, Eric Temple, 1965. "Gauss, the Prince of Mathematics." *In Men of Mathematics*,

New York : Simon & Schuster. Abstracted in Newman, 1988a, pp. 291–332.

Bernoulli, Daniel, 1738. "Specimen Theoriae Novae de Mensura Sortis(Exposition of a New Theory on the Measurement of Risk)." Translated from the Latin by Louise Sommer in *Econometrica*, Vol. 22, 1954, pp. 23–36.

Bernoulli, Jacob, 1713. *Ars Conjectandi*. Abstracted in Newman, 1988, pp. 1425–1432.

Bernstein, Peter L., 1986. "Does the Stock Market Overreact?" *Journal of Finance*, Vol. XL, No. 3, pp. 793–807.

Bernstein, Peter L., 1992. *Capital Ideas : The Improbable Origins of Modern Wall Street*. New York : The Free Press.

Besley, Timothy, 1995. "Nonmarket Institutions for Credit and Risk Sharing in Low–Income Countries." *Journal of Economic Perspectives*, Vol. 9, No.3 (Summer), pp. 115–127.

Blaug, Mark, 1994. "Recent Biographies of Keynes." *Journal of Economic Literature*, Vol. XXXII, No. 3 (September), pp. 1204–1215.

Blinder, Alan S., 1982. "Issues in the Coordination of Monetary and Fiscal Policies." In *Monetary Policy Issues in the 1980s*. Kansas City, Missouri : Federal Reserve Bank of Kansas City, pp. 3–34.

Bodie, Zvi, Alex Kane, and Alan J. Marcus, 1992. *Essentials of Investments*. Homewood, Illinois : Irwin.

Boge, Steve, 1988. *Exploration into the Lives of Athletes on the Edge*. Berkeley, California : North Atlantic Books.

Bolen, Darrell W., 1976. "Gambling : Historical Highlights and Trends and Their Implications for Contemporary Society." In Eadington, 1976.

Brenner, Reuven, 1987. *Rivalry : In Business, Science, Among Nations*. New York : Cambridge University Press.

Breyer, Stephen, 1993. *Breaking the Vicious Circle : Toward Effective Risk Regulation*. Cambridge, Massachusetts : Cambridge University Press.

B?hler, Walter, 1981. *Gauss : A Biographical Study*. New York : Springer~Verlag.

Cardan, Jerome, 1930. *De Vita Propria Liber : The Book of My Life*. Translated from the Latin by Jean Stoner. New York : E. F. Dutton & Co.*

Chichilnisky, Graciela, and Geoffrey Heal, 1993. "Global Environmental Risks." *Journal of Economic Perspectives*, Vol. 7, No. 4 (Fall), pp. 65`86.

Chorafas, Dimitris N., 1994. *Chaos Theory in the Financial Markets*. Chicago : Probus.

Cohen, John, and Mark Hansel, 1956. *Risk and Gambling : The Study of Subjective Probability*. New York : Philosophical Library.

Cone, Carl, 1952. *Torchbearer of Freedom : The Influence of Richard Price on Eighteenth Century Thought*. Lexington, Kentucky : University of Kentucky Press.*

Darvan, Nicholas, 1994. *How I Made $2 Million in the Stock Market*. Reprint. New York : Carol Publishing Group, A Lyle Stuart Book.

David, Florence Nightingale, 1962. *Games, Gods, and Gambling*. New York : Hafner Publishing Company.*

Davidson, Paul, 1991. "Is Probability Theory Relevant for Uncertainty? A Post keynesian Perspective." *Journal of Economic Perspectives*, Vol.5, No.1(Winter), pp.129–143.

Davidson, Paul, 1996. "Reality and Economic Theory." *Journal of Post Keynesian Economics*, Summer. Forthcoming.

DeBondt, Werner, and Richard H. Thaler, 1986. "Does the Stock Market Overreact?" *Journal of Finance*, Vol.XL, No.3, pp.793–807.

Dewey, Donald, 1987. "The Uncertain Place of Frank Knight in Chicago Economics." A paper prepared for the American Economic Association, Chicago, December 30, 1987.

Dewey, Donald, 1990. "frank Knight before Cornell : Some Light on the Dark Years." In *Research in the History of Economic Thought and Methodology*, vol.8, pp.1–38. New York : JAI Press.

Dewey, Donald, 1997. "Frank Hyneman Knight." *dictionary of American National Biography*. Forthcoming. New York : Oxford University Press.

Dixon, Robert, 1986. "Uncertainty, Unobstructedness, and Power." *Journal of Post*

Keynesian Economics, Vol.8, No.4(Summer), pp.585–590.

Dreman, David, and Michael Berry, 1995. "Overreaction, Underreaction, and the Low P/E Effect." *Financial Analysts Journal*, July–August 1995, pp.21–30.

Durand, David, 1959. "Growth Stocks and the Petersburg Paradox." *Journal of Finance*, Vol.XII, No.3(September), pp.348–363.

Eadington, W. R., 1976. *Gambling and Society : Interdisciplinary Studies on the Subject of Gambling*. London : Charles C Thomas.

Edward, W., 1953. "Probability Preferences in Gambling." *American Journal of Psychology*, Vol.LXIV, pp.349–364.

Ellsberg, Daniel, 1961. "Risk, Ambiguity, and the Savage Axioms." *Quarterly Journal of Economics*, Vol.LXXV, pp.643–669.

Environmental Protection Agency(EPA), Office of Research and Development, Office of Health and Environmental Assessment, 1992. *Respiratory Health Effects of Passive Smoking : Lung Cancer and Other Disorders*.

Environmental Protection Agency(EPA), Office of Research and Development, Office of Health and Environmental Assessment, 1994. *Setting the Record Straight : Secondhand Smoke Is a Preventable Health Risk*.

Eves, Howard, 1983. *Great Moments in Mathematics(Before 1650)*. The Mathematical Association of America.

Finney, P. D., 1978. "Personality Traits Attributed to Risky and Conservative Decision Makers : Cultural Values More Than Risk." *Journal of Psychology*, pp. 187–197.

Fischoff, Baruch, Stephen R. Watson, and Chris Hope, 1990. "Defining Risk." In Glickman and Glough, 1990, pp.30–42.

Folwer, Raymond, and Michael Wynn Jones, 1974. *Lloyd s of London : An Illustrated History*. Newton Abbot, England : David and Charles.

Focardi, Sergio, 1996. "From Equilibrium to Nonlinear Dynamics in Investment Management." Forthcoming. *Journal of Portfolio Management*.

Fox, Craig R., and Amos Tversky, 1995. "Ambiguilty Aversion and Comparative Ignorance." *Quarterly Journal of Economics*, Vol. CX, Issue 3, pp. 585–603.

Forrest, D. W., 1974. *Francis Galtom : The Life and Work of a Victorian Genius*. New York : Taplinger.*

Frankfort, Henri. *the Birth of Civilization in the Near East*. Garden City, New York : Doubleday, 1956, p. 9.

French, Kenneth, and James Poterba, 1991. "International diversification and International Equity Markets." *American Economic Review*, Vol. 81, No. 1, pp.222–226.

Friedman, Milton, and Leonard J. Savage, 1948. "The Utility Analysis of Choices Involving Risk." *Journal of Political Economy*, Vol. LVI, No.4(August), pp.279–304.

Galton, Francis, 1869. *Hereditary Genius : An Inquiry into Its Laws and Consequences*. London : Macmillan. Abstracted in Newman, 1988a, pp.1141–1162.

Galton, Francis, 1883. *Inquiries into Human Faculty and Its Development*. London : Macmillan.

Garber, Peter M., 1989. "Who Put the Mania in Tulipmania?" *The Journal of Portfolio Management*, Vol.16, No.1(Fall), pp.53–60.

Garland, Trudi Hammel, 1987. *Fascinating Fibonaccis : Mystery and Magic in Numbers*. Palo Alto, California : Dale Seymour Publications.*

Georgescu–Roegen, Nicholas, 1994. "Utility." In *The McGraw–Hill Encyclopedia of Economics*, 2nd Ed., Douglas Greenwald, ed. New York : McGraw Hill, pp.998–1010.

Glickman, Theodore S., and Michael Gough, 1990. *Readings in Risk*. Washington, DC : Resources for the Future.

Graunt, John. "Natural and Political Observations made upon the Bills of Mortality." Abstracted in Newman, 1988, pp.1399–1411.

Greenspan, Alan, 1994. "Remarks before the Boston College Conference on Financial Markets and the Economy." Boston, Massachusetts, September. (Published by Federal Reserve Board, Washington, DC.)

Groebner, David F., and Patrick Shannon, 1993. *Business Statistics : A Decision–*

Making Approach, 4th Ed. New York : Macmillan.*

Guilbaud, G. Th., 1968. *Éléments de la théorie mathématique des jeux*. Paris : Dunod.

Hacking, Ian, 1975. *The Emergence of Probability : A Philosophical Study of Early Ideas about Probability, Induction, and Statistical Inference*. London : Cambridge University Press.*

Hald, Anders, 1990. *A History of Probability & Statistics and Their Applications Before 1750*. New York : John Wiley & Sons.

Hancock, J. G., and Teevan, R. C., 1964. "Fear of Failure and Risk-Taking Behavior." *Journal of Personality*, Vol.32, No.2, pp.200-209.

Hayano, David M., 1982. *Poker Face : The Life and Work of Professional Card Players*. Berkeley and Los Angeles : University of California Press.

Heilbroner, Robert L., 1995. *Visions of the Future*. New York : New York Public Library/Oxford University Press.

Herrnstein Richard J., 1990. "Rational Choice Theory : Necessary But Not Sufficient." *American Psychologist*, Vol.45, No.3, pp.356-367.

Herrnstein, Richard J., and Drazen Prelec, 1991. "Melioration : A Theory of Distributed Choice." *Journal of Economic Perspectives*, Vol.5, No.3(Summer), pp.137-156.

Hodgson, Godfrey, 1984. *Lloyd s of London : A Reputation at Risk*. London : Allen Lane.

Hoffer, William, 1975. "A Magic Ratio Recurs Through Art And Nature." *Smithsonian*, Vol.6, No.9 (December), pp.111-124.

Hogben, Lancelot, 1968. *Mathematics for the Millions : How to Master the Magic Art of Numbers*. New York : Norton. Originally Published 1937.*

Howard, R. A., 1984. "On Fates Comparable to Death." *Management Science*, Vol.30, No.3, pp.407-422.

Howey, Richard S., 1983. "Frank Hyneman Knight and the History of Economic Thought." In *Research in the History of Economic Thought and Methodology*, Vol.1, pp.163-186. New York : JAI Press.

Hsieh, David A., 1995. "Nonlinear Dynamics in Financial Markets : Evidence and Implications." *Financial Analysts Journal*, Vol.51, No.4(July-August), pp.55-62.

Huff, Daniel, 1959. *How To Take A Chance*. New York : Norton.

Ignatin, George, and Robert Smith. "The Economics of Gambling." In Eadington, 1976.

Jackson, Norma, and Pippa Carter. "The Perception of Risk." In Ansell and Wharton, 1992.

Jeffrey, Robert H., 1984. "A New Paradigm for Risk." *Journal of Portfolio Management*, Vol.11, No.1(Fall), pp.33-40.

Jevons, W. Stanley, 1970. *The Theory of Political Economy*. Harmondsworth : Penguin Books. First published 1871. Second edition 1879.

Johnson, Dirk, 1995. "More Casinos, More Players Who Bet Until They Lose All." *The New York Times*, September 25, p.A1.

Jones, Charles P., and Jack W. Wilson, 1995. "Probability Estimates of Returns from Common Stock Investing." *Journal of Portfolio Management*, Vol. 22, No.1(Fall), pp.21-32.

Kagel, John H., and Alvin E. Roth, eds., 1995. *The Handbook of Experimental Economics*. Princeton, New Jersey : Princeton University Press.

Kahneman, Daniel, and Amos Tversky, 1979. "Prospect Theory : An Analysis of Decision under Risk." *Econometrica*, Vol.46, No.2, pp.263-291.*

Kahneman, Daniel, and Amos Tversky, 1984. "Choices, Values, and Frames." *American Psychologist*, Vol.39, No.4(April), pp.342-347.

Kahneman, Daniel, Jack L. Knetsch, and Richard H. Thaler, 1990. "Experimental Tests of the Endowment Effect and the Coase Theorem." *Journal of Political Economy*, Vol.98, No.6, pp. 1325-1348.

Kaplan, Gilbert Edmund, and Chris Welles, eds. 1969. *The Money Managers*. New York : Random House.

Kelves, Daniel J., 1985. *In the Name of Eugenics*. New York : Knopf.

Kemp, Martin, 1981. *Leonardo da Vinci : The Marvellous Works of Nature and Man*.

Cambridge, Massachusetts : Harvard University Press.

Kendall, Maurice G., 1972. "Measurement in the Study of Society." In Kendall and Plackett, 1977, pp.35–49.

Kendall, Maurice G., and R. L. Plackett, eds., 1977. *Studies in the History of Statistics and Probability*, Vol.II. New York : Macmillan.*

Keynes, John Maynard, 1921. *A Treatise on Probability*. London : Macmillan.*

Keynes, John Maynard, 1924. *A Tract on Monetary Reform*. New York : Harcourt Brace. In Moggridge, 1972, Vol.IV.

Keynes, John Maynard, 1931. *Essays in Persuasion*. London : Macmillan & Co.

Keynes, John Maynard, 1933. *Essays in Biography*. London, Macmillan. This work also appears as Vol.X of Moggridge, 1972.

Keynes, John Maynard, 1936. *The General Theory of Employment, Interest and Money*. New York : Harcourt, Brace.*

Keynes, John Maynard, 1937. "The General Theory." *Quarterly Journal of Economics*, Vol.LI, February, pp.209–233. Reprinted in Moggridge, 1972, Vol.XIV.

Keynes, John Maynard, 1971. *Two Memoirs*. New York : augustus M. Kelley.

Knight, Frank H., 1964. *Risk, Uncertainty & Profit*. New York : Century Press. Originally Published 1921.*

Kogelman, Stanley, and Barbara R. Heller, 1986. *The Only Math Book You'll Ever Need*. New York : Facts of File.

Kritzman, Mark, 1995. *The Portable Financial Analyst*. Chicago, Illinois : Probus.*

Kruskal, Willian H., and Stephen M. Stigler. "Normative Terminology : 'Normal' in Statistics and Elsewhere." Unpublished manuscript, September 15, 1994.

Lakonishok, Josef, Andr? Shleifer, and Robert Vishny, 1993. "Contrary Investment, Extrapolation, and Risk." Cambridge, Massachusetts : National Bureau of Economic Research.

Laplace, Pierre Simon, 1814. "Concerning Probability." In Newman, 1988a, pp.1301–1309.

Lease, Ronard C., Wilbur G. Lewellen, and Gary G. Schlarbaum, 1974. "The

Individual Investor, Attributes and Attitudes." *Journal of Finance*, Vol.XXIX, No.2(May), pp.413–433.

Leinweber, David J., and Robert D. Arnott, 1995. "Quantitative and Computational Innovation in Investment Management." *Journal of Portfolio Management*, Vol.22, No.1 (Winter), pp.8–16.

Leonard, Robert J., 1994. "Reading Cournot, Reading Nash : The Creation and Stabilisation of Nash Equilibrium." *Economic Journal*, Vol.104, No.424(May), pp.492–511.

Leonard, Robert J., 1995. "From Parlor Games to Social Science : Von Neumann, Morgenstern, and the Creation of Game Theory." *Journal of Economic Literature*, Vol.XXXIII. No.2(June), pp.730–761.

Loomis, Carol J., 1995. "Cracking the Derivatives Case." *Fortune*, March 28, pp.50–68.

Macaulay, Frederick R., 1938. *Some Theoretical Problems Suggested by the Movements of Interest Rates, Bond Yields and Stock Prices in the United States since 1856*. New York : National Bureau of Economic Research.

Macaulay, Thomas Babington, 1848. *The History of England*. Reprint. New York : Penguin Books, 1968.

Macrae, Norman, 1992. *John von Neumann*. New York : Pantheon Books.*

Markowitz, Harry M., 1952. "Portfolio Selection." *Journal of Finance*, Vol. VII, No.1(March), pp.77–91.

Markowitz, Harry M., 1952. "The Utility of Wealth." *Journal of Political Economy*, Vol.LIX, No.3(April), pp.151–157.

McCusker, John J., 1978. *Money and Exchange in Europe and America, 1600–1775*. Chapel Hill, North Carolina : The University of North Carolina Press.

McKean, Kevin, 1985. "Decisions." *Discover*, Jone, pp.22–31.

Miller, Edward M., 1995. "Do the Ignorant Accumulate the Money?" Working paper. University of New Orleans, April 5.

Miller, Merton H., 1987. "Behavioral Rationality in Finance." *Midland Corporate Finance Journal(now Journal of Applied Corporate Finance)*, Vol4, No.4

(Winter), pp.6–15.

Millman, Gregory J., 1995. *The Vandals' Crown : How Rebel Currency Traders Overthrew the World' s Central Banks*. New York : The Free Press.

Mirowski, Philip, 1991. "When Games Grow Deadly Serious : The Military Influence on the Evolution of Game Theory." *History of Political Economy*, Vol.23, pp.227–260.

Mirowski, Philip, 1992. "What Were von Neumann and Morgenstern Trying to Accomplish?" *History of Political Economy*, Vol.24, pp.113–147.

Moggridge, Donald, ed., 1972. *The Collected Writings of John Maynard Keynes*, Vols. I–XXX. New York : St. Martin' s Press.

Moorehead, E. J., 1989. *Our Yesterdays : The History of the Actuarial Profession in North America, 1809–1979*. Schaumburg, Illinois : Society of Actuaries.

Morgan, M. Granger, and Max Henrion, 1990. *Uncertainty : A Guide to Dealing with Uncertainty in Quantitative Risk and Policy Analysis*. Cambridge, Massachusetts : Cambridge University Press.

Morley, Henry, 1854. *Jerome Cardan : The Life Of Girolamo Cardano Of Milan, Physician*. London : Chapman and Hall.

Morningstar Mutual Funds. Chicago, Illinois. Bi–weekly.

Muir, Jane, 1961. *Of Men and Numbers : The Story of the Great Mathematicians*. New York : Dodd, Mead.*

Nasar, Sylvia, 1994. "The Lost Years of a Nobel Laureate." *The New York Times*, November 13, 1994, Section 3, p.1.

Newman, James R., 1988a. *The World of Mathematics : A Small Library of the Literature of Mathematics from A' h–mosé the Scribe to Albert Einstein*. Redmond, Washington : Tempus Press.*

Newman, James R., 1988b. "Commentary on an Absent–Minded Genius and the Laws of Chance." In Newman, 1988s, pp.1353–1358.

Newman, James R., 1988c. "Commentary on Lord Keynes." In Newman, 1988a, pp.1333–1338.

Newman, James R., 1988d. "Commentary on Pierre Simon De Laplace." In

Newman, 1988a, pp.1291-1299.

Newman, James R., 1988e. "Commentary on Sir Francis Galton." In Newman, 1988s, pp.1141-1145.

Newman, James R., 1988f. "Commentary on the Bernoullis." In Newman, 1988a, pp.759-761.

Newman, James R., 1988g. "Comment on an Ingenious Army Captain and on a Generous and Many-sided Man." In Newman 1988a, pp.1393-1397.

Oldman, D., 1974. "Chance and Skill : A Study of Roulette." *Sociology*, pp.407-426.

Ore, O., 1953. *Cardano, The Gambling Scholar*. Princeton, New Jersey : Princeton University Press.*

Osborne, Martin J., and Ariel Rubinstein, 1994. *A Course in Game Theory*. Cambridge, Massachusetts : MIT Press.

Passell, Peter, 1994. "Game Theory Captures a Nobel." *The New York Times*, October 12, p.D1.

Philips, Don, 1995. "A Deal with the Devil." Morningstar Mutual Funds, May 26, 1995.

Poincar?, Henri, date unspecified. "Chance." In Newman, 1988a, pp.1359-1372.

Poterba, James M., and Lawrence H. Summers, 1988. "Mean Reversion and Stock Prices." *Journal of Financial Economics*, Vol.22, No.1, pp.27-59.

Pratt, John W., 1964. "Risk Aversion in the Small and in the Large." *Econometrica*, Vol.32, No.1-2(January-April), pp.122-136.

Rabinovitch, nachum L., 1969. "Studies in the History of Probability and Statistics : Probability in the Talmud." *Biometrika*, Vol. 56, No.2. In Kendall and Plackett, 1977, pp.15-19.

Raiffa, Howard, 1968. *Decision Analysis : Introductory Lectures on Choice Under Uncertainty*. New York : McGraw-Hill.

Redelmeier, Donald A., and Eldar Shafir, 1995. "Medical Decision Making in Situations That Offer Multiple Alternatives." *Journal of the American Medical Association*, Vol.273, No.4, pp.302-305.

Redelmeier, Donald A., and Amos Tversky, 1990. "Discrepancy Between Medical

Decisions for Individual Patients and for Groups." *New England Journal of Medicine*, Vol.322(April 19), pp.1162–1164.

Redelmeier, Donald A., D. J. Koehler, V. Z. Lieberman, and Amos Tversky, 1995. "Probability Judgment in Medicine : Discounting Unspecified Alternatives." *Medical Decision-Making*, Vol.15, No.3, pp.227–231.

Rechenstein, William, and Dovalee Dorsett, 1995. *Time Diversification Revisited*. Charlottesville, Virginia : The Research Foundation of the Institute of Chartered Financial Analysts.

Rescher, Nicholas, 1983. *Risk : a Philosophical Introduction to the Theory of Risk Evaluation and Management*. Washington, DC : University Press of America.*

Rubinstein, Mark, 1991. "Continuously Rebalanced Investment Strategies." *Journal of Portfolio Management*, Vol.18, No.1, pp.78–81.

Sambursky, Shmuel, 1956. "On the Possible and Probable in Ancient Greece." *Osiris*, Vol.12, pp.35–48. In Kendall and Plackett, 1977, pp.1–14.*

Sanford C. Bernstein & Co., 1994. *Bernstein Disciplined Strategies Monitor*, December.

Sarton, George, 1957. *Six Wings of Science : Men of Science in the Renaissance*. Bloomington, Indiana : Indiana University Press.

Schaaf, William L., 1964. *Carl Friedrich Gauss : Prince of Mathematicians*. New York : Franklin Watts.*

Seitz, Frederick, 1992. *The Science Matrix : The Journey, Travails, and Triumphs*. New York : Springer-Verlag.

Shapira, Zur, 1995. *Risk Taking : A Managerial Perspective*. New York : Russell Sage Foundation.

Sharpe, William F., 1990. "Investor Wealth Measures and Expected Return." In Sharpe, William F., ed., 1990. *Quantifying the Market Risk Premium Phenomenon for Investment Decision Making*. Charlottesville, Virginia : the Institute of Chartered Financial Analysts, pp.29–37.

Shefrin, Hersh, and Meir Statman, 1984. "Explaining Investor Preference for

Dividends." *Journal of Financial Economics*, Vol.13, No.2, pp.253-282.

Shiller, Robert J., 1981. "Do Stock Prices Move Too Much?" *American Economic Review*, Vol.71, No.3(June), pp.421-436.

Shiller, Robert J., 1989. *Market Volatility*. Cambridge, Massachusetts : Cambridge University Press.

Siegel, Jeremy J., 1994. *Stocks for the Long Run : A Guide to Selecting Markets for Long-Term Growth*. Burr Ridge, Illinois : Irwin Professional Publishing.

Siskin, Bernard R., 1989. *What Are the Chances?* New York : Crown.

Skidelsky, Robert, 1986. *John Maynard Keynes*. Vol.1 : Hopes Betrayed. New York : Viking.

Slovic, Paul, Baruch Fischoff, and Sarah Lichtenstein, 1990. "Rating the Risks." In Glickman and Gough, 1990, pp.61-75.

Smith, Clifford W., Jr., 1995. "Corporate Risk Management : Theory and Practice." *Journal of Derivatives*, Summer, pp.21-30.

Smith, M. F. M., 1984. "Present Position and Potential Developments : Some Personal Views of Bayesian Statistics." *Journal of the Royal Statistical Association*, Vol.147, Park 3, pp.245-259.

Smithson, Charles W., and Clifford W. Smith, Jr., 1995. *Managing Financial Risk : A Guide to Derivative Products, Financial Engineering, and Value Maximization*. New York : Irwin.*

Sorensen, Eric, 1995. "The Derivative Portfolio Matrix – Combining Market Direction with Market Volatility." Institute for Quantitative Research in Finance, Spring 1995 Seminar.

Statman, Meir, 1982. "Fixed Rate or Index-Linked Mortgages from the Borrower's Point of View : A Note." *Journal of Financial and Quantitative Analysis*, Vo.XVII, No.3(September), pp.451-457.

Stigler, Stephen M., 1977. "Eight Centuries of Sampling Inspection : The Trial of the Pyx." *Journal of the American Statistical Association*, Vol.72, pp.493-500.

Stigler, Stephen M., 1986. *The History of Statistics : The Measurement of Uncertainty before 1900*. Cambridge, Massachusetts : The Belknap Press of Harvard

University Press.*

Stigler, Stephen M., 1988. "The Dark Ages of Probability in England : The Seventeenth Century Work of Richard Cumberland and Thomas Strode." *International Statistical Review*, Vol.56, No.1, pp.75–88.

Stigler, Stephen M., 1993. "The Bernoullis of Basel." Opening address to the Bayesian Econometric Conference, Basel, April 29, 1993.

Stigler, Stephen M., 1996. "Statistics and the Question of Standards." Forth–coming. *Journal of Research of the National Institute of Standards and Technology*.

Thaler, Richard H., 1987. "The Psychology of Choice and the Assumptions of Economics." In Thaler, 1991, Ch.7, p.139.

Thaler, Richard H., 1991. *Quasi–Rational Economics*. New York : Russell Sage Foundation.

Thaler, Richard H., 1992. *The Winner's Curse : Paradoxes and Anomalies of Economic Life*. New York : The Free Press.

Thaler, Richard H., 1993. *Advances in Behavioral Finance*. New York : Russell Sage Foundation.*

Thaler, Richard H., 1995. "Behavioral Economics." *NBER Reporter*, National Bureau of Economic Research, Fall, pp.9–13.

Thaler, Richard H., and Hersh Shefrin, 1981. "An Economic Theory of Self–Control." *Journal of Political Economy*, Vol.89, No.2(April), pp.392–406. In Thaler, 1991.

Thaler, Richard H., Daniel Tversky, and Jack L. Knetsch, 1990. "Experimental Tests of the Endowment Effect." *Journal of Political Economy*, Vol. 98, No.6, pp.1325–1348.

Thaler, Richard H., Daniel Tversky, and Jack L. Knetsch, 1991. "Endowment Effect, Loss Aversion, and Status Quo Bias." *Journal of Economic Perspectives*, Vol.5, No.1, pp.193–206.

Todhunter, Isaac, 1931. *A History of the Mathematical Theory of Probability from the Time of Pascal to that of Laplace*. New york : G. E. Stechert & Co. Originally published in Cambridge, England, in 1865.

Townsehd, Robert M., 1995. "Consumption Insurance : An Evaluation of Risk-Bearing Systems in Low-Income Economies." *Journal of Economic Perspectives*, Vol.9, No.3(Summer), pp.83-102.

Tsukahara, Theodore, Jr., and Harold J. Brumm, Jr. "Economic Rationality, Psychology and Decision-making Under Uncertainty." In Eadington, 1976, pp.92-106.

Turnbull, Herbert Westren, 1951. "The Great Mathematicians." In Newman, 1988a, pp.73-160.

Tversky, Amos, 1990. "The Psychology of Risk." In Sharpe, 1990, pp.73-77.

Tversky, Amos, and Daniel Kahneman, 1981. "The Framing of Decisions and the Psychology of Choice." *Science*, Vol.211, pp.453-458.

Tversky, Amos, and Daniel Kahneman, 1986. "Rational Choice and the Framing of Decisions." *Journal of Business*, Vol.59, No.4, pp.251-278.

Tversky, Amos, and Daniel Kahneman, 1992. "Advances in Prospect Theory : Cumulative Representation of Uncertainty." *Journal of Risk and Uncertainty*, Vol.5, No.4, pp.297-323.

Tversky, Amos, and Derek J. Koehler, 1994. "Support Theory : A Nonextensional Representation of Subjective Probability." *Psychological Review*, Vol.101, No.4, pp.547-567.

Urquhart, John, 1984. *Risk Watch : The Odds of Life*. New York : Facts of File.

Vertin, James, 1974. "The State of the Art in Our Profession." *Journal of Portfolio Management*, Vol.1, No.1, pp.10-12.

Von Neumann, John, 1954. "Can We Survive Technology?" *Fortune*, June 1955.

Von Neumann, John, and Oskar Morgenstern, 1944. *Theory of Games and Economic Behavior*, Princeton, New Jersey : Princeton University Press.*

Wade, H., 1973. *The Greatest Gabbling Stories Ever Told*. Ontario : Greywood Publishing Ltd.

Waldrop, M. Mitchell, 1992. *Complexity : The Emerging Science at the Edge of Order and Chaos*. New York : Simon & Schuster.

Wallach, M. A., and C. W. Wing, Jr., 1968. "Is Risk a Value?" *Journal of Personality and Social Psychology*, Vol.9, No.1(May), pp.101–106.

Warren, George F., and Frank A. Pearson, 1993. *The Price Series*. New Jersey : The Haddon Craftsmen.

Whiteman, Marina von Neumann, 1990. "John von Neumann : A Personal View." *Proceedings of Symposia in Pure Mathematics*, Vol.50, 1990.

Wildavsky, Aaron, 1990. "No Risk Is the Highest Risk of All.: In Glickman and Gough, 1990, pp.120–128.

Willems, E. P., 1969. "Risk is a value." *Psychological Reports*, Vol. 24, pp.81–82.

Williams, John Burr, 1938. *The Theory of Investment Value*. Cambridge, Massachusetts : Harvard University Press.

Wilson, R., 1981. "Analyzing the Daily Risks of Life." *Technology Review*, pp.40–46.

Winslow, E. G., 1986. " 'Human Logic' and Keynes' s Economics." *Eastern Economic Journal*, Vol.XII, No.4(October–December), pp.413–430.

* 표가 있는 참고문헌은 특히 주목할 만한 작품이다.

위험, 기회, 미래가 공존하는

리스크

제1판 1쇄 발행 | 2008년 12월 15일
제1판 15쇄 발행 | 2025년 5월 14일

지은이 | 피터 번스타인
옮긴이 | 안진환
펴낸이 | 하영춘
펴낸곳 | 한국경제신문 한경BP
출판본부장 | 이선정
편집주간 | 김동욱

주소 | 서울특별시 중구 청파로 463
기획출판팀 | 02-3604-590, 584
영업마케팅팀 | 02-3604-595, 583 FAX | 02-3604-599
H | http://bp.hankyung.com E | bp@hankyung.com
F | www.facebook.com/hankyungbp
등록 | 제 2-315(1967. 5. 15)

ISBN 978-89-475-2688-3 03320

책값은 뒤표지에 있습니다.
잘못 만들어진 책은 구입처에서 바꿔드립니다.

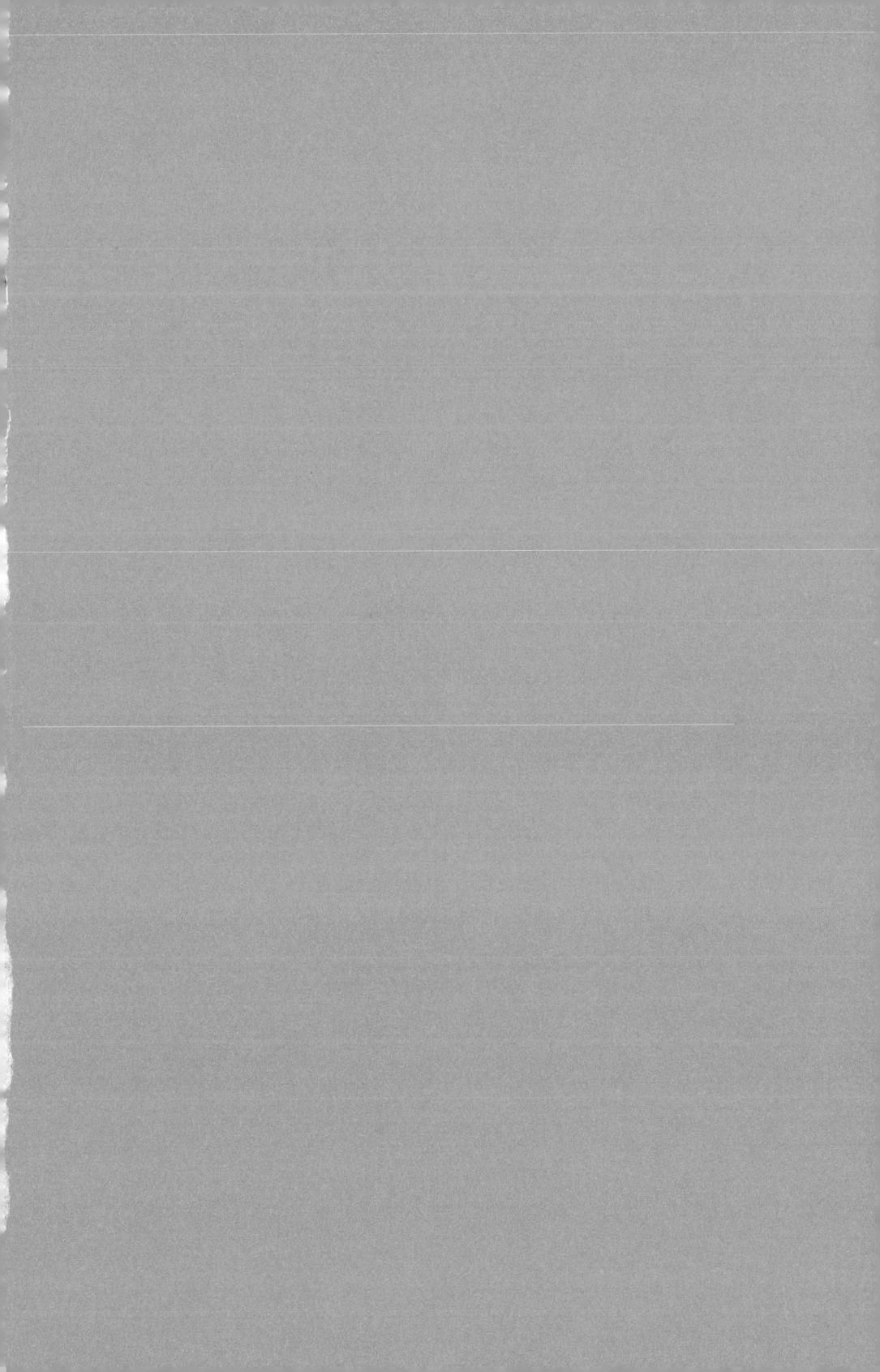